高等学校基于工作过程开发经管类系列教材

会计电算化

Accounting Computerization

主　编　周列平　林先雄
副主编　吴慧芬　刘　妍　张　轲　莫照宁

武汉大学出版社

图书在版编目(CIP)数据

会计电算化/周列平,林先雄主编.—武汉:武汉大学出版社,2011.8
(2014.7 重印)
高等学校基于工作过程开发经管类系列教材
ISBN 978-7-307-08964-8

Ⅰ.会… Ⅱ.①周… ②林… Ⅲ.会计电算化—高等职业教育—教材
Ⅳ.F232

中国版本图书馆 CIP 数据核字(2011)第 142690 号

责任编辑:辛　凯　　　责任校对:刘　欣　　　版式设计:王　晨

出版发行:武汉大学出版社　 (430072　武昌　珞珈山)
(电子邮件:cbs22@whu.edu.cn 网址:www.wdp.com.cn)
印刷:武汉珞珈山学苑印刷有限公司
开本:787×1092　1/16　印张:19　字数:435 千字　插页:1
版次:2011 年 8 月第 1 版　　2014 年 7 月第 4 次印刷
ISBN 978-7-307-08964-8/F·1559　　　　定价:35.00 元

版权所有,不得翻印;凡购买我社的图书,如有质量问题,请与当地图书销售部门联系调换。

前 言

现代社会是一个信息爆炸的社会，信息技术正在改变着人类的生活。在我国，20世纪80年代就提出了会计电算化的概念，将计算机信息技术和传统手工会计结合起来，随着技术的不断发展，新的构思和新的应用不断涌现，可谓日新月异。为适应会计领域信息化的高速发展，力求培养学生会计电算化处理和应用的能力，本书以用友 ERP-U8 软件为蓝本，基于工作中财务软件的操作过程进行开发，既对基本知识和操作实例有系统的、清晰的阐述，又有及时总结前沿的发展成果和趋势，配以大量丰富的插图，使读者通过实践操作提升自己熟练操作财务软件的能力，同时又培养其应用及创新能力。

通过对教育部16号文件精神和高职教育改革的最新理论成果的深入学习和理解，为更好地服务教与学，遵循"学中做、做中学"，以实现"教学做一体化"的思想，本书配备了专门的专项练习，提供电子课件、课程资料和题库等资源。

本书的编写人员融合了大量一线的专业实践指导教师和来自于企业的实践专家，形成了一支专兼结合的编写团队，重视工作过程和学习过程的一体化，是一本校企合作、基于工作过程开发的工学结合教材。

全书共8章，内容涉及主要以用友 U861 软件的财务会计模块为主，各校可根据专业、课程目标及学生的具体情况选取和组织相关内容进行教学。

本书由周列平老师与林先雄老师主编并统稿，李川老师编写第1章，吴慧芬老师编写第2章、刘妍老师与尹涛老师共同编写第3章，林先雄老师编写第4章，武汉用友财务软件公司胡磊工程师编写第5章，张灿灿老师编写第6章，张轲老师编写第7章，周列平老师与陈奇军老师共同编写第8章。

本书在撰写过程中我们参阅了大量的书籍和读物及网络资源，访问了一些专家和学者，考察了一些企事业单位，在此表示最诚挚的感谢。武汉用友财务软件公司培训部经理严琳女士为本书实践内容的完成做了大量指导工作，武汉大学出版社林莉编辑与辛凯编辑为本书的顺利完稿付出了辛勤劳动，在此一并表示特别谢意。

由于编者水平有限，加之时间仓促，且涉及内容较多，书中难免有错误或不当之处，敬请读者来电、来函批评指正。

编 者
2011年7月

目 录

第1章 会计电算化基本知识 ……………………………………………………… 1
　学习目标 …………………………………………………………………………… 1
　1.1 会计电算化的基本概念 ………………………………………………………… 1
　1.2 会计电算化的产生与发展 ……………………………………………………… 2
　1.3 会计电算化对传统手工会计的影响 …………………………………………… 7
　本章小结 …………………………………………………………………………… 8
　思考题 ……………………………………………………………………………… 8

第2章 系统管理和基础设置 ……………………………………………………… 9
　学习目标 …………………………………………………………………………… 9
　2.1 系统管理概述 …………………………………………………………………… 9
　2.2 账套管理 ………………………………………………………………………… 10
　2.3 用户及权限管理 ………………………………………………………………… 24
　2.4 年度账管理 ……………………………………………………………………… 29
　2.5 系统安全管理 …………………………………………………………………… 32
　2.6 基础设置 ………………………………………………………………………… 34
　本章小结 …………………………………………………………………………… 49
　思考题 ……………………………………………………………………………… 50

第3章 总账系统 …………………………………………………………………… 51
　学习目标 …………………………………………………………………………… 51
　3.1 总账系统概述 …………………………………………………………………… 51
　3.2 总账系统初始化 ………………………………………………………………… 52
　3.3 日常业务处理 …………………………………………………………………… 78
　3.4 出纳管理 ………………………………………………………………………… 91
　3.5 期末业务处理 …………………………………………………………………… 98
　3.6 账簿管理 ………………………………………………………………………… 105
　本章小结 …………………………………………………………………………… 107
　思考题 ……………………………………………………………………………… 107

第4章 会计报表系统 … 108
学习目标 … 108
4.1 UFO 报表概述 … 108
4.2 报表格式设计 … 114
4.3 报表数据处理 … 127
4.4 报表模板 … 130
4.5 图表功能 … 132
4.6 命令及批命令文件 … 139
本章小结 … 144
思考题 … 144

第5章 薪资管理系统 … 145
学习目标 … 145
5.1 薪资管理系统概述 … 145
5.2 薪资核算系统的初始设置 … 149
5.3 薪资核算业务处理 … 170
5.4 统计分析 … 190
5.5 数据维护 … 199
本章小结 … 206
思考题 … 206

第6章 固定资产管理系统 … 207
学习目标 … 207
6.1 固定资产管理系统概述 … 207
6.2 固定资产管理系统的初始设置 … 209
6.3 固定资产管理系统日常业务处理 … 220
6.4 固定资产管理系统期末处理 … 232
6.5 数据维护 … 237
本章小结 … 237
思考题 … 238

第7章 往来账管理系统 … 239
学习目标 … 239
7.1 应收款管理系统 … 239
7.2 应付款管理系统 … 266
本章小结 … 285
思考题 … 285

第8章 上机操作综合实验 ·· 286
学习目标 ·· 286
实验一 ·· 286
实验二 ·· 288
实验三 ·· 290
实验四 ·· 292
实验五 ·· 294
实验六 ·· 295

参考文献 ·· 297

第1章 会计电算化基本知识

学习目标：

通过本章学习，使学生了解会计电算化产生及发展概况，掌握会计电算化的基本概念及特点、会计电算化对传统手工会计的影响。

随着计算机技术的飞速发展，引起信息处理领域的革命性的变化，而在会计领域，将计算机技术用于会计工作已经成为历史的必然，会计电算化成为现代会计发展的必然趋势。

1.1 会计电算化的基本概念

1.1.1 会计电算化的基本概念

会计电算化是计算机技术与现代会计相结合的产物，是电子计算机在会计中的应用的简称。"会计电算化"的基本含义，是指将电子技术和信息技术应用到会计业务处理过程中，逐步实现应用会计软件指挥各种计算机设备替代手工方式完成会计工作的过程。随着计算机技术和信息技术的不断发展，"会计电算化"的含义得到了进一步的延伸。在我国，"会计电算化"一词是1981年财政部、中国会计学会在长春市召开的"财务、会计成本应用电子计算机专题讨论会"上正式提出来的。

会计电算化主要是应用电子计算机代替人工进行记账、算账、查账、报账，以及部分替代人工完成会计信息的处理、判断和分析的过程，即通常意义上的狭义的会计电算化。会计电算化将电子计算机技术更为广泛和深入地运用于会计领域，在会计电算化事业不断前进的过程中，经济事项的处理方式、范围和速度不断发生变化，会计理论有了新的发展，会计管理制度和办法也逐步得到修改和完善，同时，与会计活动密切相关的财务管理、审计税务及工商管理等也出现了新的变革和发展。目前，会计电算化已成为一门融会计学、管理学、电子计算机技术、信息技术为一体的交叉学科，其含义得到了进一步引申与发展，与计算机技术在会计工作中应用有关的所有工作都成为会计电算化的重要内容，包括会计电算化人才的培训、会计电算化制度的建立、会计电算化的宏观管理、计算机审计、电算化会计档案管理等。因此，广义的会计电算化是指与电子计算机在会计工作中应用有关的所有工作。

1.1.2 会计电算化的特点

会计电算化除具有电子计算机具备的一般特点，如运算速度快、自动化程度高、计算精确度高、存储量大、适应性强、有"记忆"和逻辑判断能力外，与手工会计相比，它还具有以下明显的特点：

（1）及时性与准确性

由于电子计算机能够长时间大量存储数据，并能以极高的速度和准确性自动地进行运算和数据处理，从而打破了手工操作的局限性，可以为经济管理工作提供更为详细、更加及时的信息。

（2）集中化与自动化

在会计电算化工作中，除部分数据录入工作由人工录入外，绝大部分工作都由计算机自动按程序运行，特别是在会计信息处理方面，一般都是集中处理，人工干预少，自动化程度高。同时，由于计算机中的数据可以实现共享，从而减少了数据的重复记录。

（3）规范化与标准化

由于在会计信息处理方面是由计算机自动按程序运行，人工干预少。另外，由于财务会计软件大多是采用了符合财政部发布的《会计基础工作规范》和《会计软件基本功能规范》的软件，因此会计电算化从填制会计凭证、数据输入到登记会计账簿、数据输出、编制财务报告等方面都更加标准、规范。

（4）会计信息存储的电子化与科学化

会计档案是会计的重要历史资料，电算化会计档案从手工下的纸质会计档案转变为以磁带、磁盘、光盘、微缩胶片等介质存储，使得保存和备份数据更加容易，也使数据的检索变得更快捷。

1.2 会计电算化的产生与发展

1.2.1 会计电算化的产生

会计是以货币为主要计量单位，采用专门的方法，对企事业单位的经济资源与经济活动进行连续、系统、全面的核算和监督，并在此基础上对经济活动进行分析、预测、考核和评价的一种管理活动。会计的各项活动都体现为对数据和信息的某种作用，彼此构成一个有秩序的数据处理和信息生成的过程。在漫长的历史发展过程中，会计数据处理一直由以算盘为代表的手工工具来辅助，这种手工处理方式虽具有良好的适应性，但会计人员的劳动强度较高，业务处理速度较慢，工作效率较低。

随着社会经济的不断发展与科技的不断进步，会计的理论体系逐步完善，会计的方法也日益丰富。进入 20 世纪以来，随着市场需求的变化和生产经营的发展，社会各方对会计所提供的经济信息，不仅在需求数量上有了大幅度的增加，而且在时间上和质量上都有了更高的要求。会计在经济管理中的作用越来越受到重视，会计数据处理的工作量也越来越大，从客观上产生了改革会计手工处理形式的需要。

随着现代科学技术的发展，计算机作为一种能够部分替代人脑工作的现代数据处理设备迅速发展起来。1946 年，世界上第一台计算机问世，实现了 20 世纪一项划时代的变化。此后，计算机在航空航天、工业、生物、医学、教育、经济等领域迅速得到广泛应用。计算机所具有的能自动、高速进行大量计算和数据处理的特性，使其成为需要进行大规模数据处理的经济管理工作的必然选择。1954 年，美国通用电气公司首次利用计算机计算职工薪金的举动，开创了利用计算机进行会计数据处理的新纪元，引起了会计数据处理技术的变革，电算化会计也应运而生了。20 世纪 60 年代中期以后，计算机硬件、软件的性能得到了进一步的改进，可操作性不断增强，为计算机在会计领域的普及创造了条件。特别是微型计算机的问世，数据库与计算机网络技术的迅猛发展，使人们充分认识到电算化数据处理有优越性。在新技术新方法不断呈现的同时，专业会计软件不断翻新，电算化会计的理论研究不断完善和成熟，电算化会计系统逐渐成形。

在我国，将计算机应用于会计数据处理的工作起步较晚。1979 年，第一汽车制造厂大规模信息系统的设计与实施，成为我国电算化会计发展过程中的一个里程碑。1981 年 8 月，在财政部、原第一机械工业部、中国会计学会的支持下，中国人民大学和第一汽车制造厂联合召开了"财务、会计、成本应用电子计算机问题讨论会"，第一次正式提出了"电子计算机在会计工作中的应用"的问题，引入了"会计电算化"的概念。

1.2.2 会计电算化的发展

1. 国外会计电算化的发展

电子计算机于 1946 年在美国诞生，在 20 世纪 50 年代已被一些工业发达国家应用于会计领域。1954 年 10 月，美国通用电气公司第一次在计算机上计算职工工资，从而引起了会计处理技术的变革。最初的处理内容仅限于工资计算、库存材料的收发核算等一些数据处理量大、计算简单而重复次数多的经济业务。它以模拟手工会计核算形式代替了部分手工劳动，提高了这些劳动强度较高的工作效率。

20 世纪 50 年代中期到 60 年代，随着人们利用电子计算机对会计数据进行综合处理，系统地提供经济分析、决策所需要的会计信息，手工簿记系统被电算化信息系统取而代之。这个时期会计电算化的特点是电子计算机几乎完成了手工簿记系统的全部业务，打破了手工方式下的一些常规结构，更重视数据的综合加工处理，并加强了内部管理。这一时期，所开发的系统具有一定的反馈功能，能为基层和中层管理提供信息，但各种功能之间还未实现共享。

20 世纪 70 年代，计算机技术迅猛发展，计算机网络的出现和数据库管理系统的应用，形成了应用电子计算机的管理信息系统。企业管理中全面地应用了电子计算机，各个功能系统可以共享储存在计算机上的整个企业生产经营成果的数据库。电算化会计信息系统成为管理信息系统中的一个部分，企业、公司的最高决策也借助计算机系统提供的信息，提高了工作效率和管理水平。

20世纪80年代，微电子技术蓬勃发展，微型计算机大批涌现，进入到社会的各个领域，包括家庭在内。信息革命逐渐成为新技术革命的主要标志和核心内容，人类进入了信息社会，微型电子计算机不仅受到大、中型企业的欢迎，也得到了小型企业的青睐，它促使各部门把小型机、微型机的通信线路相互联结，形成计算机网络，提高了计算和数据处理的能力，取代了大型电子计算机。国际会计师联合会于1987年10月在日本东京召开的以"计算机在会计中的应用"为中心议题的"第13届世界会计师"大会，成为计算机会计信息系统广泛普及的重要标志。

20世纪90年代，随着计算机技术的飞速发展，计算机会计信息系统在国际上也呈现出广泛普及之势。美国在这一领域已步入较高的发展阶段，始终处于国际最高水平。美国会计软件的应用也非常普及。据有关资料显示，美国有300~400种商品化会计软件在市场上流通。会计软件产业已成为美国计算机软件产业的一个重要分支。

2. 我国会计电算化的发展

我国会计电算化工作始于1979年。其主要标志是，1979年财政部支持并参与了长春第一汽车制造厂的会计电算化试点工作。1981年8月，在财政部一机部和中国会计协会的支持下，在长春召开了"财务、会计、成本应用电子计算机专题讨论会"，这次会议成为我国会计电算化理论研究的一个里程碑，在这次会上提出计算机在会计上的应用统称为"会计电算化"。从此，随着20世纪80年代计算机在全国各个领域的应用、推广和普及，计算机在会计领域的应用也得以迅速发展。概括起来，可以分为以下几个阶段：

（1）缓慢发展阶段（1983年以前）

这个阶段起始于20世纪70年代少数企事业单位单项会计业务的电算化，计算机技术应用会计领域的范围十分狭窄，涉及的业务十分单一，最普遍的是工资核算的电算化。在这个阶段，由于会计电算化人员缺乏，计算机硬件比较昂贵，软件汉化不理想，会计电算化没有得到高度重视。因此，致使会计电算化的发展比较缓慢。

（2）自发发展阶段（1983年—1987年）

从1983年下半年起，在全国掀起了一个应用计算机的热潮，微型计算机在国民经济各个领域得到了广泛的应用。然而，由于应用电子计算机的经验不足，理论准备与人才培训不够，管理水平跟不上，造成在会计电算化过程中出现许多盲目的低水平重复开发的现象，浪费了许多人力、物力和财力。

这一阶段的主要表现：一是没有经过认真调查研究就匆匆上马的会计软件开发项目占大多数，而且许多单位先买了计算机，然后才确定上什么项目，没有全盘考虑如何一步一步地实现会计电算化；还有的单位为了评先进、上等级等原因，买一台计算机来摆样子。二是开展会计电算化的单位之间缺乏必要的交流，闭门造车、低水平、重复开发的现象严重。三是会计软件的开发多为专用定点开发，通用会计软件开发的研究不够，会计软件的规范化、标准化程度低，商品化受到很大的限制。四是会计电算化的管理落后于客观形势发展的需要，全国只有少数地方财政部门开展了会计电算化组织管理工作，配备了管理会计电算化的专职人员，制定了相应的管理制度，多数地区还没有着手开展管理工作。五是既懂会计又懂计算机的人才正在培养之中，从 1984 年开始，各大、中专院校，研究院所纷纷开始培养会计电算化的专门人才。六是会计电算化的理论研究开始得以重视，许多高等院校、研究院所及企业组织了专门的班子研究会计电算化理论，1987 年 11 月中国会计学会成立了会计电算化研究组，为有组织地开展理论研究做好了准备。

（3）普及与提高阶段（1987 年至今）

这一阶段相继出现了以开发经营会计核算软件为主的专业公司，而且业务发展很快，逐步形成了会计软件产业。由于我国经济发展水平的影响和计算机技术发展的限制，会计电算化的演进具有多态性。可以说，我国会计电算化的演进过程是：从单项数据处理，发展到全面应用计算机、建立会计信息系统的过程；从计算机处理和手工操作并行，发展到甩掉手工账本，靠计算机独立运行完成记账、算账及报账等任务的过程；从计算机应用于企业内部会计信息处理，发展到用计算机汇总并报送会计报表，为国家宏观经济提供可靠的会计信息的过程；从最初采用原始的软件开发方法，发展到运用现代软件工程学方法开发会计软件的过程；从单家独户开发会计软件，发展到设置专门机构，集中专门人才，开发通用化、商品化的会计软件的过程。

这一发展阶段有如下几个主要标志：一是会计软件的开发向通用化、规范化、专业化和商品化方向发展；二是各级行政部门和业务主管部门加强了对会计电算化的管理，许多地区和部门制定了相应的发展规划、管理制度和会计软件开发标准；三是急于求成的思想逐渐被克服，失败和成功的经验给人们以启示。

3. 会计电算化的发展趋势

（1）会计软件由核算型向管理型发展

1996 年，在第二届全国会计电算化会议上提出了财务会计软件从核算型向管理型发展的口号，为我国会计电算化发展指明了方向。会计信息系统是企业管理信息系统的中心，企业的所有管理活动与会计信息系统都存在着直接或间接的关系。在企业管理中，会计信息是最普及和最大的信息系统，它的"触角"延伸到其他各个子系统中。因此，会计信息系统是企业管理信息的加工中心，在管理信息系统中具有举足轻重的地位。管理型会计软件所依赖的信息主要来自会计核算系统。正因为如此，发展管理型会计软件首先是将现有的各核算软件，如销售核算、工资核算、改造成本、销售管理和工资人事管理等财务管理软件，并加强各系统之间的联系和数据共享。目前，我国的会计电算化系统主要应用于各种核算的编制账表，或者说主要应用于财务会计方面。功能较强的电算化会计系统包括分析、预测、决策、规划、控制和责任评价等方面的功能，并向管理会计方面延伸。会计信息系统要提高管理层次，就要和企业管理信息系统的其他系统进行有机结合，并且这种结合应是密切的而不是松散的，各系统之间数据充分共享和互换。会计信息系统不能只包括会计信息而独立存在，而应从会计管理信息系统出发，包括市场、生产等管理信息，建立"大财务信息系统"，将现有的会计信息系统逐步发展成全面的管理信息系统，才能适应现代企业管理的需要。

（2）向网络化方向发展

随着计算机网络技术的大规模应用和发展，以及会计核算业务量的增大、业务种类的繁多，对会计信息资料的分析与研究的深入，计算机单机处理的方式难以完成现有会计核算工作。同时，网络技术的迅速发展及应用领域的不断拓宽，也使会计电算化系统出现许多新的特征。这些既推动了现有会计信息系统的发展，同时也对现有的会计电算化系统的发展产生了障碍。为此就提出了一个挑战性的课题，即会计电算化系统必然向网络财务的方向发展。所谓网络财务是指基于 Web 技术，以财务管理为核心，以实现企业物流、资金流、信息流高度一致为目标，支持企业电子商务，并最终实现管理信息化的互联网环境下全新的财务管理模式。

网络的发展对企业会计环境的影响是显而易见的。就广域环境而言，一方面，国际互联网（Internet）使企业在全球范围内实现信息交流和共享；另一方面，企业内部网（Intranet）技术在企业管理中的应用，则使企业走出封闭的"局域"系统，实现企业内部信息对外实时开放。网络环境为会计信息系统提供了最大限度的全方位信息支持。由于 Intranet 是根植于 Internet 为主的一系列技术之上的一种企业内部网络结构，它将企业管理系统以网络的衔接方式进行重新组合，其结果是会计所需处理的各种数据越来越多地以电子形式直接存储于计算机网络之中。一方面，Intranet 技术使企业对所发生的经济活动进行实时报告成为可能；另一方面，借助于 Intranet 网络及 Internet 网络，企业外部信息需求者同样可以实时获取所需信息进行分析，以便作出有效决策。

（3）会计信息的报告向实时化、模式向多样化方向发展

随着计算机技术的发展和会计软件开发与应用的网络化、智能化的实现，将能够做到以不同的形式、不同的方法实时为各类信息使用者提供最新最快的信息，使其迅速了解单位的生产经营活动情况。有利于单位的管理者审时度势，抓住机遇，把握未来。研究如何在会计信息系统中应用电子计算机，建立完善的电算化会计信息系统，以提高会计核算和管理水平是会计电算化的根本任务。可以预见，在不久的将来，随着计算机技术的迅速发展，我国经济体制的改革及社会主义市场经济的发展，会计电算化系统的开发与应用必然渗透到整个企业的管理信息系统的开发与应用中，形成"管理型"、"网络化"的会计信息系统，将会计信息系统与企业的生产经营管理信息系统、市场营销管理信息系统同其他系统有机地结合在一起组成企业的管理信息系统网，使会计电算化向综合应用和高层次管理等方面发展。

（4）会计软件由"手工型"向"智能型"发展

①操作过程智能化。在凭证输入过程中就有许多智能化的问题。例如，当用户选择了现收凭证，那么借方科目自动显示现金，或者借方科目输入"现金"，凭证类型自动显示"现收"。又如，借方已输入"材料采购"科目，那么借方一般还有"应交税金——应交增值税——进项税额"，而且其金额已根据本行业的税率与"材料采购"的金额自动计算。这类智能化工作还有很多，目前的会计软件还有待完善。

②业务分析智能化。业务分析的前提是业务分类，会计核算中的一级科目有几十个，明细科目有几百个，目的之一就是为了分析。目前的会计软件根据经验一般还增设了按"部门"、"项目"、"客户"等几种分类，也是为了便于分析。国际上流行业务流程重组理论。所谓业务流程重组，是指会计业务除了传统的流程之外，还可以随时根据

需要，进行若干次的重新组合。这就要求：一方面，要把业务重组（分类）的权限交给用户，而不是由软件开发商去限定；另一方面，要解决标志的多重性问题。所谓标志的多重性问题，是指一笔业务或一个会计账户需要进行若干次重组（分类）时，可以给予多个不同的标志。

③决策支持智能化。也就是将人类的知识、经验、创造性思维和直觉判断等能力，用计算机语言来表达，模拟人脑进行决策。决策支持智能化主要解决非程序化决策和半程序化决策中无法用常规方法处理的问题。

1.3 会计电算化对传统手工会计的影响

会计电算化的实施使会计工作发生了很大变化，具体来说，会计电算化对会计工作有以下几个方面的作用和影响：

（1）减轻了会计人员的工作强度，提高了会计工作效率

实现会计电算化后，只要将记账凭证输入计算机，大量数据的计算、分类、汇总、存储和传输等工作，都可由计算机自动完成。这不仅可以把广大会计人员从繁杂的记账、算账和报账中解脱出来，而且由于计算机极高的运算速度和精确度，大大提高了会计工作效率，同时也为管理提供全面、及时和准确的会计信息。

（2）促进会计工作规范化，提高会计工作质量

由于在计算机应用中，对会计数据来源提出了一系列规范化的要求，在很大程度上解决了手工操作中的不规范、易出错及易疏漏等问题，使会计工作标准化、制度化和规范化，会计工作的质量得到了进一步的提高。

（3）促进会计职能的转变

在手工条件下，会计人员整天忙于记账、算账及报账。实施会计电算化后，由计算机替代会计人员的手工记账、算账和报账。会计人员可以腾出更多的时间和精力参与经营管理，从而促进了会计职能的转变。

（4）促进了会计队伍素质的提高

会计电算化不仅要求会计人员具有会计专业知识，而且还必须具有计算机专业知识，这就迫使广大会计人员必须进一步学习业务知识，开拓知识面。而计算机在会计工作中的应用，又为会计人员进一步学习和发展提供了时间和机会，使会计人员有更多的精力学习和交流新知识，其结果必然会改变财会人员的知识结构、提高自身素质和管理水平。

（5）为整个管理工作现代化奠定了基础

实施会计电算化后，利用计算机高速度、大容量等功能，不仅可以对过去的经营活动进行详细记录，而且可以及时获得当前经济活动的最新数据，还可以预测未来各种经营活动，反映市场变化趋势，从而为整个管理信息系统开展分析、预测和决策提供可靠的依据。在行业、地区实现会计电算化后，大量的经济信息资源可以得到共享，通过计算机网络可以迅速了解各种经济技术指标，极大地提高了经济信息的使用价值，为整个

管理工作现代化奠定了基础。

（6）促进了会计理论的研究和会计实务的不断发展

会计电算化不仅是会计核算手段和会计信息处理技术的变革，而且必将对会计核算的内容、方式、程序和对象等会计理论和实务产生影响，从而促进会计自身的不断发展，使其进入新的发展阶段。

本章小结：

利用计算机进行会计核算和会计管理，实现会计电算化，这是会计改革与发展的重要内容，也是会计工作现代化的重要组成部分。会计电算化是指计算机技术和现代信息技术应用到会计业务处理过程中，逐步实现应用会计软件指挥各种计算机设备代替手工方式完成会计工作的过程。会计电算化对传统手工会计产生了极其重大的作用和影响，不但减轻了会计人员的工作强度，提高了会计工作效率，还促进了会计工作规范化及会计职能的转变，促进了会计理论的研究和会计实务的不断发展。

我国会计电算化大致经历了缓慢发展阶段、自发发展阶段、普及与提高阶段，在整个发展历程中，会计电算化走过了从无到有、从低级到高级、从个别到整体的发展历程，目前已形成了较为成熟的会计电算化软件产业，并朝着规范化、标准化、管理一体化和决策电算化的方向发展。

思考题：

1. 如何理解会计电算化的含义及特性？
2. 我国会计电算化的发展经历了哪几个发展阶段以及我国会计电算化的发展趋势如何？
3. 会计电算化对手工会计的影响有哪些？

第 2 章 系统管理和基础设置

学习目标：

通过本章的学习，应了解用友 ERP-U8 的系统管理功能，掌握系统管理的注册方法，掌握账套和年度账的管理、权限设置和安全管理，掌握在企业应用平台中进行基础设置的方法。

2.1 系统管理概述

用友 ERP-U8 应用系统是由多个子系统组成，各个子系统服务于同一主体的不同层面。子系统本身既具有相对独立的功能，彼此之间又具有紧密的联系，它们共用一个企业数据库，拥有公共的基础信息、相同的账套和年度账，为实现企业财务、业务的一体化管理提供了基础条件。

2.1.1 系统管理功能概述

在一体化管理应用模式下，用友 ERP-U8 应用系统为各个子系统提供了一个公共平台，用于对整个系统的公共任务进行统一管理，如基础信息的设置，企业账套的建立、修改、删除和备份，操作员的建立，角色的划分和权限的分配等，其他任何产品的独立运行都必须以此为基础。

系统管理模块的主要功能是对用友 ERP-U8 应用系统的各个产品进行统一的操作管理和数据维护，具体包括下述几个方面。

1. 账套管理

账套指的是一组相互关联的数据，每一个企业（或每一个核算部门）的数据在系统内都体现为一个账套。在用友 ERP-U8 应用系统中，可以为多个企业（或企业内多个独立核算的部门）分别建账，且各账套数据之间相互独立，互不影响，使资源得以最大限度地利用。系统最多允许建立 999 个账套。

账套管理包括账套的建立、修改、引入和输出等。

2. 年度账管理

在用友 ERP-U8 应用系统中，每个账套里都存放有企业不同年度的数据，称为年度账。为方便管理，系统可以将年度账作为操作的基本单位。

年度账管理包括年度账的建立、引入、输出和结转上年数据，清空年度数据。

3. 系统操作员及操作权限的集中管理

为了保证系统及数据的安全与保密，系统管理提供了对操作员及其操作权限的集中管理功能。通过对系统操作分工和权限的管理，一方面可以避免与业务无关的人员进入系统，另一方面可以对系统所包含的各个子产品的操作进行协调，以保证各负其责，流程顺畅。

操作权限的集中管理包括定义角色、设定系统用户和设置功能权限。

4. 安全机制的统一设立

对企业来说，系统运行安全、数据存储安全是必需的，为此，用友 ERP-U8 应用系统设立了强有力的安全保障机制。

在系统管理中，可以监控并记录整个系统的运行过程，设置数据自动备份、清除系统运行过程中的异常任务等。

2.1.2 系统管理与其他子系统的主要关系

系统管理是用友 ERP-U8 应用系统的运行基础，它为其他子系统提供了公共的账套、年度账及其他相关的基础数据，各子系统的操作员也需要在系统管理中统一设置并分配权限。

2.2 账 套 管 理

2.2.1 启动系统管理

系统只允许以两种身份注册进入系统管理。一是以系统管理员的身份，二是以账套主管的身份。

如果是初次使用本系统，则第一次必须以系统管理员的身份注册系统管理。系统建立账套和指定相应的账套主管后，才能以账套主管的身份注册系统管理。

1. 以系统管理员的身份注册系统管理

系统管理员负责整个应用系统的总体控制和维护工作，可以管理该系统中所有的账套。以系统管理员身份注册进入，可以进行账套的建立、引入和输出，设置操作员和权限，监控系统运行过程，清除异常任务等。

系统管理员是系统中权限最高的操作员，他要对系统数据安全和运行安全负责。第一次运行系统时，默认的系统管理员账号为 admin，口令为空。企业在正确安装应用系统后，应该及时更改系统管理员的密码，以保障系统的安全性。

2. 以账套主管的身份注册系统管理

账套主管负责所选账套的维护工作。主要包括对所管理的账套进行修改、对年度账的管理（包括创建、清空、引入、输出以及各子系统的年末结转），以及该账套操作员权限的设置。

对所管辖的账套来说，账套主管是级别最高的，拥有所有模块的操作权限。

由于账套主管是由系统管理员指定的，因此第一次必须以系统管理员的身份注册系统管理，建立账套和指定相应的账套主管之后，才能以账套主管的身份注册系统管理。

系统管理员（Admin）和账套主管看到的系统管理登录界面是有差异的。系统管理员登录界面只需包括服务器、操作员、密码三项，而账套主管登录界面除以上三项外还必须包括账套、会计年度及操作日期。

3. 注册系统管理的操作步骤

【例2-1】以系统管理员（admin）的身份注册进入系统管理

操作步骤：

① 在"开始"菜单中选择"程序→用友ERP-U8→系统服务→系统管理"，进入"用友ERP-U8【系统管理】"窗口，如图2-1所示。

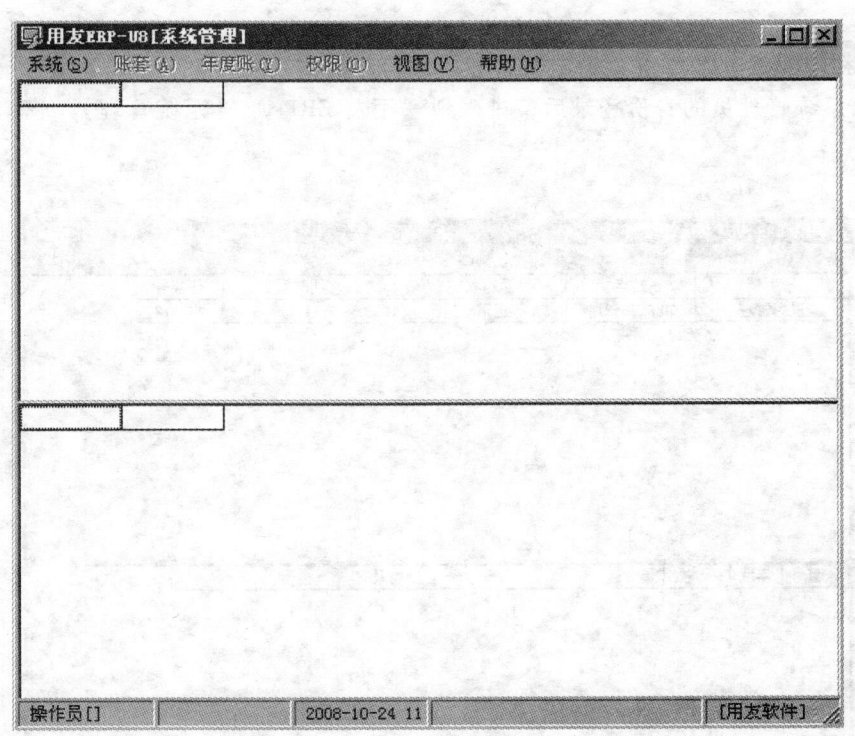

图2-1 未注册的系统管理

② 单击"系统→注册"，打开"注册【系统管理】"登录对话框，如图2-2所示。

③ 在"操作员"输入框中输入用友ERP-U8默认的系统管理员（admin），密码为

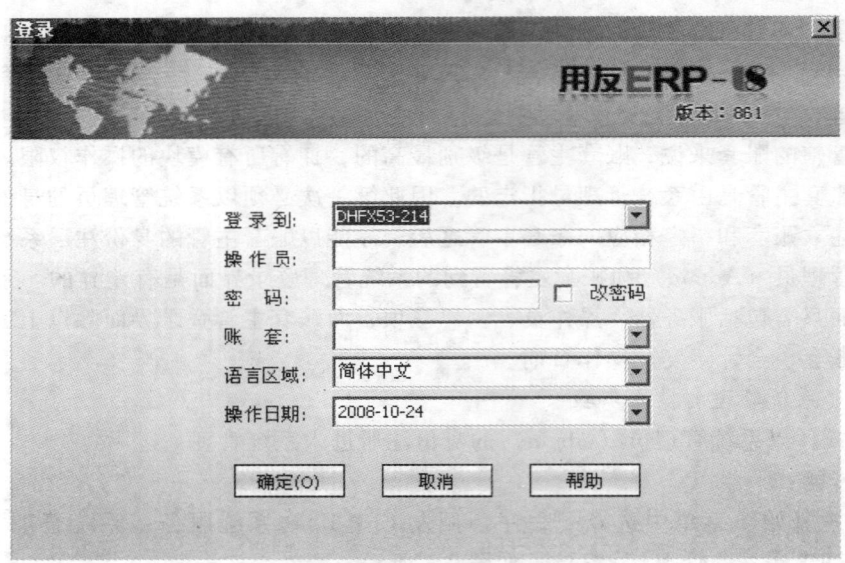

图 2-2 以系统管理员的身份注册系统管理

空,选择相应的账套,单击"确定"按钮,即可注册成功。

④ 以系统管理员的身份登录后,进入到"用友 ERP-U8【系统管理】"窗口,如图 2-3 所示。

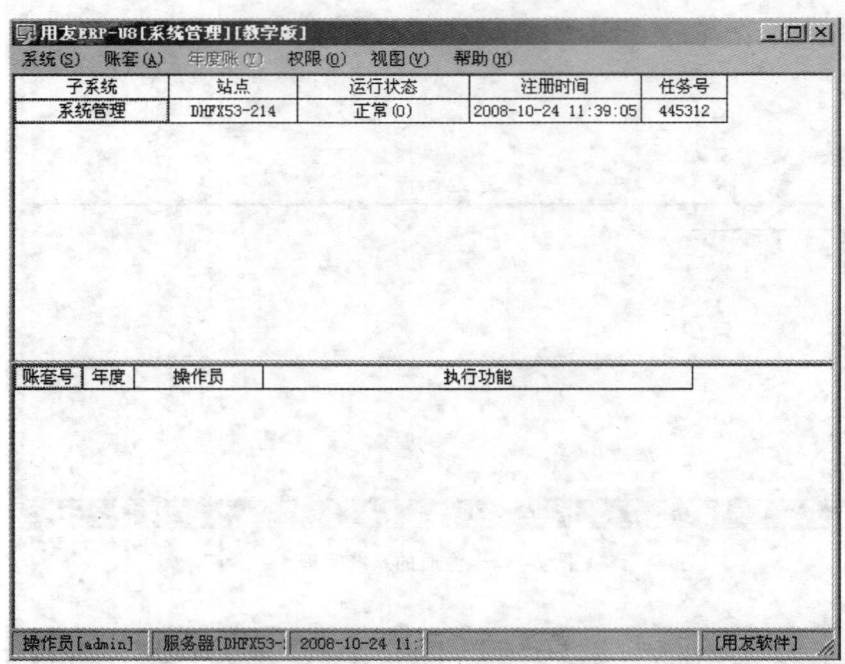

图 2-3 注册后的用友 ERP-U8【系统管理】窗口

操作说明：

① 选择进入用友 ERP-U8 系统服务→系统管理或运行 ERP-U8 子系统，进入注册登录界面。

② 选择服务器：在客户端登录，则选择服务端的服务器名称；在服务端或单机上的用户则选择本地服务器。

③ 输入本次需要登录的操作员名称（或代码）和密码，系统会根据当前操作员的权限显示该操作员可以登录的账套号。若要修改密码，则单击"更改密码"按钮。

④ 选择账套和要进行业务处理的会计年度。

⑤ 在"操作日期"组合框内键入操作时间，一般是当前时间。输入格式为 yy-mm-dd。

2.2.2　账套管理

账套管理包括账套的建立、修改、引入和输出。其中，系统管理员有权进行账套的建立、引入和输出操作；而账套信息的修改则由账套主管负责。

1. 建立账套

企业应用会计信息系统之初，首先需要在系统中建立企业的基本信息、核算方法、编码规则等，称为建账，然后在此基础上启用会计信息系统的各个子系统，进行日常业务处理。

为了方便操作，会计信息系统中大多设置了建账向导，用来引导用户的建账过程。在建立企业账套时，需要向系统提供以下表征企业特征的信息，归类如下：

（1）账套基本信息

包括账套号、账套名称、账套启用日期及账套路径。

- 账套号：由于在一个会计信息系统中，可以建立多个企业账套，因此必须设置账套号作为区分不同账套数据的唯一标志。
- 账套名称：一般用来描述账套的基本特性，可以输入核算单位简称或用该账套的用途命名。账套号与账套名称是一一对应的关系，共同来代表特定的核算账套。
- 账套路径：用来指明账套在计算机系统中的存放位置，为方便用户，应用系统中一般预设一个存储位置，称其为默认路径，但允许用户更改。
- 账套启用日期：用于规定该企业用计算机进行业务处理的起点，一般要指定年、月。启用日期在第一次初始设置时设定，一旦启用不可更改。在确定账套启用日期的同时，一般还要设置企业的会计期间，即确认会计月份的起始日期和结账日期。

（2）核算单位基本信息

包括企业名称、简称、地址、邮政编码、法人、通信方式等。

在以上各项信息中，单位全称是必须项，因为发票打印时要使用企业全称，其余情况全部使用企业的简称。

（3）账套核算信息

包括记账本位币、行业性质、企业类型、账套主管、编码方案、数据精度等。

- 记账本位币：是企业必须明确指定的，通常系统默认为人民币，很多软件也提供以某种外币作为记账本位币的功能。
- 企业类型：是区分不同企业业务类型的必要信息，选择不同的企业类型，系统在业务处理范围上有所不同。
- 行业性质：表明企业所执行的会计制度。
- 编码方案：是对企业关键核算对象进行分类级次及各级编码长度的指定，以便于用户进行分级核算、统计和管理。
- 数据精度：是指定义数据的保留小数位数。

以上账套参数确定后，应用系统会自动建立一套符合用户特征要求的账簿体系。

【例2-2】创建账套

操作步骤：

①在"用友ERP-U8【系统管理】"窗口，单击【账套→建立】，进入"创建账套"对话框，如图2-4所示。

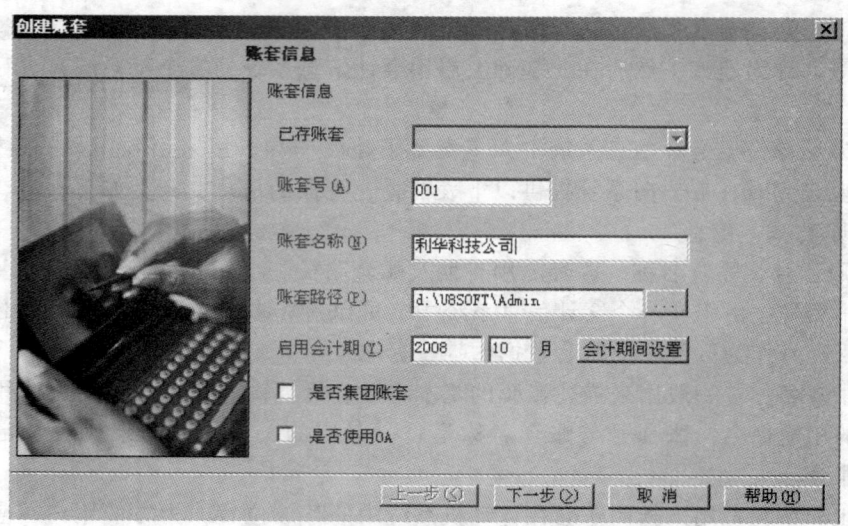

图2-4 "创建账套"对话框

②输入账套名称和相关的账套信息后，单击【下一步】按钮，进入"创建账套→单位信息"对话框，如图2-5所示。

③输入"单位名称"等相关信息后，单击"下一步"按钮，进入"创建账套→核算类型"对话框，如图2-6所示。

④选择"账套主管"为demo，选择好"企业类型"、"行业性质"、"科目预置语言"等后，单击【下一步】按钮，进入"创建账套→基础信息"对话框，如图2-7所示。

第 2 章 系统管理和基础设置

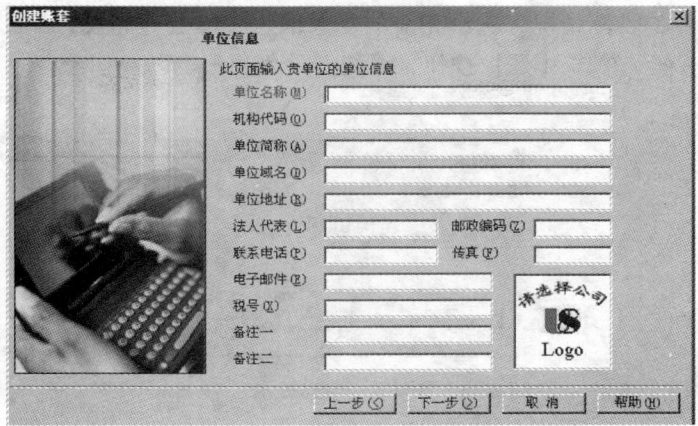

图 2-5 填写单位信息

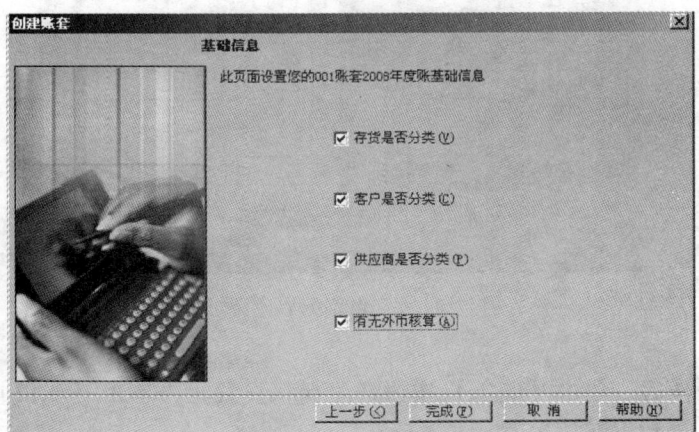

图 2-6 选择核算类型

图 2-7 设置基础信息

⑤ 根据企业的实际情况,选中相应的复选框后,单击【完成】按钮,弹出如图2-8所示的询问提示框。单击【是】按钮,系统开始创建账套。

图2-8 询问提示

⑥ 账套创建完毕后,弹出如图2-9所示的"编码方案"对话框,所有的编码方案都可以到9级。如果需要修改系统自动生成的编码方案,则可以选择相应项目,相应级别对应的方框,并用键盘输入所需的编码长度。

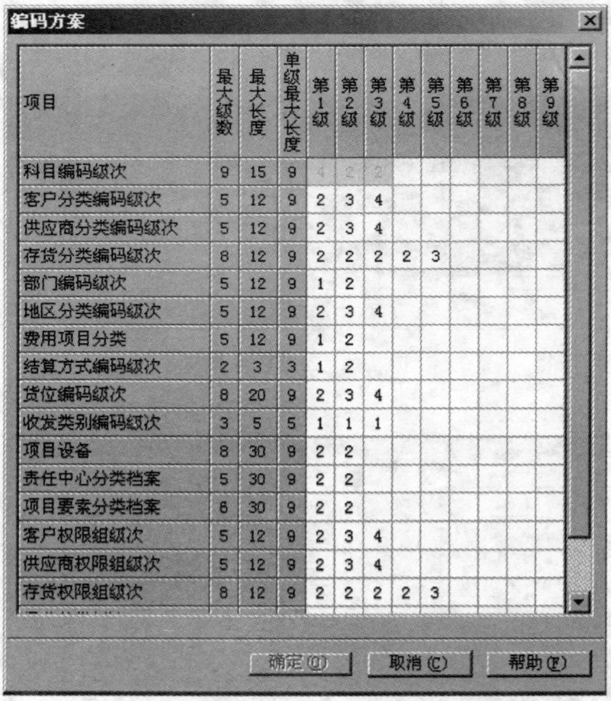

项目	最大级数	最大长度	单级最大长度	第1级	第2级	第3级	第4级	第5级	第6级	第7级	第8级	第9级
科目编码级次	9	15	9	4	2	2						
客户分类编码级次	5	12	9	2	3	4						
供应商分类编码级次	5	12	9	2	3	4						
存货分类编码级次	8	12	9	2	2	2	2	3				
部门编码级次	5	12	9	1	2							
地区分类编码级次	5	12	9	1	2	3	4					
费用项目分类	5	12	9	1	2							
结算方式编码级次	2	3	3	1	2							
货位编码级次	8	20	9	2	3	4						
收发类别编码级次	3	5	5	1	1	1						
项目设备	8	30	9	2	2							
责任中心分类档案	5	30	9	2	2							
项目要素分类档案	8	30	9	2	2							
客户权限组级次	5	12	9	2	3	4						
供应商权限组级次	5	12	9	2	3	4						
存货权限组级次	8	12	9	2	2	2	2	3				

图2-9 设定编码方案

⑦ 设置完毕后,单击【确定】按钮即可保存设置,再单击【取消】按钮,进入如图2-10所示的"数据精度"对话框。

⑧ 设置好相应的数据精度后,单击【确定】按钮,弹出如图2-11所示的提示对话

第 2 章 系统管理和基础设置

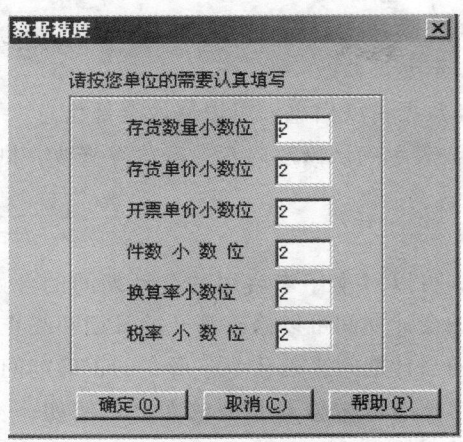

图 2-10 设置数据精度

框,询问是否立即进行系统启用设置。如果需要启用,则单击【是】按钮;如果希望以后进行启用设置,则单击【否】按钮。

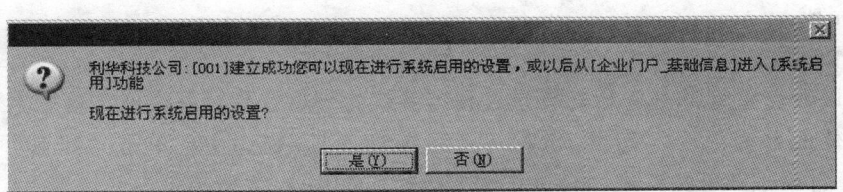

图 2-11 询问是否进行系统启用设置

2．修改账套

账套建立完成后,如果发现有些参数有误需要修改,或者希望查看建账时所设定的信息,则可以执行账套修改功能。只有账套主管有权修改账套,即便如此,有些系统已使用的关键信息仍无法修改,如账套号、启用会计期。

当系统管理员建完账套和账套主管建完年度账后,在未使用相关信息的基础上,需要对某些信息进行调整,以便使信息更真实准确地反映企业的相关内容,这时,可以进行适当的调整。只有账套主管可以修改其具有权限的年度账套中的信息,系统管理员无权修改。

操作步骤：
① 用户以账套主管的身份注册,选择相应的账套,进入系统管理界面。
② 选择"账套"菜单中的"修改",则进入修改账套的功能。
系统注册进入后,可以修改的信息主要有：
● 账套信息：账套名称

- 单位信息：所有信息
- 核算信息：不允许修改
- 基础设置信息：不允许修改
- 账套分类信息和数据精度信息：可以修改全部信息

单击【完成】按钮，表示确认修改内容；若放弃修改，则单击【放弃】。

提示：

如在账套的使用中，可以对本年未启用的会计期间的开始日期和终止日期进行修改。只有没有业务数据的会计期间可以修改其开始日期和终止日期。使用该会计期间的模块均需要根据修改后的会计期间来确认业务所在的正确期间。

只有账套管理员用户才有权限修改相应的账套。例如，若第 4 会计期间为 3.26—4.25，现业务数据已经做到第 4 个会计期间，则不允许修改第 4 个会计期间的起始日期，只允许将第 4 个会计期间的终止日期修改成大于 4.25（如 4.28），且不允许将第 5 会计期间的起始日期修改成小于 4.26（如 4.23）。

【例 2-3】修改账套

账套设置完毕后，如果需要更改或补充账套信息，那么可以通过 "账套→修改" 功能来完成。

操作步骤：

① 以账套主管身份登录（登录过程与系统管理员登录过程类似，这里不再赘述）。

② 修改账套。在 "用友 ERP-U8【系统管理】" 窗口中，单击 "账套" 菜单中的 "修改" 命令，即可按系统向导进行账套修改，如图 2-12 所示。

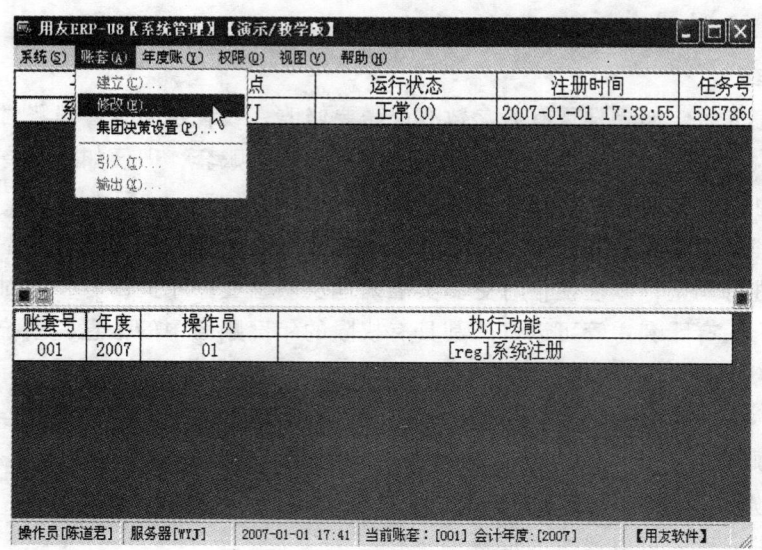

图 2-12 "修改账套" 窗口

3. 引入账套

引入账套是指将系统外某账套数据引入本系统中。在计算机环境中，无论是计算机故障或病毒侵犯，都会致使系统数据受损，这时利用账套引入功能，恢复备份数据，可以将损失降到最小。另外，子公司的账套数据可以定期被引入母公司系统中，以便进行有关账套数据的分析和合并工作。用友财务软件中账套数据恢复功能是通过软件的引入功能来实现的。账套数据恢复是账套数据备份的反向操作过程。该功能一方面可以恢复系统内受损的数据，另一方面将有利于集团公司的操作。

系统管理员在系统管理界面单击【账套】的下级菜单【引入】，则进入"引入账套"的功能。

【例2-4】引入账套

操作步骤：

① 以系统管理员的身份注册进入系统。

② 单击【账套】的下级菜单【引入】，进入"引入账套数据"窗口，如图2-13所示。

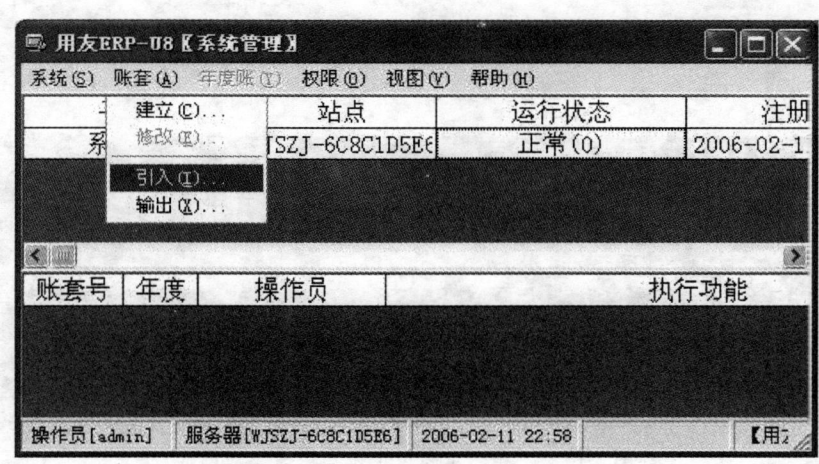

图2-13 引入账套窗口

③ 选择所要引入的账套数据备份文件，文件名统一为 UfErpAct.Lst，如图2-14所示。

④ 系统管理员在界面上选择所要引入的账套数据备份文件和引入路径，单击【打开】按钮，表示确认。

⑤ 选定后，弹出系统提示信息，询问是不是要重新指定引入账套的存放路径，根据情况进行选择，如图2-15所示。

⑥ 单击【否】按钮，开始引入账套，稍候，系统提示"账套引入成功！"。

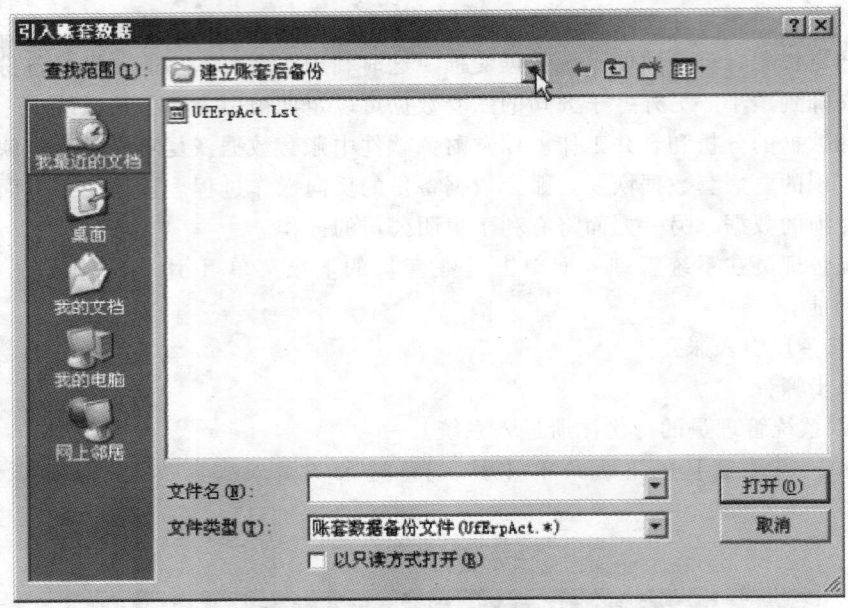

图 2-14 "引入账套数据"对话框

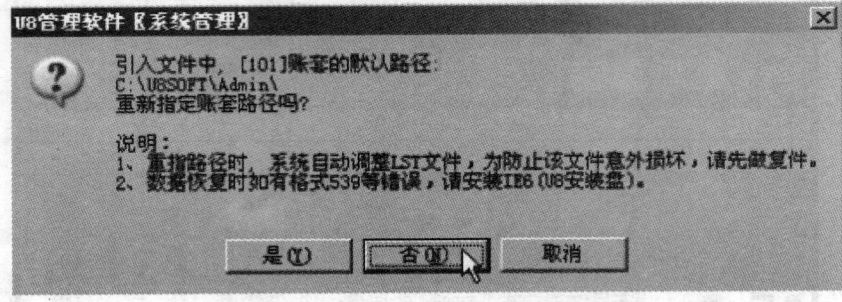

图 2-15 "是否重新指定账套路径"对话框

提示：

引入账套号如与系统内已有的账套号重复，建议在引入前将系统内账套数据先进行备份。

4. 输出账套

账套输出是将系统产生的数据备份到硬盘、软盘等存储介质，一方面为保证数据的完整性，另一方面当系统遭受意外破坏时，可以利用备份数据尽快恢复系统，从而保证企业日常业务的正常进行。当企业初始建账时，数据错误很多或某些情况无须再保留企业账套，可以将机内账套删除，账套删除会一次将该账套下的所有数据彻底清除，因此执行此操作时应格外慎重，为数据安全起见，系统一般提供账套删除前的强制备份，并且只授权于系统管理员。

企业实际运营中，存在很多不可预知的不安全的因素，这些因素的存在有可能对系统安全造成致命性的损害。因此，对于企业系统管理员来讲，应该及时地将企业的数据存储到不同的介质上。用友软件财务数据的存储功能是通过软件的输出功能来实现的；另外，对于异地管理的公司，财务数据的备份有利于解决审计和数据汇总的问题。

【例2-5】输出账套

操作步骤：

① 以系统管理员（admin）身份注册进入"系统管理"。单击【账套→输出】，如图2-16所示。

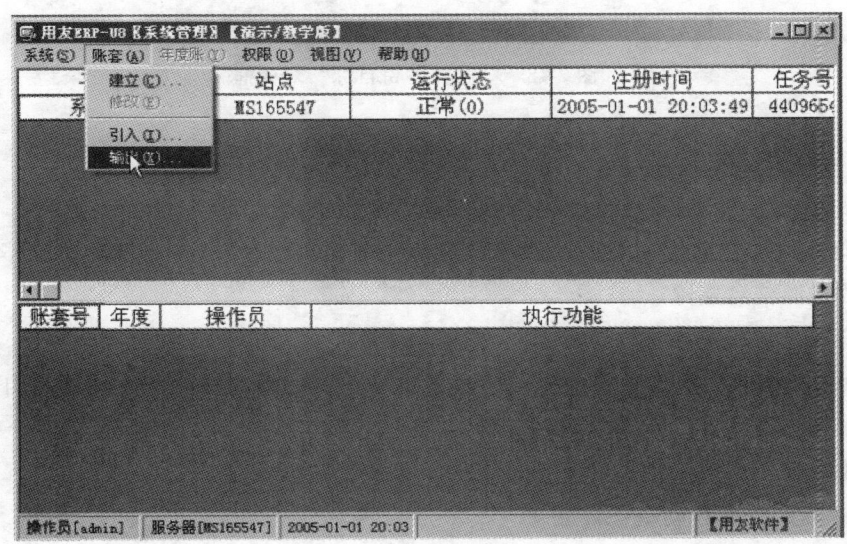

图2-16　"账套输出"窗口

② 弹出"账套输出"对话框，如图2-17所示。

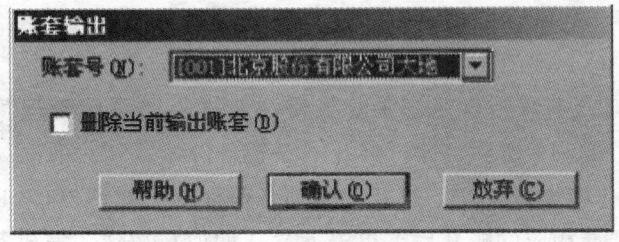

图2-17　"账套输出"对话框

③ 选择要输出的账套，单击【确认】按钮，系统进行输出的准备工作。任务完成后，系统弹出"选择备份目标"对话框，如图2-18所示。选择好备份目标后，单击【确认】按钮，系统提示输出成功。

图 2-18 "选择备份目标"对话框

提示：

① 只有系统管理员（admin）才可以进行账套输出。

② 如果在输出账套时，同时选中"删除当前输出账套"，则账套输出完毕后，系统将账套数据源信息删除。

5. 设置自动备份计划

在用友 ERP-U8 应用系统中提供了设置自动备份计划的功能，其作用是自动定时对设置的账套进行输出（备份）。利用该功能，可以实现定时、自动输出多个账套的目的，有效减轻了系统管理员的工作量，保障了系统数据安全。

【例 2-6】设置自动备份计划

为北京宏远科技有限公司 111 账套设置自动备份计划。

计划编号：2006-01；计划名称：111；账套系统初始化期间备份计划；

备份类型：账套备份，发生频率：每天；发生天数：1；

开始时间：12：00：00；有效触发：2 小时；保留天数：10 天；

备份路径：D：\ 111 账套备份计划。

操作步骤：

① 以系统管理员身份或者账套主管身份注册进入"系统管理"，单击【系统→设置备份计划】，如图 2-19 所示，即可打开"设置备份计划"对话框。

② 单击上方【增加】按钮，打开"增加备份计划"对话框，如图 2-20 所示。依次输入计划内容并选择相应的账套后，单击下方【增加】按钮，完成备份计划的设置。

6. 账套删除

此功能是根据客户的要求，将所希望的账套从系统中删除。此功能可以一次将该账套下的所有数据彻底删除。

操作步骤：

① 以系统管理员（admin）身份注册，进入系统管理模块。然后从"账套"菜单

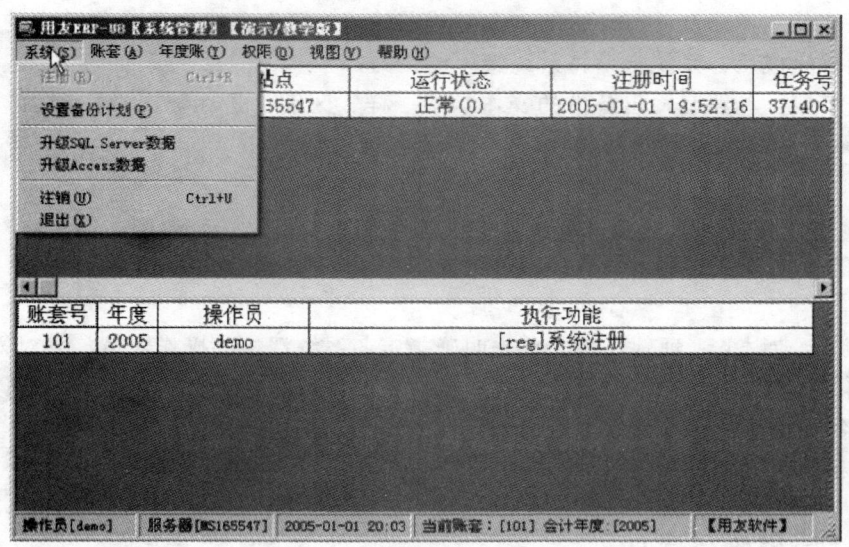

图 2-19 "设置备份计划"操作窗口

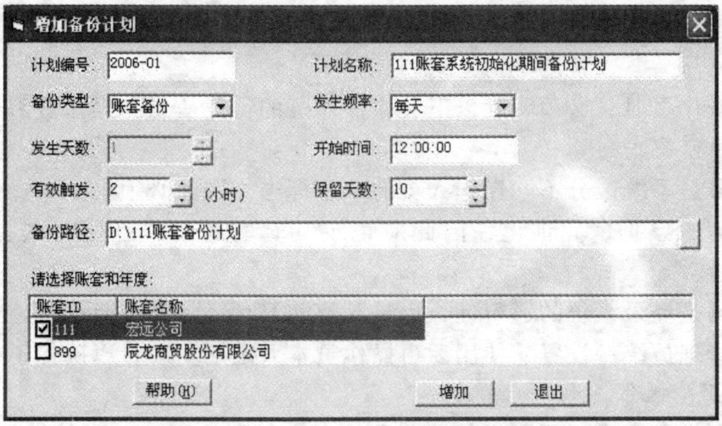

图 2-20 "增加备份计划"对话框

下级的"输出"功能进入。

② 此时系统弹出账套输出界面,在"账套号"处选择需要输出的账套,并选中"删除当前输出账套",单击【确认】进行输出。此时,系统会进行输出的工作,在系统进行输出过程中系统有一个进度条,任务完成后,系统会提示输出的路径(此处系统只可以选择本地的磁盘路径,例如,c:\backup 下,等等)。选择输出路径,单击【确认】,完成输出。此时,系统提示:"真要删除该账套吗?",确认后系统删除该账套,取消操作则不删除当前输出账套。

注意：
① 正在使用的账套此时系统的"删除当前输出账套"是置灰不允许选中的。
② 删除完成后，系统自动将系统管理员注销。
③ 账套删除和账套输出备份的操作基本一样，区别只是在输出选择界面选中删除操作和完成备份后的删除确认。

2.3 用户及权限管理

当实施企业财务管理软件时，首先明确指定各系统授权的操作人员，并对操作人员的使用权限进行明确规定，以避免无关人员对系统进行非法操作，同时，也可以对系统所包含的各个功能模块的操作进行协调，使得流程顺畅，从而保证整个系统和会计数据的安全性和保密性。

2.3.1 操作员管理

操作员指有权登录并使用系统的人。操作员管理包括操作员的增加、修改和删除，由系统管理员全权管理。

1. 增加操作员

增加系统操作员时，必须明确以下关于操作员的特征信息：操作员编号、姓名、所属部门和操作员密码。

操作员编号是系统区分不同操作人员的唯一标志，因此必须唯一。操作员姓名一般会出现在其处理的票据、凭证上，因此应记录其真实姓名，以便对其操作行为进行监督。

操作员密码是登录系统的通行证，也是计算机环境下不同于手工的控制方式之一，初始时由系统管理员统一设置，使用后由操作员本人定期更改，以确保不被他人窃取。

2. 修改或删除操作员

操作员刚刚设置完成，可以对其姓名及口令进行更改，一旦以其身份进入过系统，便不能被修改和删除。

使用用友财务软件进行初次建账时，除了软件默认的系统管理员（admin）及账套主管（demo、SYSTEM、UFSOFT）外，再没有其他的操作员可以进入用友财务软件进行操作。因此，当企业建立账套后，需要根据企业实际情况进行操作员的设置，如总账会计人员、出纳人员等。

操作员管理包括两个方面的内容：一是增加用户与角色设置；二是对新增用户及角色进行权限的设置。

3. 角色管理

一个角色可以拥有多个用户，一个用户也可以分属于多个不同的角色。

用户和角色的设置可以不分先后顺序，但如果是自动传递权限，则应该首先设置角色并对角色进行权限分配，然后才能设置用户。

也就是说在设置用户的时候，用户归属于哪个角色，则自动具有该角色的权限。

角色管理包括增加角色、修改角色及删除角色等内容。

在删除角色时，如果角色下面有所属的用户，则不允许删除。只有先将用户删除后才可进行角色的删除。

只有系统管理员（admin）才可以进行角色设置。

操作步骤：

①在"系统管理"主界面，选择"权限"菜单中的【角色】，将进入角色管理功能界面，如图 2-21 所示。

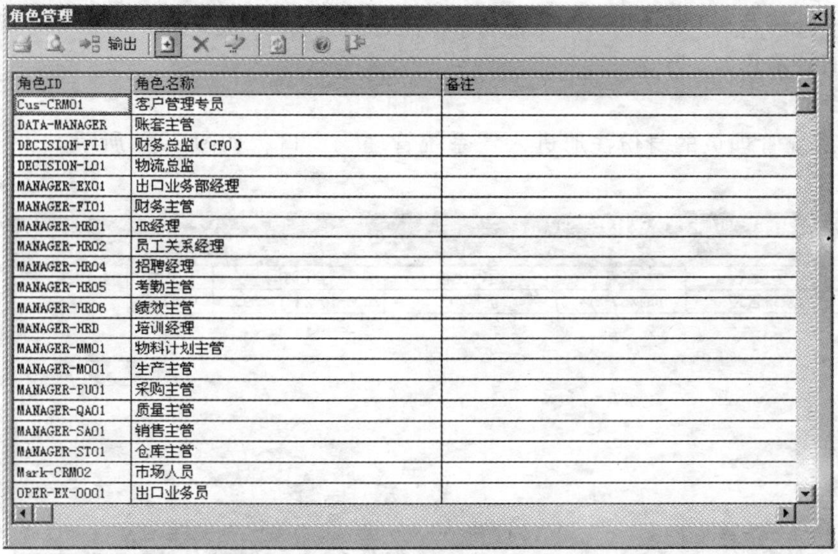

图 2-21　"角色管理"界面

② 在角色管理界面，单击【增加】按钮，显示"增加角色"界面，输入角色编码，可以录入 12 位字符；输入角色名称，可以是 40 位字符（角色编码和名称都不允许重复录入，而且此两项是必输项）；在备注中可以加入对此角色的注释，可以录入 119 位字符。在所属用户名称中可以选中归属该角色的用户。单击【增加】按钮，保存新增设置。

③ 选中要修改的角色，单击【修改】按钮，进入角色编辑界面，对当前所选角色记录进行编辑，除角色编号不能进行修改之外，其他的信息均可以修改。

④ 删除当前的角色，单击【删除】按钮，则将选中的角色删除，在删除前系统会让您进行确认。如果该角色有所属用户，则是不允许删除的。必须先进行"修改"，将所属用户置于非选中状态，然后才能进行角色的删除。

⑤ 单击【刷新】按钮，重新从数据库中提取当前用户记录及相应的信息。

对于界面的选项"是否打印所属用户"是指在打印角色的同时将所属的该角色的

客户同时打印出来。

提示：

若角色已经在用户设置中被选择过，系统则会将这些用户名称自动显示在角色设置中的所属用户名称的列表中。

4. 用户管理

用户是指有权限登录系统，对财务软件应用系统进行操作的人员。也就是指操作员。只有设置了具体的用户之后，才能进行相应的操作。

用户管理包括用户的增加、删除、修改等内容。

【例2-7】设置操作员，分配账套主管

为××科技公司001账套设置001号操作员吴京，口令为1，所属部门为财务部，分配账套主管角色。

操作步骤：

① 以系统管理员的身份注册进入"系统管理"窗口，如图2-22所示。

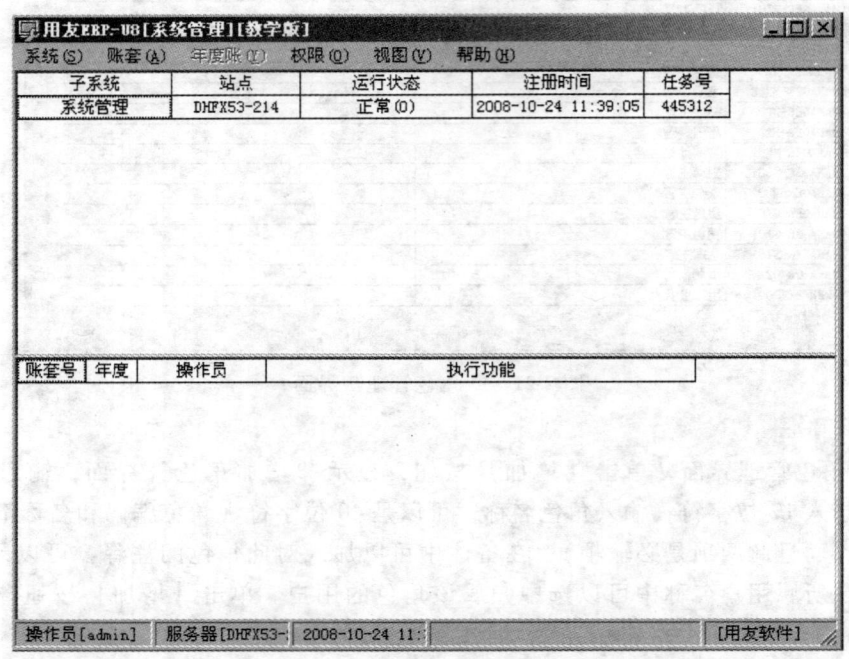

图2-22 登录"系统管理"窗口

② 选择"权限"菜单，则显示出【角色】、【用户】和【权限】三个子菜单。单击【权限→用户】，进入"用户管理"窗口，如图2-23所示。

③ 单击【增加】 按钮，打开"增加用户"对话框，如图2-24所示。输入用户信息，并在所属角色中选中账套主管角色。

第 2 章　系统管理和基础设置

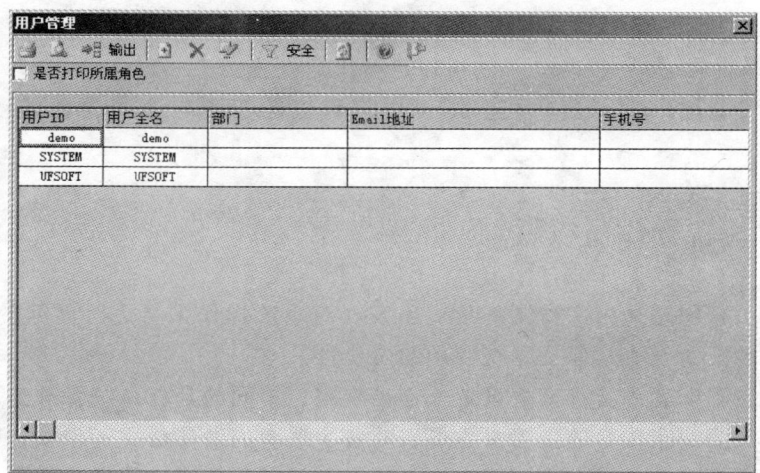

图 2-23　"用户管理"对话框

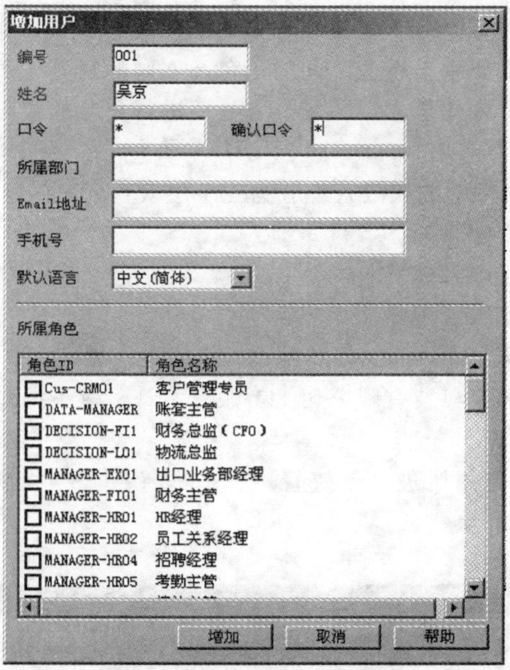

图 2-24　"增加用户"对话框

④ 如果要修改用户信息，单击【修改】  按钮，打开"修改用户信息"对话框。已使用过的用户只能修改口令、所属部门、E-mail、手机号和所属用户等信息。

⑤ 如果需要暂时停止使用该用户，则可以单击"注销当前用户"按钮，之后，该按钮会变为"启用当前用户"。

提示：
- 只有系统管理员（admin）才可以进行用户设置。
- 若修改了用户的所属角色，则该用户对应的权限也跟着角色的改变而相应改变。

2.3.2 设置操作员权限

设置操作员权限是从内部控制的角度出发，对系统操作人员进行严格的岗位分工，严禁越权操作的行为发生，保证系统使用的安全性。

系统管理员和账套主管都有权设置操作员权限，不同的是：系统管理员可以指定或取消某一操作员为一个账套的主管，也可以对各个账套的操作员进行授权；账套主管的权限局限于他所管辖的账套，在该账套内，账套主管默认拥有全部操作权限，可以针对本账套的操作员进行权限设置。

账套主管自动拥有所有模块的操作权限。可以为一个操作员赋予几个模块的操作权限，也可以为一个操作员赋予一个模块中部分功能权限。

按照内部控制制度的要求，企业不同的角色及不同的财务人员应具有不同的操作权限，因此在增加了系统的操作员之后，紧接着是要进行角色的权限及操作人员权限的设定，即财务分工。

用友 ERP-U8 财务软件中的权限管理分为三个层次：

第一层次，功能级权限管理。

第二层次，数据级权限管理。

第三层次，金额级权限管理。

【例 2-8】赋予操作员权限

设置操作员李盈为××科技有限公司 111 账套主管，赋予操作员胡倩出纳权限。

操作步骤：

① 以系统管理员身份注册进入系统管理，单击【权限→权限】，打开"操作员权限"对话框，如图 2-25 所示。

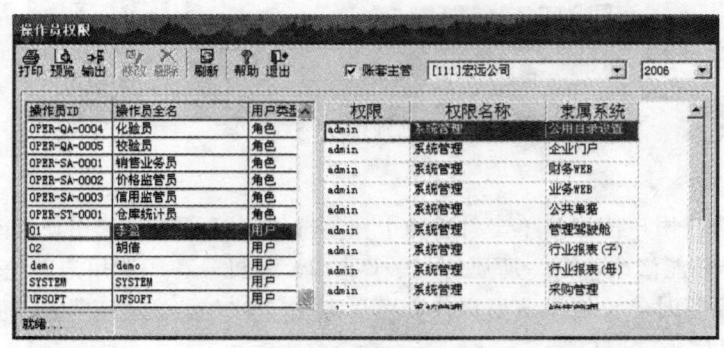

图 2-25 "操作员权限"对话框

② 从左侧的列表中选择要分配权限的操作员"李盈",从右上角账套下拉列表中选择其所属的 111 账套,将左侧的"账套主管"前打"√",在弹出的确认对话框中单击【是】,操作员李盈即拥有 111 账套中所有子系统的操作权限。

③ 从左侧的列表中选择要分配权限的操作员"胡倩",单击【修改】按钮,打开"增加和调整权限"对话框,选择总账模块中的出纳权限后确定即可,如图 2-26 所示。

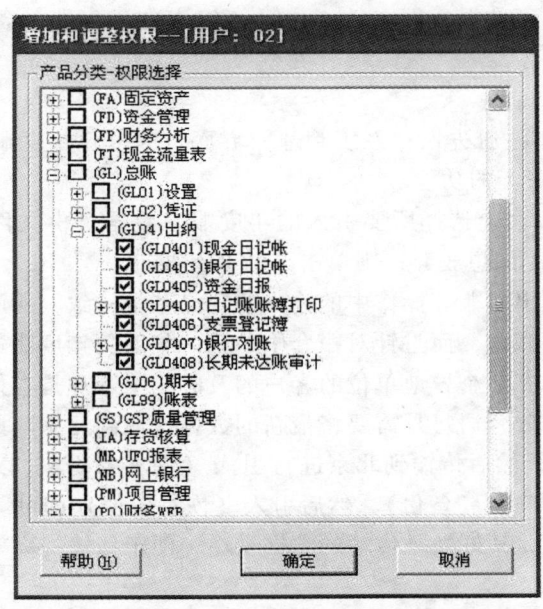

图 2-26 "增加和调整权限"对话框

提示:
- 系统提供了 22 个子系统的功能级权限的分配,企业可根据需要进行设定。
- 角色的权限设置与操作员的权限设置是一样的。
- 只有以系统管理员的身份注册,才能设置某一操作员"账套主管"的权限。如果以账套主管的身份注册,则只能分配所辖账套 22 个子系统的操作权限。
- 一个账套可以有多个账套主管。
- 如果在角色管理或用户管理中已将某一用户归属于"账套主管"角色,则该操作员即已定义为系统内所有账套的账套主管。

2.4 年度账管理

年度账管理主要包括:建立年度账、年度账的引入和输出、结转上年数据、清空年度账、删除年度账。对年度账的管理只能由账套主管进行。

1. 建立年度账

当新年度到来时,应首先建立新年度核算体系,即建立年度账,再进行与年度账相关的其他操作。

2. 年度账的引入和输出

年度账操作中的引入和输出，作用是对数据的备份与恢复。年度账操作中引入和输出，不是整个账套的全部数据，而是针对账套中的某一年度的数据。

年度账操作中的引入与账套操作中的引入含义基本一致，所不同的是年度账操作中的引入不是针对某个账套，而是针对账套中的某一年度的年度账进行的。

年度账引入的是年度数据备份文件（由系统输出的年度账的备份文件，前缀名统一为 uferpyer）。

操作步骤：

① 系统管理员用户注册进入"系统管理"界面，单击【年度账】的下级菜单【引入】，则进入引入年度账套的功能。

② 系统管理员在界面上选择所要引入的年度账套数据备份文件和引入路径，单击【打开】按钮表示确认；如想放弃，则单击【放弃】按钮。

年度账操作中的输出与账套操作中的输出的含义基本一致，所不同的是年度账操作中的输出不是针对某个账套，而是针对账套中的某一年度的年度账进行的。

年度账的输出对于有多个异地单位的客户的及时集中管理是有好处的。例如，某单位总部在北京，其上海分公司每月需要将最新的数据传输到北京。此时，第一次只需上海将账套输出（备份），然后传输到北京进行引入（恢复备份），以后再需要传输数据时只需要将年度账进行输出（备份），然后引入（恢复备份）即可。这样方式使得以后传输只传输年度账即可，其好处是传输的数据量小，便于传输提高效率和降低费用。

操作步骤：

① 以账套主管身份注册，进入系统管理模块。然后，单击【年度账】菜单下级的"输出"功能。

② 系统弹出输出年度数据界面，在"选择年度"处列示出需要输出的当前注册账套年度账的年份（为不可修改项），单击【确认】铵钮，进行输出。此时，系统会进行输出的工作，在系统进行输出过程中系统有一个进度条，任务完成后，系统会提示输出的路径（此处系统只允许选择本地的磁盘路径，例如，c：\ backup 下，等等）。

注意：

① 只有具有该账套的年度账账套主管权限的操作员，可以进行输出对应年度账的数据。如果将"删除当前输出账套"同时选中，在输出完成后系统会确认是否将数据源从当前系统中删除。

② 不同输出方式的差异

- 无论使用账套输出、年度账输出或设置备份计划输出，其目的只有一个，将目标数据进行输出备份。
- 三种方式的输出方法和输出内容是有一定区别的。具体内容如表 2-1 所示。

表 2-1　　　　　　　不同输出方式的输出方法和输出内容的区别

内容\类别	账套输出	年度账输出	设置备份计划	
			设置账套备份计划	设置年度账备份计划
范围	一次只能输出一个账套的数据	一次只能输出一个账套中的一个年度账的数据	一次可以输出多个账套的数据	一次可以输出多个账套的多个年度账
自动备份定时输出功能	N	N	Y	Y

Y 表示可以，N 表示不可以。

3. 结转上年数据

每到年末，在启用新年度账时，就需要将上年度中的相关账户的余额及其他信息结转到新年度账中。如果企业管理信息系统涵盖了财务、供应链等多个模块，在进行年度数据结转时，则还要注意先后顺序。

一般来说，采购系统、销售系统年度数据结转为第一级次，然后是库存管理和存货核算，当供应链的结转完成之后，就可以执行应收款管理和应付款管理的年度结转。以上各项和工资管理、固定资产管理的年度结转完成后，才可以执行成本管理的年度结转，最后是账务处理系统。

一般企业是持续经营的，因此企业的日常工作是一个连续性的工作，只是为了统计分析人为地将企业持续的经营时间划分为一定的时间段。一般以年为最大单位来统计。所以每到年末，需要启用新年度账，将上年度中的相关模块的余额及其他信息结转到新年度账中。

操作步骤：

① 以账套主管的身份选定账套注册登录，进入"系统管理"界面。（此时，注册的年度应该是需要进行结转的年度，若需要将 2007 年的数据结转到 2008 年，则需要以 2008 年注册进入）

② 在系统管理界面单击【年度账】的下级菜单【结转上年数据】，单击相应模块结转功能，进行上年数据的结转。各相关模块确认后，有各相关模块的系统检查和提示，由于各模块的内容不同，所以检查和提示的内容也不尽相同。

流程说明：

结转上年数据之前，首先要建立新年度账。

建立新年度账后，可以执行供销链产品、资金管理、固定资产、工资系统、总账、网上银行的结转上年数据的工作。对于水平方向的模块是不分先后顺序的，但对于垂直方向的顺序是自上而下的。

4. 清空年度数据

如果年度账中错误太多，或不希望将上年度的余额或其他信息全部转到下一年度，那么这时候，便可使用清空年度数据的功能。"清空"并不是指将年度账的数据全部删除，而还是要保留一些信息的，如账套基础信息、系统预置的科目报表等。保留这些信息主要是为了方便用户使用清空后的年度账重新做账。

操作步骤：

① 以账套主管的身份注册，并且选定账套，进入"系统管理"界面。

② 在系统管理界面单击【年度账】，再将鼠标移动到【清空年度数据】上，单击鼠标。

③ 账套主管用户可在界面中的会计年度栏目选择要清空的年度账的年度，单击【确定】按钮，表示确认。这时，为保险起见，系统还将弹出一窗口，要求用户进行再度确认。如果想放弃，则直接单击【放弃】按钮。确认后系统弹出窗口，进行清空年度数据操作。

④ 年度数据清空后，系统弹出确认窗口。单击【确认】按钮，完成清空年度数据操作。

注意：

清空年度账数据一定要备份数据，然后再进行操作。清空年度账只是清空数据并不清除基础设置、档案的内容。

5. 年度账删除

删除当前年度账后，其他年度账依然可以使用。

操作步骤：

① 以账套主管身份注册，进入"系统管理"界面。然后，单击【年度账】的下级菜单【输出】进入输出年度账的功能。

② 系统弹出输出年度数据界面，在"选择年度"处列示出需要输出的当前注册账套年度账的年份（为不可修改项），同时，选中"删除当前输出年度"选项，单击【确认】。此时，系统会进行输出的工作，在系统进行输出过程中系统有一个进度条，任务完成后，系统会提示输出的路径（此处系统只可以选择本地的磁盘路径，例如，c：\backup下，等等）。完成后系统请您确认是否删除当前输出的年度账，确认后完成删除操作。取消则系统放弃删除操作。

2.5 系统安全管理

1. 系统运行监控

以系统管理员身份注册进入系统管理后，可以查看到两个部分内容：一部分列示的是已经登录的子系统，还有一部分列示的是登录的操作员在子系统中正在执行的功能。这两个部分的内容都是动态的，它们都根据系统的执行情况而自动变化。

2. 注销当前操作员

如果需要以一个新的操作员身份注册进入，以启用系统其他功能，就需要将当前的操作员从系统管理中注销；或者需要暂时离开，而不希望他人对系统管理进行操作，这时也应该注销当前操作员。

3. 清除系统运行异常

系统运行过程中，由于死机、网络阻断等都有可能造成系统异常，针对系统异常，应及时予以排除，以释放异常任务所占用的系统资源，使系统尽快恢复正常秩序。

操作步骤：

① 以系统管理员（admin）身份注册，进入系统管理。

② 单击【视图】下级菜单中【清除异常任务】，即可执行。

4. 上机日志

为了保证系统的安全运行，系统随时对各个产品或模块的每个操作员的上下机时间、操作的具体功能等情况都进行登记，形成上机日志，以便使所有的操作都有所记录、有迹可寻。

操作步骤：

① 以系统管理员身份注册，进入系统管理。

② 单击【视图】下级菜单中【上机日志】，即可执行。

操作说明：

- 使用过滤功能

为了方便用户查看上机日志，系统还提供过滤功能来过滤上机日志的内容。

单击工具栏上的功能按钮【过滤】，输出"日志过滤"条件框，用户在界面中根据自己的需要输入过滤条件。

单击【确认】按钮，系统将自动按照用户设定过滤条件来对上机日志的内容进行过滤，并将过滤后的内容显示出来。

如果想放弃查询上机日志，则单击【放弃】按钮。

- 删除上机内容

用户可以对上机日志的内容进行删除。

在删除时，可以和过滤功能结合起来使用，即先利用过滤功能将需要删除的上机日志内容过滤出来或直接选中要删除的启示，然后，在菜单条中单击【删除】按钮即可。

- 上机日志排序

为了方便用户查看上机日志，系统还提供了排序的功能，具体方法是：用户选择要进行排序的列，然后，单击【排序】按钮即可。

- 实时刷新日志

上机日志是动态的，它随着系统的使用情况而不断发生变化，因此要想看到最新的上机日志，就要实时地将上机日志的内容予以刷新，刷新的办法是：用鼠标在菜单条中，单击【刷新】按钮。

注意：

当日志存储到一定极限的时候，系统会提示您进行清除日志工作。具体的操作方法，请按系统提示进行即可。

2.6 基础设置

2.6.1 企业应用平台概述

在进入用友 ERP-U8 应用系统时,用户既可以单独注册任何一个子系统,也可以注册进入企业应用平台,而无须再次经过验证,即可进入任何一个子系统。这样不但避免了重复登录,还能重复利用数据共享和系统集成的优势。

为使企业能够存储在企业内部和外部的各种信息,使企业员工、用户和合作伙伴能够从单一的渠道访问其所需的个性化信息,U8 为用户提供了企业应用平台。通过企业应用平台,企业员工可以通过单一的访问入口访问企业的各种信息,定义自己的业务工作,并设计自己的工作流程。

信息的及时沟通、资源的有效利用、与合作伙伴的在线和实时的链接,将提高企业员工的工作效率以及企业的处理能力。

在日常使用时,不同的操作人员通过注册进行身份识别后进入企业应用平台看到的窗口是相同的。但由于不同的操作人员具有不同的操作权限,因此,每个人能进入的模块也是不同的。

企业应用平台集中了用友 ERP-U8 应用系统的所有功能,为各个子系统提供了一个公共的交流平台。

通过"基本信息"选项,用户可以完成各模块的基础档案管理、数据权限划分等设置。通过企业应用平台,用户可以对各模块的窗口风格进行个性化定制,还可以方便地进入任何有权限的模块。

由于一个账套是由若干个子系统构成的,这些子系统共享公用的基础信息,基础信息是系统运行的基石,在进行日常账务处理之前,需要做好基础设置工作。

基础设置的内容很多,一般包括企业基本管理信息的设置如部门档案、职员档案等,与往来单位相关的信息设置如客户分类/客户档案、供应商分类/供应商档案等,基本核算信息的设置如会计科目、结算方式、银行账号等。

设置基础档案之前应首先确定基础档案的分类编码方案,基础档案的设置必须遵循分类编码方案中的级次和各级编码长度的设定。

下面逐一进行说明。

2.6.2 基本信息

基本信息和基础档案的设置都是系统初始工作中非常重要的环节,其中很多项目的设置直接关系到软件功能能否正确、充分地被使用。因此,在实际的使用过程中,最好先充分理解各基本信息设置的目的和作用，再根据实际情况进行灵活运用。

"基本信息"选项可以设置系统启用、编码方案、数据精度。

1. 系统启用

系统启用是指设定在 U8 应用系统中各个子系统开始使用的日期，只有启用后的子系统才能进行登录。

系统启用的方法有两种：

（1）在创建账套时启用

当用户创建完一个新的账套后，系统即可弹出提示信息，用户可以选择是否立即进行系统启用设置。

（2）在企业应用平台中启用

如果在建立账套时没有设置系统启用，则还可以在企业应用平台中进行设置。

操作步骤：

① 单击"开始→程序→用友 ERP-U8→企业应用平台"，以账套主管的身份注册进入企业应用平台，如图 2-27 所示。

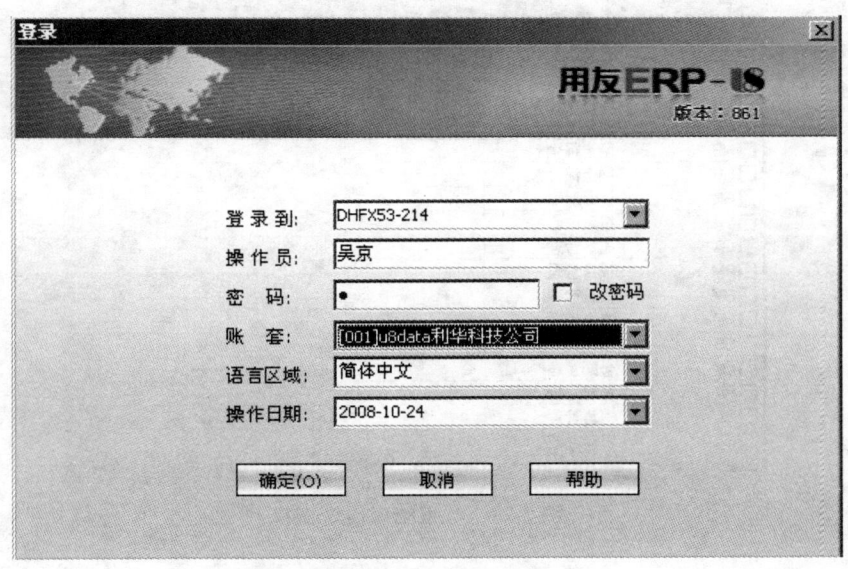

图 2-27　账套主管登录进入企业应用平台

② 进入企业应用平台后，选择左下角的"设置"选项卡后，再选择列表中"基本信息"选项，将其展开，如图 2-28 所示。

③ 双击其中的"系统启用"选项，打开"系统启用"窗口如图 2-29 所示。

④ 选中子系统前的复选框，选择要启用的系统之后，弹出"日历"对话框，如图 2-30 所示。

图 2-28　展开"基本信息"选项

图 2-29　"系统启用"窗口

图 2-30　"日历"对话框

⑤ 对系统的启用日期进行选择，选择好日期后，单击【确定】按钮，弹出提示信息对话框，询问用户是否需要启用当前的系统。

⑥ 单击【是】按钮，完成对系统的启用，系统将自动记录启用日期和启用人。

注意系统启用的约束条件：
- 各系统的启用日期必须大于或等于账套的启用日期。
- "集团账套"不能启用"总账"系统。
- 如果总账先启，则应收应付、薪资、固定资产的启用月应大于总账的已结账月。
- 只有在相关系统启用后，才可启用 Web 系统的相关部分。

2. 编码方案

编码方案功能主要用于设置有几次档案的分级方式和各级编码长度，可分级设置的内容有科目编码、客户分类编码、部门编码、存货分类编码、地区分类编码、货位编码、供应商分类编码、收发类别编码和结算方式编码。编码级次和各级编码长度的设置将决定企业如何编制基础数据的编号，进而构成分级核算、统计和管理的基础。

建账是所选择的设置不同，编码方案显示也将不同。

在相关操作同建账时相应部分的操作。

3. 数据精度

由于企业对数量、单价的核算精度要求不一致，为了适应企业的不同需求，用友 ERP-U8 系统提供了自定义数据精度的功能。

需要设置的数据精度主要有存货数量小数位、存货单价小数位、开票单价小数位、件数小数位数、换算率小数位数和税率小数位数。用户可以根据企业的实际情况来进行设置。

栏目说明：
- 存货数量小数位：可以根据企业的实际情况，输入在进行存货数量核算时所要求的小数位数。只能输入 0～6 之间的整数，系统默认值为 2。
- 存货单价小数位：可以根据企业的实际情况，输入在进行存货单价核算时所要求的小数位数。只能输入 0～6 之间的整数，系统默认值为 4。
- 开票单价小数位：可以根据企业的实际情况，输入在开票时所要求的单价的小数位数。只能输入 0～8 之间的整数，系统默认值为 4。
- 件数小数位数：可以根据企业的实际情况，输入在开票时所要求的件数的小数位数。只能输入 0～6 之间的整数，系统默认值为 2。
- 换算率小数位数：可以根据企业的实际情况，输入在进行单位换算时所要求的换算率的小数位数。只能输入 0～6 之间的整数，系统默认值为 2。
- 税率小数位数：只能输入 0～6 之间的整数，系统默认值为 2。

2.6.3 基础档案

在启用新账套之前，用户应根据企业的实际情况，结合系统基础信息设置的要求，事先做好系统基础数据的准备，以使初始建账能够顺利进行。设置基础档案应该先确定基础档案的分类编码方案，基础档案的设置必须遵循分类编码方案中级次和各级编码长度的设定。

基础档案的设置主要包括：部门档案、人员档案、客户及供应商分类、客户档案、供应商档案的设置。

1. 部门档案

"部门档案"主要用于设置企业各个职能部门的信息，部门指企业下辖的具有分别进行财务核算或业务管理要求的单元体，可以是实际中的部门机构，也可以是虚拟核算单元。按照已经定义好的部门编码级次原则输入部门编号及其信息。最多可分为5级，编码总长12位，部门档案包括部门编码、名称、负责人等信息。

操作步骤：

① 在"企业应用平台"窗口中，单击"基础档案→机构人员→部门档案"，打开"部门档案"对话框，如图2-31所示。

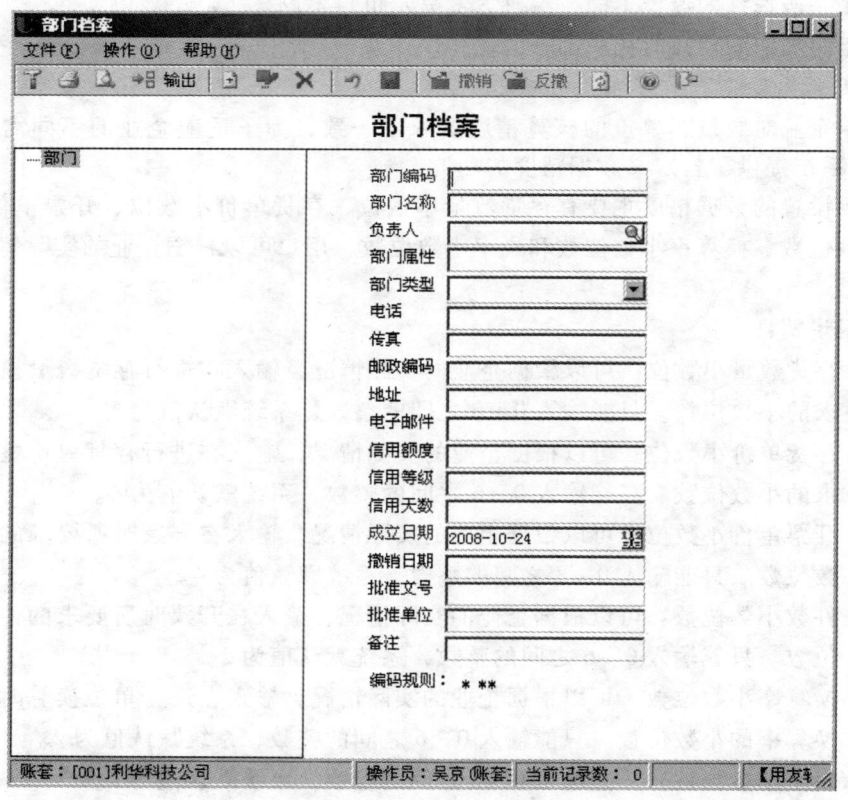

图2-31 "部门档案"对话框

② 单击【增加】按钮，在输入框中依次输入部门编码、部门名称、负责人、部门属性、电话、地址、备注等信息。

③ 填写完毕后,单击工具栏上的【保存】按钮,将新增加的部门保存到系统中,如图 2-32 所示。

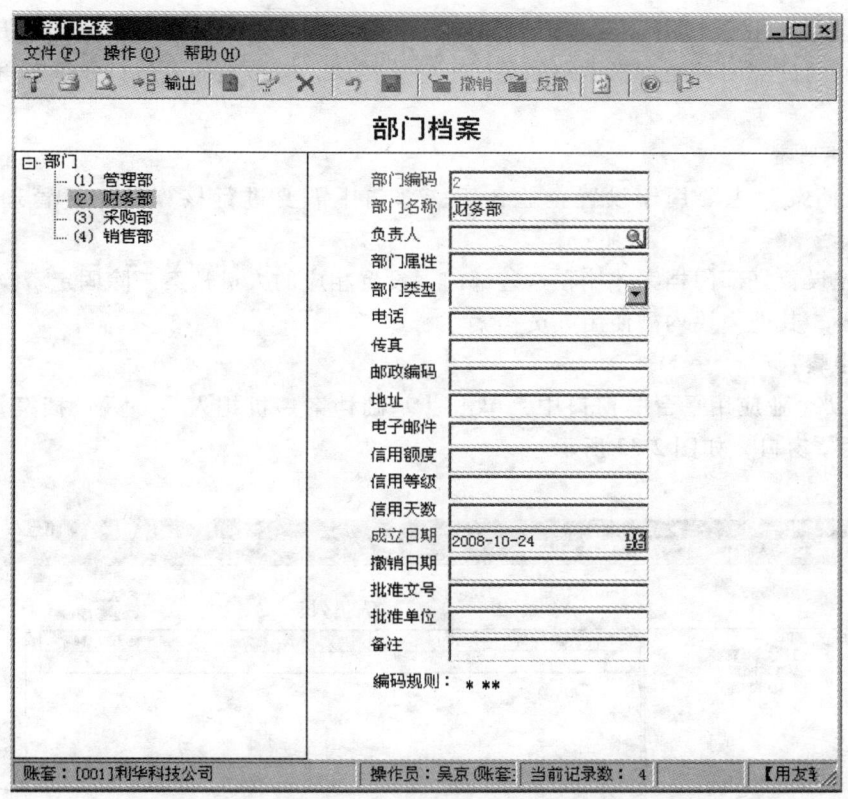

图 2-32　增加部门档案信息

④ 在"部门档案"窗口的左边,将光标定位到要修改的部门编号上后,单击【修改】按钮,则窗口将处于修改状态,除部门编号不能修改外,其他信息均可进行修改。

⑤ 单击左边目录树中要删除的部门,当背景显示蓝色则表示已被选中,单击【删除】按钮,即可删除该部门。如果部门已经被其他对象引用,则在此不能被删除。

⑥ 当系统处于网络中时,可能出现有多个操作员同时操作相同目录的情况,单击【刷新】按钮,即可查看当前最新的目录情况。选择左边目录树中要撤销的部门,背景显示蓝色表示选中,单击【撤销】按钮并输入撤销日期,撤销此部门。

注意:

如果部门中有在职人员和未注销的业务员,则该部门不能被撤销。撤销前,系统提供人员批量转移部门的功能。如果不想使用批量转移,则可在人员档案中将人员或业务员手工调整至其他部门。撤销后,系统提供客户档案、供应商档案、存货档案、仓库档案等档案中的所属部门批量修改功能。如果在存货核算系统的参数设置中选择存货按部门核算,并且仓库在存货明细账或总账(存货核算系统)中已经使用,则此仓库所属不能注销。

⑦ 选择左边目录树中要反撤销的部门,背景显示蓝色表示选中,单击【反撤销】按钮,反撤销此部门。经过反撤销的部门可继续使用,但转出的人员只能手工再调整回此部门。

2. 人员档案

"人员档案"主要用于设置企业各职能部门中需要进行核算和业务管理的职员信息。

必须先设置好部门档案才能在这些部门下设置相应的人员档案。除固定资产和成本管理模块外,其他模块均需使用人员档案。

操作步骤:

① 在"企业应用平台"窗口中,单击【基础档案→机构人员→人员档案】,打开"人员档案"窗口,如图2-33所示。

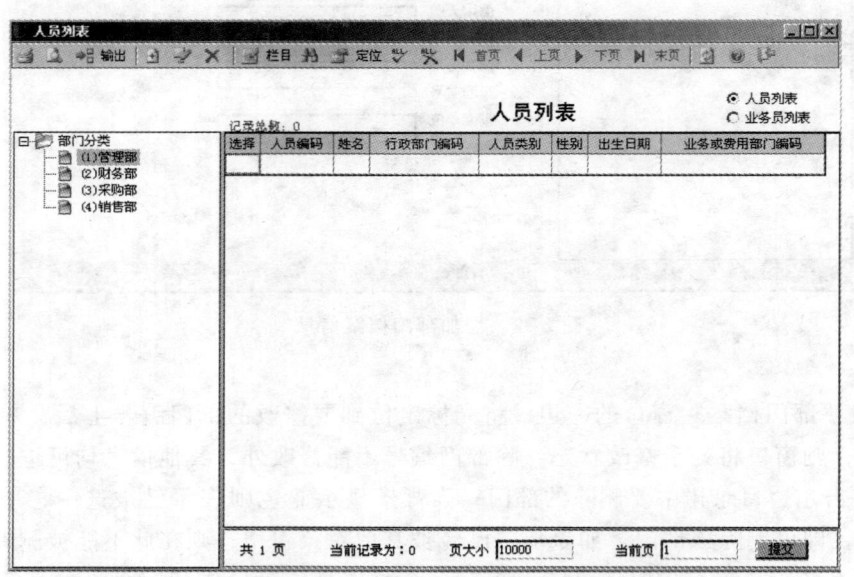

图2-33 "人员列表"窗口

② 单击【增加】按钮,打开"人员档案"窗口,如图2-34所示。其中,蓝色项目为必填项,包括"人员编码"、"人员姓名"、"性别"、"人员类别"和"行政部门",其他为任选项。

③ 将光标定位到要修改的职员上,单击【修改】按钮,即可进入修改状态对人员信息进行修改,但修改后的职员编号必须保持唯一。单击【删除】按钮,则弹出提示信息,询问是否确认删除,单击【是】按钮,即可删除该人员档案,单击【否】按钮,

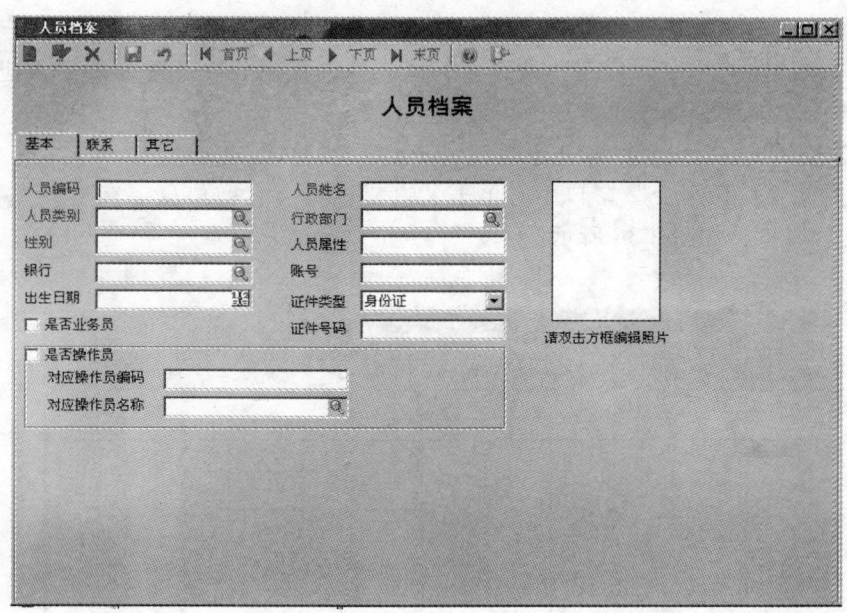

图 2-34 增加人员档案

则返回到修改状态。

④ 填写完毕后，单击工具栏上的【保存】按钮，将新增加的部门保存到系统中，如图 2-35 所示。

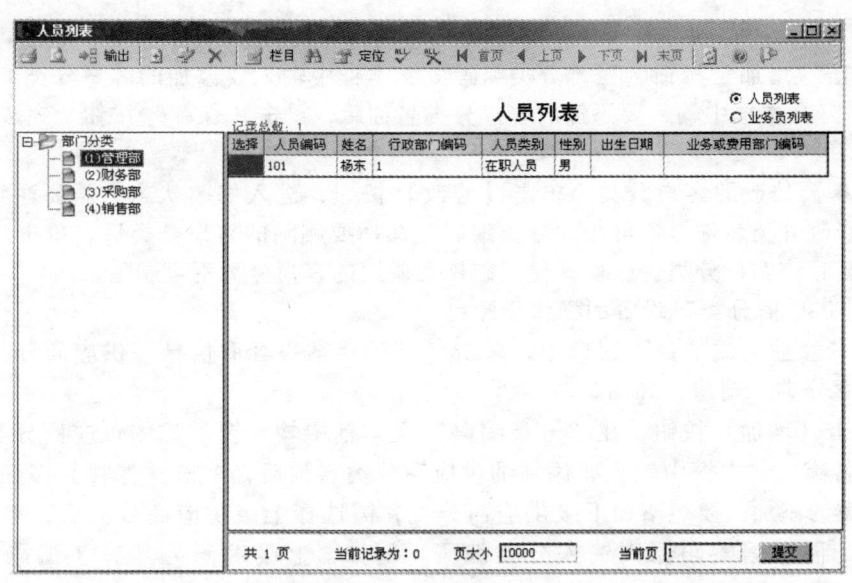

图 2-35 增加人员档案保存后的窗口

3. 客户及供应商分类

企业可以根据自身管理的需要对客户（供应商）进行分类管理，建立客户（供应商）分类体系，将客户（供应商）按行业、地区等进行划分。设置客户（供应商）分类后，再根据不同的分类建立客户（供应商）档案。

● "客户分类"设置的操作步骤：

① 在"企业应用平台"窗口中，单击"基础档案→客商信息→客户分类"，打开"客户分类"窗口，如图2-36所示。

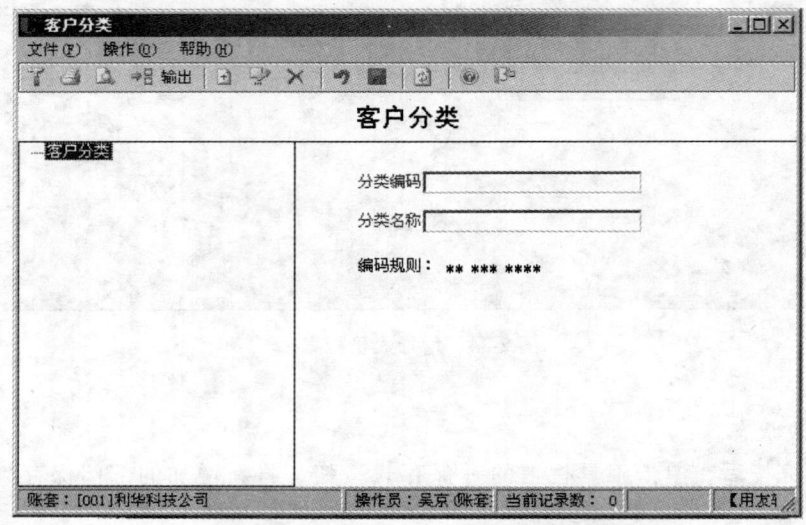

图2-36 "客户分类"窗口

② 单击"增加"按钮，在"分类编码"文本框中输入要添加的客户分类编码，在"分类名称"文本框中输入要添加的客户分类名称后，单击"保存"按钮，完成客户分类的添加。

③ 选择要修改的客户分类，单击【修改】按钮，进入修改状态，需要注意的是：此时只能修改分类名称，不可修改分类编码。选择要删除的客户分类后，单击【删除】按钮，可删除该客户分类。已被其他基础档案调用的客户分类不可删除。

● "供应商分类"设置的操作步骤：

① 在"企业应用平台"窗口中，单击【基础档案→客商信息→供应商分类】，打开"供应商分类"窗口，如图2-37所示。

② 单击【增加】按钮，在"分类编码"文本框中输入要添加的供应商分类编码，在"分类名称"文本框中输入要添加的供应商分类名称后，单击【保存】按钮，完成供应商分类的添加。要想增加下级供应商分类，需选择上级供应商分类后，单击【增加】按钮，再根据编码原则输入分类编码。例如，上级编码为"1"，编码规则为"***"，则新增的下级编码为"101"。有下级分类码的供应商分类前会出现带框的"+"符号，当双击该分类码时，将会出现或取消下级分类码。

第 2 章 系统管理和基础设置

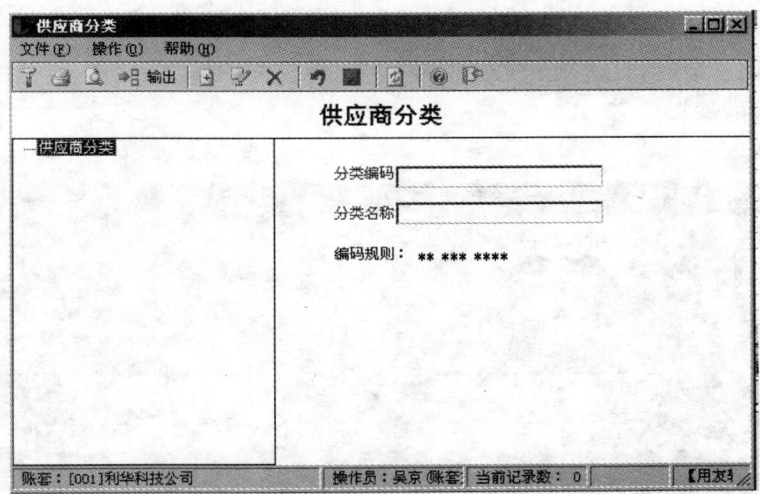

图 2-37 "供应商分类"窗口

③ 选择要修改的供应商分类，单击【修改】按钮，进入修改状态，需要注意的是：此时，只能修改分类名称，不可修改分类编码。

④ 选择要删除的供应商分类后，单击【删除】按钮，可删除该供应商分类。已经使用的供应商分类不能删除，非末级供应商分类不能删除。

4. 客户档案

客户档案主要用于设置往来客户的档案信息，以便于对客户及业务数据进行统计和分析。如果用户在建立账套时选择了客户分类，则必须在设置完客户分类档案的情况下，才能编辑客户档案。

"客户档案"设置的操作步骤：

① 在"企业应用平台"窗口中，单击"基础档案→客商信息→客户档案"，打开"客户档案"窗口，如图 2-38 所示。

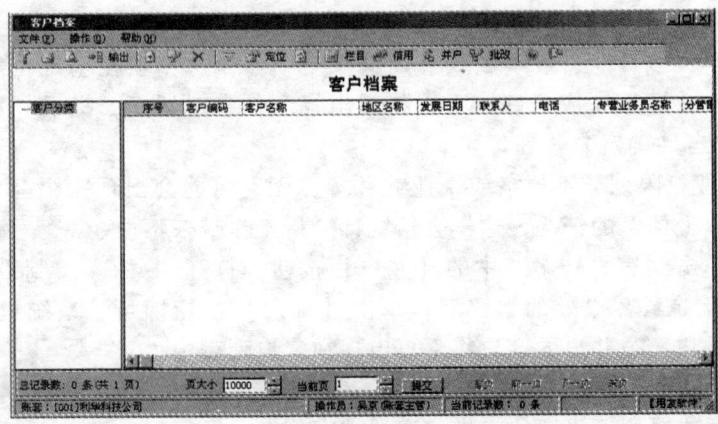

图 2-38 "客户档案"窗口

43

② 单击【增加】按钮，打开"增加客户档案"窗口，如图2-39所示。其中，蓝色项目为必填项，其他为任选项（可以为空）。输入相关的信息后，单击【保存】按钮，完成客户档案的添加。

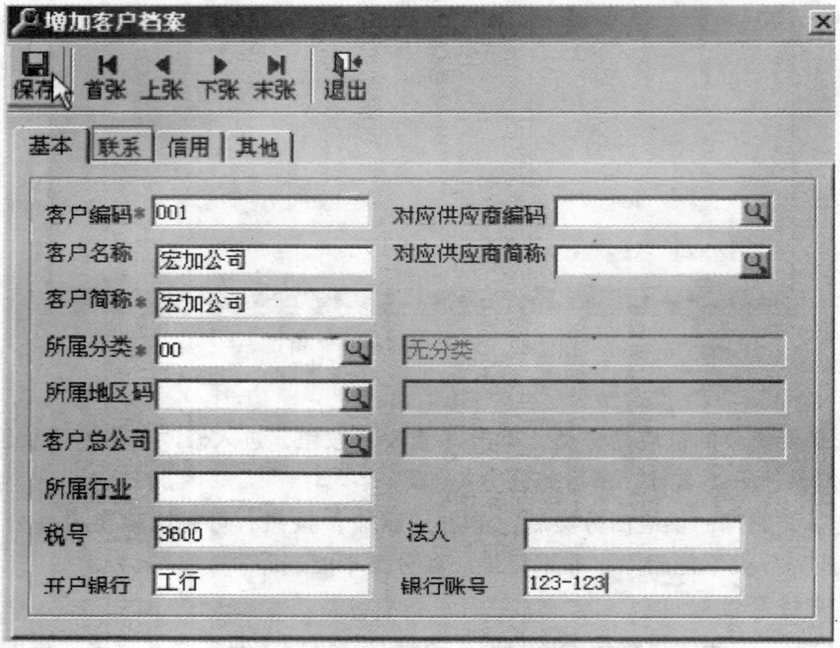

图 2-39 增加客户档案

③ 利用系统提供的"过滤"功能输入查询条件，即可快速找到需要的客户记录。单击【过滤】按钮，打开"客户档案"对话框。在"过滤条件"选项卡中设置的过滤条件，是基础档案中的各输入项，可见客户基础档案信息输入得越全面，可以使用的过滤条件就越多，过滤结果就越精确。

④ 单击【信用】按钮，即开始在应收系统中计算，自动维护最后交易日期、最后交易金额、最早欠款日期、最早收款日期这4个项目，这4项在基础档案中只可以查看，不能被修改。计算完成只好，系统将弹出提示信息对话框，提示"相关信用数据计算完毕"，单击【确定】按钮即可。

⑤ 由于企业权限划分不严格或企业兼并等原因，可能会出现一个客户在系统中建立两个或两个以上档案的情况，这样会给统计分析工作带来不便，一旦发现，应立即对其进行合并。单击"客户档案"中的【并户】按钮，打开"并户"对话框，输入被并户的客户编码及并至客户处的编码后，单击【确定】按钮即可。系统提示并户成功，则表明已完成并户，被并户的客户将不再出现在客户列表中。

5. 供应商档案

供应商档案主要用于设置往来供应商的档案信息，以便于对供应商资料管理及业务数据进行录入、统计和分析。如果用户在建立账套时选择了供应商分类，则必须在设置完供应商分类档案的情况下,才能编辑供应商档案。

建立供应商档案主要是为企业的采购管理、库存管理、应付款管理服务。在填制采购入库单、采购发票和进行采购结算、应付款结算和有关供货单位统计时都会用到供货单位档案,因此应先建立供应商档案,以便减少工作差错。在输入单据时,如果单据上的供货单位不在供应商档案中,则必须在此建立该供应商的档案。

供应商档案的设置和客户档案的设置基本相同。

① 在"企业应用平台"窗口中,单击【基础档案→客商信息→供应商档案】,打开"供应商档案"窗口,如图 2-40 所示。

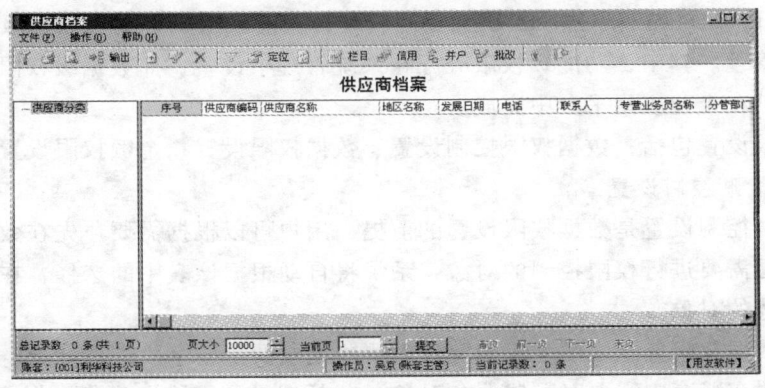

图 2-40 "供应商档案"窗口

② 单击【增加】按钮后,弹出"增加供应商档案"对话框,如图 2-41 所示,按要求输入相应的信息保存即可。

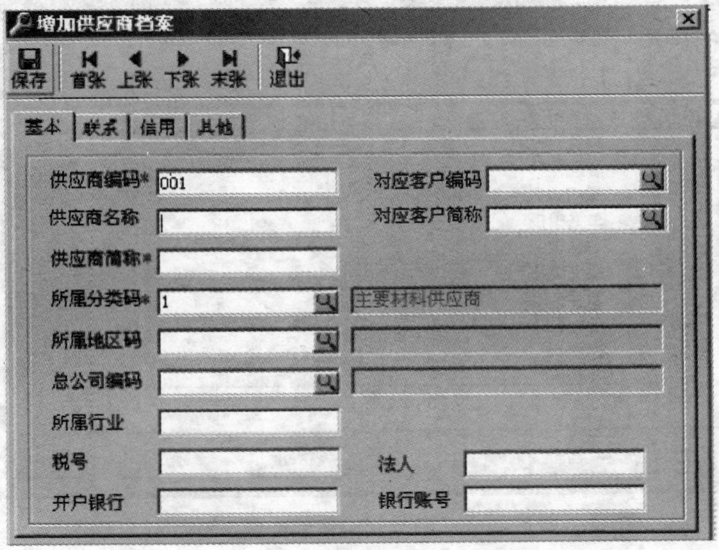

图 2-41 增加供应商档案

供应商档案的设置和客户档案的设置不同之处有两点:

第一,在"信用"选项卡中,供应商档案比客户档案多了"单价含税"复选框,如果选中,则单价含税,否则单价不含税。

第二,在"供应商档案"的"其他"选项卡中有"对应条形码"选项,主要是用于在对存货进行条形码管理时,若存货条形码中有供应商信息,则需要在对应供应商中输入对应的编码信息。

2.6.4 数据权限设置

用友 ERP-U8 可以实现三个层次的权限管理:功能级权限管理、数据级权限管理和金额级权限管理。其中,功能级权限分配在系统管理中设置,而数据级权限分配和金额级权限分配则在企业应用平台中完成。

数据权限设置包括:数据权限控制设置、数据权限设置、金额权限设置。

1. 数据权限控制设置

数据权限控制设置是数据权限设置的前提,用户可以根据需要,先在数据权限默认设置表中选择需要进行权限控制的对象,系统将自动根据该表中的选择,在数据权限设置中显示所选的对象。

在进行数据权限分配之前,应确定针对哪些记录及哪些字段进行分配。数据权限控制设置即设置在账套中需要对哪些业务对象(包括记录及字段)进行数据权限控制。

操作步骤:

① 以账套主管的身份进入"企业应用平台",在"企业应用平台"窗口中,单击"数据权限→数据权限控制设置",打开"数据权限控制设置"窗口,如图 2-42 所示。

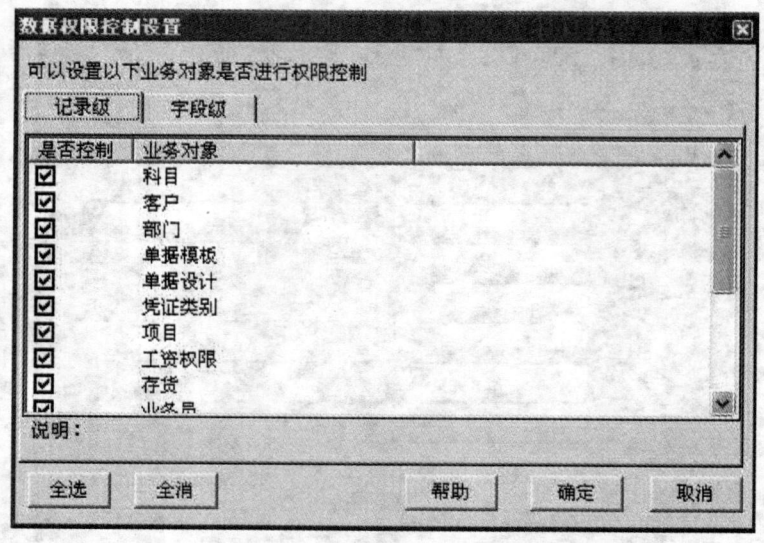

图 2-42 "数据权限控制设置"窗口

② 数据权限控制设置可以针对 16 个记录级业务对象和 105 个字段级业务对象，选择是否进行控制，选择后单击【确定】按钮即可。

提示：
① 只有账套主管有权进行数据权限控制设置及数据权限和金额级权限设置。
② 数据权限控制设置只能在企业应用平台的"数据权限"中进行设置。
③ 系统会自动根据当前账套的启用模块来显示对应的业务对象内容。

2. 数据权限设置

数据权限设置的作用是设置用户、用户组所对应操作的档案、单据的数据权限，用于控制后续业务处理允许编辑、查看的数据范围。

数据权限分配包括记录级权限分配和字段级权限分配两种。

用友 ERP-U8 财务软件中的权限管理分为功能级权限管理、数据级权限管理和金额级权限管理。其中功能级权限管理在系统管理的"权限"中进行分配，而数据级权限管理及金额级权限管理既可以在企业应用平台的"基础信息→数据权限"中进行分配，也可以在总账系统中的"系统菜单→设置"中进行分配。

用友 ERP-U8 财务软件中权限管理的基本过程是：首先在系统管理中设置功能级权限、然后再在企业应用平台或总账系统中设置数据权限和金额级权限。

记录级权限分配是指对具体业务对象进行权限分配。可以对如下档案进行记录级权限控制：

- 单据设计（即可以对哪些单据进行单据设计处理）
- 单据模板（即可以使用哪些单据模板进行单据的增加）
- 科目（即可以对哪些科目进行查询及制单操作）
- 凭证类别（即可以对哪种类别的凭证进行查询及录入操作）
- 部门（即可以对哪个部门进行查询及录入操作）
- 用户（即可以对哪些用户所做的单据或凭证有查询、删改、审核、弃审、关闭的权限）。

字段级权限分配是对单据中包含的字段进行权限分配。

操作步骤：

进入企业应用平台，单击【数据权限→数据权限设置】，弹出"权限浏览"界面，选择"记录"，在业务对象后的下拉框中选择"科目"，在用户及角色列表中选择"何相红"，单击上方【授权】按钮，弹出"记录权限设置"界面，如图 2-43 所示。

提示：
① 数据级权限设置可以对用户进行设置也可以对角色进行权限设置。在对角色进行权限分配时，相当于将这些权限同时分配给该角色包含的所有用户，即实现对多个用户批量分配权限。
② 对科目权限来说，查账和制单权限是独立的，有制单权限不一定有查账权限。
③ 要使此处设置的科目权限对以后的操作生效，必须在总账系统下的系统参数设

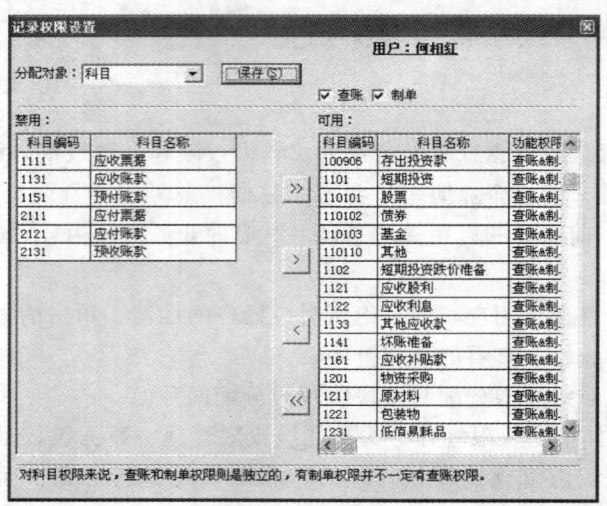

图 2-43 记录权限设置

置中选择"制单权限控制到科目"。

④ 对科目、凭证类别、项目、客户、部门、供应商、业务员、存货、仓库、货位、资金单位对象的数据权限均细化为查询、录入权限。

3. 金额权限设置

金额权限分配功能用于设置用户可使用的金额级别。

金额权限分配包括科目金额权限分配及采购订单金额权限分配。

科目金额权限设置即设定用户可对该科目进行操作的金额上限。

采购订单金额权限设置即设定用户可对采购订单进行操作的金额上限。

(1) 金额级别设置

在进行金额权限分配之前,首先应进行金额级别设置,每一级别对应于一个可操作金额。

操作步骤:

① 进入企业应用平台,单击【数据权限→金额权限分配】,弹出"金额权限设置"界面。选中右上方"科目级别",单击上方【级别】按钮,弹出"金额级别设置"窗口。

② 在"金额级别设置"窗口,单击上方【增加】按钮,在下方依次输入所选科目的金额级别及每一级别对应的金额,单击上方【保存】按钮,完成金额级别的设置,如图 2-44 所示。

(2) 金额权限设置

金额级别设置完毕后,可对用户进行金额权限的分配设置。

操作步骤:

在"金额权限设置"界面,单击上方【增加】按钮,系统增加一空白行,在"用

第 2 章 系统管理和基础设置

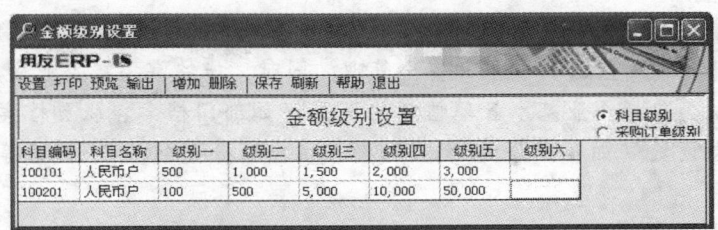

图 2-44 金额级别设置

户编码"栏参照选入操作员"胡倩",在级别栏目参照选入"级别二",同样方法增加何相红的金额权限,单击【保存】按钮,完成金额权限设置,如图 2-45 所示。

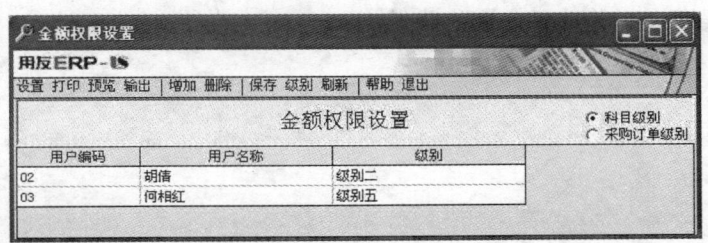

图 2-45 金额权限设置

采购定单级别设置及权限分配的操作步骤与科目级别设置及权限分配类似,在此不再详述。

提示:

- 要使此处的金额权限设置生效,必须在总账系统下的系统参数设置中选择"操作员"进行"金额权限控制"。
- 若对一个用户授权的级别没有对应的金额,但是该级的前面级别有金额,则对于该用户来说表示其拥有无穷大的权限。
- 金额权限控制中有三种情况不受控制:调用常用凭证生成的凭证;期末转账结转生成的凭证;在外部系统生成的凭证。如果超出金额权限,则在保存凭证时不受控制。

本章小结:

用友 ERP-U8 系统由财务会计、管理会计、供应链等多个子系统组成,各个子系统又服务于同一主题,本身既具有相对独立的功能,彼此之间又具有紧密的联系,共享数据,从而实现企业业务、财务一体化的管理。

本章主要讲述了系统管理的功能及其与其他子系统的关系;如何注册系统管理;如

何进行账套管理、年度账管理、权限管理和系统的安全管理；如何进行基础设置。

通过对本章的学习，我们会对用友 ERP-U8 系统管理有一个比较全面的了解，能够建立账套以及年度账，能对其进行权限和安全管理。同时，能够掌握在企业应用平台中进行基础设置的方法。包括企业基本管理信息的设置（如部门档案、职员档案等）；与往来单位相关的信息设置（如客户分类/客户档案、供应商分类/供应商档案等）；数据权限设置等。

思考题：
1. 未启用的系统是否可以登录？
2. 系统管理员是否有权限进入企业应用平台？
3. 数据权限的作用是什么？包括哪几个方面的内容？
4. 一个账套是否可以同时拥有多个账套主管？
5. 系统管理员是否可以修改年度账的数据？

第 3 章　总 账 系 统

学习目标：
　　了解总账系统的账簿管理功能；熟悉总账系统的出纳管理的内容和操作方法；熟悉总账系统的期末业务处理的内容和方法；掌握总账系统的初始化中设置会计科目、录入期初余额及设置相关分类、档案资料的方法；掌握总账系统日常业务处理的凭证处理和记账等的操作。

3.1　总账系统概述

　　总账系统是会计信息系统的核心子系统，其任务就是利用建立的会计科目体系，输入和处理各种记账凭证，完成记账、结账以及对账的工作，输出各种分类账、日记账、明细账和有关辅助账。总账系统主要提供凭证处理、账簿处理、出纳管理和期末转账等基本核算功能，并提供个人、部门、客户、供应商、项目核算等辅助管理功能。在业务处理过程中，可以随时查询包含未记账凭证的所有账表，充分满足管理者对信息及时性的要求。

　　总账系统具体包括以下内容：
　　（1）系统初始化
　　是为总账系统日常业务处理工作所做的准备，主要包括设置系统参数、设置会计科目体系、录入期初余额、设置凭证类别、设置结算方式等。
　　（2）日常业务处理
　　主要包括填制凭证、审核凭证、出纳签字、记账以及查询和汇总记账凭证。
　　（3）出纳管理
　　提供支票登记簿功能，用来登记支票的领用情况，并可查询银行日记账、现金日记账及资金日报表，定期将企业银行日记账与银行对账单进行核对，并编制银行存款余额调节表。
　　（4）账簿管理
　　提供按多种条件查询总账、日记账及明细账等，具有总账、明细账和凭证联功能。另外，还提供了辅助账查询功能。
　　（5）完成月末自动转账处理
　　进行试算平衡、对账、结账及生成月末工作报告。

3.2 总账系统初始化

用友 ERP-U8.6 管理系统是一个通用系统,其总账系统是一个通用性较强的系统,适用于各类企业、行政事业单位,但各类企业在会计核算上均有其自身的特点,而通用会计软件设计时重点考虑各单位会计核算和财务管理的一般特性,当具体单位使用时,就要根据本单位业务性质和管理要求进行具体设置,这种设置工作称为系统初始化,其过程实际上是将通用会计软件转化为专用会计软件的过程。

总账系统初始化工作一般由账套主管完成,工作内容主要包括设置系统参数、设置会计科目、设置凭证类别、设置结算方式、录入初期余额等。

3.2.1 总账系统初始化资料

1. 以系统管理员（admin）登录"系统管理"
增加操作员,如表 3-1 所示。

表 3-1

编号	姓名	所属部门	角色
001	赵敏	财务部	账套主管
002	钱江	财务部	总账会计
003	李英	财务部	出纳

2. 建立账套
账套信息包括:
账套号:001;账套名称:嘉宁股份;启用会计期:2010 年 1 月;本币名称:人民币;行业性质:新会计制度科目;科目级别:5 级,科目位数 4-2-2-2-2
3. 部门档案（如表 3-2 所示）

表 3-2

部门编码	部门名称
1	管理部
2	财务部
3	采购部
4	销售部
401	销售一部
402	销售二部
5	生产部

4. 人员类别

企业在职人员分为以下四种，如表3-3所示。

表3-3

人员类别编码	人员类别名称
1001	企业管理人员
1002	经营人员
1003	车间管理人员
1004	生产工人

5. 职员档案（如表3-4所示）

表3-4

人员编码	人员姓名	人员类别	行政部门	性别
001	杨广	企业管理人员	管理部	男
002	赵敏	企业管理人员	财务部	女
003	钱江	企业管理人员	财务部	女
004	李英	企业管理人员	财务部	女
005	梁瑜	经营人员	采购部	男
006	陈文斌	经营人员	销售一部	男
007	王春	经营人员	销售二部	男
008	徐伟	车间管理人员	生产部	男
009	胡晓宇	生产工人	生产部	男

6. 客户、供应商档案及期初余额

（1）客户、供应商不分类

客户、供应商档案如表3-5所示。

表3-5

客户编码	客户名称	供应商编码	供应商名称
01	北京分公司	01	北京分公司
02	南方分公司	02	南方分公司
03	北方分公司	03	北方分公司

(2) 客户往来期初余额

应收账款　北京分公司　11月20日销售商品，尚未收到货款 1 200 000 元
　　　　　南方分公司　11月30日销售商品，尚未收到货款　 200 000 元

(3) 供应商往来期初余额

应付账款　南方分公司　10月15日购入商品，尚未付款 1 200 000 元
　　　　　北方分公司　11月10日购入材料，尚未付款　 100 000 元

(4) 个人往来期初余额

其他应收款——应收职工借款　11月20日管理部杨广到广州出差借款 5 000 元
　　　　　　　　　　　　　　12月26日生产车间徐伟到黑龙江出差借款 2 000 元

7. 设置总账系统参数

不允许修改作废他人填制的凭证；凭证审核控制到操作员；出纳凭证必须经由出纳签字；数量、单价小数位保留两位；部门、个人、项目排序方式均按编码排序。

8. 会计科目

(1) 指定"1001 现金"为现金总账科目、"1002 银行存款"为银行总账科目
(2) 修改会计科目（如表3-6所示）

表3-6

科目编码	科目名称	辅助核算	受控系统
1131	应收账款	客户往来	无受控系统
1133	其他应收款	个人往来	
1601	工程物资	项目核算	
2121	应付账款	供应商往来	无受控系统

(3) 增加会计科目（如表3-7所示）

表3-7

科目编码	科目名称	科目类型	辅助说明
100201	工行存款	资产	日记账、银行账
100202	建行存款	资产	日记账、银行账
113301	应收职工借款	资产	个人往来
121101	A材料	资产	数量（KG）
121102	B材料	资产	数量（KG）
124301	甲产品	资产	数量（件）

续表

科目编码	科目名称	科目类型	辅助说明
124302	乙产品	资产	数量（件）
41010101	甲产品	成本	
41010102	乙产品	成本	
550201	办公费	损益	部门核算
550202	招待费	损益	部门核算
550203	其他	损益	部门核算

（4）删除会计科目（删除110101—股票科目）

9. 凭证类别（如表3-8所示）

表3-8

类别字	类别名称	限制类型	限制科目
收	收款凭证	借方必有	1001，1002
付	付款凭证	贷方必有	1001，1002
转	转账凭证	凭证必无	1001，1002

10. 项目目录

项目大类为"自建工程"，核算科目为"工程物资"及明细科目，项目内容为1号工程和2号工程，其中，1号工程包括"自建厂房"和"设备安装"两项工程。

11. 期初余额（如表3-9所示）

表3-9

科目编码	科目名称	余额方向	辅助说明	期初数量	期初余额
1001	现金	借	现金		3 000.00
1002	银行存款	借	银行存款		2 457 000.00
100201	工行存款	借			2 447 000.00
100202	建行存款	借			10 000.00
1131	应收账款	借	客户往来		1 400 000.00
1133	其他应收款	借			7 000.00
113301	应收职工借款	借	个人往来		7 000.00
1211	原材料	借			60 000.00

续表

科目编码	科目名称	余额方向	辅助说明	期初数量	期初余额
121101	A材料	借	数量（KG）	5 000.00	50 000.00
121102	B材料	借	数量（KG）	500.00	10 000.00
1243	库存商品	借			400 000.00
124301	甲产品	借	数量（件）	100.00	100 000.00
124302	乙产品	借	数量（件）	600.00	300 000.00
1501	固定资产	借			15 218 000.00
1502	累计折旧	贷			2 294 540.00
1603	在建工程	借			100 000.00
2101	短期借款	贷			300 000.00
2121	应付账款	贷	供应商往来		1 300 000.00
2301	长期借款	贷			1 000 000.00
3101	实收资本（或股本）	贷			15 000 000.00
3111	资本公积	贷			120 000.00
311101	资本（或股本）溢价	贷			120 000.00
3121	盈余公积	贷			405 460.00
312101	法定盈余公积	贷			405 460.00
4101	生产成本	借			775 000.00
41010101	甲产品	借			375 000.00
41010102	乙产品	借			400 000.00

12. 结算方式（如表 3-10 所示）

表 3-10

结算方式编码	结算方式名称	票据管理标志
1	现金	否
2	支票	是
201	现金支票	是
202	转账支票	是
3	电汇	否
4	银行汇票	否
5	其他	否

3.2.2 启动总账系统

启动总账系统有两种方式：一种是系统管理员在建立账套时直接启用；另一种是账套主管在企业应用平台的基本信息中进行系统启用，现介绍第二种方式。

执行"开始→程序→用友 ERP-U8→企业门户"命令，打开登录对话框，在对话框中输入账套主管 001 赵敏注册信息登录"用友 ERP-U8 门户"，在"设置"选项卡中，执行"基本信息→系统启用"命令，打开"系统启用"对话框，选中"GL 总账"前的复选框，弹出"日历"对话框，选择"日历"对话框中的日期，如图 3-1 所示，单击【确定】按钮，系统弹出"确实要启用当前系统"信息提示框，单击【是】按钮，即可启动总账系统。

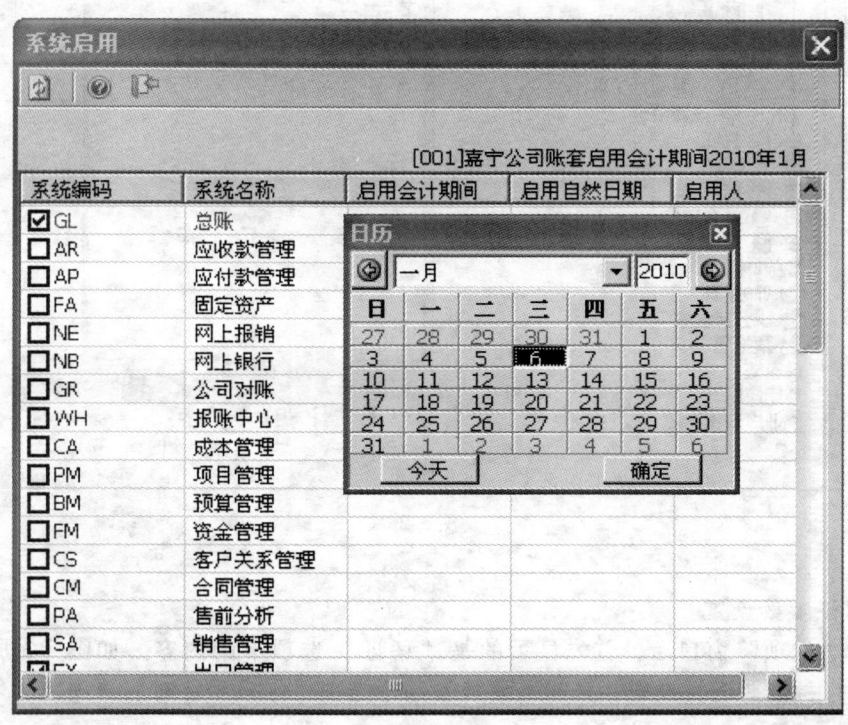

图 3-1

3.2.3 设置系统参数

系统在建立新的账套后由于具体情况需要，或业务变更，发生一些账套信息与核算内容不符，可以通过此功能进行账簿选项的调整和查看。可对"凭证选项"、"账簿选项"、"会计日历"、"其他选项"四部分内容的操作控制选项进行修改。参数设置一般要求在总系统使用之前进行，设定后一般不得随意修改。

在企业应用平台"业务"选项卡中,执行"财务会计→总账"命令启动总账系统,系统弹出"U8-总账"窗口,在窗口左侧点击"设置"选项前的"+"展开该模块,然后,单击【设置】下的【选项】,即可进入"选项"窗口,如图3-2所示。单击【编辑】按钮,对总账系统参数进行设置。

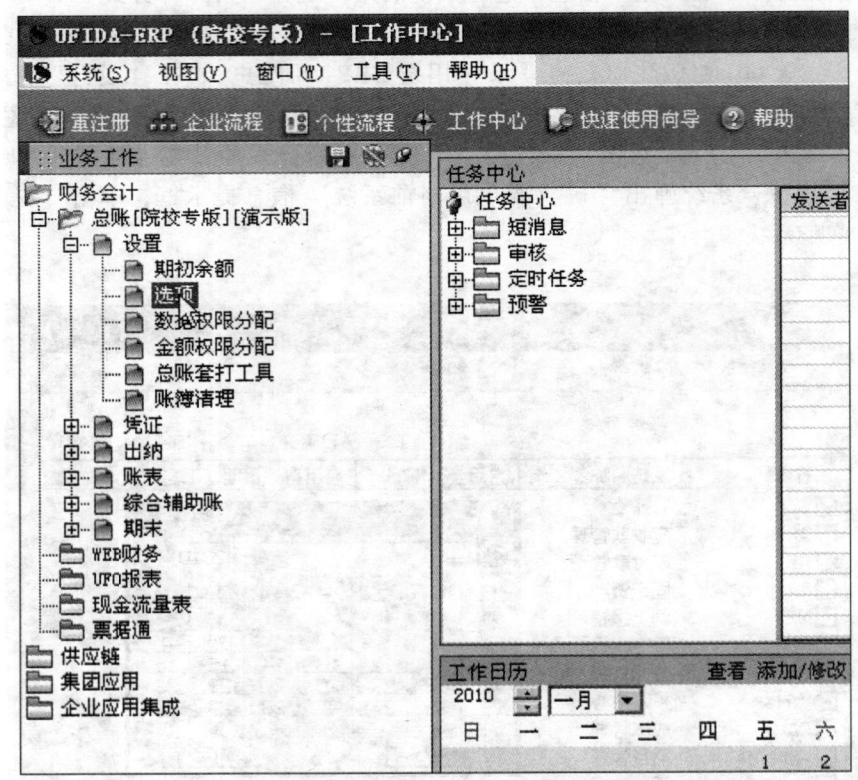

图 3-2

1. 凭证参数设置

进入"选项"窗口后,首先显示的是"凭证"选项卡的内容,如图3-3所示。企业可根据自身需要进行设置,如果需要设置某个选项,则只需将对应选项前的复选框选中即可。

(1) 制单控制

制单序时控制:此项和"系统编号"选项联用,制单时凭证编号必须按日期顺序排列,如7月25日编至30号凭证,则7月26日只能开始编制31号凭证,即制单序时,如果有特殊需要,则可以将其改为不序时制单。

支票控制:若选择此项,则在制单时使用银行科目编制凭证,系统针对票据管理的结算方式进行登记,如果录入支票号在支票登记簿中已存,则系统提供登记支票报销的功能;否则,系统提供登记支票登记簿的功能。

赤字控制:若选择了此项,在制单时,当"资金及往来科目"或"全部科目"的

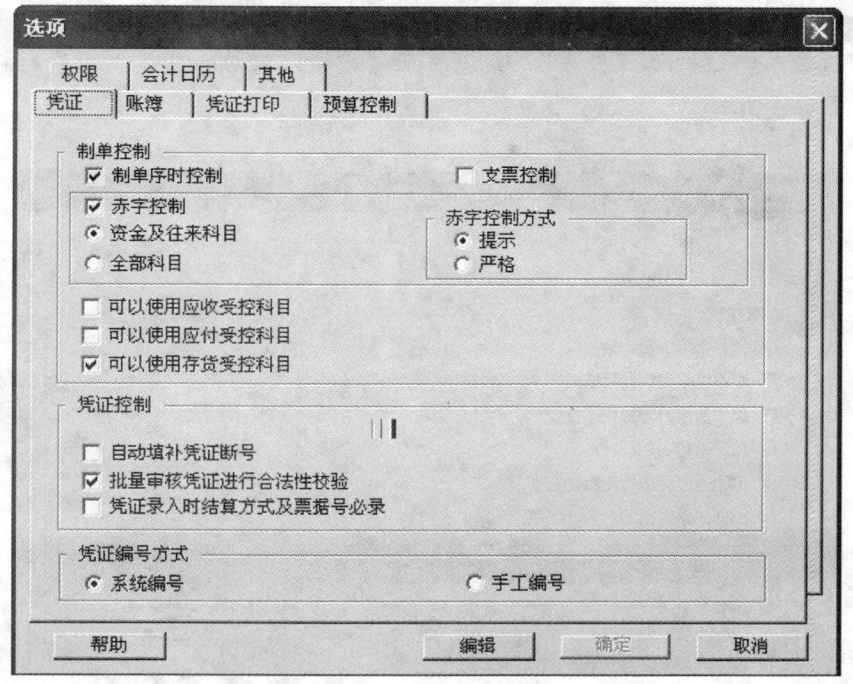

图 3-3

最新余额出现负数时,则系统将予以提示。该项提供了提示、严格两种方式,企业可根据管理的需要进行选择。

可以使用其他系统受控科目:这些选项是指某科目为其他系统的受控科目,为了防止重复制单,只允许其受控系统使用此科目进行制单,总账系统是不能使用此科目制单的。所以如果希望在总账系统中也能使用这些科目填制凭证,则应选择此项。但要注意,总账和其他业务系统使用了受控科目会引起受控系统与总账对账不平。

(2) 凭证控制

现金流量科目必录现金流量项目:选择此项后,在录入凭证时如果使用现金流量科目则必须输入现金流量项目及金额。

自动填补凭证断号:如果选择凭证编号方式为系统编号,则在新增凭证时,系统按凭证类别自动查询本月的第一个断号默认为本次新增凭证的凭证号,如无断号则为新号,与原编号规则一致。

批量审核凭证进行合法性校验:批量审核凭证时针对凭证进行二次审核,提高凭证输入的正确率,合法性校验与保存凭证时的合法性校验相同。

当凭证录入时,结算方式及票据号必录:该项为凭证录入控制,防止凭证录入错误,对有客户供应商往来的科目、银行科目在录入凭证时,受此控制。

(3) 凭证编号方式

系统在"填制凭证"功能中一般按照凭证类别按月自动编制凭证编号,即"系统编号";但有的企业需要系统允许在制单时手工录入凭证编号,即"手工编号"。

2. 权限参数设置

在"选项"窗口选择"权限",系统显示"权限"选项卡内容,可进行权限参数设置,如图 3-4 所示。

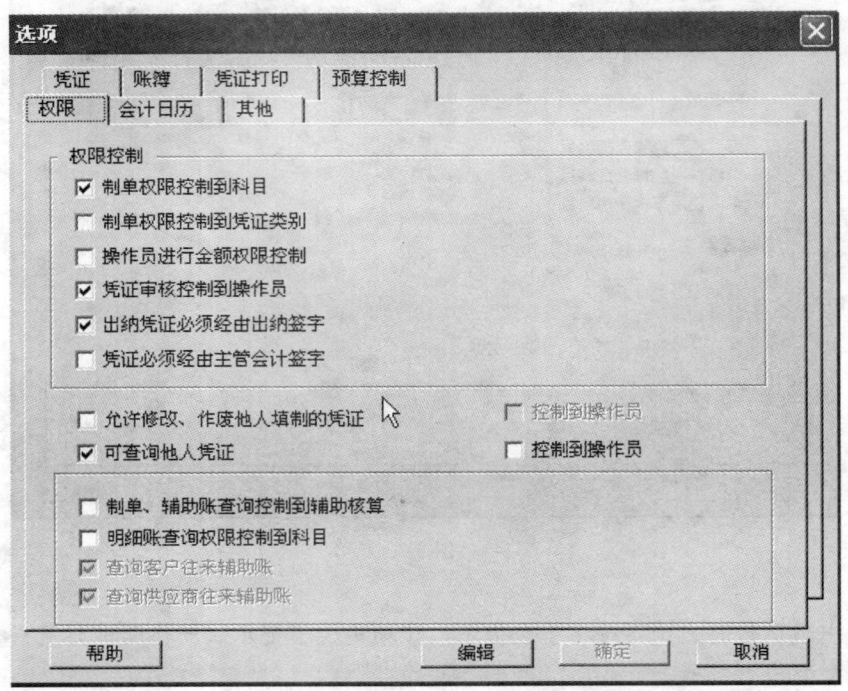

图 3-4

制单权限控制到科目:要在系统管理的"功能权限"中设置科目权限,再选择此项,权限设置有效。选择此项,则在制单时,操作员只能使用具有相应制单权限的科目制单。

制单权限控制到凭证类别:要在系统管理的"功能权限"中设置凭证类别权限,再选择此项,权限设置有效。选择此项,则在制单时,只显示此操作员有权限的凭证类别。同时,在凭证类别参照中按人员的权限过滤出有权限的凭证类别。

操作员进行金额权限控制:选择此项,可以对不同级别的人员进行金额大小的控制,例如,财务主管可以对 10 万元以上的经济业务制单,一般财务人员只能对 5 万元以下的经济业务制单,这样可以减少由于不必要的责任事故带来的经济损失。若为外部凭证或常用凭证调用生成,则处理与预算处理相同。

凭证审核控制到操作员:若只允许某操作员审核其本部门操作员填制的凭证,则应选择此选项。

出纳凭证必须经由出纳签字:若要求现金、银行科目凭证必须由出纳人员核对签字后才能记账,则选择"出纳凭证必须经由出纳签字"。

凭证必须经由主管会计签字：如要求所有凭证必须由主管签字后才能记账，则选择"凭证必须经主管签字"。

允许修改、作废他人填制的凭证：若选择了此项，则在制单时可修改或作废别人填制的凭证；否则，不能修改。

可查询他人凭证：若允许操作员查询他人凭证，则选择"可查询他人凭证"。

制单、辅助账查询控制到辅助核算：设置此项权限，在制单时才能使用有辅助核算属性的科目录入分录，在辅助账查询时只能查询有权限的辅助项内容。

明细账查询权限控制到科目：这里是权限控制的开关，在系统管理中设置明细账查询权限，必须在总账系统选项中打开，才能起到控制作用。

3. 账簿参数设置

在"选项"窗口选择"账簿"，系统显示"账簿"选项卡内容，如图3-5所示。

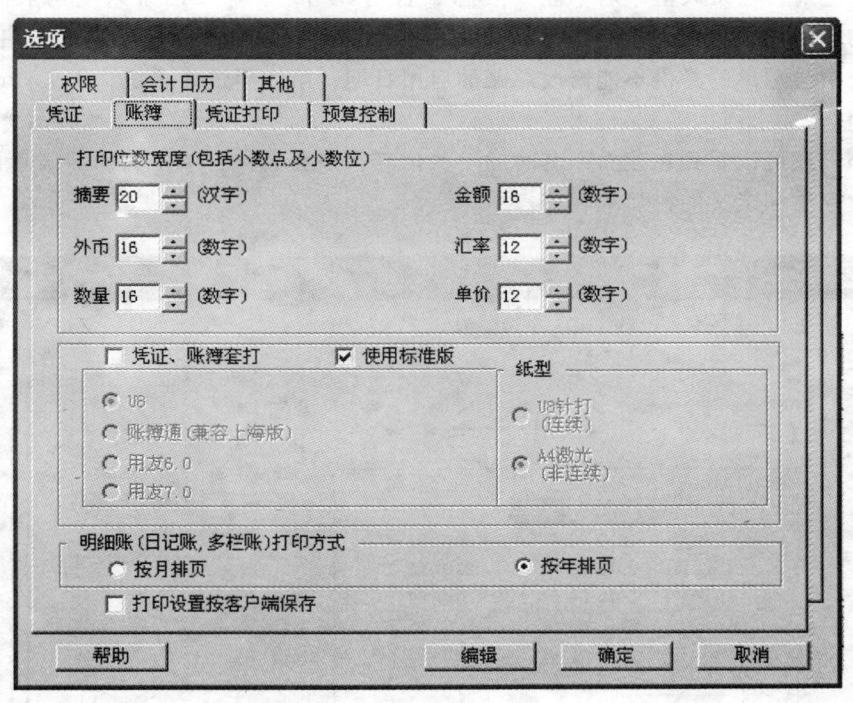

图 3-5

（1）打印位数宽度

定义正式账簿打印时各栏目的宽度，包括摘要、金额、外币、数量、汇率、单价。

（2）明细账（日记账、多栏账）打印输出方式

打印正式明细账、日记账或多栏账时，系统提供"按月排页"和"按年排页"两种打印格式。按月排页即打印时每月账页的起始页码均从第一页开始往下编号；按年排页即打印时从本会计年度的第一个会计月开始将明细账顺序排页，再将打印月份范围所在的页打印输出，打印起始页号为所打印月份在全年总排页中的页号，若所选择月份范

61

围不是第一个月,则打印结果的页号有可能不是从第一页开始排。

(3) 凭证、账簿套打

所谓套打是指将待打印内容打印在事先印制好格线的专门打印纸上。系统提供四种套打纸型,适合于用各种打印机输出管理用表单与账簿。

(4) 打印设置按客户端保存

如果有多个用户在使用多台不同型号的打印机时,选择此项则按照每个用户自己的打印机类型和打印选项设置,打印凭证和账簿。

4. 会计日历

在"选项"窗口选择"会计日历"页签,系统显示"账簿"选项卡内容,如图3-6所示。此处仅能查看各会计期间的起始日期与结束日期,以及启用会计年度和启用日期,如需修改请到系统管理中进行。在这里要注意:总账系统的启用日期不能在系统的启用日期之前;已录入汇率后不能修改总账启用日期;总账中已录入期初余额(包括辅助期初)则不能修改总账启用日期;总账中已制单的月份不能修改总账的启用日期,其他系统中已制单的月份不能修改总账的启用日期;第二年进入系统,不能修改总账的启用日期。

此外,还可以看到在建立账套时的一些信息:账套名称、单位名称、账套存放的路径、行业性质和定义的科目级长等。

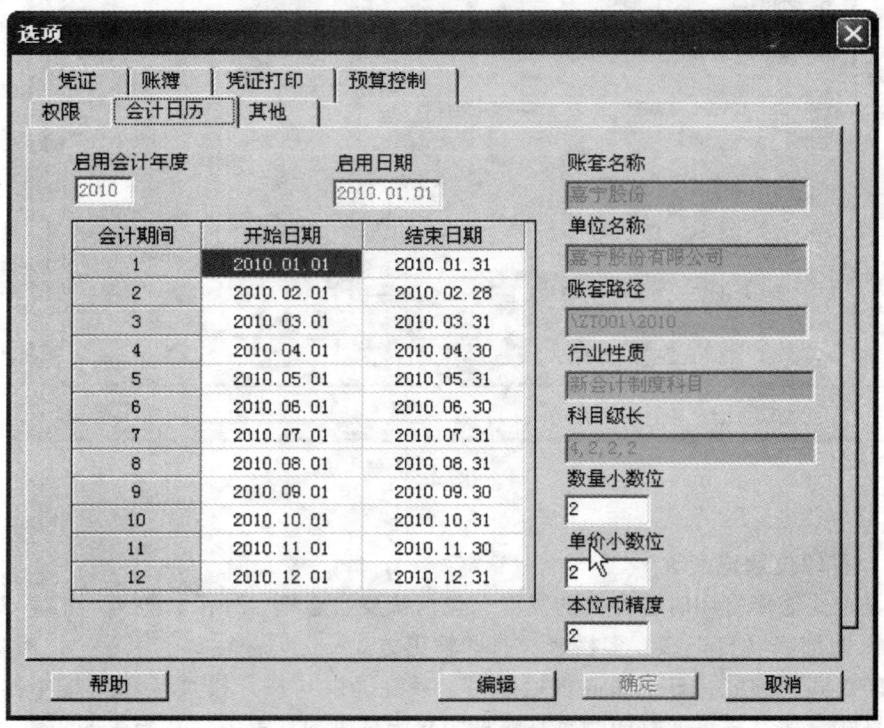

图 3-6

5. 预算控制选项

在"选项"窗口选择"预算控制"页签,系统显示"预算控制"选项卡内容,如图 3-7 所示。该选项提供了受预算管理和财务分析两个系统的控制。

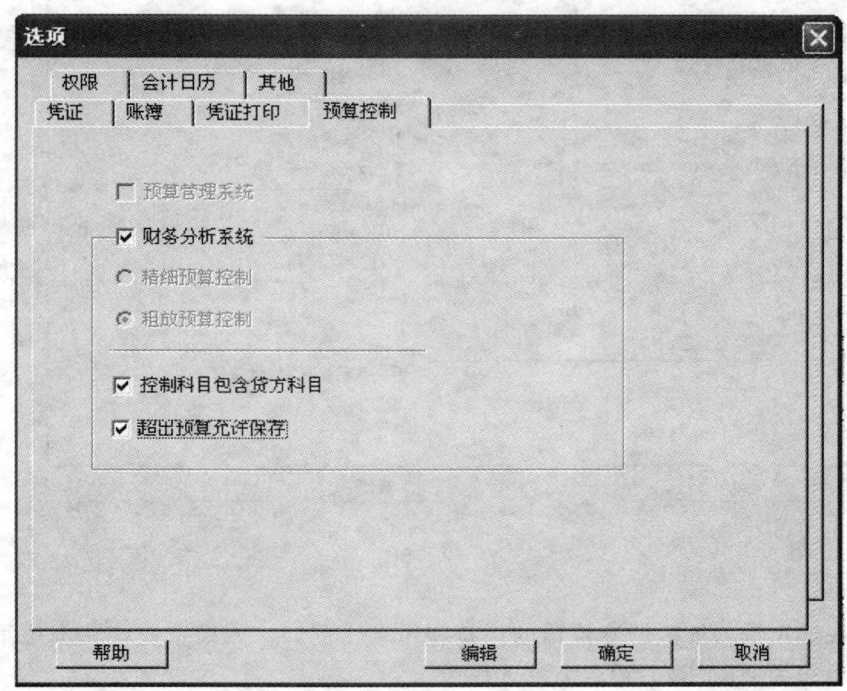

图 3-7

(1) 预算管理系统

预算控制是否有效以及具体的控制方式,与是否安装了预算管理系统有关。预算管理的预算控制在审核凭证时,若超预算,则会提示或审核不通过。

(2) 财务分析系统

预算控制是否有效在此选择,但具体的控制方式,由财务分析系统设置。财务分析的预算控制点在凭证录入时,当某一科目下的实际发生数导致多个科目及辅助项的发生数及余额总数超过预算数与报警数的差额,则报警。

6. 其他参数设置

在"选项"窗口选择"其他"页签,系统显示"其他"选项卡内容,如图 3-8 所示。

(1) 外币核算

如果企业有外币业务,则应选择相应的汇率方式—固定汇率、浮动汇率。"固定汇率"即在制单时,一个月只按一个固定的汇率折算本位币金额。"浮动汇率"即在制单时,按当日汇率折算本位币金额。

(2) 本位币

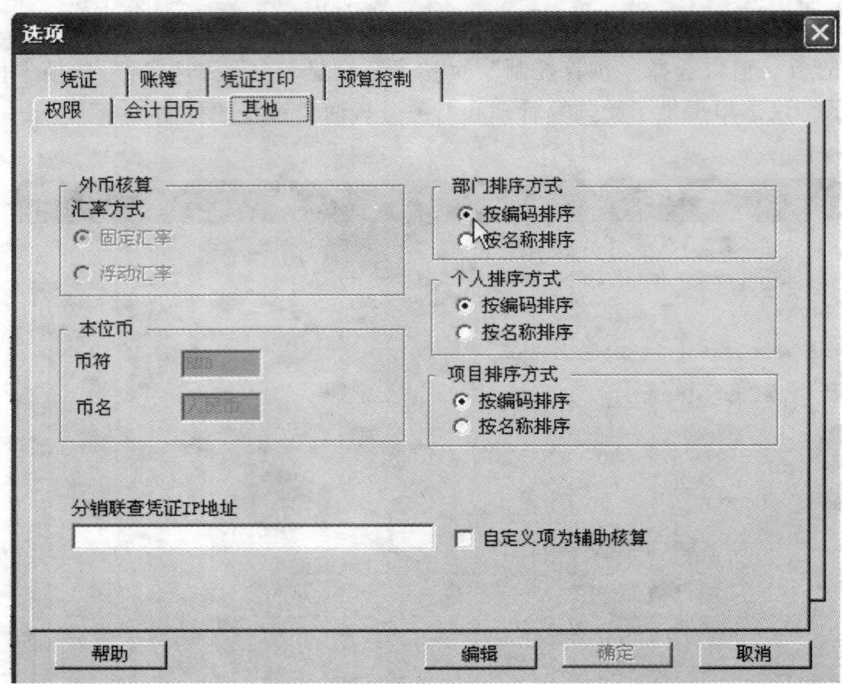

图 3-8

可以在这里输入核算的本位币的币符和币名,例如,如果企业核算本位币是人民币,那么币符为"RMB",币名为"人民币"。

(3) 排序方式

部门排序方式:在查询部门账或参照部门目录时,是按部门编码排序还是按部门名称排序,您可根据需要在这里设置。

个人排序方式:在查询个人账或参照个人目录时,是按个人编码排序还是按个人名称排序,您可根据需要在这里设置。

项目排序方式:在查询项目账或参照项目目录时,是按项目编码排序还是按项目名称排序,您可根据需要在这里设置。

(4) 分销联查凭证 IP 地址

在这里输入分销系统的网址,可以联查分销系统的单据。

(5) 自定义项为辅助核算

选中此项,则可得期初录入科目按自定义项组合的期初余额,在年结时,可以按科目自定义项组合结转科目期末余额。

3.2.4 设置会计科目

会计科目是对会计对象具体内容分门别类进行核算所规定的项目,是填制会计凭证、登记会计账簿、编制会计报表的基础。设置会计科目是会计核算方法之一,用户应根据需要在总账初始化中设置会计科目。

在企业应用平台的"设置"选项卡中，执行"基础档案→财务→会计科目"命令，进入"会计科目"窗口，如图3-9所示，用户可以根据业务的需要进行指定会计科目、增加科目、修改科目、删除科目等操作。

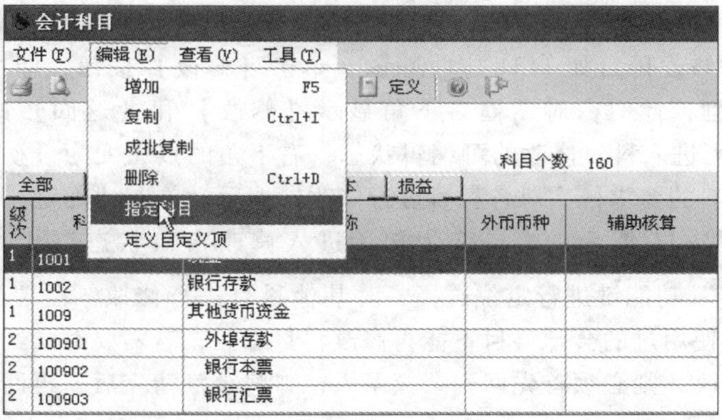

图 3-9

1. 指定会计科目

指定科目主要是指定出纳的专管科目，这些专管科目主要包括现金、银行总账科目和现金流量科目。系统规定只有在指定"现金总账科目"及"银行总账科目"后，才能进行出纳签字的操作；只有在指定"现金流量"科目后，才能在填制凭证时录入现金流量项目。从而保证现金、银行存款管理的保密性以及为以后的现金流量统计表、现金流量明细表提供数据。在"会计科目"窗口执行"编辑"／"指定科目"命令，系统弹出"指定科目"对话框，如图3-10所示。窗口分为左中右三个部分，左边部分显

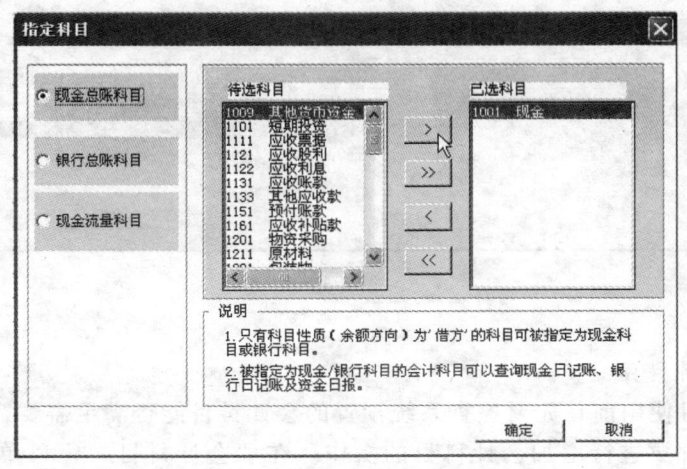

图 3-10

示将要指定的科目大类,中间部分列示待选科目,右边窗口列示已选科目。用户在此用"〉|》"选择现金1001为现金总账科目、银行存款1002为银行总账科目,选择完毕后,用鼠标单击【确认】按钮即可。

2. 修改科目

系统预置的会计科目是按照国家相关法律法规规定设置的通用的常规科目,不能完全满足企业自身核算和管理的需要,通常都要进行修改会计科目的操作。在"会计科目"窗口选中需修改科目如1131应收账款,单击【修改】按钮,即可进入"会计科目_修改"对话框,此时,对话框右下角显示【修改】和【返回】两个按钮,单击【修改】按钮即可进入科目修改的可编辑状态,右下角的按钮变为【确定】和【取消】按钮,根据表3-6的要求依次对各科目进行修改,然后,单击【确定】按钮,即可保存修改结果,如图3-11所示。窗口变为初始进入修改窗口状态,可以利用左下角的"|◀ ◀ ▶ ▶|"功能键进行定位选择,对其他科目进行修改。需要注意的是非末级会计科目、已经使用过的会计科目不能再修改科目编码;若需要对已经录入期初余额的会计科目进行修改,则必须首先回到余额录入窗口将余额清零后,再回到会计科目窗口对自立进行修改。

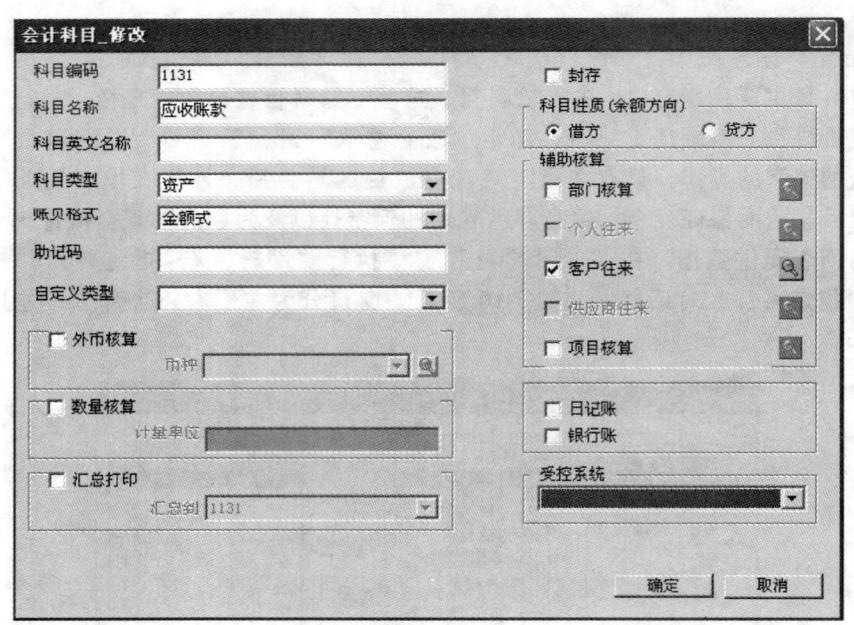

图 3-11

3. 增加会计科目

在会计科目使用前首先要检查系统预置的会计科目能否满足需要,如果不能满足需要,则通常都要进行增加会计科目的操作。在"会计科目"窗口单击【增加】按钮,即可进入"新增会计科目"对话框,根据表3-7的要求,增加第一个科目为

100201 工行存款，如图 3-12 所示，用户需要在对话框中录入"科目编码"、"科目中文名称"。对会计科目是否设有外币核算、数量核算或辅助核算进行选择，若有这些核算单位要求，则选中对应的复选框。"科目性质"通常由系统根据录入的科目编码进行判断，若增加的是明细科目，则"科目性质"系统根据总账科目自行判断，用户不能修改。相关信息录入完毕，单击【确定】按钮，系统自动按科目编码顺序保存增加的会计科目。

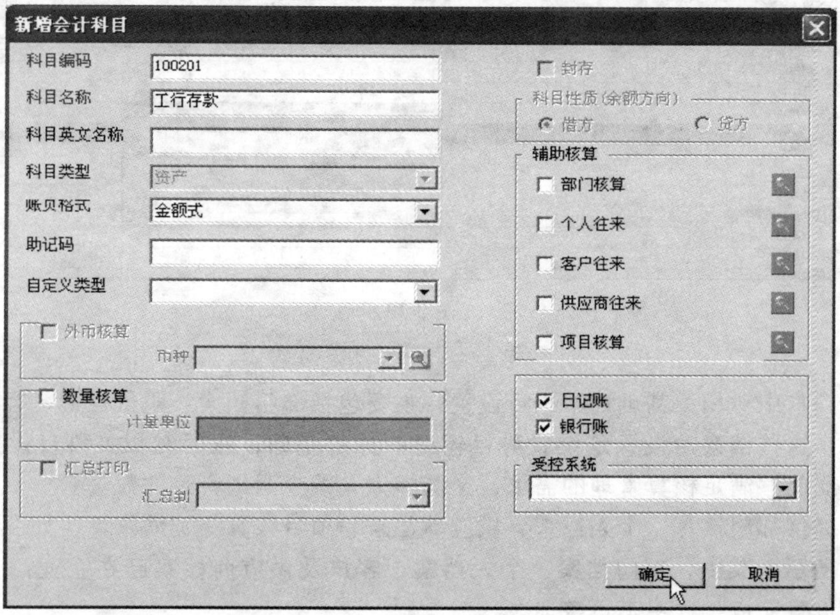

图 3-12

4. 删除科目

系统预置的会计科目中有一些是并不需要的，特别是对于规模较小的企业，在有些科目不需要明细的情况下，该功能在设置会计科目时运用较为频繁，因为在应用软件中，用户一般只能对最末级科目进行操作，为了保证后续业务处理的正确性，要删除部分明细科目。若该企业"1101-短期投资"不需设明细科目，而预置科目中却有明细核算单位，则单击选择拟删除的科目，例如，选择"110101-股票"科目，然后，单击【删除】按钮，系统会弹出询问窗口，如图 3-13 所示，单击【确定】按钮，即可完成删除科目的操作。需要注意的是，已经使用过的会计科目不能删除。

5. 会计科目辅助项目

传统手工会计核算中，企业通常将往来单位、个人、部门、项目等通过设置明细科目进行核算管理。例如，"应收账款"、"应付账款"等往来科目，为了反映与各往来单位间的款项结算情况，需要按照每个往来单位设置明细科目，若企业往来单位较多，则会使企业明细科目数量庞大。为了解决这个问题，在引入 U8 财务软件后，用户可以首

图 3-13

先在企业门户中对相关基础档案进行设置,主要包括部门档案、职员档案、客户及供应商档案等,这些档案的设置是设置科目辅助核算的基础,然后对相关科目设置辅助核算。这样既能够满足核算管理的需求,又能够大大减少明细科目的数量。

系统提供部门核算、个人往来、供应商往来、项目核算等辅助核算,如图3-11、图3-12右侧所示。其中,部门档案、个人档案、客户及供应商档案已在企业门户中的基础档案中设置完成,这里不再赘述。

会计科目的设置内容会对项目的管理、凭证类别的选择及期初余额的录入产生影响,所以一般需要在这些项目之前进行。

3.2.5 设置凭证类别

许多单位为了便于管理或登账方便,一般对记账凭证进行分类编制,但各单位的分类方法不尽相同,所以 U8 系统提供了"凭证类别"功能,用户完全可以按照本单位的需要对凭证进行分类。

在企业应用平台的"设置"选项卡中,执行"基础档案→财务→凭证类别"命令,进入"凭证类别预置"窗口,如图3-14所示。系统提供了五种凭证类别设置方案,用户可根据本企业自身需要进行选择。一般地,除选择凭证类别为"记账凭证"外,其他各种设置必须在会计科目设置完成之后进行设置。

例如,按表3-8要求,将凭证分为收、付、转三种常用凭证类别,可选择"收款凭证 付款凭证 转账凭证"前的单选按钮,即可进入"凭证类别"对话框,对凭证类别进行详细设置。凭证的详细设置应根据每类凭证的特点选择"限制类型"和"限制

第 3 章 总账系统

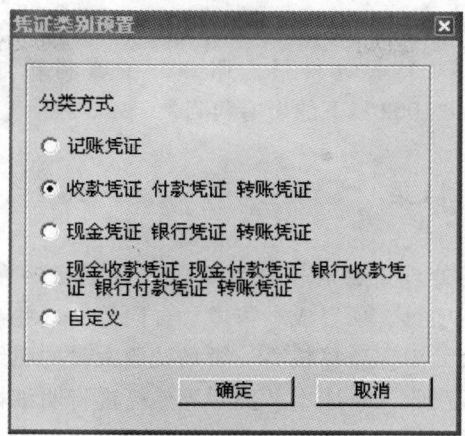

图 3-14

科目"。如收款凭证,单击【修改】按钮,双击【收款凭证】所在行的【限制类型】栏,从下拉列表中选择"借方必有",在"限制科目"栏录入"1001,1002",或单击限制科目栏参照按钮,分别选择"1001"和"1002",以此类推,对其他凭证类别进行设置,如图 3-15 所示。设置完成,单击【退出】按钮,即可退出当前窗口。

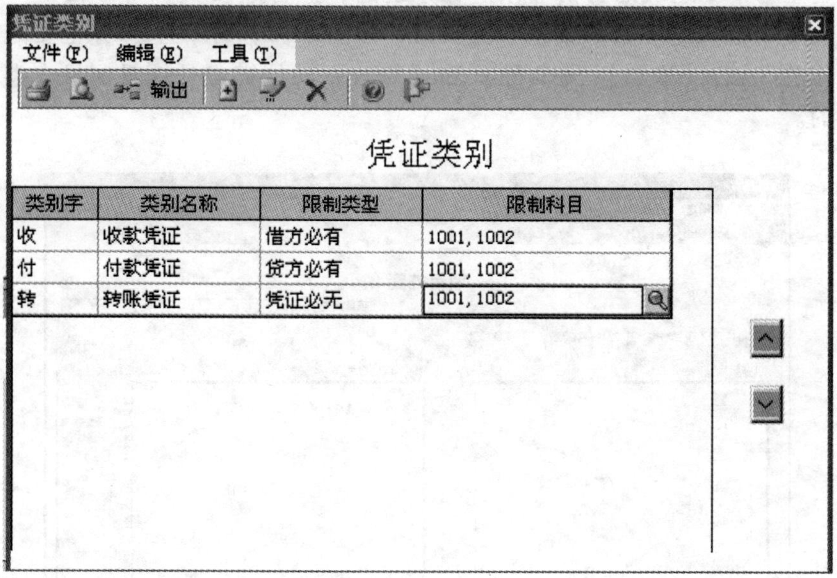

图 3-15

在设置凭着类别时应注意:已使用的凭证类别不能删除,也不能修改类别字;若选有科目限制(即"限制类型"不是"无限制"),则至少要输入一个限制科目。若限制

69

类型选"无限制",则不能输入限制科目;若限制科目为非末级科目,则在制单时,其所有下级科目都将受到同样的限制,例如,若分类如上所设,且"1001"科目下有"100101"和"100102"两个下级科目,那么,在填制转账凭证时,将不能使用"100101"、"100102"及"1002"下的所有科目。

3.2.6 设置项目目录

许多企业在实际业务处理中会对多种类型的项目进行核算和管理,例如,在建工程、对外投资、技术改造项目、项目成本管理、合同等,这些都是单独作为项目管理进行核算的。在传统手工会计中,项目核算一般是设置大量的明细科目,然后根据科目开设账页,最后在账页中开设收入、成本、费用等专栏进行明细核算,工作量比较大。在财务软件系统中,专设项目核算辅助账,将相同特性的项目定义为一个项目大类,然后在每一大类下进行项目管理,一个项目大类可以核算多个项目,为了便于管理,还可以对这些项目进行分类管理,使其与总账业务处理过程同步进行核算管理,从而大大减轻了工作量。

使用项目核算与管理的首要步骤是设置项目档案,项目档案设置包括:增加或修改项目大类、定义项目核算科目、项目分类、项目栏目结构,并进行项目目录的维护等。

1. 增加或修改项目大类

以账套主管 001 赵敏的身份登录总账系统后,执行"设置→基础档案→财务→项目目录"命令,进入"项目档案"设置窗口,如图 3-16 所示,上部分主要是对项目大类进行操作的区域,【增加】、【删除】和【修改】功能键也是针对项目大类的相应操作而设置的。

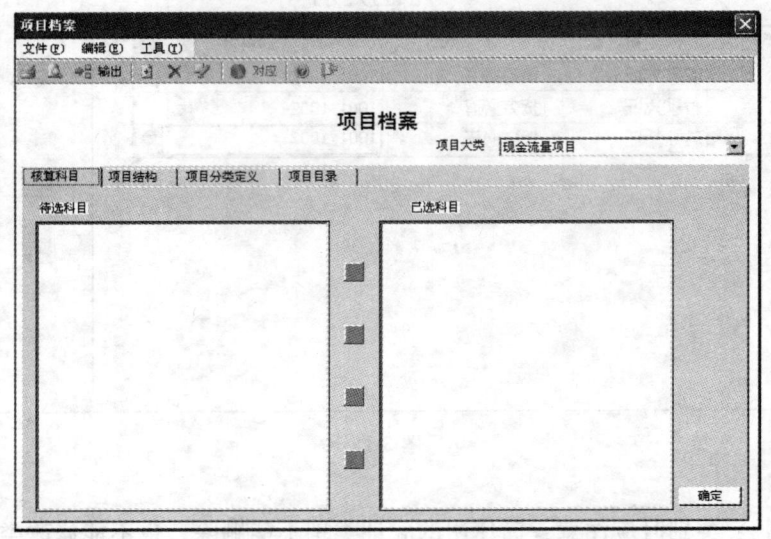

图 3-16

单击【增加】按钮，进入"项目大类定义-增加"窗口，开始增加一个项目大类的操作。增加一个项目前后要经历三个操作步骤，首先是定义"项目大类名称"，如图 3-17 所示，用户可根据本企业项目设置情况输入名称，如"自建工程"，然后，单击【下一步】按钮。

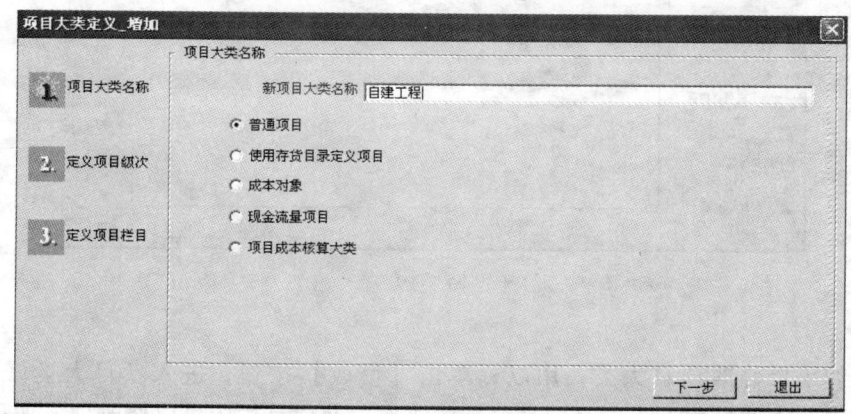

图 3-17

其次是"定义项目级次"，如图 3-18 所示，项目级次也就是项目编码规则，项目分类共分 8 级，总长度 22 位，单级级长不能超过 9 位，只有在这里定义了项目级次和编码原则，才能进行项目分类定义。定义完毕，单击【下一步】按钮。

图 3-18

最后是"定义项目栏目"，这一步骤主要完成项目栏目的名称、各栏目属性的编辑。系统默认栏目包括"项目编号"、"项目名称"、"是否结算"、"所属分类码"四个，其他区可单击【增加】、【删除】按钮，增加或删除自定义项目栏用户可以根据自身需要进行修改，如图 3-19 所示。但需要注意的是，窗口中显示白色背景的为可修改内容，灰色背景为不可修改内容。

图 3-19

用户如果要修改项目大类，用鼠标单击【修改】按钮，进入项目大类修改向导，即可修改项目大类名称，未定义项目分类的级次以及项目栏中可以修改项。如果要删除某项目大类，则选择要删除项目大类名称，单击【删除】按钮，可删除当前项目大类。请注意所有与该项目相关的项目信息也将被删除，所以在删除项目档案时要慎重。

2. 指定核算科目

指定核算科目就是具体指定核算当前项目大类所使用的会计科目，选择"项目大类"，然后，选择"项目档案"窗口中部的"核算项目"选项，即可进入"核算科目"选项卡。在首次进入时，系统会自动将会计科目表中设置了项目核算辅助账的所有科目列示在待选科目栏，用户可以利用" < << "功能键将左侧的"待选科目"移至右侧的"已选科目"，如图3-20所示。选择完毕，单击【确定】按钮，至此核算科目指定完毕。

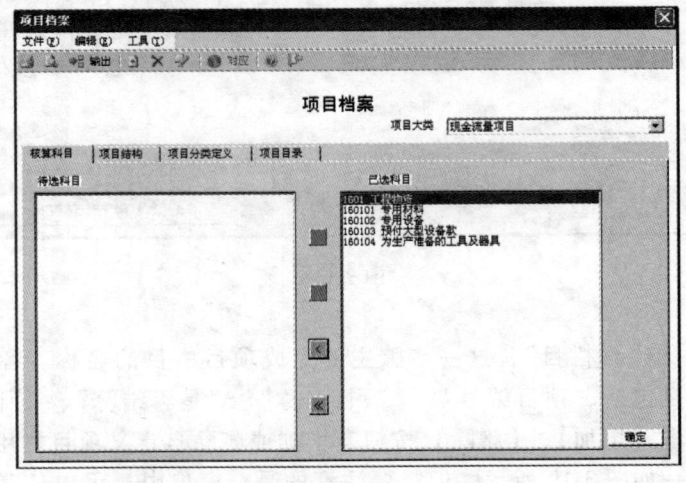

图 3-20

第 3 章 总账系统

3. 修改项目结构

项目结构可在定义项目大类过程中进行修改，也可以选择"项目结构"选项进入"项目结构"选项卡后，单击右侧【修改】按钮，进行修改，如图 3-21 所示。

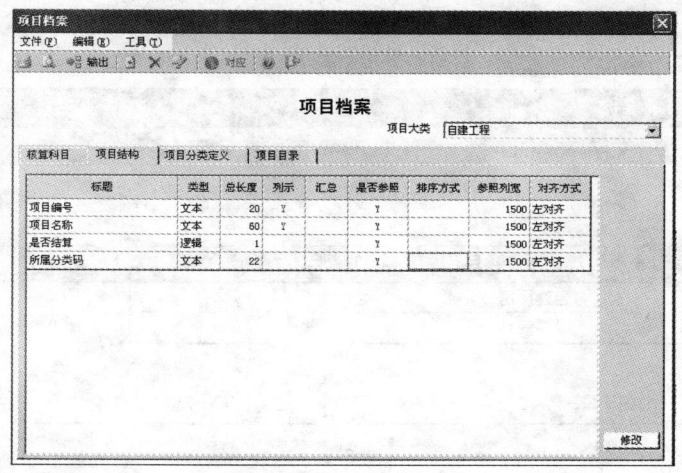

图 3-21

4. 项目分类定义

为了便于统计，可对同一项目大类下的项目进行进一步划分，这就需要进行项目分类的定义。单击"项目分类定义"选项，"项目档案"窗口的下半部分即显示"项目分类定义"选项卡，单击【增加】按钮，在选项卡右侧输入"分类编码"和"分类名称"，单击【确定】按钮，系统自动将新增的项目分类显示在选项卡左侧的空白区域内，如图 3-22 所示。

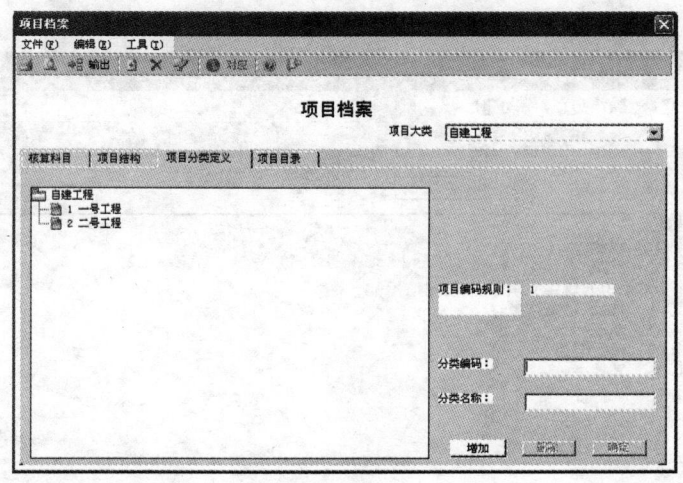

图 3-22

5. 项目目录维护

完成项目分类定义后，选择"项目目录"选项，即进入"项目目录"选项卡。单击右侧的【维护】按钮，即可进入"项目目录维护"窗口，在窗口内可对项目目录进行相关操作。在增加项目目录时，单击【增加】按钮，即可增加项目目录，如图3-23所示。

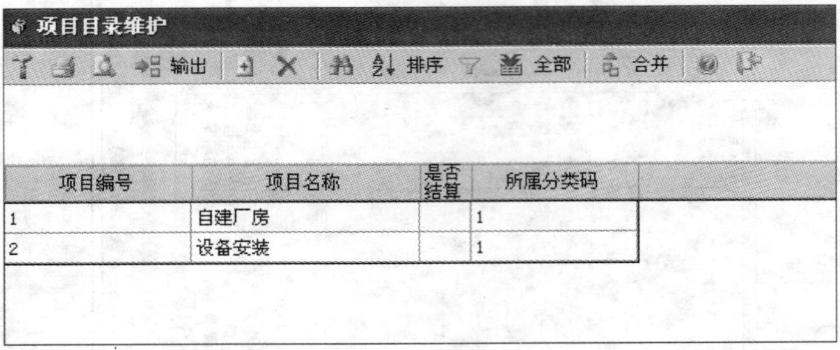

项目编号	项目名称	是否结算	所属分类码
1	自建厂房		1
2	设备安装		1

图 3-23

3.2.7 设置结算方式

该功能用来建立和管理用户在经营活动中所涉及的结算方式。它与财务结算方式一致，如现金结算、支票结算等。结算方式最多可以分为2级。结算方式一旦被引用，便不能进行修改和删除的操作。以账套主管001赵敏身份登录总账系统后，执行"设置→结算方式"命令，进入"结算方式"对话框，点击"增加"按钮即可将右边窗口变为可编辑状态，根据表3-10的要求输入"结算方式编码"和"结算方式名称"，然后单击【保存】按钮，可将增加的结算方式显示在左边窗口中，如图3-24所示。

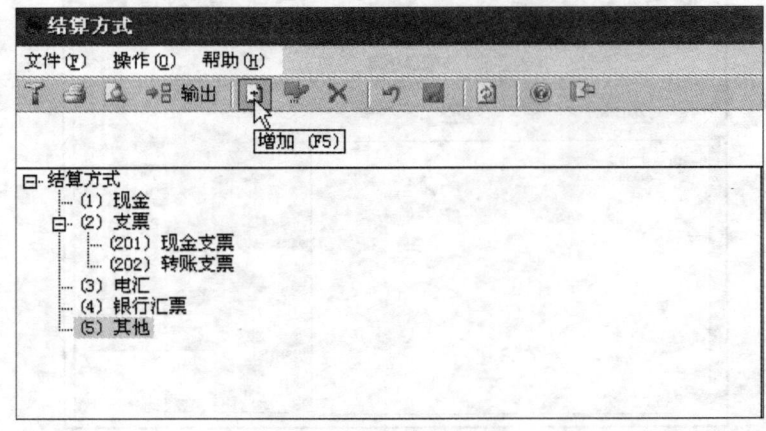

图 3-24

需要说明的是：结算方式编码用以标注某结算方式，用户必须按照结算方式编码级次的先后顺序来进行录入，录入值必须唯一；用户根据企业的实际情况，必须录入所用结算方式的名称，录入值必须唯一，结算方式名称最多可写6个汉字（或12个字符）；票据管理标志是方便出纳对银行结算票据的管理，用户可根据实际情况，通过单击复选框来选择该结算方式下的票据是否要进行票据管理。

3.2.8 录入期初余额

录入期初余额就是将原有手工账簿中的数据录入到计算机账中，使计算机账的数据与手工账簿数据衔接的过程。一般地，首次使用财务软件时需要手工录入余额，以后年度由系统自动进行结转。另外，如果是年初建账，则可以直接录入期初余额，但若为年中建账，则需要录入所建账月份的期初余额和从该年年初到该月份的科目借、贷方累计的发生额，系统会自动计算年初余额。

以嘉宁公司年初建账为例，进入"总账系统"后，执行"设置→期初余额"命令，即可进入如图3-25所示的"期初余额录入"窗口。

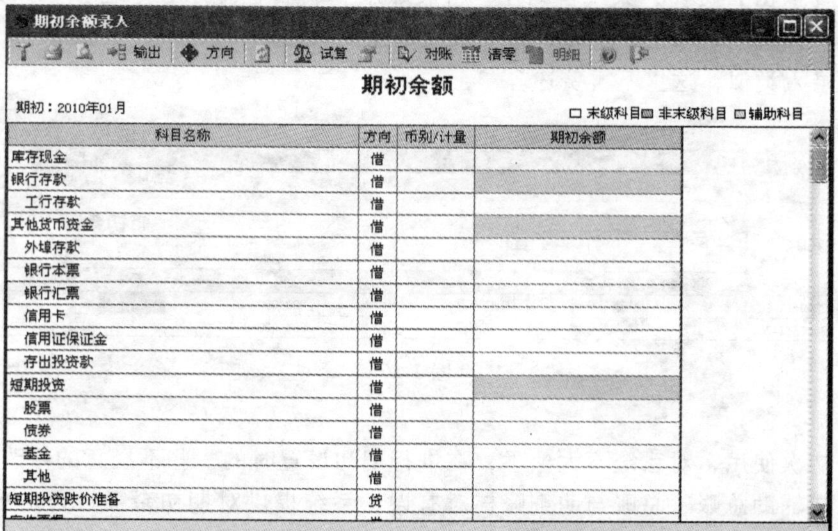

图 3-25

一般地，系统会为每个科目提供一个默认的科目余额方向，但有些科目，特别是部分调整科目，它们的余额方向可能与默认的余额方向相反，此时，需要对科目余额方向进行调整，单击"期初余额录入"窗口的【方向】按钮，系统弹出"调整余额方向"对话框，若确实要调整，则单击【是】按钮，该科目的余额方向即可调整为实际的余额方向。需要说明的是余额方向的调整一般在录入期初余额之前进行，否则需要将期初余额清零才允许进行调整。

系统规定在录入期初余额时，只能录入末级科目余额，上级科目余额由系统自动计算填列，所以用户需要根据各科目“期初余额”栏显示颜色区分科目级次。白色的单元为末级科目，可以直接输入期初余额；灰色的单元为非末级科目，不允许录入期初余额，待下级科目余额录入完成后自动汇总生成。一般科目在余额录入时，将光标移到需要输入数据的余额栏，直接输入数据即可。

但若遇到黄色单元，则代表对该科目设置了辅助核算，不允许直接录入余额，需要在该单元格中双击进入“辅助账期初设置”，在辅助账中输入期初数据，完成后自动返回总账期初余额表中。

现以设有“客户往来”辅助核算的“应收账款”科目为例，说明设有辅助核算的科目如何录入期初余额。双击该科目对应的“期初余额”栏，弹出如图 3-26 所示的“客户往来期初”对话框，在对话框内单击【增加】按钮，系统自动增加一条空白记录，在空白记录中录入相关辅助信息和期初余额。如果输入过程中发现某项输入错误，可按【ESC】键取消当前项输入，将光标移到需要修改的编辑项上，直接输入正确的数据即可；如果想放弃整行增加数据，在取消当前输入后，再按【ESC】键即可；如果需要修改某个数据，将光标移到要进行修改的数据上，直接输入正确数据即可。录入完毕，单击【退出】按钮，系统自动在“应收账款”科目栏显示在“客户往来期初”对话框内输入各条记录中余额的合计数。其他辅助核算的期初余额录入与客户往来辅助账期初余额录入类似，这里不再赘述。

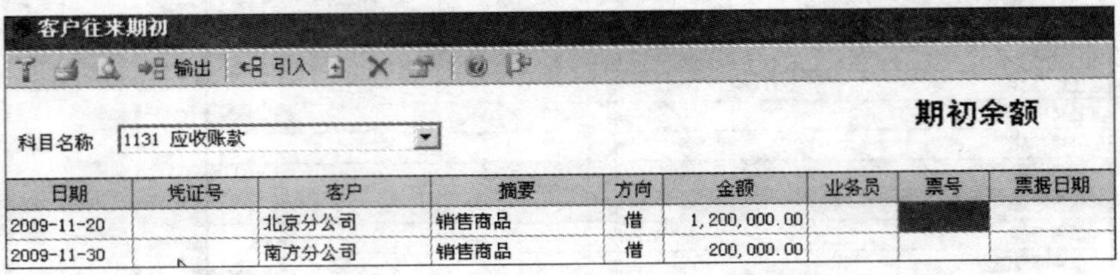
客户往来期初
输出
引入
期初余额
科目名称
1131 应收账款
日期
凭证号
客户
摘要
方向
金额
业务员
票号
票据日期
2009-11-20
北京分公司
销售商品
借
1,200,000.00
2009-11-30
南方分公司
销售商品
借
200,000.00

图 3-26

由于初次使用，对系统不太熟悉，在进行期初设置时的一些不经意的修改，可能会导致总账与辅助总账、总账与明细账核对有误，系统提供对期初余额进行对账的功能，可以及时做到账账核对，并可尽快修正错误的账务数据。单击【对账】按钮，在系统弹出的对话框中选择“开始”，如图 3-27 所示，系统自动进行对账工作，并提示对账结果。如果对账后发现有错误，则可按【显示对账错误】按钮，系统将把对账中发现的问题列出来。

一般地，期初余额录入工作的最后一个步骤是进行“试算平衡”，所谓试算平衡是指对录入的期初余额，按照“资产=负债+所有者权益+收入-费用”的平衡式进行平衡校验的过程。用户只需在录入所有科目余额后，单击“期初余额录入”窗口的【试算】按钮，系统自动完成检验工作，并将检验结果予以显示，如图 3-28 所示。

第 3 章 总账系统

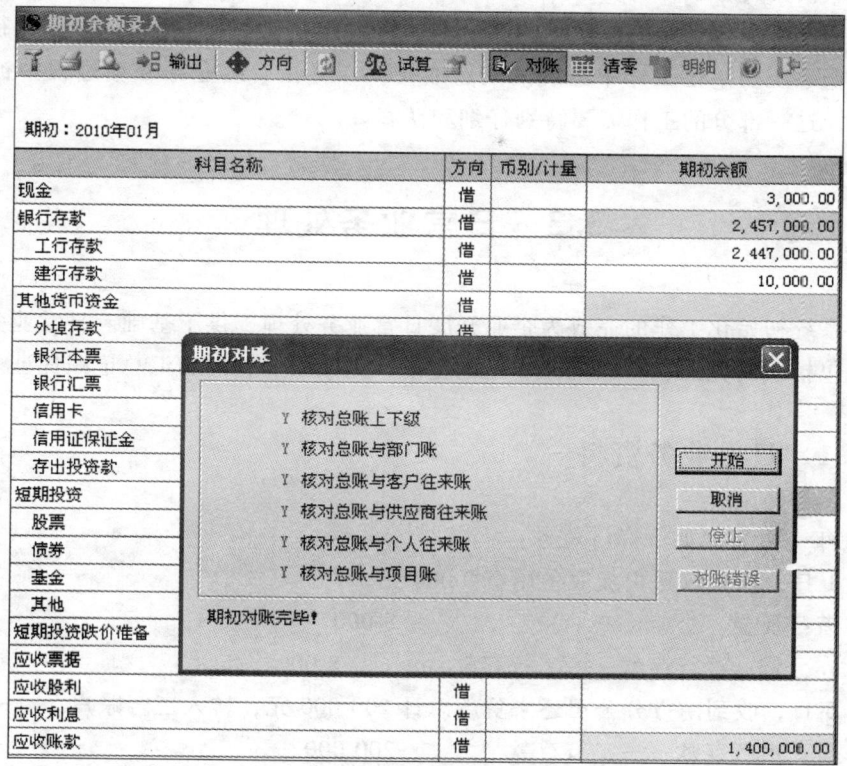

图 3-27

图 3-28

执行"试算"后,如果系统显示"试算结果平衡",则总账系统初始化工作全部完成,可以开始进行日常业务处理了,但如果执行"试算"后,系统显示"试算结果不平衡",则用户需要对期初余额进行检查,直到试算结果平衡才能开始日常业务处理,这是因为,虽然试算结果不平衡不影响凭证的填制和审核,但会导致系统不能记账。

在初次使用财务软件时，总账系统初始化工作量大且烦琐，但总账系统初始化日常业务处理的基础，该工作完成质量的高低直接影响日常业务处理活动的顺利进行，一般地，在总账系统初始化工作中出现的问题或错误，将在后续业务处理过程中被体现出来，所以，这一部分的工作需要特别仔细和认真。

3.3　日常业务处理

总账系统初始化工作的完成为企业开展日常业务处理提供了基础。日常业务处理的主要内容包括填制凭证、审核凭证、出纳签字、记账以及查询和汇总记账凭证。

3.3.1　日常业务资料

2010年1月发生如下经济业务：

（1）1日，从工行账户提取备用金8 000元。

　　借：现金　　　　　　　　　　　　8 000
　　　　贷：银行存款——工行存款　　　　8 000

（2）5日，收到南方分公司还来货款总计200 000元，转入工行账户。

　　借：银行存款——工行存款　　　200 000
　　　　贷：应收账款　　　　　　　　　200 000

（3）15日，向北京分公司销售乙产品200件，销售价格为1 000元/件，货款200 000元，增值税34 000元，销售成本500元/件，用工行存款支付，产品发货并办妥托收手续，结转销售成本。

　　借：应收账款（北京分公司）　234 000
　　　　贷：主营业务收入　　　　　　　200 000
　　　　　　应交税金——应交增值税（销项税额）　34 000
　　借：主营业务成本　　　　　　100 000
　　　　贷：库存商品——乙产品　　　　100 000

（4）25日，报销管理费用，其中，办公费10 000元，招待费10 000元，其他费用1 000元。

　　借：管理费用——办公费 10 000
　　　　　　　　——招待费 10 000
　　　　　　　　——其他 1 000
　　　　贷：银行存款——工行存款　　　21 000

3.3.2 填制凭证

企业在日常活动中发生的经济业务首先需要填制凭证,在实际工作中,可直接在计算机上根据原始凭证填制记账凭证,填制凭证是电算化方式下工作量较大的一项内容。从上一节我们知道,总账系统初始化工作是由账套主管完成,在进行日常业务处理时,需要更换一名操作员,此时,不需要关闭总账窗口,直接在窗口执行"系统→重新注册"命令来更换操作员。

1. 填制凭证

以 002 钱江身份重新登录后,在"业务"选项卡中,执行"总账→凭证→填制凭证"命令,进入"填制凭证"窗口,在首次进入时,系统显示一张"记账凭证"样例,如图 3-29 所示,若系统中有已经填制的未记账凭证,则一般系统会按收款凭证、付款凭证、转账凭证的顺序显示。在"填制凭证"窗口,单击【增加】按钮或按"F5"键,系统自动增加一张空白凭证,一般可按以下步骤来填制凭证。

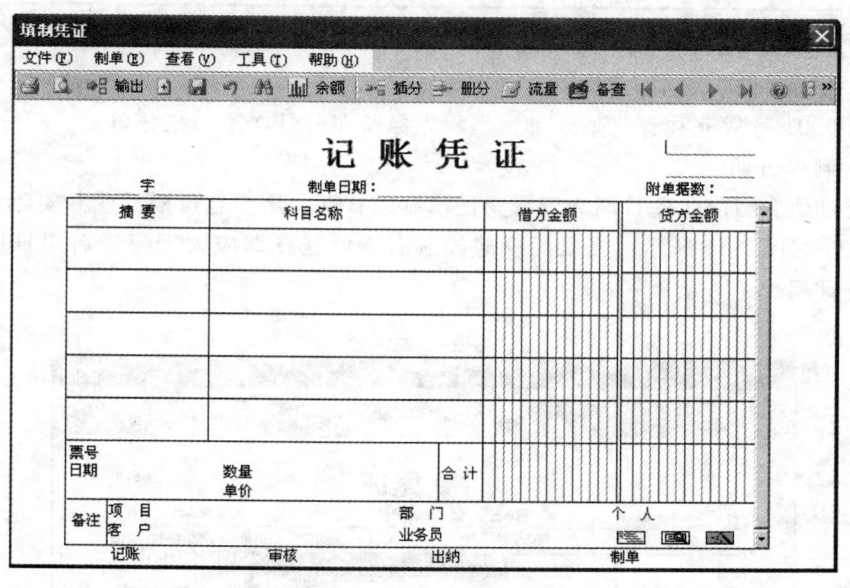

图 3-29

(1) 凭证类别

凭证类别为初始设置时已定义的凭证类别名称,单击凭证类别的参照按钮,按照发生业务的性质选择"凭证类别",如图 3-30 所示。

(2) 凭证编号

如果在"选项"中选择"系统编号",则由系统按时间顺序自动编号;否则,请手工编号,允许最大凭证号为 32767。系统规定每页凭证可以有五笔分录,当某号凭证不止一页,系统自动将在凭证号后标上几分之一,例如,收-0001 号 0002/0003 表示为收

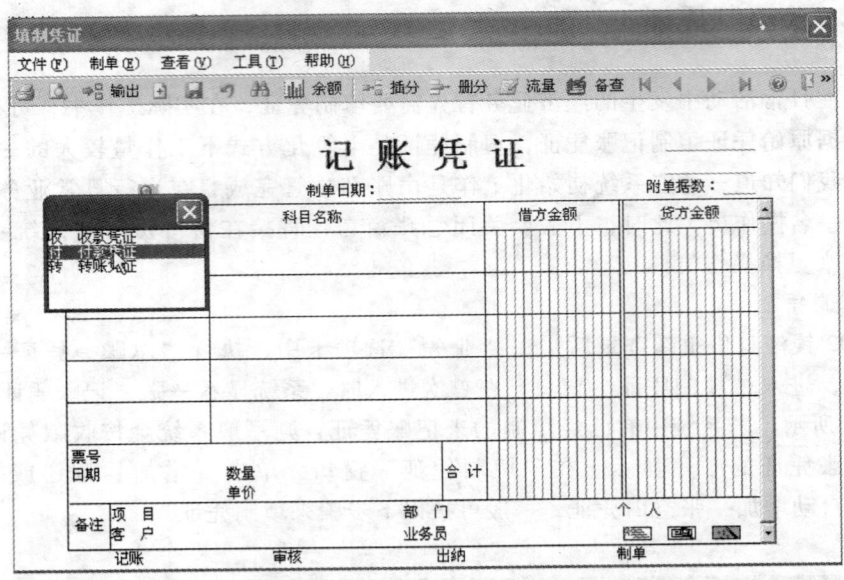

图 3-30

款凭证第 0001 号凭证共有三张分单,当前光标所在分录在第二张分单上。

(3) 制单日期

系统自动取当前业务日期为记账凭证填制的日期,用户也可根据业务实际发生日期进行修改,如图 3-31 所示。当采用序时控制时,凭证日期应大于等于启用日期,不能超过业务日期。

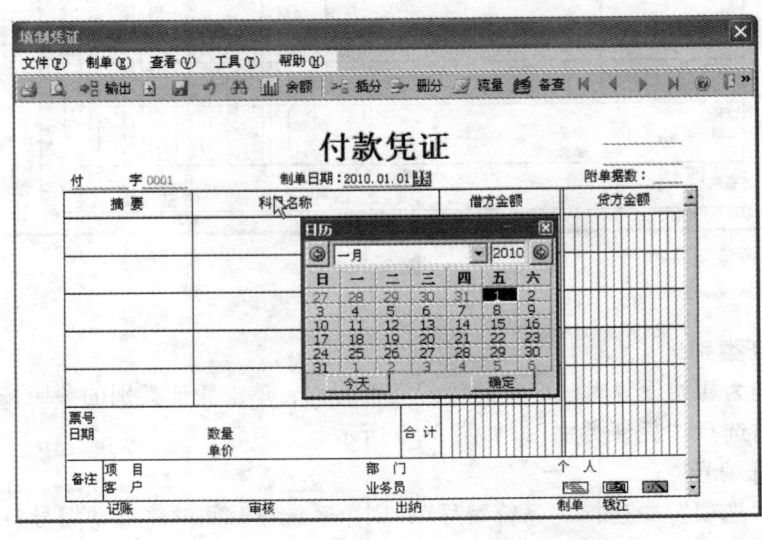

图 3-31

第 3 章 总账系统

（4）凭证自定义项

用户可根据需要输入凭证自定义项，单击凭证右上角的输入框输入，如图 3-32 所示。

图 3-32

（5）附单据张数

在右上角"附单据数"处输入该业务所附原始凭证张数，如图 3-33 所示。

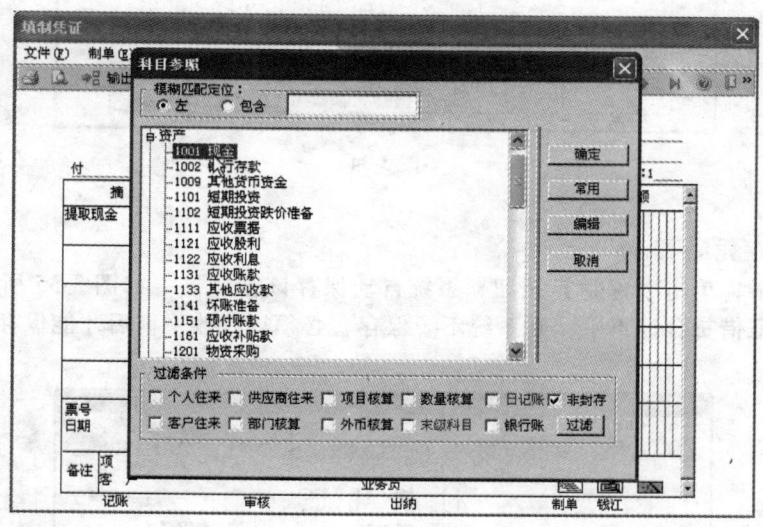

图 3-33

（6）摘要

摘要栏用于简单描述业务内容，一般可以直接输入，如果预先设置好了常用摘要，可按【F2】键或参照按钮输入常用摘要，常用摘要的选入不会清除原来输入的内容。摘要可以相同，但不能为空，按回车，系统将摘要自动复制到下一分录行。

（7）科目名称

用鼠标选择"科目名称"栏，再单击"科目名称"栏的参照按钮或按【F2】键参照录入科目名称，如图 3-33 所示，或者直接在"科目名称"栏输入科目名称或编码，科目名称或编码必须是末级的科目的名称或编码。

(8) 借贷方金额

录入该笔分录的借方或贷方本币发生额，金额不能为零，但可以是红字，红字金额以"-"形式输入。如果方向不符，则可按空格键调整金额方向。若"现金"科目设有日记账，"银行存款"科目设有日记账、银行账，相关科目设有辅助核算账，则在使用这些科目时，填写完"科目名称"后回车，在准备填写金额之时，系统会弹出对话框，要求填写相关信息，如图 3-34 所示的"银行存款/工行存款"科目设有日记账、银行账，系统要求填写"结算方式"、"票号"、"发生日期"等相关信息。

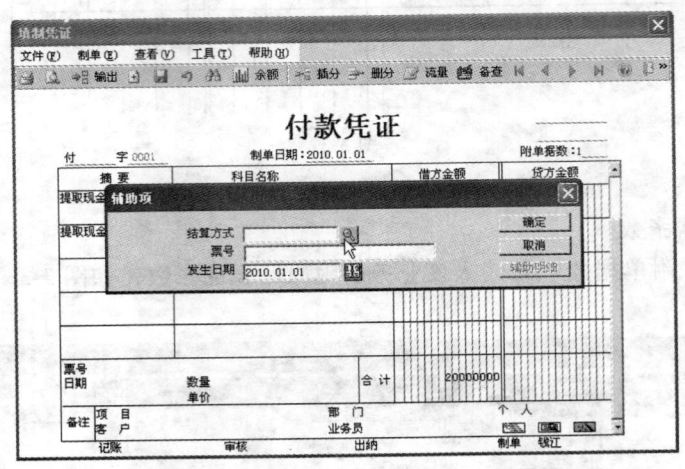

图 3-34

(9) 保存凭证

输入完毕，单击【保存】按钮，系统自动保存该张凭证，如图 3-35 所示。需要说明的是若凭证借贷合计不平，则系统不予保存，必须待修改平衡后才能保存。

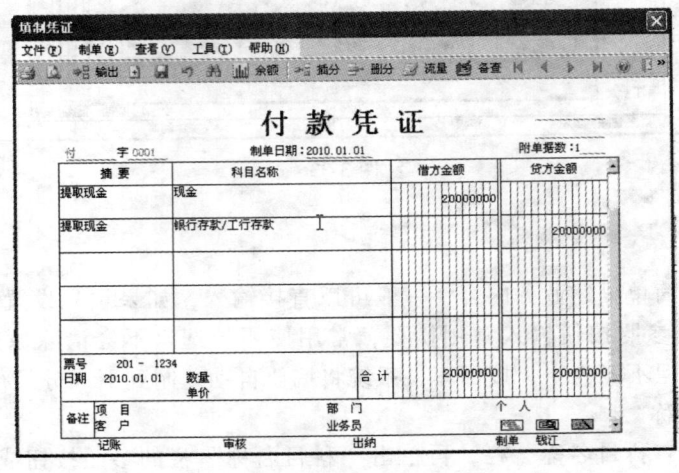

图 3-35

以此方法依次录入第二笔业务的收款凭证如图 3-36 所示，第三笔业务的转账凭证如图 3-37 和图 3-38 所示，第四笔业务的付款凭证如图 3-39 所示。

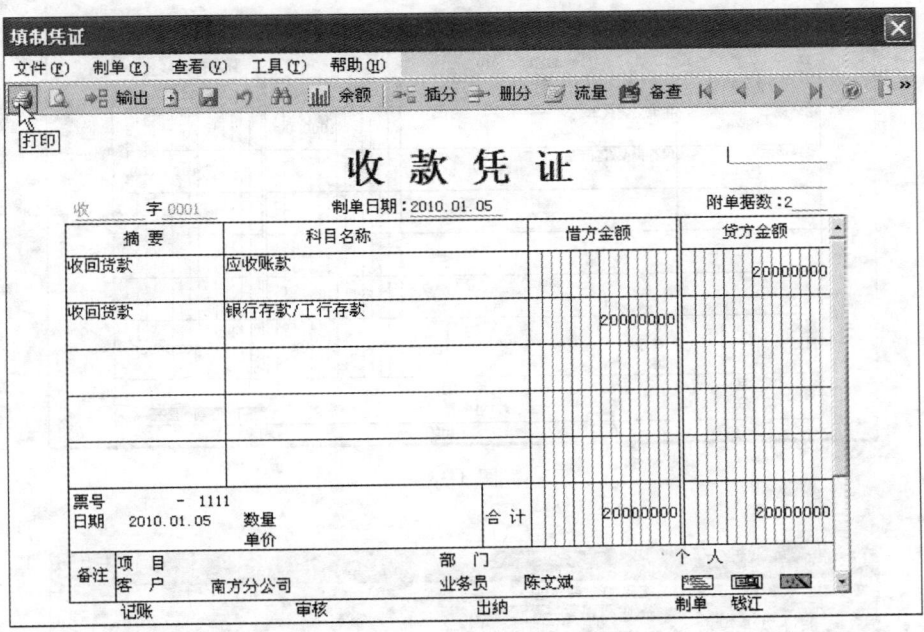

图 3-36

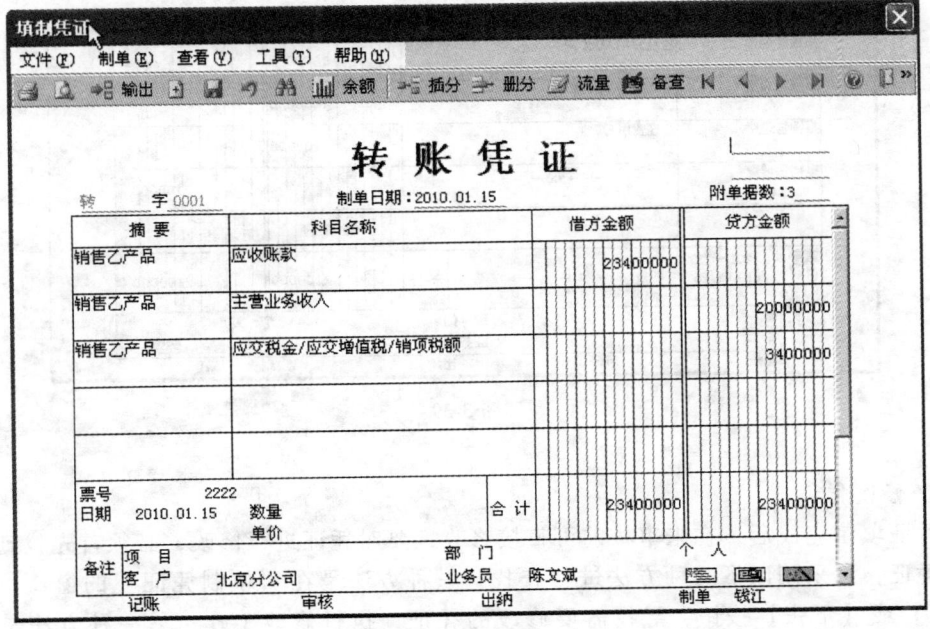

图 3-37

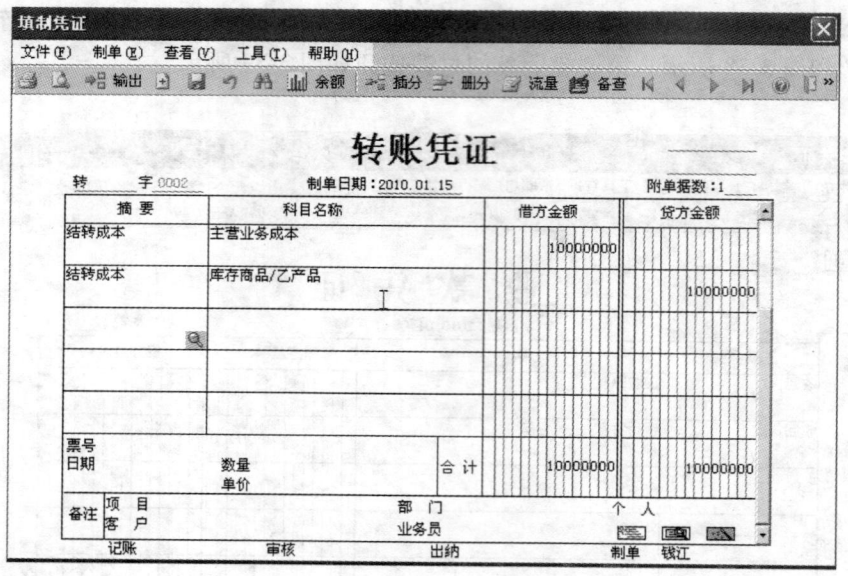

图 3-38

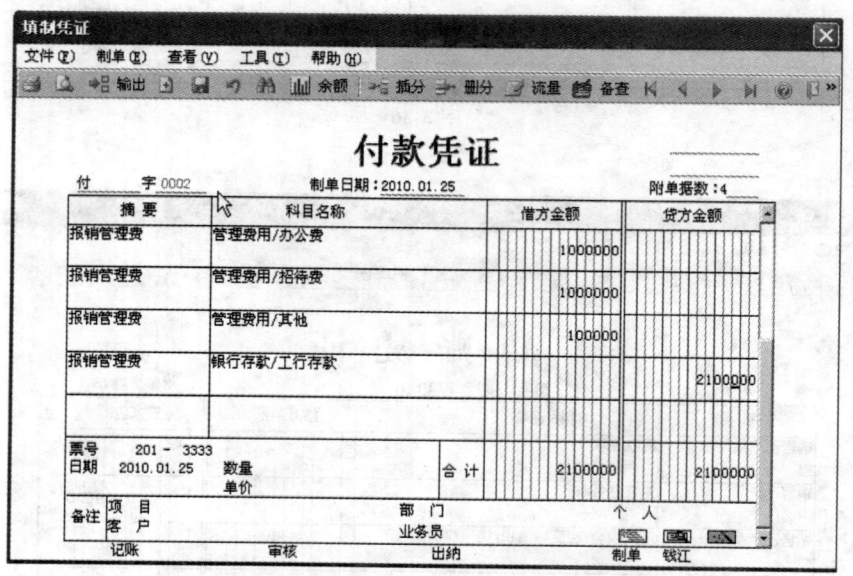

图 3-39

2. 修改凭证

凭证填制完成后,在未审核前可直接修改,要对凭证进行修改,必须首先找到待修改的凭证,可采用以下两种方法进行查找:一种方法是在"填制凭证"的窗口,单击【上张】或【下张】按钮,寻找需要修改的凭证,执行修改工作;另一种方法是通过"填制凭证"窗口中的"查看→查询"功能,录入查询限制条件,查找凭证。录入查询条件后,单击【确认】按钮,系统列出所有符合条件的记录。找到需要修改的凭证后,系统将该张凭证打开,即可执行修改工作。凭证辅助项内容如果有错误,可以在单击有错误辅助项的会计科目后,将鼠标移到凭证中下部辅助项所在的位置,当出现"笔头状光标"时,双击此处,弹出辅助项录入窗口,直接修改辅助项的内容,如图3-40所示,或者按"Ctrl + S"键调出辅助项录入窗口后修改。

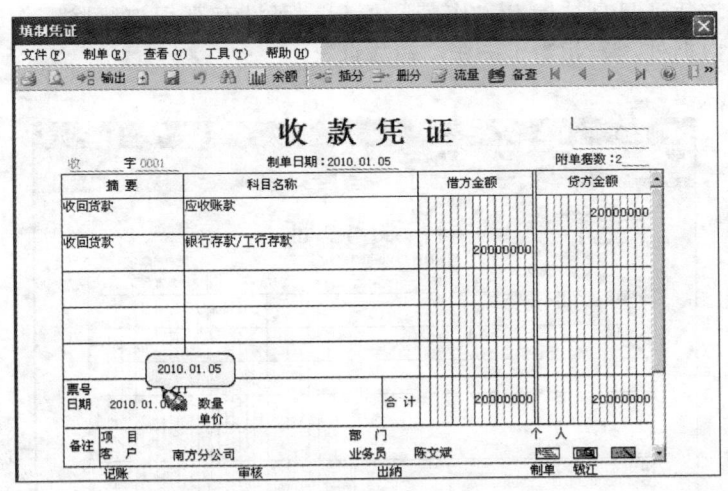

图 3-40

3. 冲销凭证

冲销凭证功能通常在记账后发现凭证错误的情况下使用。在"填制凭证"窗口,执行"制单→冲销凭证"命令,系统弹出"冲销凭证"对话框,如图3-41所示,输入准备冲销凭证的信息查找凭证,然后录入月份、凭证类别、凭证号。单击【确定】按钮,完成凭证冲销工作。

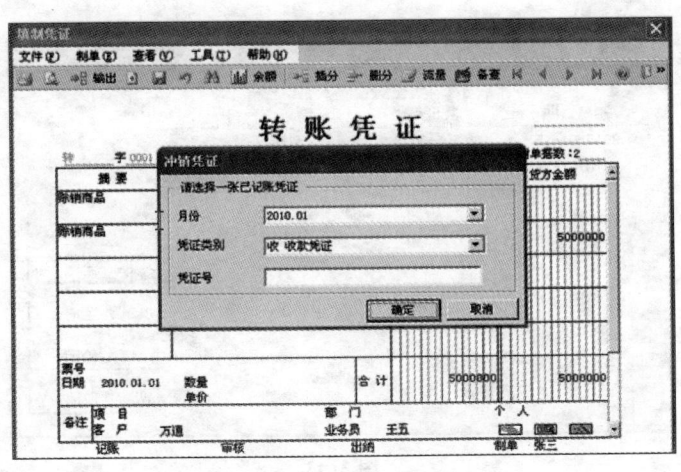

图 3-41

已冲销凭证仍需审核、出纳签字后记账。为了保证会计核算的完整性，一般地，冲销之后，需要另填制一张正确的凭证进行补充。

4. 删除凭证

当发现填制错误的凭证，可利用此功能删除凭证，在"填制凭证"窗口，利用凭证查询功能，找到应删除的凭证，打开凭证，执行"制单→作废/恢复"命令，将该凭证标上"作废"字样，如图3-42所示，作废后凭证的数据内容不变，不能修改，不能审核。此时，该凭证只是被标上"作废"标记，而没有真正被删除，作废凭证会参与记账，但不作数据处理，相当于一张空白凭证。

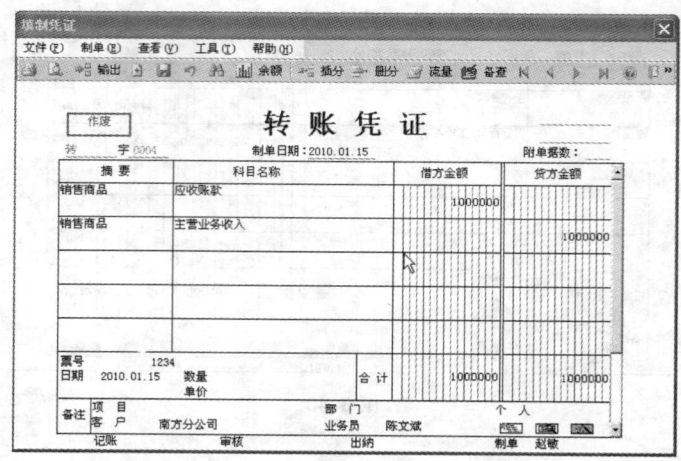

图 3-42

如果要彻底删除已打上"作废"标记的凭证，则需执行"制单→凭证删除→整理凭证"命令，选择凭证期间后单击【确定】按钮，打开"作废凭证表"对话框，双击对话框中的"删除"栏，如图3-43所示，系统会对打上"作废"标记的凭证进行删除

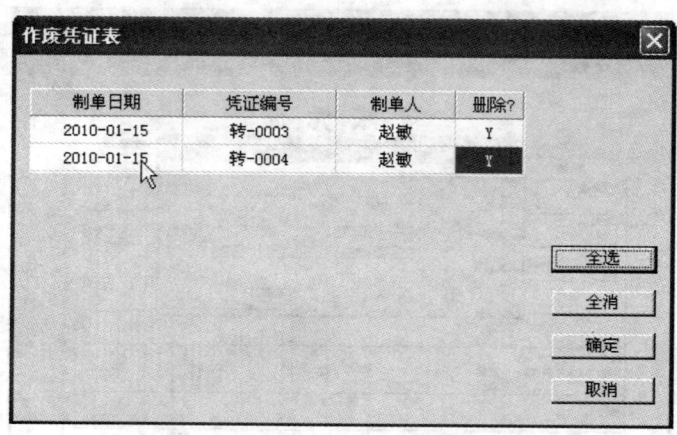

图 3-43

操作，此时系统会提示是否整理断号，如果凭证没有打印出来，则一般会选择整理断号；如果已经作了备份，则可不对断号进行整理。

3.3.3 出纳签字

出纳凭证涉及企业现金的收入与支出，为了加强对出纳凭证的管理工作，可以由出纳人员通过出纳签字功能对制单员填制的带有现金、银行科目的凭证进行检查核对，主要核对出纳凭证的出纳科目的金额是否正确，审查认为错误或有异议的凭证，应交与填制人员修改后再核对。如果设置了出纳凭证必须由出纳签字，则未经出纳签字的凭证不能进行凭证审核。

以003李英身份重新登录后，执行"凭证→出纳签字"命令，系统弹出"出纳签字"条件对话框，输入凭证过滤条件，单击【确认】按钮，系统列出符合条件的凭证记录，如图3-44所示，在所列出的记录中，双击需签字的凭证，系统打开该张凭证，出纳人员确认该张凭证没有问题，则单击【签字】按钮，在该张凭证的出纳签字栏中出现该出纳人员的名字。若需要对签字的凭证取消签字，可单击【取消】按钮。

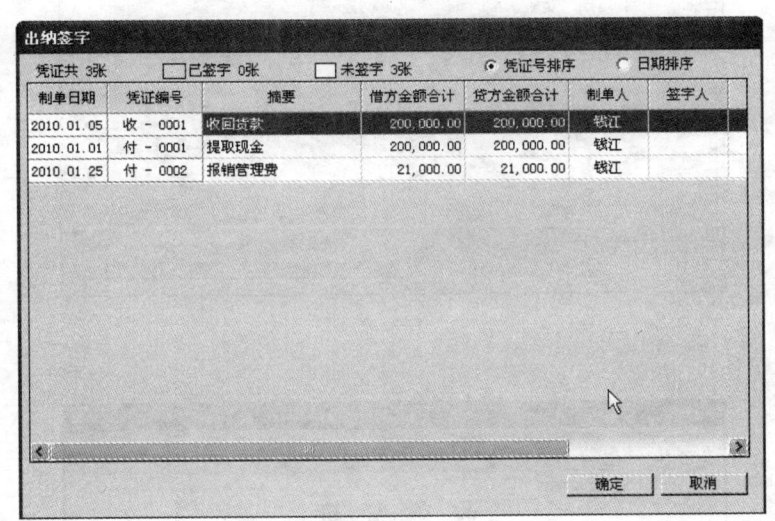

图 3-44

需要说明的是：若凭证一经出纳签字，则不能进行修改或删除操作，只有在取消出纳签字后才可以再次进行修改或删除，并且，取消签字只能由出纳本人进行。

3.3.4 审核凭证

审核凭证是审核员按照财会制度，对制单员填制的记账凭证进行检查核对，主要审核记账凭证是否与原始凭证相符、会计分录是否正确等，审查认为错误或有异议的凭证，应交与填制人员修改后，再审核。只有审核权的人才能使用本功能。需要注意的是，制单人和审核人不能为同一人，否则系统会给出"制单人与审核人不能同为一人"的错误提示。所以，在填制完凭证后，需要重新进行注册，更换一名具有审核权且与制单人非同一人的其他人员进行审核凭证的操作。

以001赵敏身份重新登录后，在"总账"窗口，执行"凭证→审核凭证"命令，系统弹出"凭证审核"条件过滤对话框，录入过滤条件，单击【确认】按钮。若是对所有凭证进行审核可以直接单击【确认】按钮，则可进入如图3-45所示的"凭证审核"窗口。在所列出来的凭证记录中，双击所需要审核的凭证，出现凭证审核窗口，单击【审核】按钮，如图3-46所示，则系统自动在该张凭证的审核人栏中填写当前操作员的名字，审核过程中，系统会自动翻页显示下一张未审核的凭证。操作员也可以选择"审核→成批审核"命令对凭证进行批量审核。

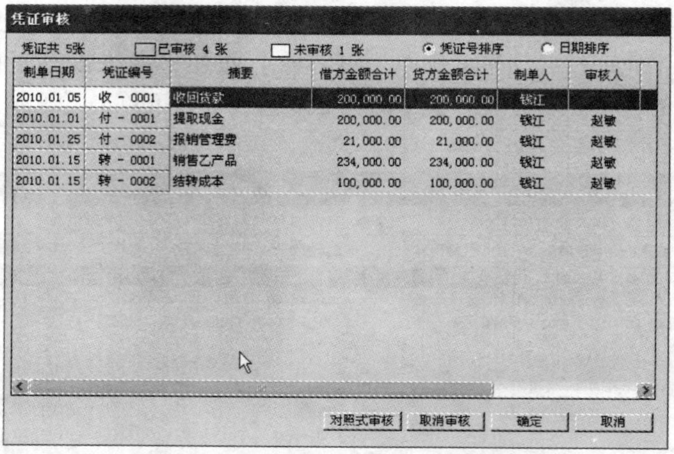

图 3-45

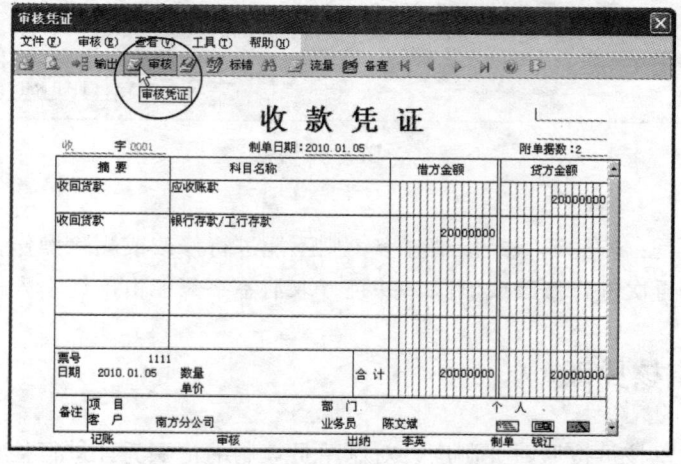

图 3-46

凭证审核后不能修改或删除，需取消审核后方可。若想取消审核，则首先寻找该张凭证，然后单击【取消】按钮，即可取消审核。

如果在审核过程中发现凭证有错，则可单击【标错】按钮，先行标错，退回制单进行修改，如图 3-47 所示，若再次单击【标错】按钮，则取消该张凭证的标错。已标错的凭证不能被审核，若想审核，则需取消标错后才能审核，对于已审核的凭证不能标错。

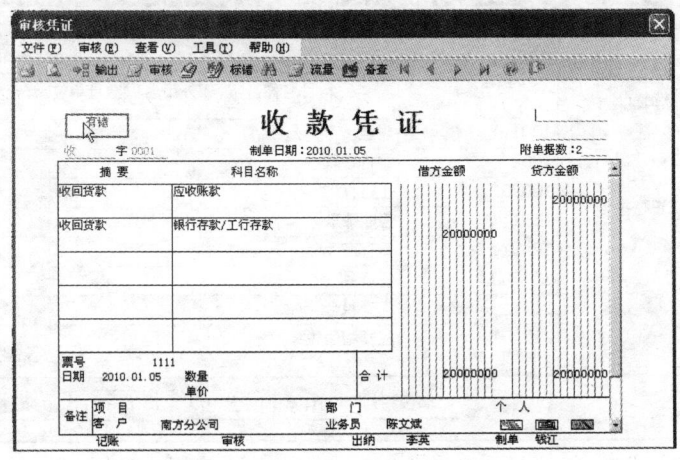

图 3-47

3.3.5 记账

所谓记账就是将凭证记录登记到账簿中去的过程，也称为登账，记账凭证经审核签字后，即可用来登记总账和明细账、日记账、部门账、往来账、项目账以及备查账等。U8 系统对记账过程有严格的限制条件。例如，期初余额试算不平衡不能记账、上月有未记账凭证不能记账、未审核的凭证不能记账，等等，所以在执行记账功能之前，需要做好记账前的准备工作。

执行"凭证→记账"，系统弹出"记账"对话框，要求"选择本次记账范围"，如图 3-48 所示。

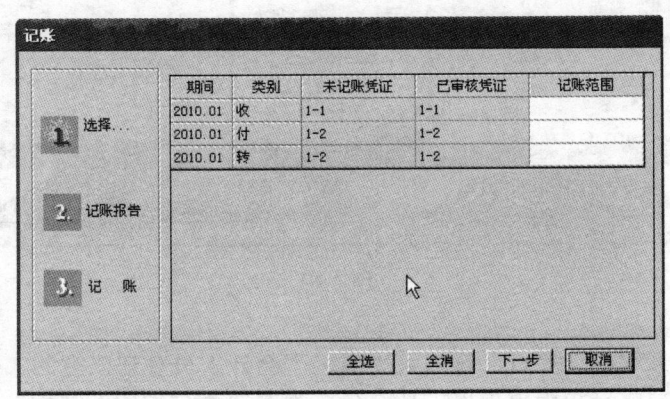

图 3-48

可单击【全选】按钮,将所有可以记账的凭证选中,也可以手动输入将要执行记账功能的凭证范围,需要说明的是参与记账的凭证必须先经过审核。然后单击【下一步】按钮,进入"记账"界面,如图3-49所示。

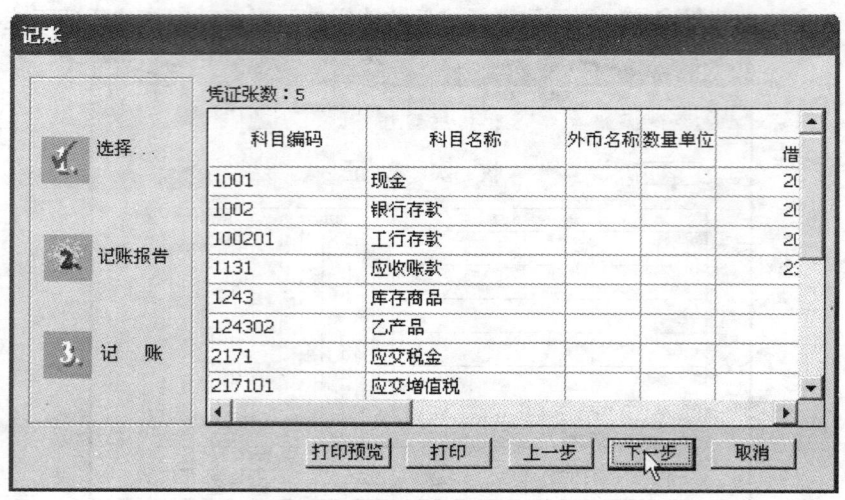

图 3-49

单击【记账】按钮,系统开始记账工作,顺利完成后,系统出现"记账完毕!"提示,然后单击【确定】按钮,退出记账工作,如图3-50所示。

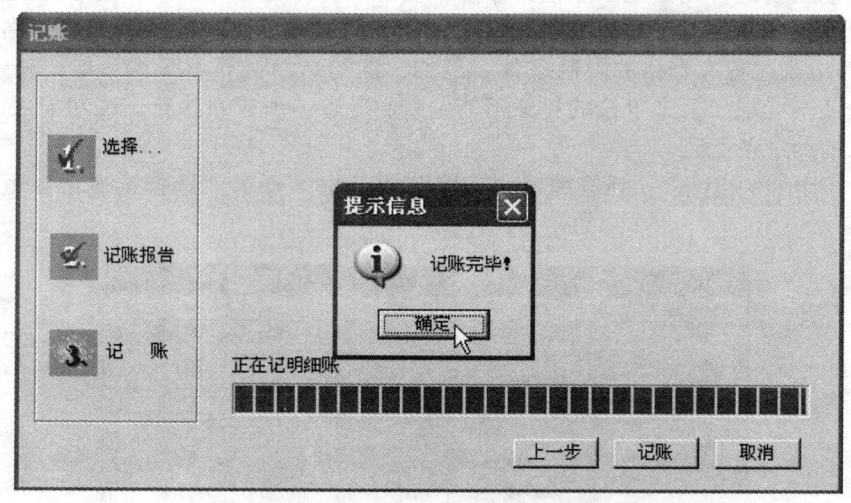

图 3-50

记账工作由系统自动完成,这样大大减轻了会计人员登记账簿的工作量,但需要注意的是,在实际记账过程中出现以下情况的,需要"恢复记账前状态":

第 3 章 总账系统

- 记账过程一旦断电或其他原因造成中断后,系统将自动调用"恢复记账前状态"恢复数据,然后再重新记账。
- 在记账过程中,不得中断退出。
- 在第一次记账时,若期初余额试算不平衡,系统将不允许记账。
- 所选范围内的凭证如有不平衡凭证,系统将列出错误凭证,并重选记账范围。

"恢复记账前状态"是一个隐藏的功能,必须使用功能键激活,执行"期末→对账"命令,系统弹出"对账"窗口,在"对账"窗口同时按下"Ctrl + H"键,系统弹出"恢复记账前状态功能已被激活"的提示,此时,在"凭证"菜单下会同时出现一个新的菜单"恢复记账前状态",如图 3-51 所示,执行该命令即可进行恢复,待系统提示"恢复记账完毕!"后,即可再次进行记账操作。

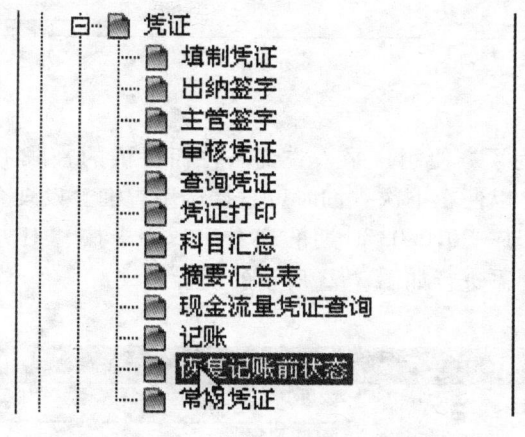

图 3-51

3.4 出纳管理

出纳管理是总账系统为出纳人员提供的管理工具,这里主要简单介绍查询现金及银行存款日记账、资金日报、登记支票登记簿及银行对账等功能。

3.4.1 查询现金及银行存款日记账

1. 查询现金日记账

本功能用于查询现金日记账,现金科目必须在"会计科目"功能下的"指定科目"中预先指定。可在"我的账簿"中选择已保存的查询条件,或设置新的查询条件进行查询。以 003 李英身份重新登录后,执行"出纳→现金日记账"命令,系统弹出"现金日记账查询条件",如图 3-52 所示,根据需要输入查询条件,系统自动按照查询条件显示现金日记账查询。

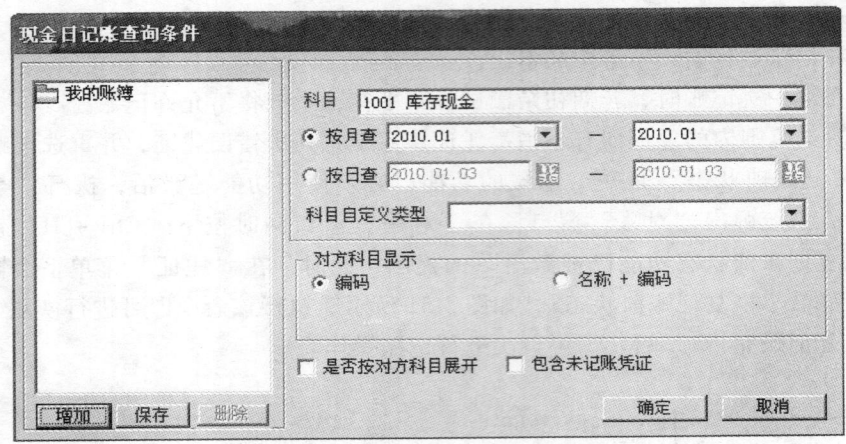

图 3-52

"我的账簿"是为了方便用户录入查询条件而提供的查账工具,它可将用户常用的查询条件加以保存,以便在下次查询时可直接调用查询。以现金日记账为例,如果要查询现金科目,2010.01—2010.03 时期的现金账,要求按"对方科目名称+编码"展开,包含未记账凭证,需进行如图 3-53 所示的设置:

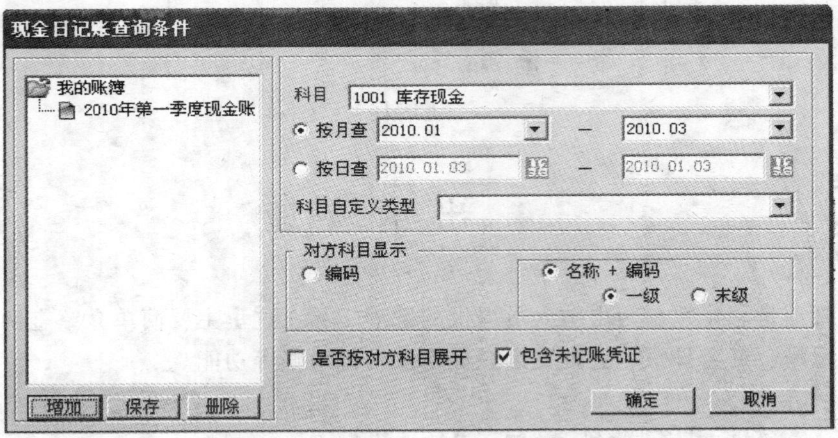

图 3-53

如果单击"我的账簿"下【保存】按钮,输入我的账簿名称"2010 年第一季度现金账",那么以后每次查询现金日记账时只选择"四季度现金账",无须再次输入查询条件,可提高查询速度。

2. 查询银行存款日记账

本功能用于查询银行日记账,银行科目必须在"会计科目"功能下的"指定科目"中预先指定。出纳人员可以根据需要随时对银行存款日记账进行查询,执行"出纳→

第 3 章 总账系统

银行日记账"命令,系统弹出"银行日记账查询条件",如图 3-54 所示,根据需要输入查询条件,系统自动按照查询条件显示银行日记账查询结果。

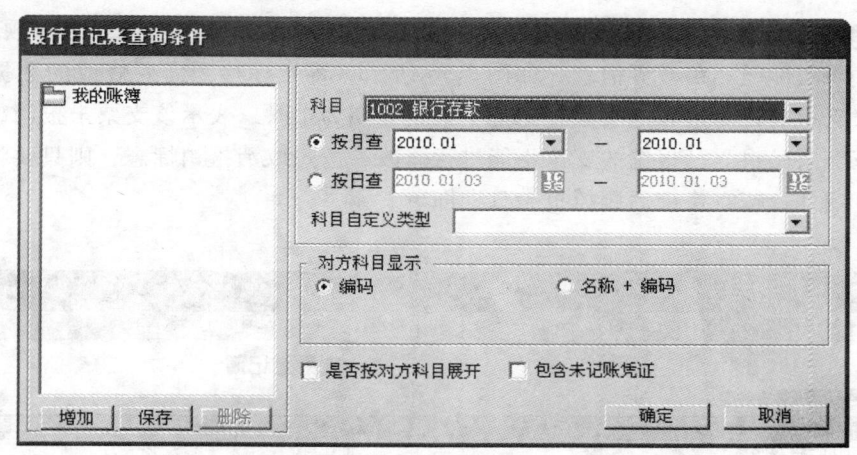

图 3-54

3.4.2 资金日报

本功能用于查询输出现金、银行存款科目某日的发生额及余额情况。执行"出纳→资金日报"命令,系统弹出"资金日报表查询条件"对话框,查询资金日报表时可以查询包含未记账凭证的资金日报表,如果在"资金日报表查询条件"窗口中选择"有余额无发生额也显示"时,则即使现金或银行科目在查询日没有发生业务,只有余额也显示。用户根据需要输入查询条件,系统自动按照查询条件显示资金日报表查询结果。资金日报表格式如图 3-55 所示。

资金日报表

科目编码	科目名称	币种	今日共借	今日共贷	方向	今日余额	借方笔数	贷方笔数
1001	现金				借	203,000.00		
1002	银行存款			21,000.00	借	2,436,000.00		1
合计				21,000.00		2,639,000.00		1

图 3-55

3.4.3 支票登记簿

在手工记账时,银行出纳通常建立支票领用登记簿,用来登记支票领用情况,"支票登记簿"功能可为出纳人员提供详细登记支票领用人、领用日期、支票用途、是否报销等情况。当应收、应付系统或资金系统有支票领用时,自动填写。只有在总账系统的初始设置选项中已选择"支票控制",在"结算方式"设置中对需使用支票登记簿的结算方式在"是否票据管理"前打"√",并在"会计科目"中设置银行账的科目才能使用支票登记簿。

执行"出纳→支票登记簿"命令,打开"银行科目选择"对话框,选择银行账户,单击【确定】按钮,进入"支票登记簿"窗口,单击【增加】按钮,录入领用日期、领用人、领用部门、票号等信息,如图3-56所示。将光标移到需要修改的数据项上可直接修改支票登记簿内容。支票登记簿中报销日期为空时,表示该支票未报销,否则系统认为该支票已报。已报销的支票不能进行修改,若想取消报销标志,则只要将光标移到报销日期处,按空格键后删掉报销日期即可。

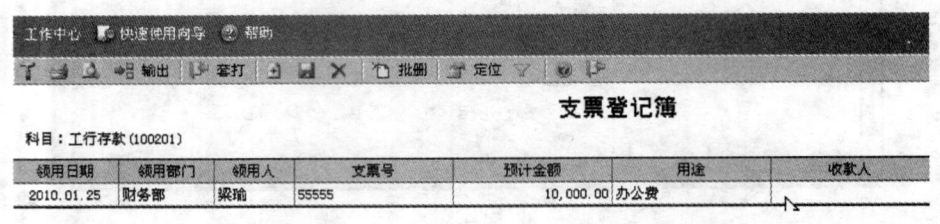

图 3-56

3.4.4 银行对账

为了准确掌握银行存款的实际余额,防止企业和银行双方在记账过程中可能出现的差错,企业会定期将银行存款日记账与银行出具的银行对账单进行核对,并编制银行存款余额调节表,对未达账项进行调整。这是出纳人员的基本工作之一。

银行对账一般要经过录入银行对账期初数据、录入银行对账单、银行对账、编制银行存款余额调节表、核销已达账几个步骤。

1. 录入银行对账期初数据

为了保证银行对账的正确性,在使用"银行对账"功能进行对账之前,必须在开始对账的月初先将日记账、银行对账单未达项录入系统中。在"总账系统"中,执行"出纳→银行对账→银行对账期初"命令,进入"银行科目选择"对话框,利用下拉列表框进行科目选择,单击【确定】后打开"银行对账期初"对话框,如图3-57所示。在此对话框中录入单位日记账、银行对账单"调整前余额"栏,然后单击【日记账期初未达项】按钮,打开"企业方期初"窗口,单击【增加】按钮后,录入未达账资料,单击【保存】按钮,保存已录入数据。然后,再单击【退出】按钮,返回"银行对账期初"对话框。

2. 录入银行对账单

本功能用于平时录入、查询和引入银行对账单,在此功能中显示的银行对账单为启用日期之后的对账单。

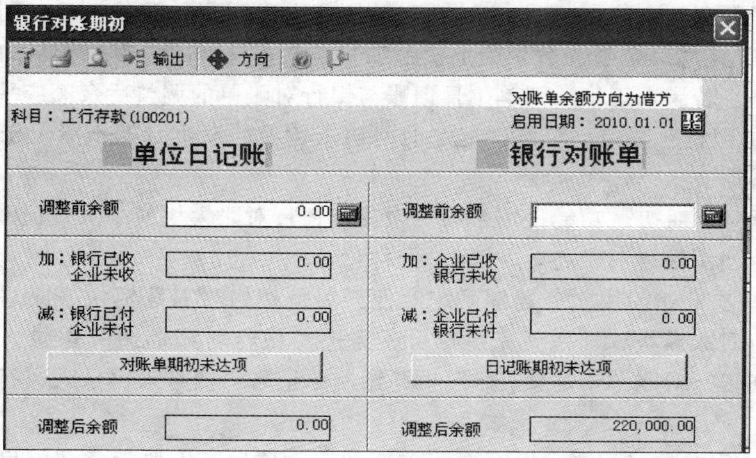

图 3-57

执行"出纳→银行对账→银行对账单"命令，打开"银行科目选择"对话框，利用下拉列表框进行选择，单击【确定】按钮，进入如图 3-58 所示的"银行对账单"窗口。在窗口内单击"增加"按钮，在对账单列表最后一行增加一个空行，可增加一笔银行对账单，手工录入或参照日历输入银行对账单日期，选择结算方式，注意在此输入的结算方式同制单时所使用的结算方式可相同也可不同。输入完毕，单击【保存】按钮，即可保存银行对账单内容，单击【退出】按钮，返回"总账系统"。在这里要注意以下事项：

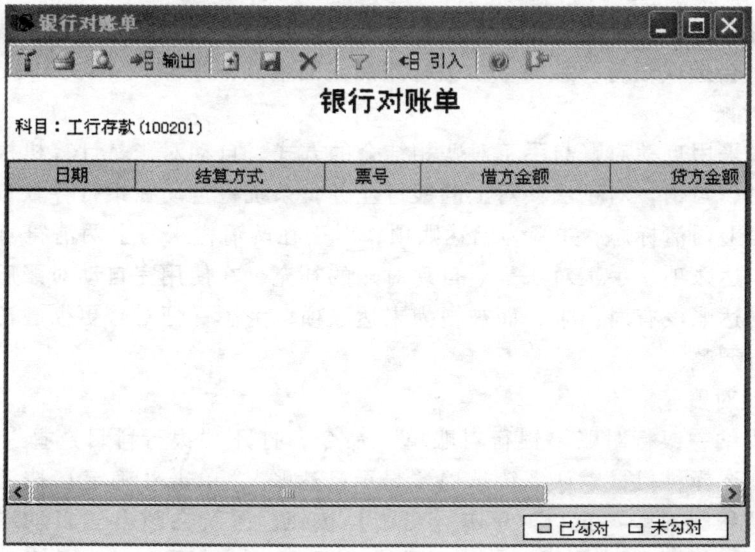

图 3-58

① 单位日记账与银行对账单的"调整前余额"应分别为启用日期时该银行科目的科目余额及银行存款余额;"期初未达项"分别为上次手工勾对截止日期到启用日期前的未达账项;"调整后余额"分别为上次手工勾对截止日期的该银行科目的科目余额及银行存款余额。若录入正确,则单位日记账与银行对账单的调整后余额应平衡。

② 录入的银行对账单、单位日记账的期初未达项的发生日期不能大于等于此银行科目的启用日期。

③ "银行对账期初"功能是用于第一次使用银行对账模块前录入日记账及对账单未达项,在开始使用银行对账之后一般不再使用。

④ 在第一次开始使用账务处理系统时便开始使用银行对账模块,或是在年初时便开始使用银行对账模块,则在做完建账后还需进"银行对账期初"中录入期初日记账未达项和期初银行对账单未达项,然后再开始制单记账,待月末再录入银行对账单,最后开始对账。

⑤ 在录入完单位日记账、银行对账单期初未达项后,不要随意调整启用日期,尤其是向前调,这样可能会造成启用日期后的期初数不能再参与对账。例如,录入了4月1日、5日、8日的几笔期初未达项后,将启用日期由4月10日调整为4月6日,那么,4月8日的那笔未达项将不能在期初及银行对账中见到。

⑥ 若某银行科目已进行过对账,在期初未达项录入中,则对于已勾对或已核销的记录不能再修改。

⑦ 当银行的对账单余额方向为借方时,借方发生表示银行存款增加,贷方发生表示银行存款减少;反之,借方发生表示银行存款减少,贷方发生表示银行存款增加。系统默认银行对账单余额方向为借方,按"方向"按钮可调整银行对账单余额方向。已进行过银行对账勾对的银行科目不能调整银行对账单余额方向。

⑧ 在执行对账功能之前,应将"银行期初"中的"调整后余额"调平(即单位日记账的调整后余额=银行对账单的调整后余额);否则,在对账后编制《银行存款余额调节表》时,会造成银行存款与单位银行账的账面余额不平。

3. 银行对账

银行对账采用自动对账与手工对账相结合的方式。自动对账是计算机根据对账依据自动进行核对、勾销,对于已核对上的银行业务,系统将自动在银行存款日记账和银行对账单双方写上两清标志,并视为已达账项,对于在两清栏未写上两清符号的记录,系统则视其为未达账项。手工对账是对自动对账的补充,在使用完自动对账后,可能还有一些特殊的已达账没有对出来,而被视为未达账项,为了保证对账更彻底正确,可用手工对账来进行调整。

(1) 自动对账

执行"出纳→银行对账→银行对账单"命令,打开"银行科目选择"对话框,利用下拉列表框选择科目,默认系统选项"显示已达账",单击【确定】按钮,打开如图3-59所示的"银行对账"窗口。单击【对账】按钮,系统会弹出"自动对账——对账条件"对话框,如图3-60所示,输入对账截止日期,如果不输入,则核对所有日期的账。选择对账条件:系统默认的对账条件为日期相差12天之内,结算方式、票号相同,这时可以根据业务需要确定自动对账条件。单击【确定】按钮，系统进行自动对账，并显示对账结果。单击【检查】按钮，检查对账是否有错，如果有错误，则应进行调整。

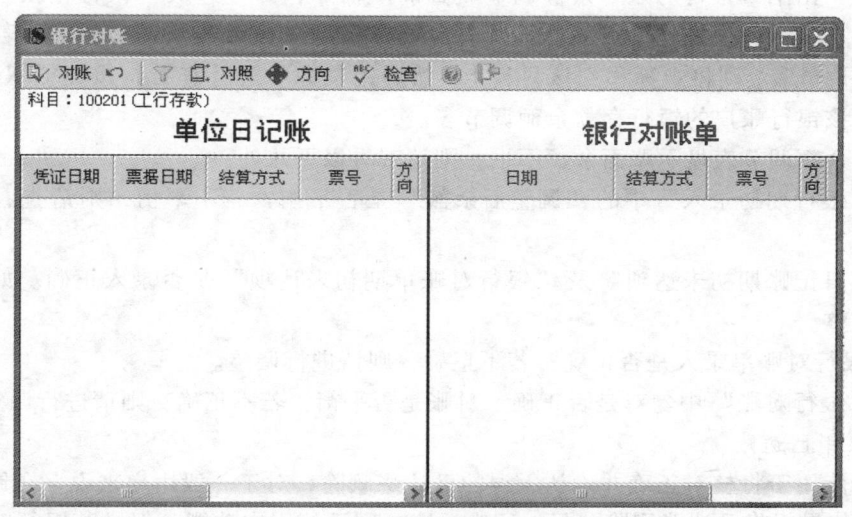

图 3-59

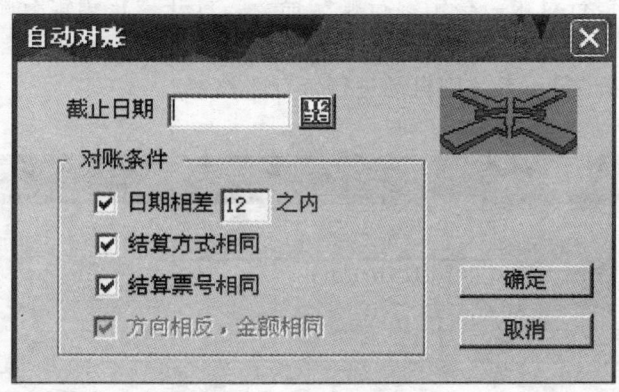

图 3-60

（2）手工对账

在"银行对账"窗口，单击窗口左侧"单位日记账"中需要进行勾对的记录所在行，然后单击【对照】按钮，系统将在银行对账单区显示票号或金额和方向同单位日记账中当前记录相似的银行对账单，这时可参照进行勾对，再次单击【对照】按钮，则为取消对照。单击【检查】按钮，系统打开"对账平衡检查"对话框，如果显示结果不平衡，则单击【确认】按钮，返回后继续通过手工对账进行调整，直至平衡为止。这里要注意的是：手工勾对的日期由进入日期决定。

4. 编制银行存款余额调节表

银行存款余额调节表主要用于调节企业与银行之间的未达账项，计算调整后余额，帮助企业了解可供运用的银行存款实际余额。

执行"出纳→银行对账→余额调节表查询"命令，即可进入"银行存款余额调节表"窗口，进入此项操作，屏幕显示所有银行科目的账面余额及调整余额。若要查看某科目的调节表，则将光标移到该科目上，然后用鼠标单击【查看】按钮或双击该行，则可查看该银行账户的银行存款余额调节表。

如果余额调节表显示账面余额不平，则请查看以下几处：

① "银行期初录入"中的"调整后余额"是否平衡？若不平衡，则请查看"调整前余额"。

② "日记账期初未达项"及"银行对账单期初未达项"是否录入正确。如不正确请进行调整。

③ 银行对账单录入是否正确？若不正确，则请进行调整。

④ "银行对账"中勾对是否正确、对账是否平衡？若不正确，则请进行调整。

5. 核销已达账

本功能用于将核对正确并确认无误的已达账删除，对于一般用户来说，在银行对账正确后，如果想将已达账删除并只保留未达账，则可使用本功能。但是若银行对账不平衡，则不能使用核销银行账的功能。

执行"出纳→银行对账→核销银行账"命令，打开"核销银行账"对话框，利用下拉列表框选择科目，单击【确定】按钮，系统会弹出提示信息框，如图3-61所示，在信息框中单击【确定】，系统则自动进行银行账核销。

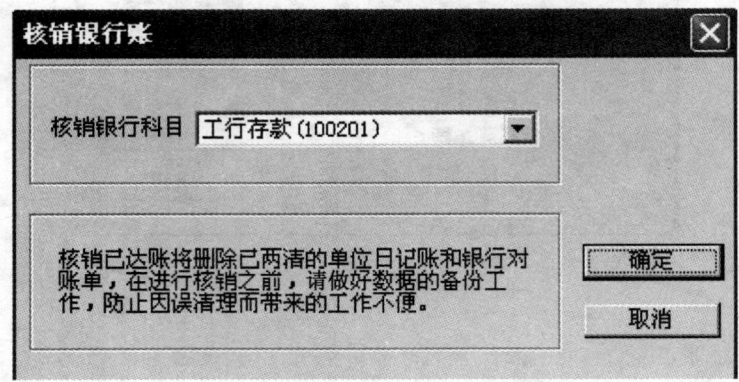

图 3-61

3.5 期末业务处理

期末业务处理是指将企业本月所发生的日常业务处理全部记账后，在每个会计期末都需要执行的一些特定的会计工作，如期末转账、对账、结账工作等。

3.5.1 定义转账凭证

这里所称的是指在每期期末有规律性发生的结转业务编制的凭证，一般地，这些"转账凭证"通常选用的凭证类别也是"转账凭证"。转账凭证定义提供了自定义转账、对应结转、销售成本结转、售价（计划价）销售成本结转、汇总损益、期间损益结转等。这里主要介绍自定义转账和期间损益结转两项。

1. 自定义结转设置

如前所述，企业总会有一些业务是有规律发生的，并且账户与账户之间存在特定的关系。为了减少期末业务处理的工作量，避免各期重复操作，可以将具有固定对应关系的业务定义为转账凭证。下面按增值税的7%计提城建税为例，说明如何进行自定义结转设置。该笔分录为：

借：主营业务税金及附加　（5402）
　　贷：应交税金——应交城市维护建设税（217108）

执行"期末→转账定义→自定义结转"命令，即可进入"自定义转账设置"窗口。在窗口内单击【增加】按钮，弹出"转账目录"对话框，要求输入"转账序号"、"转账说明"，并选择"凭证类别"。根据业务性质输入序号和说明，利用下拉列表框选择凭证类别为"转账凭证"，单击【确定】按钮，如图3-62所示。

图3-62

单击【确定】按钮后，系统返回"自定义转账设置"窗口，并且在窗口内出现了一条可编辑记录，选择科目编码为"5402"，方向为"借"，双击金额公式栏，选择参照按钮，打开"公式向导"对话框，选择净发生额函数，单击【下一步】，如图3-63所示。

单击【下一步】按钮后，进入另一个"公式向导"对话框，由于该结转按应交增值税的净发生额计提城建税，所以在科目栏中选择科目编码"217101"，期间选择"月"，单击【完成】按钮，如图3-64所示。

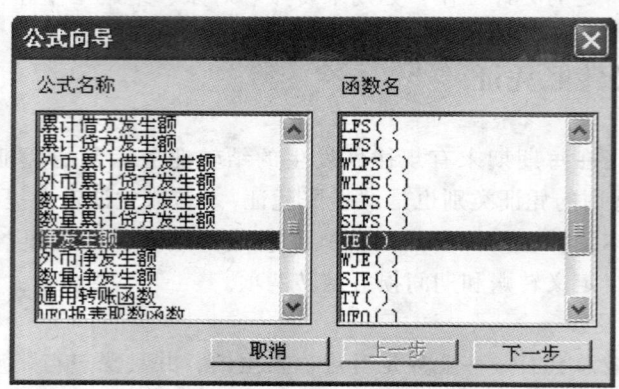

图 3-63

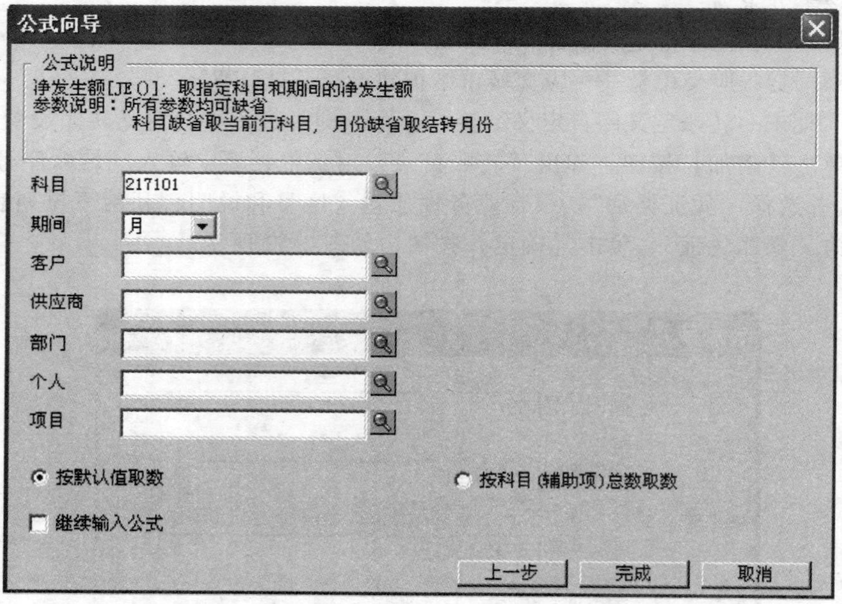

图 3-64

单击【完成】按钮后，金额公式转回自定义转账设置界面，将光标移至"金额公式"末尾，输入"*0.07"，回车确认，如图3-65所示。在这里"JE（217101，月）*0.07 表示使用净发生额函数按当月应交增值税的净发生额的7%计提城建税。

在完成第一条记录编辑后，单击【增行】按钮，可再增加一条记录，在科目栏中选择科目编码"217108"，然后调整"方向"，一般系统会显示"借方"的方向默认值，注意将其调整为该科目在分录中的实际方向，最后选择金额公式"JG（）"，单击【保存】按钮，如图3-66所示。

第 3 章 总账系统

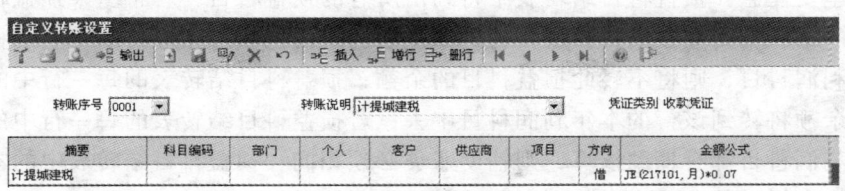

图 3-65

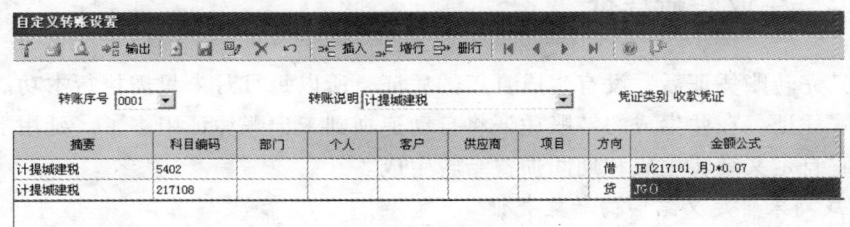

图 3-66

2. 期间损益结转设置

每期期末，会计人员需要将所有损益类科目余额结转至"本年利润"科目，从而及时反映企业利润的盈亏情况，这一过程被称为"期间损益结转"。期间损益结转非常有规律性，并且每期都会发生，为了避免重复操作，所以进行期间损益结转的设置，其操作方法非常简单。执行"期末→转账定义→期间损益"命令，即可进入"期间损益结转设置"窗口，首先选择"凭证类别"为"转账凭证"；然后在"本年利润科目"栏输入科目编码"3131"，确定各损益类科目与本年利润之间对应关系；最后单击【确定】按钮，即可完成操作。操作结果如图 3-67 所示。

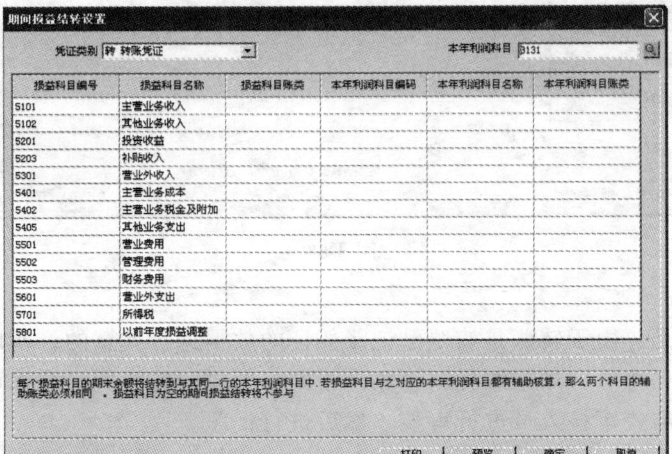

图 3-67

在这里要注意:损益科目结转表中将列出所有的损益科目,若希望某损益科目参与期间损益的结转,则应在该科目所在行的本年利润科目栏填写相应的本年利润科目;若不填本年利润科目,则将不转此损益科目的余额;损益科目结转表的每一行中的损益科目的期末余额将转到该行的本年利润科目中去;若损益科目结转表的每一行中的损益科目与本年利润科目都有辅助核算,则辅助账类必须相同;损益科目结转表中的本年利润科目必须为末级科目,且为本年利润入账科目的下级科目。

3.5.2 生成转账凭证

在定义完转账凭证后,没有生成真正的凭证,所以每月月末只需执行本功能即可快速生成转账凭证,在此生成的转账凭证将自动追加到未记账凭证中去了。延用上例,这里主要讲解自定义结转生成和期间损益结转生成。

1. 生成期末自定义结转的转账凭证

执行"期末→转账生成"命令,系统进入"转账生成"窗口,窗口左侧列示用户可以执行转账生成的选项,单击【自定义转账】按钮,则屏幕显示自定义转账凭证信息,选择要执行转账生成的记录,即在对应的"是否结转"栏中打上标记,如图3-68所示,然后单击【确定】按钮,系统自动生成机制凭证,用户只需单击凭证窗口中的【保存】按钮,即可保存该张机制凭证,如图3-69所示。

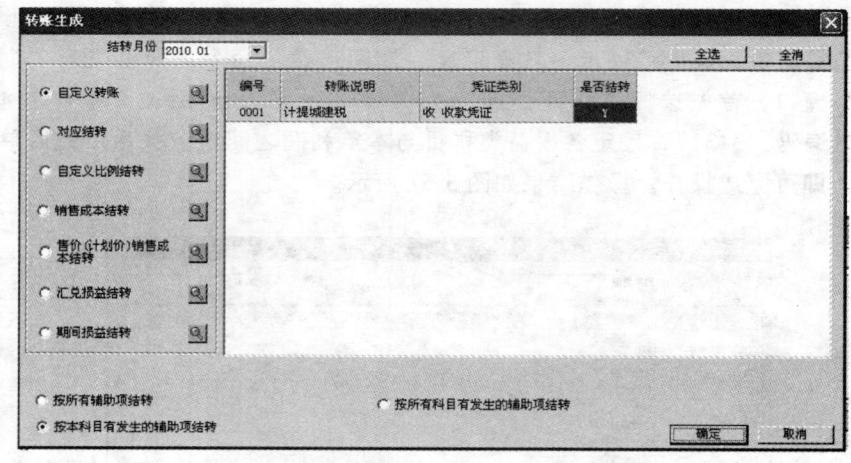

图 3-68

需要说明的是:由于转账是按照已记账凭证的数据进行计算的,所以在进行月末转账工作之前,请先将所有未记账凭证记账,否则,生成的转账凭证数据可能有误;转账生成的凭证依然需要审核人员进行审核,然后进行记账。

2. 期间损益结转生成

在"转账生成"窗口,单击左侧的"期间损益结转"的复选框,窗口即变为期间

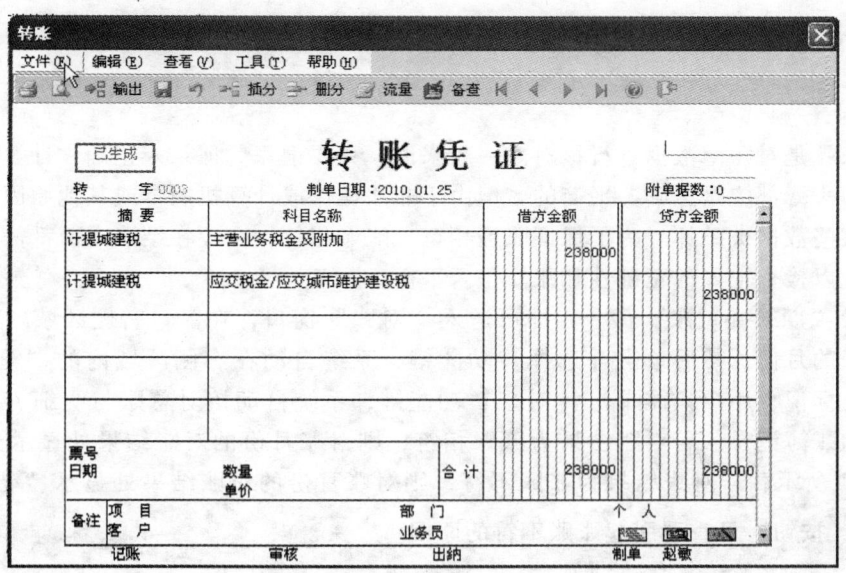

图 3-69

损益结转生成的窗口,选择需要结转的科目,在"是否结转"处打上标记(双击鼠标),表示该科目将执行结转,也可单击【全选】、【全消】按钮,全部选择、全部取消选择要结转的凭证。选择完毕后,单击【确定】按钮,即按计算结果生成转账凭证。此时,用户只需要单击【保存】按钮,即可保存机制凭证,如图 3-70 所示。同样地,生成的凭证依然需要审核人员进行审核,然后进行记账。

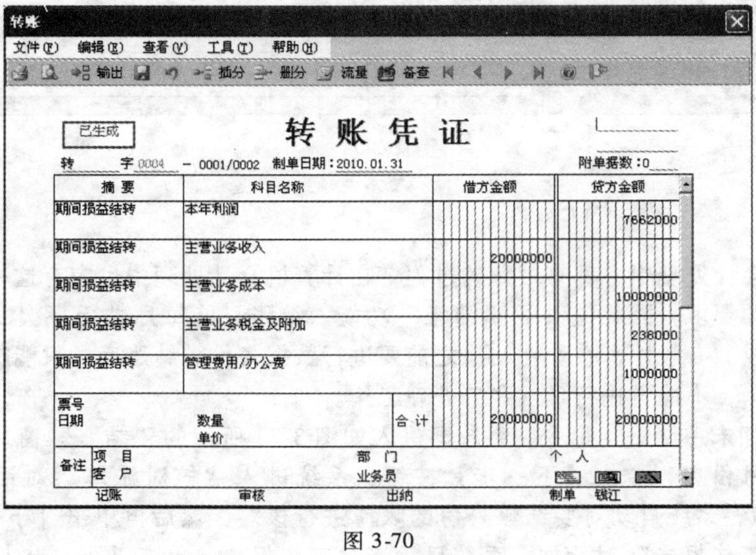

图 3-70

3.5.3 月末对账与结转

1. 对账

对账就是对账簿数据进行核对。一般来说，只要记账凭证录入正确，计算机自动记账后各种账簿都应是正确、平衡的，但由于非法操作或计算机病毒或其他原因有时可能会造成某些数据被破坏。为了保证账证相符、账账相符，企业在结账之前都需要执行对账功能，以检查记账的正确性和账簿是否平衡。

执行"期末→对账"命令，即可进入"对账"窗口，在窗口右侧区域内单击选择准备对账的月份，然后单击【选择】功能键，系统自动在右侧区域内的"是否对账"栏内作上标记，用户只需单击【对账】功能键，系统自动核对总账与明细、总账与各辅助账的账簿记录。若对账结果为账账相符，则对账月份的对账结果处显示"正确"，如图 3-71 所示；若对账结果为账账不符，则对账月份的对账结果处显示"错误"，按  错误 按钮，可查看引起账账不符的原因。

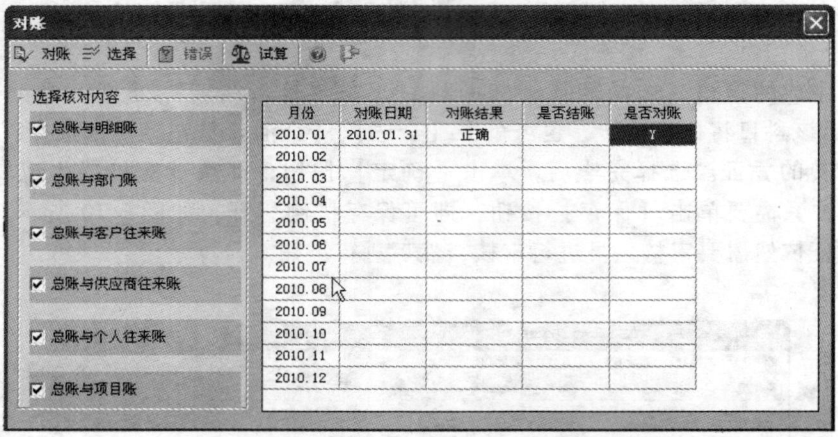

图 3-71

2. 结账

在手工会计处理中，都有结账的过程，在计算机会计处理中也应有这一过程，以符合会计制度的要求，因此提供了"结账"功能。结账只能每月进行一次，结账工作由系统自动完成。一般地，企业在结账之前要进行数据备份。结账后，只能进行相关账簿的查询和打印，不能再进行日常账务处理工作。

执行"期末→结账"命令，系统即进入如图 3-72 所示的"结账"窗口，单击选择需要结账的月份后，单击【下一步】按钮，系统进入"核对账簿"对话框中，单击【对账】按钮，系统自动对要结账月份的账簿进行核对，然后再单击【下一步】按钮，进入"月度工作报告"对话框，系统显示当月工作报告，单击【下一步】按钮，进入"完成结账"对话框，单击【结账】按钮，若完全符合系统要求的结账条件，则系统将自动进行结账操作；否则，会提示错误，不予结账。

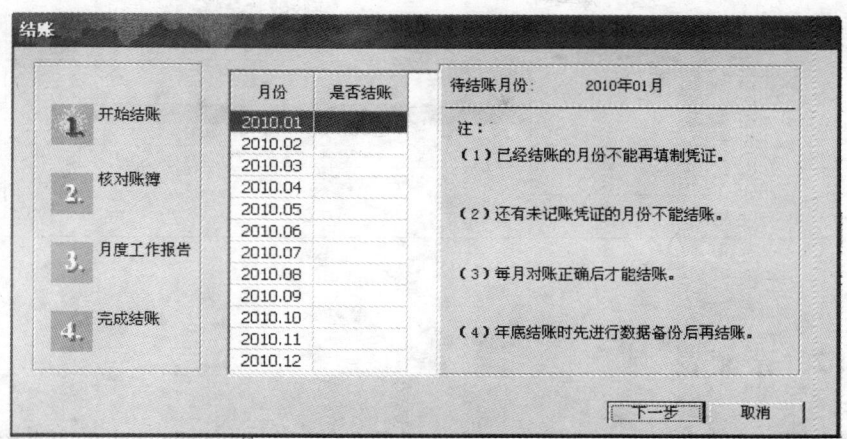

图 3-72

结账后发现结账错误，可进行"反结账"。"反结账"操作只能由账套主管执行。方法是在"结账"窗口同时按下"Ctrl + Shift + F6"键，即可完成此项操作。

3.6 账簿管理

账簿管理主要是对各类账簿按照不同条件进行查询、输出等，ERP-U8 系统提供按多种条件查询总账、日记账及明细账等，具有总账、明细账和凭证联功能。另外，还提供了辅助账查询功能，用户可根据自身需要设置查询条件对账簿进行查询。

3.6.1 总账

总账查询不仅可以查询各总账科目的年初余额、各月发生额合计和月末余额，而且还可查询所有二至六级明细科目的年初余额、各月发生额合计和月末余额。

在总账系统中，执行"账表→科目账→总账"命令，打开"总账查询条件"对话框，用户可根据需要输入查询条件，若想浏览所有总账，则直接单击【确认】按钮，即可进入"总账"窗口，用户可利用"科目"栏的下拉列表框对系统中所有总账进行查询，如图 3-73 所示。单击工具栏中的【明细】按钮，即可联查到当前科目当前月份的明细账，但期初余额或上年结转所在行为当前行时，不能联查明细账。

用户可以对查询的总账进行输出操作，将其保存到其他存储介质中，在系统显示查询结果后，在"总账查询"窗口，单击【输出】功能键，系统有弹出总账存储路径选择的对话框，如图 3-73 所示，只需在对话框中选择存储位置，输入文件名后，单击【保存】按钮，即可将该总账输出。

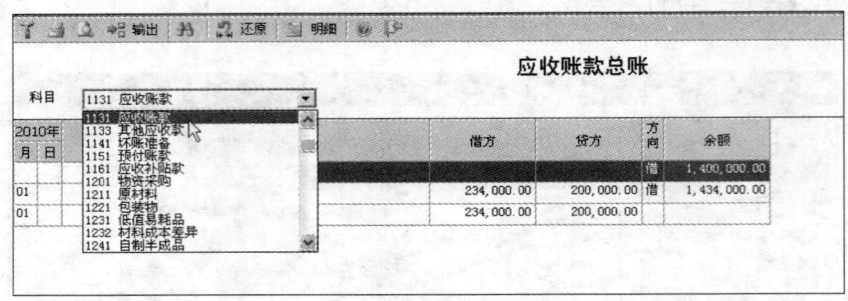

图 3-73

3.6.2 余额表

余额表用于查询统计各级科目的本期发生额、累计发生额和余额等。传统的总账，是以总账科目分页设账，而余额表则可输出某月或某几个月的所有总账科目或明细科目的期初余额、本期发生额、累计发生额、期末余额，在实行计算机记账后，一般都用余额表代替总账。

执行"账表→科目账→余额表"命令，系统弹出"发生额及余额查询条件"对话框，用户可根据需要输入查询条件，若想浏览所有科目的发生额及余额，则直接单击【确认】按钮，即可进入"发生额及余额表"窗口，系统自动将所有科目的发生额及余额表进行显示，如图 3-74 所示。系统提供金额式、外币金额式、数量金额式和数量外币式四种账页格式，用户可以点取屏幕右上方账页格式下拉框进行选择。"发生额及余额表"的输出操作与"总账"输出操作类似，这里不再赘述。

科目编码	科目名称	期初余额		本期发生		期末余额	
		借方	贷方	借方	贷方	借方	贷方
1131	应收账款	1,400,000.00		234,000.00	200,000.00	1,434,000.00	
1133	其他应收款	7,000.00				7,000.00	
1211	原材料	60,000.00				60,000.00	
1243	库存商品	400,000.00			100,000.00	300,000.00	
1501	固定资产	15,218,000.00				15,218,000.00	
1502	累计折旧		2,294,540.00				2,294,540.00
1603	在建工程	100,000.00				100,000.00	
资产小计		19,645,000.00	2,294,540.00	634,000.00	521,000.00	19,758,000.00	2,294,540.00
2101	短期借款		300,000.00				300,000.00
2121	应付账款		1,300,000.00				1,300,000.00
2171	应交税金				36,380.00		36,380.00
2301	长期借款		1,000,000.00				1,000,000.00
负债小计			2,600,000.00		36,380.00		2,636,380.00
3101	实收资本（或股本）		15,000,000.00				15,000,000.00
3111	资本公积		120,000.00				120,000.00
3121	盈余公积		405,460.00				405,460.00
3131	本年利润				76,620.00		76,620.00
权益小计			15,525,460.00		76,620.00		15,602,080.00
4101	生产成本	775,000.00				775,000.00	
成本小计		775,000.00				775,000.00	
5101	主营业务收入			200,000.00	200,000.00		
5401	主营业务成本			100,000.00	100,000.00		
5402	主营业务税金及附加			2,380.00	2,380.00		
5502	管理费用			21,000.00	21,000.00		
损益小计				323,380.00	323,380.00		
合计		20,420,000.00	20,420,000.00	957,380.00	957,380.00	20,533,000.00	20,533,000.00

图 3-74

3.6.3 明细账

明细账功能用于平时查询各账户的明细发生情况，及按任意条件组合查询明细账。该功能提供了三种明细账的查询格式：普通明细账、按科目排序明细账、月份综合明细账。普通明细账是按科目查询，按发生日期排序的明细账；按科目排序明细账是按非末级科目查询，按其有发生的末级科目排序的明细账；月份综合明细账是按非末级科目查询，包含非末级科目总账数据及末级科目明细数据的综合明细账。

执行"账表→科目账→明细账"命令，系统弹出"明细账查询条件"对话框，用户可根据需要输入查询条件，若想浏览所有明细账，则直接单击【确认】按钮，即可进入"明细账"窗口，用户可利用"科目"栏的下拉列表框对系统中所有明细账进行查询。"明细账"的输出操作与"总账"输出操作类似，这里不再赘述。

3.6.4 辅助账

辅助账主要包括客户往来辅助账、供应商往来辅助账、个人往来辅助账、部门辅助账、项目辅助账等，对辅助账的账簿管理可以执行"账表"下的相关命令即可完成，操作方法与总账、发生额及余额表、明细账等类似，这里不再赘述。

本章小结：

总账系统是 ERP 财务管理系统中的基础内容，是在实际工作中运用最为广泛的系统，总账系统的主要操作环节包括：总账系统初始化、日常业务处理、出纳管理、期末处理和账簿管理等。总账系统初始化是充分利用财务系统进行日常业务处理的前提，在设置时，一定要小心谨慎，考虑周全。总账系统日常业务处理主要包括凭证录入、审核和记账等工作，其中，凭证录入与审核是最重要环节。出纳管理是总账系统为出纳人员提供的管理工具，主要包括查询现金及银行存款日记账、资金日报、登记支票登记簿及银行对账等功能。期末处理主要包括转账定义、转账生成、对账和结账工作。用户可根据自身需要设置查询和输出条件对账簿进行管理。

思考题：

1. 为什么要进行系统初始化工作？初始化工作包括哪些内容？
2. 如何录入期初余额？
3. 对于出纳已经签字和已通过审核的凭证如何修改？
4. 如何彻底删除凭证？
5. 导致记账失败的原因有哪些？如何恢复记账前状态？
6. 如何录入银行对账单期初未达项和单位日记账单期初未达项？
7. 期末处理包括哪些工作内容？
8. 自定义转账功能可以完成的转账业务主要有哪些？
9. 如何生成自定义转账凭证？
10. 如何进行反结账？

第 4 章 会计报表系统

学习目标：
　　理解和明确报表编制的基本原理及流程，掌握报表格式定义、公式定义的操作方法；掌握报表单元公式的用法；掌握报表数据处理的操作；掌握如何利用报表模板生成报表。

4.1 UFO 报表概述

　　UFO 报表是用友软件股份有限公司开发的电子表格软件，可单独使用，也可以和其他模块结合使用。广泛使用于各行业的财务、会计、人事、计划、统计、税务等部门。本章会计报表系统，就是以用友财务软件 UFO 报表为平台介绍会计报表系统的一般应用。会计报表管理系统是会计信息系统中的一个独立的子系统，它为企业内部各管理部门及外部相关部门提供综合反映企业一定时期财务状况、经营成果和现金流量的会计信息。

4.1.1 UFO 报表的主要功能

　　用友 UFO 报表系统是报表事务处理的工具，利用 UFO 报表系统既可编制对外报表，又可编制各种内部报表。它的主要任务是设计报表的格式和编制公式，从总账系统或其他业务系统中取得有关会计信息自动编制各种会计报表，对报表进行审核、汇总、生成各种分析图，并按预定格式输出各种会计报表。
　　UFO 报表系统是真正的三维立体表，提供了丰富的实用功能，完全实现了三维立体表的四维处理能力。
　　UFO 的主要功能有文件管理、格式管理、数据处理、图表功能、打印功能和二次开发功能，提供各行业报表模板（包括现金流量表）。
　　文件管理：对报表文件的创建、读取、保存和备份进行管理。能够进行不同文件格式的转换：文本文件、*.MDB 文件、*.DBF 文件、EXCEL 文件、LOTUS 1-2-3 文件。支持多个窗口同时显示和处理，可同时打开的文件和图形窗口多达 40 个。提供了标准财务数据的"导入"和"导出"功能，可以和其他流行财务软件交换数据。
　　格式管理：提供了丰富的格式设计功能，如定义组合单元、画表格线（包括斜线）、调整行高列宽、设置字体和颜色、设置显示比例，等等，可以制作各种要求的报表。

数据处理：UFO 以固定的格式管理大量不同的表页，能将多达 99 999 张具有相同格式的报表资料统一在一个报表文件中管理，并且在每张表页之间建立有机的联系。提供了排序、审核、舍位平衡、汇总功能；提供了绝对单元公式和相对单元公式，可以方便、迅速地定义计算公式；提供了种类丰富的函数，可以从账务等用友产品中提取数据，生成财务报表。

图表功能：将数据表以图形的形式进行表示。采用"图文混排"，可以很方便地进行图形数据组织，制作包括直方图、立体图、圆饼图、折线图等 10 种图式的分析图表。可以编辑图表的位置、大小、标题、字体、颜色等，打印输出图表。

二次开发：强大的二次开发功能则使其又不失为一个精练的 MIS 开发应用平台。提供批命令和自定义菜单，自动记录命令窗中输入的多个命令，可将有规律性的操作过程编制成批命令文件。提供了 Windows 风格的自定义菜单，综合利用批命令，可以在短时间内开发出本企业的专用系统。

4.1.2　UFO 报表与其他子系统的主要关系

编制会计报表是每个会计期末最重要的工作之一，从一定意义上说编制完会计报表是一个会计期间工作完成的标志。在报表管理系统中，会计报表的数据来源一般有总账系统的账簿和会计凭证、其他报表、人工直接输入等，还可以从应收、应付、工资、固定资产、销售、采购、库存等系统中提取数据，生成财务报表。

4.1.3　基本操作流程

第一步　启动 UFO，建立报表

点取安装 UFO 时自动生成的 UFO 程序组可启动 UFO。

启动 UFO 后，首先要创建一个报表。点取"文件"菜单中的【新建】命令或点取新建图标后，建立一个空的报表，并进入格式状态。这时可以在这张报表上开始设计报表格式，在保存文件时用自己的文件名给这张报表命名。

第二步　设计报表的格式

报表的格式在格式状态下设计，格式对整个报表都有效。可能包括以下操作：

① 设置表尺寸：即设定报表的行数和列数。

② 定义行高和列宽。

③ 画表格线。

④ 设置单元属性：把固定内容的单元如"项目"、"行次"、"期初数"、"期末数"等定为表样单元；把需要输入数字的单元定为数值单元；把需要输入字符的单元定为字符单元。

⑤ 设置单元风格：设置单元的字型、字体、字号、颜色、图案、折行显示等。

⑥ 定义组合单元：即把几个单元作为一个使用。
⑦ 设置可变区：即确定可变区在表页上的位置和大小。
⑧ 确定关键字在表页上的位置，如单位名称、年、月等。

设计好报表的格式之后，可以输入表样单元的内容，如"项目"、"行次"、"期初数"、"期末数"等。如果您需要制作一个标准的财务报表如资产负债表等，则可以利用 UFO 提供的财务报表模板自动生成一个标准财务报表。UFO 还提供了 11 种套用格式，可以选择与报表要求相近的套用格式，再进行一些必要的修改即可。

第三步　定义各类公式

UFO 有三类公式：计算公式（单元公式）、审核公式、舍位平衡公式、公式的定义在格式状态下进行。

计算公式定义了报表数据之间的运算关系，在报表数值单元中键入"="就可直接定义计算公式，所以称为单元公式。

审核公式用于审核报表内或报表之间的钩稽关系是否正确，需要用"审核公式"菜单项定义。

舍位平衡公式用于报表数据进行进位或小数取整时调整数据，避免破坏原数据平衡，需要用"舍位平衡公式"菜单项定义。

第四步　报表数据处理

报表格式和报表中的各类公式定义好之后，就可以录入数据并进行处理了。报表数据处理在数据状态下进行。可能包括以下操作：

① 因为新建的报表只有一张表页，需要追加多个表页。
② 如果报表中定义了关键字，则录入每张表页上关键字的值。

例如，录入关键字"单位名称"的值：给第一页录入"甲单位"，给第二页录入"乙单位"给第三页录入"丙单位"等。

③ 在数值单元或字符单元中录入数据。
④ 如果报表中有可变区，则可变区初始只有一行或一列，需要追加可变行或可变列，并在可变行或可变列中录入数据。

随着数据的录入，当前表页的单元公式将自动运算并显示结果。如果报表有审核公式和舍位平衡公式，则执行审核和舍位。需要的话，做报表汇总和合并报表。

第五步　报表图形处理

选取报表数据后可以制作各种图形，如直方图、圆饼图、折线图、面积图、立体图。图形可随意移动；图形的标题、数据组可以按照您的要求设置。图形设置好之后可以打印输出。

第六步　打印报表

可控制打印方向，横向或纵向打印；可控制行列打印顺序；不但可以设置页眉和页脚，还可设置财务报表的页首和页尾；可缩放打印；利用打印预览可观看打印效果。

第七步　退出 UFO

所有操作进行完毕之后，不要忘了保存报表文件。保存后可以退出 UFO 系统。如果忘记保存文件，则 UFO 在退出前将提醒用户保存文件。

在以上步骤中,第一、二、四、七步是必需的,因为要完成一般的报表处理,一定要有启动系统建立报表、设计格式、数据处理、退出系统这些基本过程。在实际应用时,具体的操作步骤应视情况而定。

4.1.4 基本术语

1. 报表结构

按照报表结构的复杂性,可将报表分为简单表和复合表两类。简单表是规则的二维表,由若干行和列组成。复合表是简单表的某种组合,还可以出现表中套表的现象。大多数的会计报表如资产负债表、利润表、现金流量表等都是简单表。

简单表的格式一般由四个基本要素组成:标题、表头、表体和表尾。不同的报表上述四个基本要素是不同的。如表 4-1 所示。

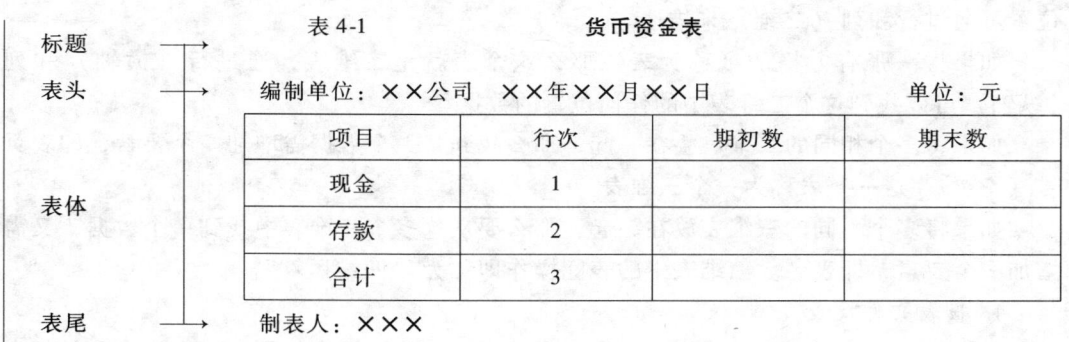

(1)标题

用来描述报表的名称。报表的标题可能不止一行,有时会有副标题、修饰线等内容。

(2)表头

用来描述报表的编制单位名称、日期等辅助信息和报表栏目。特别是报表的表头栏目名称,是表头的最主要内容,它决定报表的纵向结构、报表的列数以及每一列的宽度。有的报表表头栏目比较简单,只有一层,而有的报表表头栏目却比较复杂,需分若干层次。

(3)表体

表体是报表的核心,决定报表的横向组成。它是报表数据的表现区域,是报表的主体。表体在纵向上由若干行组成,这些行称为表行;在横向上,每个表行又由若干个栏目构成,这些栏目称为表列。

(4)表尾

表尾指表体以下进行辅助说明的部分以及编制人、审核人等内容。

2. 格式状态与数据状态

UFO 将含有数据的报表分为两大部分来处理,即报表格式设计工作与报表数据处理工作。报表格式设计工作和报表数据处理工作是在不同的状态下进行的。

(1) 格式状态

在格式状态下设计报表的格式,如表尺寸、行高列宽、单元属性、报表公式等。在格式状态下时,所看到的是报表的格式,报表的数据全部都隐藏了。在格式状态下所作的操作对本报表所有的表页都发生作用。在格式状态下不能进行数据的录入,计算等操作。

(2) 数据状态

在数据状态下管理报表的数据,如输入数据、增加或删除表页、审核、舍位平衡、做图形、汇总、合并报表等。在数据状态下不能修改报表的格式。在数据状态下时,所看到的是报表的全部内容,包括格式和数据。

3. 二维表与三维表

确定某一数据位置的要素称为"维"。在一张有方格的纸上填写一个数,这个数的位置可通过行和列(二维)来描述。

如果将一张有方格的纸称为表,那么这个表就是二维表,通过行(横轴)和列(纵轴)可以找到这个二维表中的任何位置的数据。

如果将多个相同的二维表叠在一起,那么找到某一个数据需增加一个要素,即表页号(Z轴)。这一叠表称为一个三维表。

如果将多个不同的三维表放在一起,那么要从这多个三维表中找到一个数据,又需增加一个要素,即表名。三维表中的表间操作即称为"四维运算"。

4. 报表文件及表页

一个或多个报表以文件的形式保存在存储介质中称为报表文件,每个报表文件都有一个名字,例如,"利润表.REP"。

表页是由若干行和若干列组成的一个二维表,一个报表中的所有表页具有相同的格式,但其中的数据不同,每一张表页是由许多单元组成的。一个 UFO 报表最多可容纳 99 999 张表页。

为了便于管理和操作,一般把经济意义相近的报表放在一个报表文件中,例如,各月编制的利润表就可归集在"利润表.REP"报表文件中。在报表文件中,确定一个数据所在的位置,其要素是"表页号"、"行号"、"列号"。由此可见,报表文件就是一个三维表。

UFO 报表的技术指标:

行数:1~9 999　　　(缺省值为 50 行)

列数:1~255　　　　(缺省值为 7 列)

行高:0~160 毫米　(缺省值为 5 毫米)

列宽:0~220 毫米　　(缺省值为 26 毫米)

表页数:1~99 999 页　(缺省值为 1 页)

5. 单元及单元属性

表中由表行和表列确定的方格称为单元,专门用于填制各种数据。单元是组成报表的最小单位,每个单元都可用一个名字来标注,称为单元名。单元名用所在行和列的坐标表示,行号用数字 1～9 999 表示,列标用字母 A～IU 表示,例如,C2 表示报表中第 2 行第 C 列对应的单元。

单元属性:包括单元类型、对齐方式、字体颜色、表格边框等。

单元类型有数值型、字符型和表样型。

数值单元:是报表的数据,在数据状态下输入。数值单元必须是数字,可直接输入也可由单元中存放的公式运算生成。在建立一个新表时,所有单元的单元类型均默认为数值型。

字符单元:是报表的数据,在数据状态下输入。字符单元的内容可以是汉字、字母、数字及各种键盘可输入的符号组成的一串字符。字符单元的内容可以直接输入也可以由单元公式生成。

表样单元:是报表的格式,是在格式状态下输入的所有文字、符号、数字。表样单元对所有表页都有效。表样单元在格式状态下输入和修改,在数据状态下只能显示而无法修改。

对齐方式有左对齐、右对齐、居中等。

6. 区域与组合单元

区域由一张表页上的一组单元组成,自起点单元至终点单元是一个完整的矩形块。

在 UFO 中,区域是二维的,最大的区域是一个二维表的所有单元(整个表页),最小的区域是一个单元。

在描述一个区域时,开始单元(左上角单元)与结束单元(右下角单元)之间用冒号":"连接。例如,C3:F6。

组合单元由相邻的两个或更多的单元组成,这些单元必须是同一种单元类型(表样、数值、字符),UFO 在处理报表时将组合单元视为一个单元。组合单元的名称可以用区域的名称或区域中的单元的名称来表示。例如,把 B2 到 B3 定义为一个组合单元,这个组合单元可以用"B2"、"B3"、或"B2:B3"表示。

7. 固定区与可变区

固定区是组成一个区域的行数和列数的数量是固定的数目。一旦设定好以后,在固定区域内其单元总数是不变的。

可变区是屏幕显示一个区域的行数或列数是不固定的数字,可变区的最大行数或最大列数是在格式设计中设定的。

在一个报表中只能设置一个可变区,或是行可变区或是列可变区,行可变区是指可变区中的行数是可变的;列可变区是指可变区中的列数是可变的。

设置可变区后,屏幕只显示可变区的第一行或第一列,其他可变行列隐藏在表体内。在以后的数据操作中,可变行列数随着您的需要而增减。

有可变区的报表称为可变表。没有可变区的表称为固定表。

8. 关键字

关键字是游离于单元之外的特殊数据单元,可以唯一标注一个表页,用于在大量表页中快速选择表页。

UFO共提供了以下六种关键字,关键字的显示位置在格式状态下设置,关键字的值则在数据状态下录入,每个报表可以定义多个关键字。

单位名称:字符(最大28个字符),为该报表表页编制单位的名称

单位编号:字符型(最大10个字符),为该报表表页编制单位的编号

年:数字型(1980~2099),该报表表页反映的年度

季:数字型(1~4),该报表表页反映的季度

月:数字型(1~12),该报表表页反映的月份

日:数字型(1~31),该报表表页反映的日期

除此之外,UFO有自定义关键字功能,可以用于业务函数中。

4.2 报表格式设计

报表格式的设计是数据录入和数据计算的基础。用友UFO报表系统中提供了自定义和报表模板两种会计报表设计方式。

会计报表系统基础设置一般包括:创建新的会计报表、报表格式设计、报表公式定义等。

UFO在格式状态下设计报表的表样,例如,表尺寸、行高列宽、单元属性、组合单元、关键字、可变区等;在格式状态下定义报表的公式,如单元公式、审核公式、舍位平衡公式等。下面通过实例说明自定义报表格式设计的操作方法及其相关详细步骤。

【例4-1】 请为北京××公司设计一个2009年12月31日货币资金表的表格式。该公司的账套号为888,其格式具体如表4-2所示。

表4-2　　　　　　　　　　　　　　货币资金表

编制单位:北京××公司　　　　　　　××年××月××日　　　　　　　　　　单位:元

项目	行次	期初数	期末数
现金	1	单元公司	单元公司
存款	2	单元公司	单元公司
合计	3	单元公司	单元公司

制表人:×××

4.2.1 设计表样

在设计表样之前应在"企业应用平台"中启动"UFO报表"管理系统,创建一个

新的会计报表文件。UFO 建立的是一个报表簿，可容纳多张报表。

新表创建完成后，应进行报表的格式设计，报表格式设计是制作报表的基本步骤，它决定了整张报表的外观和结构。

会计报表格式设置的主要内容有：设置报表大小、画表格线、标题、表日期、表头、表尾和表体固定栏目的内容、设置单元属性等。

进行报表格式设计，可使用菜单功能进行操作，也可使用命令操作。

1. 设置报表尺寸

设置报表尺寸是指设置报表的行数和列数。设置前可事先根据所要定义的报表大小计算该表所需的行、列，然后再设置。

【例 4-2】 设计一个 7 行 4 列的表格。

操作步骤：

① 单击【格式】、【表尺寸】，打开"表尺寸"对话框，如图 4-1 所示。

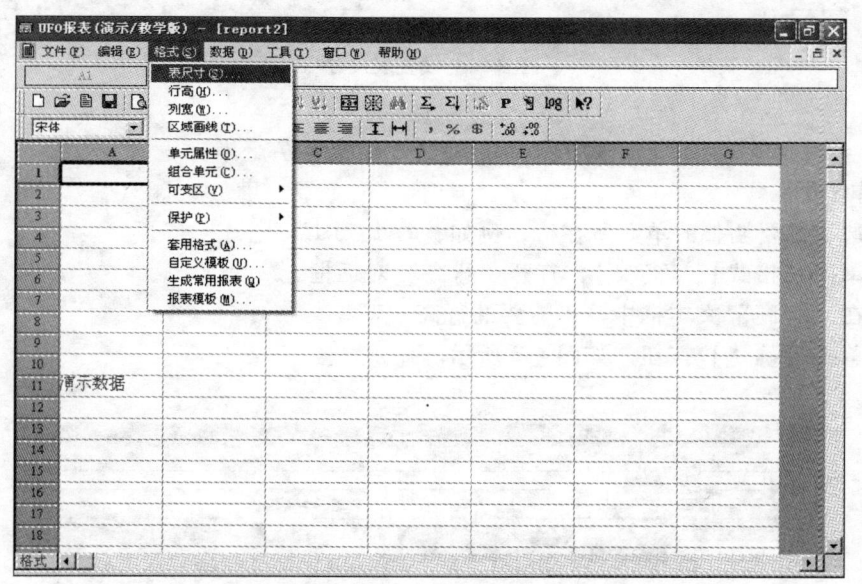

图 4-1 设置表尺寸

② 在"行数"文本框中输入"7"，在"列数"文本框中输入"4"。

③ 单击【确认】按钮，屏幕只剩下 7 行 4 列，其余部分则变成灰色。如图 4-2 所示。

注意：

如果发现所设计的报表有误，则可以通过"编辑"菜单下的【插入】命令增加行数或列数，或通过"编辑"菜单下的【删除】命令减少行数或列数。

2. 定义行高和列宽

设置列宽应以能够放下本栏最宽数据为原则，否则在生成报表时会产生数据溢出的错误。行高和列宽的设置方法几乎相同。

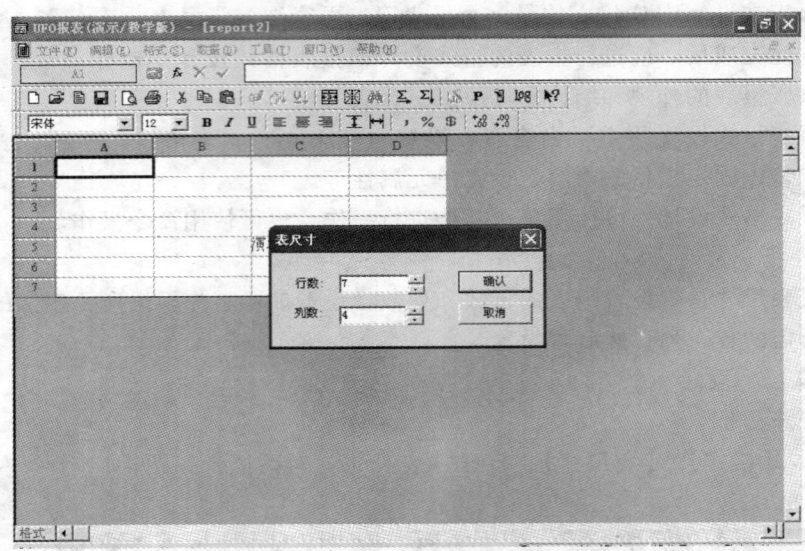

图 4-2 设置表尺寸

【例 4-3】 将货币资金表中"A1：D1"的行高为 7 毫米。

操作步骤：

① 选定需要调整的单元所在行，例如，"A1：D1"。

② 单击【格式】、【行高】，打开"行高"对话框。

③ 在"行高"文本框中输入需要的行高"7"。

④ 单击【确认】按钮。如图 4-3 所示。

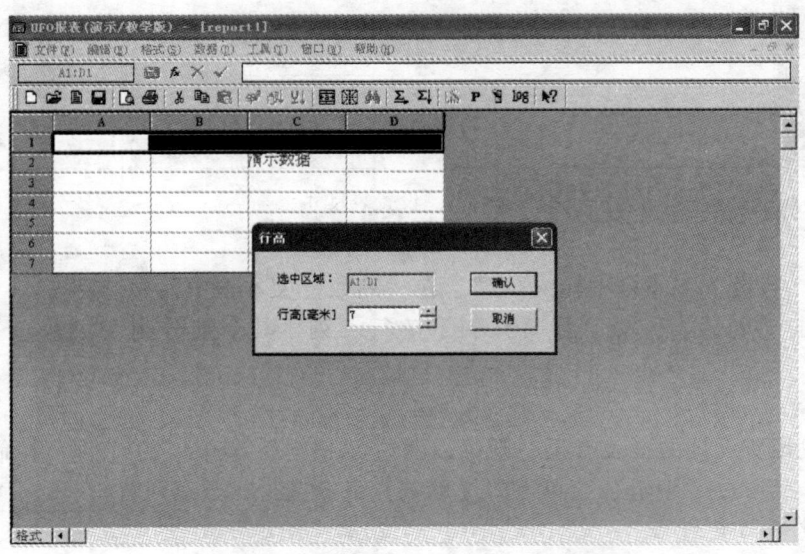

图 4-3 定义行高和列宽

3. 画表格线

报表的尺寸设置完之后，在报表输出时，该报表是没有任何表格线的，为了满足查询和打印的需要，还需要在适当的位置上画表格线。

【例 4-4】 在 A3：D6 适当的位置上画表格线。

操作步骤：

① 选中报表需要画线的区域"A3：D6"。

② 单击【格式】、【区域画线】，或按工具栏中的区域画线【 * 】按钮，打开"区域画线"对话框。

③ 单击【网线】单选按钮，选择画线类型和样式为"网线"。

④ 单击【确认】按钮。如图 4-4 所示。

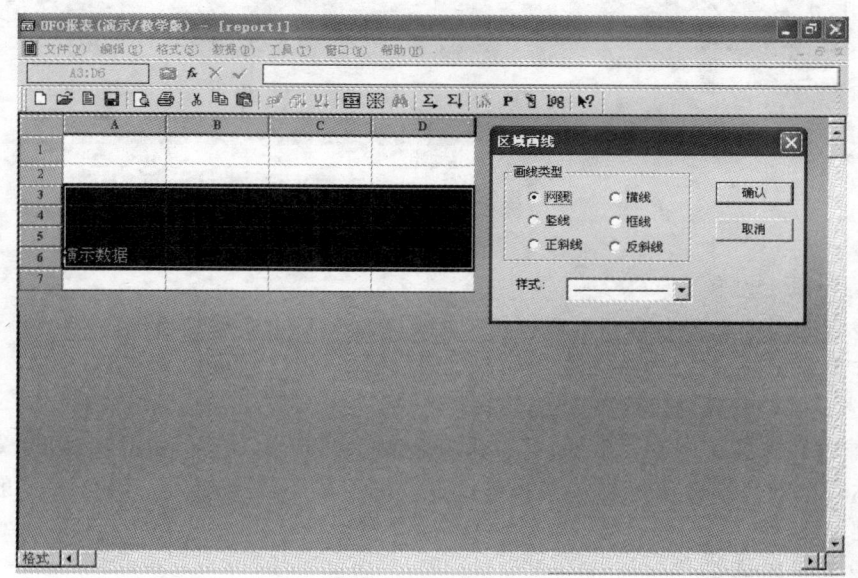

图 4-4　画表格线

4. 定义组合单元

把几个单元作为一个单元来使用，组合单元实际上就是一个大的单元，所有针对单元的操作对组合单元均有效。

操作步骤：

① 选择需合并的区域，例如，"A1：D1"。

② 单击【格式】、【组合单元】，或按工具栏中的区域画线【 * 】按钮，打开"组合单元"对话框。

③ 单击【整体组合】或【按行组合】按钮，该单元即合并成一个整体。如图 4-5 所示。

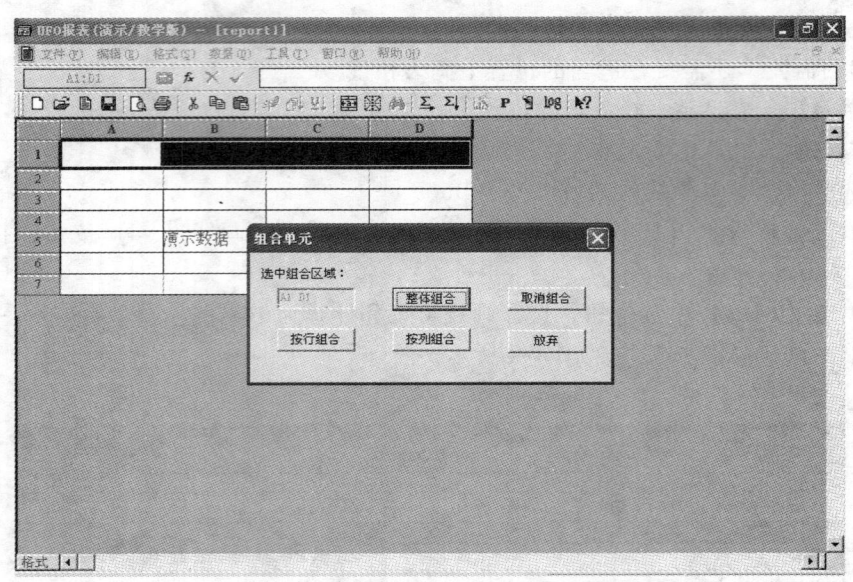

图 4-5　组合单元

5. 输入项目内容

指报表的固定文字内容，主要包括表头、表体项目、表尾项目等。

操作步骤：

① 选中需要输入内容的单元或组合单元。

② 输入相关文字内容，例如，"货币资金表"、"现金"等，如图 4-5 所示。

提示：在输入报表项目时，编制单位、日期一般不需要输入，UFO 表一般将其设置为关键字。

6. 设置单元属性

设置单元类型及数据格式、对齐方式、字型、字体、字号及颜色、边框样式等内容。其中，最重要的是单元类型的设置。

例如，将报表的标题"货币资金表"定义为楷体加粗，字号 14，居中；将 A3：D3 设置为居中，将 A2：D2 设置为 10 号字，居右。将制表人和报送日期后面的一个单元设置为字符单元，以便能够输入制表人的姓名和报送日期。

新建的报表，所有单元的单元类型均默认数值型；格式状态下输入的内容均默认为表样单元。字符单元和数值单元输入后只对本表页有效，表样单元输入以后对所有的表页有效。

4.2.2　设置关键字

定义关键字主要包括设置关键字和调整关键字在表页上的位置。关键字主要有六种：单位名称、单位编号、年、季、月、日。另外，还包括一个自定义关键字。可以根据实际需要任意设置相应的关键字。

一个关键字在该表中只能定义一次，即同表中不能有重复的关键字。关键字在格式状态下设置，关键字的值则在数据状态下录入。

1. 设置关键字

操作步骤：

① 选中需要输入关键字的单元，例如，组合单元"A2：D2"。

② 单击【数据】、【关键字】、【设置】，打开"设置关键字"对话框。

③ 单击【年】单选按钮。如图4-6所示。

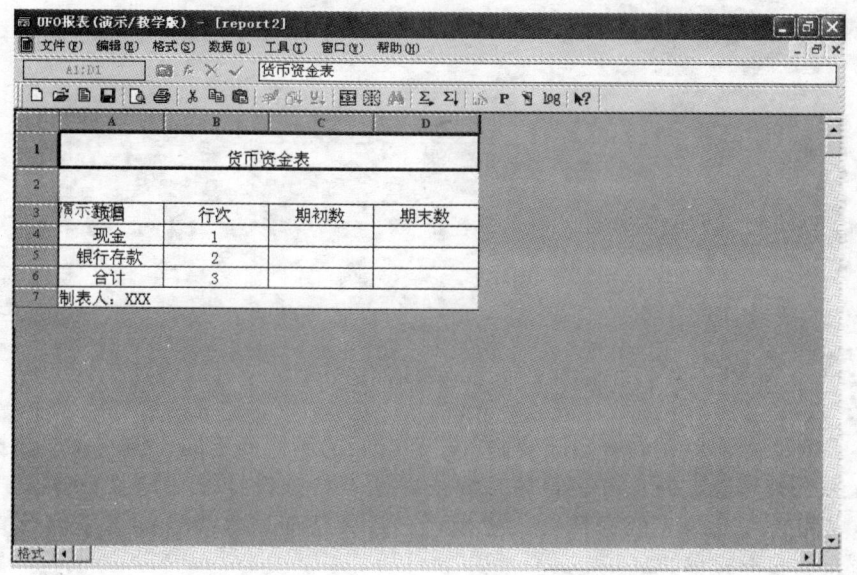

图4-6 输入表格的项目内容

④ 单击【确定】按钮。重复（2）至（4）步骤，根据需要，可以将"单位名称"、"月"等定义为关键字。

2. 调整关键字位置

关键字位置是指关键字在某单元或组合单元中的起始位置。同一个单元或组合单元的关键字定义完以后，可能会重叠在一起，所以还需要对关键字的位置进行调整。

调整关键字的位置必须输入关键字的相对偏移量。偏移量负数值表示向左移，正数值表示向右移。

操作步骤：

① 单击"数据→关键字→偏移"，打开"定义关键字偏移"对话框。

② 在需要调整位置的关键字后面输入偏移量，例如，在"年、月"文本框，分别输入需要调整的数字。

③ 单击【确定】按钮。如图4-7所示。

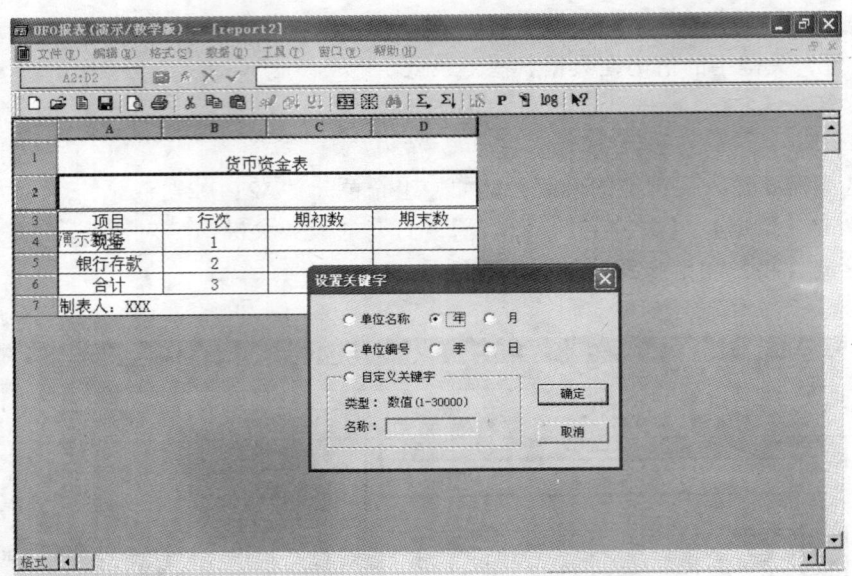

图 4-7 定义关键字

4.2.3 编辑公式

会计报表的变动单元内容会随编制单位和时间的不同而不同,但其获取数据的来源和计算方法是相对稳定的。报表管理系统依据这一特点设计了"定义计算公式"的功能,为定义报表变动单元的计算公式提供了条件,从而使报表管理系统能够自动、及时、准确地编制会计报表。

报表公式是指报表或报表数据单元的计算规则,主要包括单元公式、审核公式和舍位平衡公式等。

1. 单元公式

单元公式是指为报表数据单元进行赋值的公式,单元公式的作用是从账簿、凭证、本表或其他报表等处调用、运算所需要的数据,并填入相应的报表单元中。它既可以将数据单元赋值为数值,也可以赋值为字符。

单元公式一般由目标单元、运算符、函数和运算符序列组成。

例如,C6=期初余额("1001",月)+期初余额("1002",月) 或 C6=C5+C4

其中,目标单元是指用行号、列号表示的用于放置运算结果的单元;运算符序列是指采集数据并进行运算处理的次序。报表系统提供了一整套从各种数据文件(包括机内凭证、账簿和报表,也包括机内其他数据资源)采集数据的函数。企业可根据实际情况,合理地调用不同的相关函数。

常用的报表数据一般是来源于总账系统或报表系统本身,取自于报表的数据又可以分为从本表取数和从其他报表的表页取数。

账务取数公式

账务取数是会计报表数据的主要来源,账务取数函数架起了报表系统和总账等其他系统之间进行数据传递的桥梁。账务取数函数可实现报表系统从账簿、凭证中采集各种会计数据生成报表,实现账表一体化。

账务取数公式是报表系统中使用最为频繁的一类公式,此类公式中的函数表达式最为复杂,公式中往往要使用多种取数函数,每个函数中还要说明诸如科目编码、会计期间、发生额或余额、方向、账套号等参数。UFO 提供了 45 种财务函数,表 4-3 列出了常见的财务函数。

基本格式:

函数名("科目编码"、会计期间、【"方向"】、【账套号】、【会计年度】、【编码1】、【编码2】)

说明:

- 科目编码也可以是科目名称,且必须用双引号括起来。
- 会计期间可以是"年"、"季"、"月"等变量,也可以是具体数字表示的年、季、月。
- 方向即"借"或"贷",可以省略。
- 账套号为数字,缺省时默认为第一套账。
- 会计年度即数据取数的年度,可以省略。
- <编码1>与<编码2>与科目编码的核算账类有关,可以取科目的辅助账,如职员编码、项目编码等,如无辅助核算则省略。

表 4-3   常见的财务函数

类别 名称	金额式	数量式	外币式
发生额	FS	SFS	WFS
期初额	QC	SQC	WQC
期末余额	QM	SQM	WQM
累计发生额	LFS	SLFS	WLFS
条件发生额	TFS	STFS	WTFS
发生净额	JE	SJE	WJE
对方科目发生额	DFS	SDFS	WDFS

为了方便而又准确地编制会计报表,系统提供了手工设置和引导设置两种方式。在引导设置状态下,根据对各目标单元填列数据的要求,通过逐项设置函数及运算符,即可自动生成所需的单元公式。当然,在对函数和公式的定义十分了解,运用非常自如的情况下,可以直接手工设置公式。

直接输入公式

操作步骤:

① 选定需要定义公式的单元,例如,"C4"即"现金"的期初数。

② 单击"数据→编辑公式→单元公式",打开"定义公式"对话框。

③ 在"定义公式"对话框内,直接输入总账期初函数公式。
④ 单击【确认】按钮。如图4-8所示。

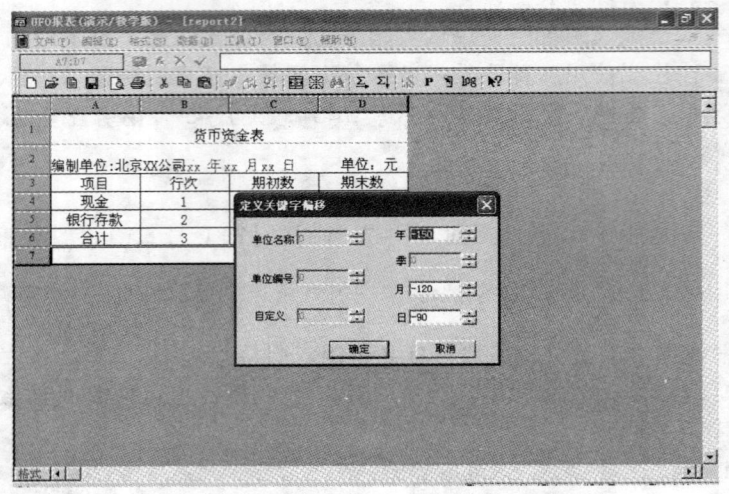

图4-8 定义关键字偏移

提示:
- 单元公式在输入时,凡是涉及数学符号的均须输入英文半角字符。
- 如果对UFO函数不太了解的话,则可以利用函数向导引导输入,利用引导输入简单直观。
- 利用函数向导输入公式

操作步骤:
① 选定被定义单元"C5"即"银行存款"的期初数。
② 单击编辑框中的【f x】按钮,打开"定义公式"对话框。
③ 单击【函数向导】按钮,进入"函数向导"窗口。
④ 在"函数分类"列表框中选择"用友账务函数"。
⑤ 在"函数名"列表框中选择"期初(QC)"。
⑥ 单击【下一步】按钮,进入"用友账务函数"窗口。
⑦ 单击【参照】按钮,进入"账务函数"窗口。
⑧ 选择"账套号":默认。
⑨ 选择"会计年度":默认。
⑩ 输入"科目":1002。
⑪ 选择"期间":月。
⑫ 选择"方向":借。
⑬ 单击【确定】按钮,回到"用友账务函数"窗口。
⑭ 单击【确定】按钮,回到"定义公式"窗口。

第 4 章　会计报表系统

提示：
- 在"账务函数"界面，选中"包含未记账凭证"，表示连同未记账凭证数据一并取到报表中。

本表页内部统计公式

表页内部统计公式用于在本表页内的指定区域内作出诸如求和、求平均值、计数、求最大值、求最小值、求统计方差等统计结果的运算。主要实现表页中相关数据的计算、统计功能。在应用时，要按所求的统计量选择公式的函数名和统计区域。本表页主要取数函数如表 4-4 所示。

表 4-4　　　　　　　　　　　　**本表页主要取数函数**

函数名	函数	函数名	函数
合计函数	PTOTAL（ ）	最大值函数	PMAX（ ）
平均值函数	PAVG（ ）	方差函数	PVAR（ ）
计数函数	PCOUNT（ ）	偏方差函数	PSTD（ ）
最小值函数	PMIN（ ）		

本表他页取数公式

报表可由多个表页组成，并且表页之间具有极其密切的联系。如一个表页可能代表同一单位，但不同会计期间的同一报表。因此，一个表页中的数据可能取自上一会计期间表页的数据。本表他页取数公式可完成此类操作。

对于取自于本表其他表页的数据可以利用某个关键字作为表页定位的依据，或者直接以页标号作为定位依据，指定取某个表页的数据。

取确定页号表页的数据：

格式：<目标区域>=<数据源区域>@<页号>

如：B2＝C5@1，表示当前页 B2 单元取当前表第一页 C5 单元的值；

　　C1＝C2@2，表示 C1 单元取自于第 2 页的 C2 单元数据。

报表之间取数公式

报表之间取数公式即他表取数公式，用于从另一报表某期间某页中某个或某些单元中采集数据。

在进行报表与报表之间的取数时，不仅要考虑数据取自哪一张表的哪一单元，而且还要考虑数据来源于哪一页。

编辑表间计算公式与同一报表内各表页间的计算公式类似，主要区别在于把本表表名换为它表表名。

取他表确定表页数据的表示方法：

格式：<目标区域>＝"<报表名［.REP］>"-><数据源区域>［@<页号>］

当<页号>缺省时为本表各页分别取他表各页数据。

如：D5＝"syb"—>D5@4，表示前表页 D5 的值等于表"syb.rep"第 4 页 D5 的值。

2. 审核公式

报表中的各个数据之间一般都存在某种钩稽关系，利用这种钩稽关系可定义审核公式可以进一步检验报表编制的结果是否正确。审核公式可以验证表页中数据的钩稽关系，也可以验证同表中不同表页之间的钩稽关系，还可以验证不同报表之间的数据钩稽关系。

审核公式由验证关系公式和提示信息组成。定义报表审核公式，首先要分析报表中各单元之间的关系，来确定审核关系，然后根据确定的审核关系定义审核公式。其中，审核关系必须确定正确，否则审核公式会起到相反的效果。即由于审核关系不正确导致一张数据正确的报表被审核为错误，而编制报表者又无从修改。

审核公式是把报表中某一单元或某一区域与另外某一单元或某一区域或其他字符之间用逻辑运算符连接起来。

审核公式格式：

<表达式><逻辑运算符><表达式>［MESS "说明信息"］

逻辑运算符有：＝、>、<、>=、<=、<>。等号"="的含义不是赋值，而是等号两边的值要相等。

提示：

● 审核公式在格式状态下编辑，在数据状态下执行。

【例 4-5】 定义审核公式。

如果在货币资金表中

C6＝C5＋C4

否则，出现"货币资金期初数计算有误！"

如果在利润表中

产品销售利润＝产品销售收入－产品销售成本－产品销售费用

否则，出现"产品销售利润计算有误！"的出错信息。

净利润＝利润总额－所得税

否则，出现"净利润计算有误！"的出错信息。

操作步骤：

① 单击"数据→编辑公式→审核公式"，打开"审核公式"对话框。

② 在"审核公式"对话框中，输入：

在货币资金表中

C6＝C5＋C4

MESS "货币资金期初数计算有误！"

在利润表中

C8＝C4－C5－C6－C7

MESS "产品销售利润计算有误！"

C20＝C18－C19

MESS "净利润计算有误!"

③ 单击【确定】按钮。在货币资金表中,如图 4-9 所示。

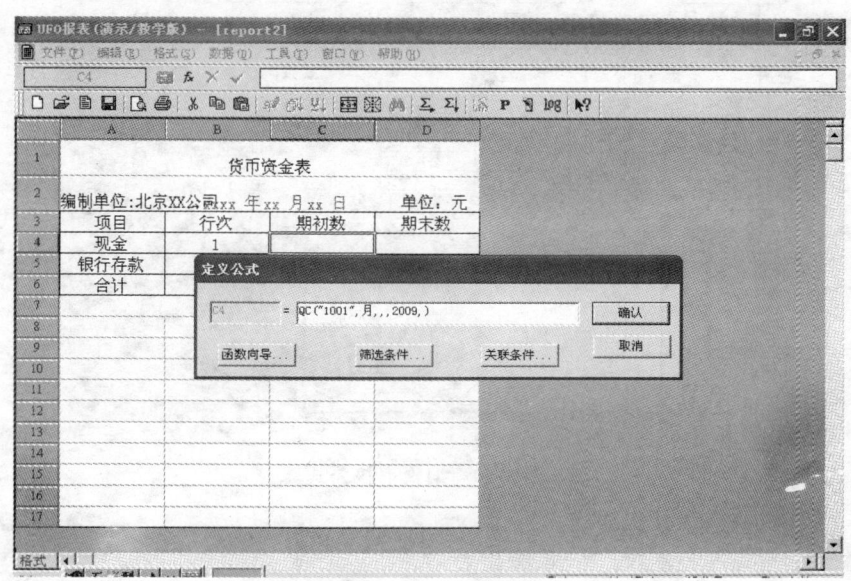

图 4-9 直接输入定义单元公式

3. 舍位平衡公式

在报表汇总时,各个报表的数据计量单位有可能不统一,这时,需要将报表的数据进行位数转换,将报表的数据单位由个位转换为百位、千位或万位,如将"元"单位转换为"千元"或"万元"单位,这种操作称为进位操作。进位操作以后,原来的平衡关系可能会因为小数位的四舍五入而被破坏,因此还需要对进位后的数据平衡关系重新调整,使舍位后的数据符合指定的平衡公式。这种用于对报表数据舍位及重新调整报表舍位之后平衡关系的公式称之为舍位平衡公式。

定义舍位平衡公式需要指明要舍位的表名、舍位范围以及舍位位数,并且必须输入平衡公式。

【例 4-6】 将数据由元进位为千元,定义该报表的舍位平衡公式。

操作步骤:

① 单击【数据】、【编辑公式】、【舍位公式】,打开"舍位平衡公式"对话框。

② 在"舍位表名"文本框中输入"swb"。

③ 在"舍位范围"文本框中输入"C4:D6"。

④ 在"舍位位数"文本框中输入"3"。

⑤ 在"平衡公式"文本框中输入"C6 = C4+C5,D6 = D4+D5"。

⑥ 单击【完成】按钮。如图 4-10 所示。

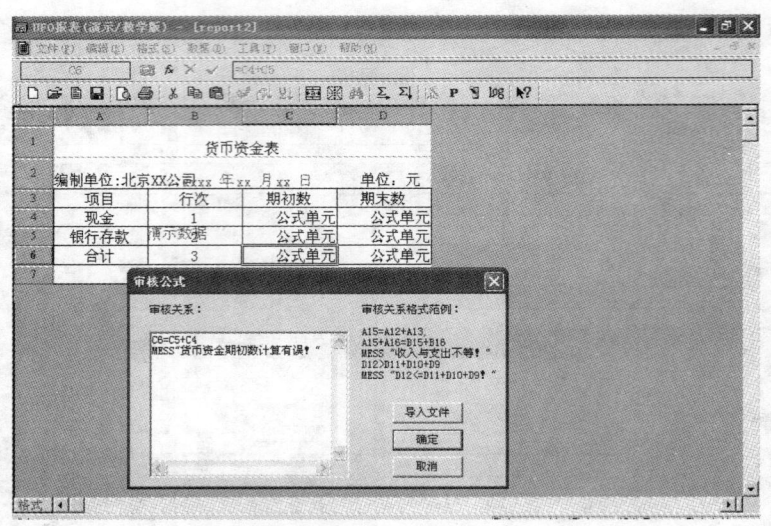

图 4-10 编辑审核公式

提示：
- 每个公式一行，各公式之间用逗号","（半角）隔开，最后一条公式不用写逗号；否则，公式无法单击。
- 舍位公式中只能使用"+""-"符号，不能使用其他运算符及函数。
- 等号左边只能为一个单元（不带页号和表名）。
- 一个单元只能在等号右边出现一次。

经过上述的自定义设计货币资金表如图 4-11 所示。

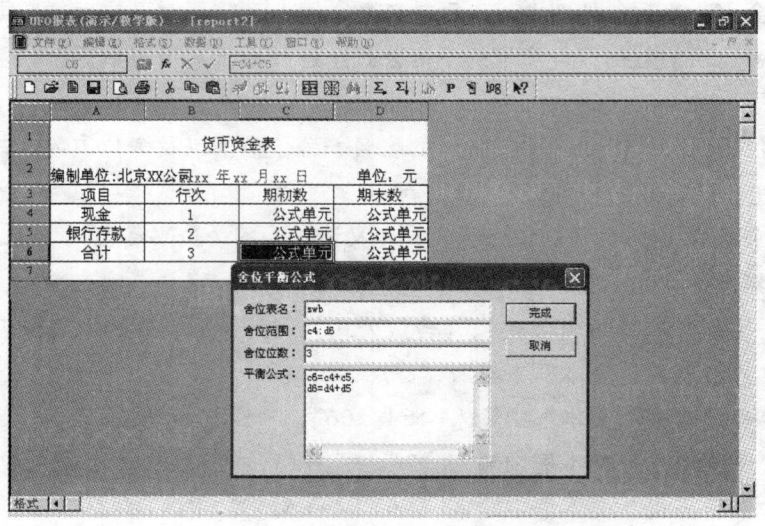

图 4-11 定义舍位平衡公式

4.2.4　保存报表

经过上述的自定义设计好的货币资金表或其他会计报表，均可以保存起来。其操作步骤如下：

① 单击【文件】、【保存】，打开"另存为"对话框。
② 在"文件名"文本框中输入"货币资金表"，或"其他×××表"。
③ 单击【保存】按钮。

4.3　报表数据处理

报表的数据包括报表单元的数值和字符，以及游离于单元之外的关键字。数值单元只能接受数字，而字符单元既能接收数字又能接收字符。数值单元和字符单元可以由公式生成也可以由键盘输入。关键字的值则必须由键盘录入。

报表数据处理主要包括生成报表数据（即编制报表）、审核报表数据和舍位平衡操作等工作，数据处理工作必须在数据状态下进行。在处理时，计算机根据已定义的单元公式、审核公式和舍位平衡公式自动进行数据采集、审核及舍位等操作。报表数据处理一般是针对某一特定表页进行的，因此在数据处理时还涉及表页的操作，例如，表页的增加、删除等。

4.3.1　进入报表数据状态

生成报表又称为编制报表，是在报表的数据状态下进行的，是制作报表中不可缺少的重要环节。生成报表的过程是在人工控制下由计算机自动完成的。利用已经设置好的报表结构文件，运用其中的运算公式从相应的数据源中采集数据，填入相应的单元中，从而得到报表数据。

值得注意的是：大多数的会计报表都与日期有密切联系。在定义报表结构时，可以无日期限制，但是在生成报表时必须确定其日期。例如，《资产负债表》和《利润表》等会计报表，一般必须在月末结账以后才能生成。若在月中进行报表生成，即使所有报表公式都正确，则也会生成一张数据错误的报表。

可以在编制报表时反复使用已经设置的报表公式，并且在不同的会计期间可以生成不同结果的报表。而同一报表结构在同一会计日期内多次进行报表生成得到的结果是相同的。如果在报表生成时系统提示公式有误，则必须修改报表格式或公式。待修改完毕后，重新进行报表计算，才能得到按新结构生成的会计报表。

打开"利润表"，把报表左下角的状态切换到"数据"状态，即进入到了报表的数据状态。

4.3.2 录入关键字

每一张表页均对应不同的关键字,在输出时,表页的关键字会随同单元一起显示。

操作步骤:

① 单击"数据→关键字→录入",打开"录入关键字"对话框。
② 在"单位名称"文本框中输入"北京××公司"。
③ 在"年"文本框中输入"2009"。
④ 在"月"文本框中输入"10"。
⑤ 单击【确认】按钮。
⑥ 系统出现"是否重算第1页?"提示框,单击【是】按钮,系统会自动根据公式计算10月份数据。如图4-12和图4-13所示。

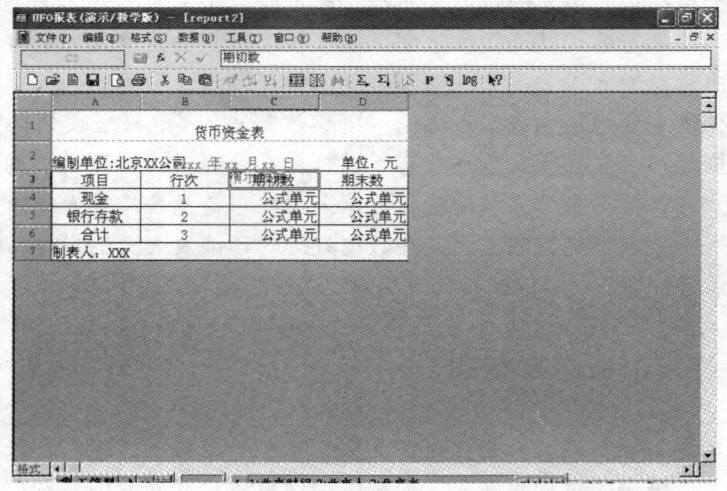

图4-12 货币资金表的格式

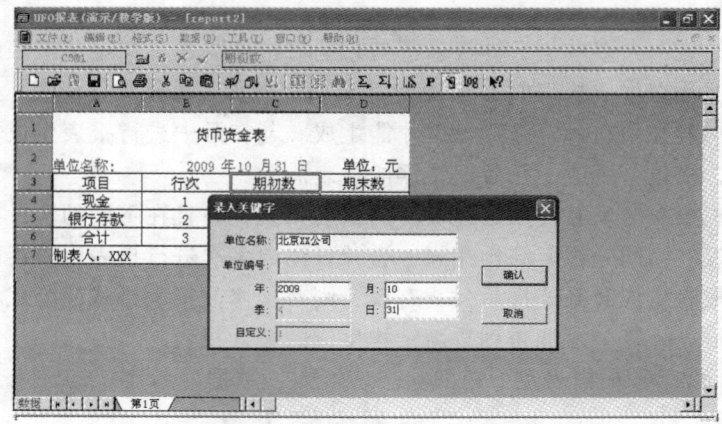

图4-13 录入关键字

4.3.3 整表重算

按计算公式计算报表中的数据。
操作步骤：
① 单击"数据→表页重算"，打开"是否重算第 1 页？"对话框。
② 单击【是】按钮，系统会自动在注册的账套和会计年度范围内根据单元公式计算，生成报表数据。
提示：
在编制报表时，可以选择整表计算或表页重算，整表计算是将该表的所有表页全部进行计算，而表页重算仅是将该表页的数据进行计算。
技术细节：
在表页计算时，进行"账套选择"。
如果未选中"计算时提示选择账套"菜单项，在单击【整表重算】、【表页重算】，或在命令窗和批命令中单击【整表重算】及【表页重算】命令时，或在"格式/数据"状态转换的情况下，则报表计算采用进入系统时选择的账套，即默认启动注册 UFO 时所选择的账套。
如果选中"计算时提示选择账套"菜单项，则每次进行上述操作时都要进行账套选择操作，即弹出"账套选择"的对话框，可进行账套选择。

4.3.4 审核报表

在一张会计报表的某些单元之间存在着内在联系，报表的审核就是根据报表中已经设置的报表钩稽关系即审核公式，对已经生成的报表进行审核，以验证报表的正确性。
在实际应用中，只要报表中数据发生变化，都必须进行审核。通过审核不仅可以找出一张报表内部的问题，而且还可以找出不同报表文件中的问题。
在审核时，单击审核功能后，系统将按照审核公式逐条审核表内的关系。当报表数据不符合钩稽关系时，会提示错误信息。
导致审核出现错误的原因有：单元公式出现语法等错误，审核公式本身错误，账套（出现变量找不到）或账套数据等数据源错误等。
如果按照错误信息修改了错误后，则需要重新计算，并再次进行审核，直到不出现任何错误信息，表示该报表各项钩稽关系正确。

4.3.5 报表舍位操作

报表的舍位操作并不是必需的，一般只是在报表汇总或合并时，由于不同报表的数据单位不同而无法完成汇总或合并，需要将不同报表的数据单位进行统一，在这种情况下才需要进行报表的舍位操作。

在进行舍位操作时,可在系统提供的功能中单击舍位平衡操作,系统按定义的舍位关系对指定区域的数据进行舍位,并按平衡公式对舍位后的数据进行调整使其平衡,然后将经舍位平衡处理后的数据存入指定的新表中去,并将舍位后的报表置于当前活动报表。

【例 4-7】 按照舍位公式的定义将报表数据的计量单位由"元"进位"千元"。

操作步骤:

① 单击"数据→舍位平衡"。

② 系统会自动根据前面定义的舍位公式进行舍位操作。如图 4-14 所示。

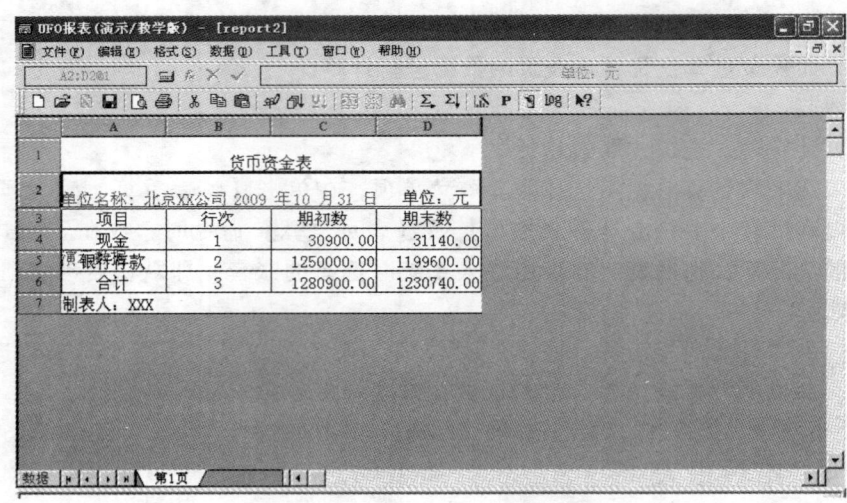

图 4-14 自动计算数据

4.4 报表模板

在会计报表系统中,一般都提供了多种常用的会计报表格式及公式,称为报表模板。在每个模板中详细设计了该报表的格式与公式以及修饰。

4.4.1 生成常用报表模板

UFO 可根据用户默认账套的行业性质,自动生成资产负债表、损益表、现金流量表以及与该行业性质相关的其他报表。在单击该功能之前,要确定是否在进入系统时正确设置了本单位的账套行业性质。

【例 4-8】 利用 UFO 报表系统生成常用报表模板。

操作步骤:

① 单击【格式】、【生成常用报表模板】。

② 系统提示"是否生成所有该行业模板?"。
③ 单击【是】按钮,即可生成该行业所有模板。

提示:
- 在格式状态下操作:当生成的报表为新建、保存或另存时,选择路径。

4.4.2 调用报表模板

调用系统已有的报表模板,如果该报表模板与实际需要的报表格式或公式不完全一致,可以在此基础上稍作修改即可快速得到所需要的报表格式和公式。

【例4-9】 利用 UFO 报表系统提供的报表模板和 600 账套的信息,设计该企业的资产负债表格式与公式。

操作步骤:
① 单击"文件→新建",系统自动生成一张空白表。
② 单击"格式→报表模板",打开"报表模板"对话框。
③ 在"在您所在的行业"下拉列表框中选择"新会计制度科目"选项。
④ 在"财务报表"下拉列表框中选择"资产负债表"选项。
⑤ 单击【确认】按钮,系统提示"模板格式将覆盖本表格式!是否继续?"。
⑥ 单击【确认】按钮,当前格式被自动覆盖。如图 4-15 所示。

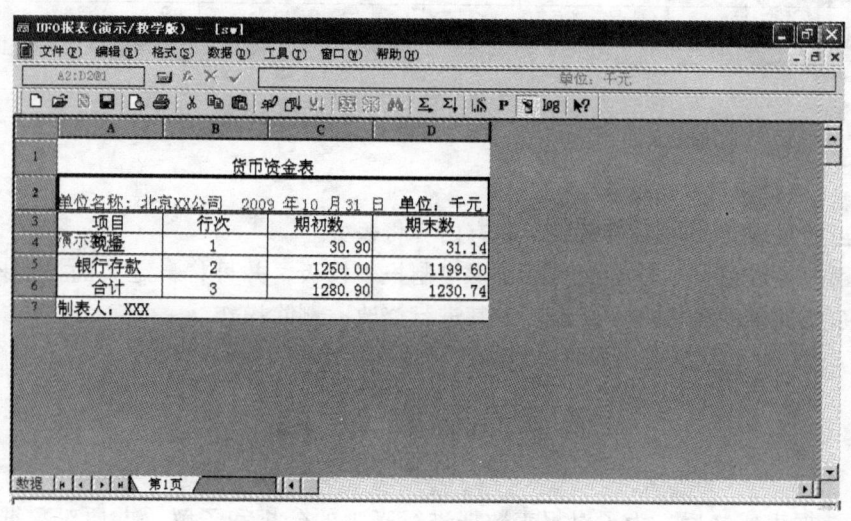

图 4-15 舍位平衡后的货币资金表

【例4-10】 利用 UFO 报表系统提供的报表模板和 600 账套的信息,设计该企业的利润表格式与公式。

操作步骤:
① 单击【文件】、【新建】,系统自动生成一张空白表。
② 单击【格式】、【报表模板】,打开"报表模板"对话框。

③ 在"在您所在的行业"下拉列表框中选择"新会计制度科目"选项。
④ 在"财务报表"下拉列表框中选择"利润表"选项。
⑤ 单击【确认】按钮,系统提示"模板格式将覆盖本表格式!是否继续?"。
⑥ 单击【确认】按钮,当前格式被自动覆盖。如图 4-16 所示。

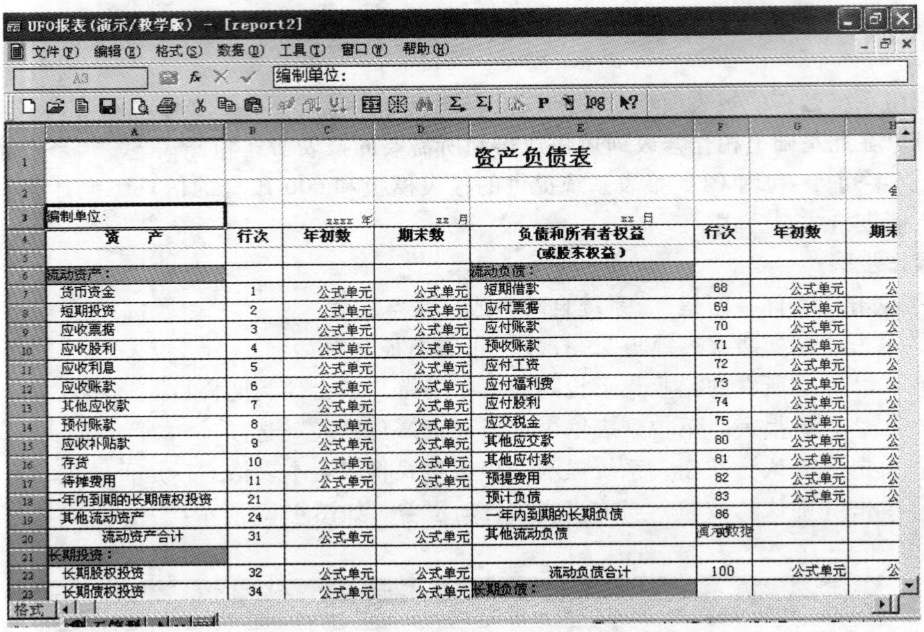

图 4-16 资产负债表

提示:
- 当前报表套用报表模板后,原有内容将丢失。
- 用户可以根据本单位的实际需要定制报表模板,并可将自定义的报表模板加入系统提供的模板库中,也可对其进行修改、删除操作。

4.5 图表功能

报表数据生成之后,为了对报表数据进行直观的分析和了解,方便对数据的对比、趋势和结构分析,可以利用图形对数据进行直观显示。UFO 图表功能提供了直方图、圆饼图、折线图、面积图 4 大类共 10 种格式的图表。

图表是利用报表文件中的数据生成的,图表与报表数据存在着紧密的联系,报表数据发生变化时,图表也随之变化,报表数据删除以后,图表也随之消失。

在进行图表分析管理时,可以通过图表对象来管理,也可以在图表窗口将图表专门作为图表文件来管理。如果通过图表对象管理,则图表对象和报表数据一样在报表区域中编辑、显示、打印；如果把图表单独作为一个文件来管理，则图表文件的编辑、显示、打印均在图表窗口中进行，但图形的大小会随报表数据变动。

4.5.1 插入图表对象

1. 追加图形显示区域

在管理图表对象时，图表对象和其他数据一样需要占用一定的报表区域。由于前面在报表格式设置时没有为图形预留空间，如果不增加图形显示区域的话，则插入的图形会和报表数据重叠在一起，影响阅读。因此，一般需要增加若干行或列，作为专门的图形显示区域。

操作步骤：

① 在【格式】状态下，单击【编辑→追加→行】，打开"追加行"对话框。
② 输入需要追加的行数：8 行。如图 4-17 所示。
③ 单击【确认】按钮。

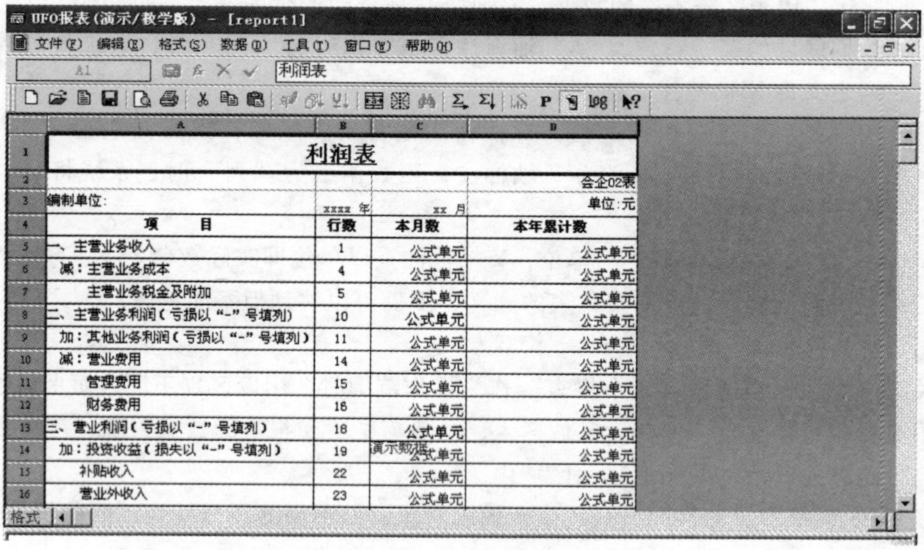

图 4-17 利润表

注意：

从哪一行开始追加，要选好位置（本例是从第七行之后开始的，光标位置在第七行，则追加的 8 行在其后）。

2. 选取数据区域

插入的图表并不是独立存在的，它依赖报表的数据而存在，反映报表指定区域中数据的对比关系，所以在插入图表对象之前必须事先选择图像对象反映的数据区域。

操作步骤:

① 单击【格式/数据】按钮,进入"数据"状态。

② 在第1页中,选取一个数据区域 A3:D6。

提示:

- 插入的图表对象实际上也属于报表的数据,因此有关图表对象的操作必须在数据状态下进行。
- 选择图表对象显示区域时,区域不能少于 2 行×2 列;否则,会提示出现错误。
- 系统把区域中的第一行和第一列默认为 X、Y 轴标注,其余为数据区。如果选中数据区域的第一行和第一列在每张表页上不一样,则以第1页的第一行和第一列为标注。

3. 插入图表

图表对象实际上是报表的特殊数据,图表对象的组成:主标题、X 轴标题、Y 轴标题:最多可以输入 20 个字符或 10 个汉字。单击主标题,可以将其在图表对象区域中任意拖动。双击主标题,可以编辑输入标题内容。

X 轴标注:用于区分不同的数据,X 轴标注是自动产生的,当数据组为"行"时,系统将源数据区域的第一行定义为 X 轴标注;当数据组为"列"时,系统将源数据区域的第一列定义为 X 轴标注。

Y 轴标注:用于显示数据的值,Y 轴标注是自动产生的,当数据组为"行"时,系统将源数据区域的第一列定义为 Y 轴标注;当数据组为"列"时,系统将源数据区域的第一行定义为 Y 轴标注。

单位:指 Y 轴(数据轴)的单位,Y 轴标注乘以单位即实际数值。

图例:说明不同颜色或图案代表的意义,图例可以移动但不能修改。

图形:指图形显示部分。

关键字标注:当选取"整个报表"作为操作范围时,用以区别不同表页的数据。

图表对象可以在报表的任意区域插入,一般为了不和报表的数据重叠,可以将图表对象插入到事先已增加的图形显示区域内。

在 UFO 系统中,允许同时插入多个图表对象,以不同的图形反映不同数据。

操作步骤:

① 单击【工具】、【插入图表对象】,打开"区域作图"对话框。

② 在"数据组"中,选"行"则以行为 X 轴、以列为 Y 轴作图(选"列"则以列为 X 轴、以行为 Y 轴作图),缺省为"行"。

③ 在"操作范围"中选"当前表页"则利用当前表页中的数据作图(选"整个报表"则利用所有表页中的数据作图)缺省为"当前表页"。

④ 在"图表名称"编辑框中输入图表的名称:资金分析图;在"图表标题"框中分别输入图表标题:资金对比;X 轴标题:期间;Y 轴标题:金额。如图 4-18 所示。

第 4 章 会计报表系统

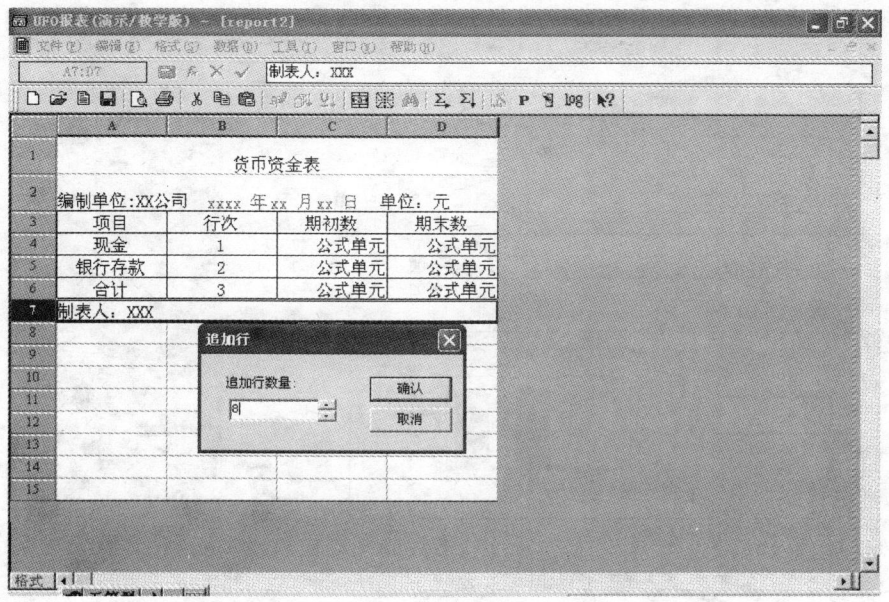

图 4-18 图形分析 1 追加行

⑤ 在列出的图表格式中选择一种图形：如成组直方图。
⑥ 单击【确认】按钮。如图 4-19 和图 4-20 所示。

图 4-19 图形分析 2

会计电算化

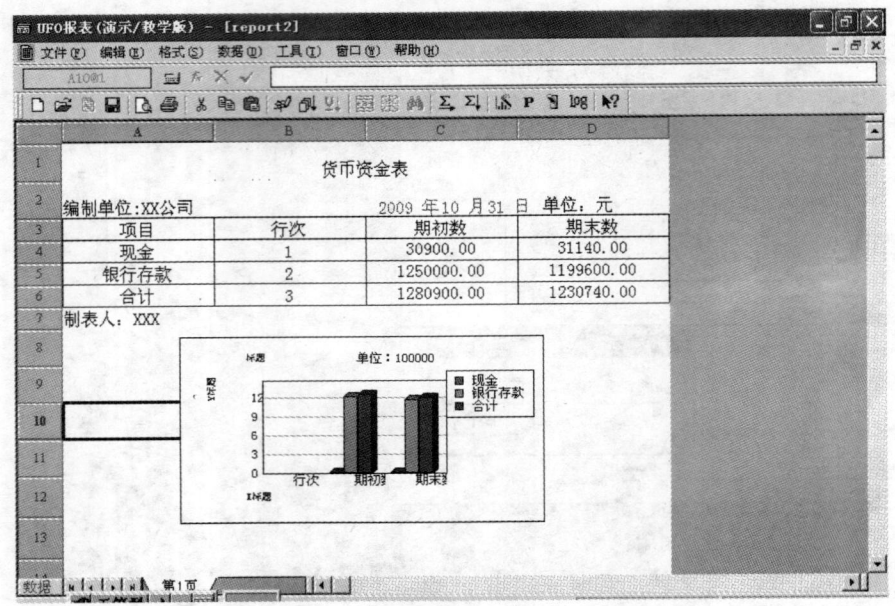

图 4-20　图形分析 3

4.5.2　编辑图表对象

图表对象建立起来以后，可以在图表对象窗口对图表对象进行编辑。在【数据】状态下，选中图表对象，可以拖动、拉伸图表对象，双击图表对象，即可进入图表对象窗口。在图表对象窗口中可以编辑图表对象、改变图表格式及图表对象的相对位置等。单击图形区域以外的区域，即可回到正常报表处理状态。

在图表窗口中可以完成图表对象窗口的基本操作功能。

1. 编辑标题

图表标题、X 轴标题、Y 轴标题可以在建立图表时的"区域作图"对话框中输入内容，也可以在图表建立以后进行编辑。

操作步骤：

① 双击图表对象的任意部位，图表即被激活，此时，图表及图形四周均出现 8 个黑点。

② 单击【编辑】、【主标题】命令，系统将弹出"编辑标题"对话框。

③ 在"请输入标题"编辑框里输入标题内容。

④ 单击【确认】按钮。

提示：

- 编辑标题可以在图表对象编辑状态下的"编辑"菜单中编辑，或在图表编辑状态下双击要编辑的标题即可进行编辑。
- X、Y 轴标题的定义同主标题一样。

2. 改变主标题的字型字体

操作步骤：

① 单击要改变的标题——主标题，可使之激活。

② 单击"编辑→标题字体"，系统弹出"标题字体"对话框。

③ 在字体框中选取宋体，在字号框中选取字号 14。

④ 单击【确认】按钮。

提示：

- X、Y 轴标题的字型、字体、字号也可按照此方法改变。

3. 定义数据组

图表的坐标轴可以进行转换。

操作步骤：

① 单击【编辑】、【定义数据组】，系统将弹出"定义数据组"对话框。

② 在对话框中选择"以一列数据为一组进行比较"。

③ 单击【确认】按钮，图形将作相应的变化。

4. 改变图表格式

UFO 提供了 10 种图形格式，在"格式"菜单中选择相应的图形格式菜单项就可以完成相应图形格式的转换。另外，单击工具栏中的图标也可改变图表格式。

操作步骤：

① 单击"格式→立体成组直方图"。

② 系统会自动切换编辑框里的图形格式。

提示：

- 在这些格式中，普通直方图、立体直方图、圆饼图、面积图只能显示第一行或第一列的数据。

5. 对象置前与对象置后

UFO 可以在一张报表里同时插入多个图表对象，如果这些图表对象相互重叠，则会导致有些图表无法显示。这时，可以利用"对象置前"或"对象置后"使它显示在最前端或隐藏在其他图表对象之后。

操作步骤：

① 选定对象，单击鼠标右键，选择"对象置后"，即可完成操作。

② 系统会自动切换图形。

提示：

- 如此时有两个图表对象，我们将藏在下面的图表对象置于表面。

6. 图表对象预览/打印

图表对象也可以打印和预览，它们可以和报表数据一起打印/预览也可以单独打印/预览，这里的图表对象的预览/打印功能仅对图表对象有效，不打印或预览报表的数据。

操作步骤：

① 选定对象，单击鼠标右键，选择对象预览，可以只对插入的图表对象进行预览和打印。

② 系统会自动产生预览。

提示：
- 如果要将图表和报表一起打印，则可以单击"文件→打印"。
- 如果存在多个图表对象的话，则对象预览/打印是只对最上层的图表对象有效。可以利用对象置前/置后功能将需要打印的图表对象放置在最上层。

4.5.3 图表窗口

图表窗口是一个特殊的窗口，它有别于图表对象窗口，在图表窗口中看到的仅仅是图表文件，只能对图表文件进行操作，无法观察到报表的格式和数据。要在图表窗口中操作图表首先要打开图表窗口。

1. 打开图表窗口

操作步骤：

在报表窗口中，单击【工具】、【图表窗口】，即打开图表窗口

提示：
- 打开图表窗口既可以在格式状态下操作，又可以在数据状态下操作。
- 如果已有图表，则自动打开第一个图表；如果没有图表，则打开一个空的图表窗口。
- 打开图表窗口时只能打开一个图表，不能同时打开多个图表。打开图表窗口默认打开的是第一个图表文件，如果存在多个图表文件，则需要选择其中之一打开。

2. 打开图表

操作步骤：

① 在图表窗口中，单击"图表→打开"，打开"打开图表"对话框。
② 在对话框中列出了本报表文件已有的图表名，在其中选择一个。
③ 单击【确认】按钮。

3. 删除图表

如果不需要某一张图表，则可以随时将其删除。图表操作完之后，可以退出图表窗口。关闭以后退出到格式/数据窗口。

操作步骤：

① 选择要删除的图表，使它成为当前图表窗口。
② 单击【图表】、【删除】，当前图表将被删除。

提示：
- 单击工具栏中的删除图表也可以删除图表。

4. 关闭图表

单击"图表→退出图表窗口"，将关闭图表。关闭图表的同时将自动保存图表。

4.6 命令及批命令文件

前面我们介绍的报表管理操作方法如格式、公式定义等都是通过调用菜单来实现的,另外,还可以采用命令行单击方式或批命令文件即程序单击方式来达到管理报表的目的。

命令行方式是指在命令窗口中输入一条命令,然后立即单击。

批命令文件是把多个命令序列集合在一起形成一个文件,即在一个批命令文件中编写多个命令。单击这个批命令文件就可以一次性完成这些命令。

4.6.1 常用函数、命令、变量和语句

UFO 提供了由函数、命令、变量和语句组成的语言系统。可以在命令窗口输入命令来代替菜单操作,还可以编制批命令文件和自定义菜单,开发出适合本企业的专用系统。

函数、命令、变量可以在命令窗、批命令文件和自定义菜单文件中使用;语句只能用于批命令文件中。

1. 变量

格式:& 变量名

变量名长度小于等于 8 个字节。可以由字母、数字和下画线组成,必须以字母或下画线开头,不能以数字开头。例如,&test1 、&_ test1 为合法的,&1test 为非法的。

总变量个数:小于等于 80 个。

2. 命令

命令的一般表达格式:

命令字<参数>FOR<表页筛选条件>;<可变区筛选条件>] [RELATION<关联条件>]

在命令窗或批命令中,当表页筛选条件缺省时为当前表页,当可变区筛选条件缺省时为当前可变行或可变列。

筛选条件:

筛选是在单击命令或函数时,根据指定的筛选条件,对报表表页和可变区的判断,只处理符合筛选条件的表页或可变行(列)。

格式:FOR<表页筛选条件>;<可变区筛选条件>

说明:表页筛选条件确定要处理的表页,若省略,则指当前表页;ALL 表示选择所有的表页。可变区筛选条件表示要处理的可变行或可变列,若省略,则表示当前光标所在可变行(列);ALL 表示整个可变区。

如:C4:C7=B4:B7 FOR 年=2003,表示对 2003 年的表页,将 C4:C7 的赋值给 B4:B7。

关联条件：

一张报表中不同表页的数据或多个报表中的数据可能存在着这样或那样的经济关系，关联条件就是用来描述表页间的对应关系。可以利用关联条件来引用本表他页的数据或其他表页的数据。

格式：RELATION<单值表达式 1>WITH<单值表达式 2>

说明：其中"RELATION"为关联条件关键字，关联条件可以有多个，每个同类关系之间用","隔开。

当<单值表达式 1>与<单值表达式 2>相等时，关联关系成立；否则，关联关系不成立。

例如，RELATION 月 WITH "ZJB" ->月，表示在"ZJB"表中找到和本表当前表页的关键字"月"的值相等的表页。

本表他页取数的关联条件的格式为：

RELATION<参数>WITH "<当前表表名>" -><参数>

参数为"单元｜关键字｜变量｜常量"。

表示目标页与数据源所在的表页使 WITH 前后的参数相等。

C = "LRB" ->B RELATION 月 WITH "LRB" ->月+1，表示"LRB"各页 C 列取该页上月 B 列数值。

他表他页取数的关联条件的格式为：

格式：RELATION<参数>WITH "<他表表名>" -><参数>

如：C = "LRB" ->B RELATION 月 WITH "LRB" ->月+1，表示本表各页 C 列取表"LRB"上月各页 B 列数值。

（1）赋值命令

功能：将表达式的值赋给单元或区域或关键字或变量。

格式：LET<区域｜关键字｜变量>=<表达式>［，<区域｜关键字｜变量>=<表达式>］

［FOR〈表页筛选条件〉［；〈可变区筛选条件〉］］

［RELATION〈表页关联条件〉［，〈表页关联条件〉］］

举例：LET B5 = B4+1

（2）注释命令

格式：//

功能：将其后至回车换行的内容视为注释。

（3）其他常用命令

OPEN REPORT	打开报表命令
CLOSE	关闭当前文件命令
SAVE	保存文件命令
DO	单击批命令
APPEND	追加表页命令
DELETE	删除表页命令

INSERT	插入表页/行/列命令
APPEND FROM	数据采集命令
RECAL	重计算命令
SORT	表页排序命令
TOTAL	报表汇总命令
SKIP	翻页命令
FIND	查找表页命令
CONTINUE	继续上次查找命令

3. 函数

UFO 函数包括统计函数、数学函数、表操作辅助函数、日期函数、条件取值函数、读取数据库数据函数、指针状态类函数、字符处理函数。在 UFO 中，有 170 个"业务函数"，使用业务函数可以从"总账"、"应收"、"应付"等系统中提取数据。

(1) 窗口交互输入函数

功能：窗口交互输入字符函数。

格式：GETINT（提示输入说明）

参数：对话框标题中出现的字符串。

返回值：在窗口中用户输入的数值。

举例：LET &A = GETINT（"请输入您的编号"）

(2) 条件函数

格式：IFF（<逻辑表达式>，<条件真值>，<条件假值>）

返回值：当算术表达式为真时，返回条件真值，当算术表达式为假时，返回条件假值。

举例：IFF（A3>0，10，-10），如果 A3 大于 0，B5 的值为 10，如果 A3 小于等于 0，B5 的值为-10。

(3) 本表他页取数函数

格式：SELECT（<区域>［，<页面筛选条件>］）

参数：区域为绝对地址表示的数据来源区域，不含页号和表名。页面筛选条件为确定数据源所在表页，格式为：<目标页关键字@｜目标页单元@｜变量｜常量><关系运算符><数据源表页关键字｜数据源表页单元｜变量｜常量>，缺省为与目标页在同一表页。

返回值：符合页面筛选条件的本表他页数据区域。

举例：B＝SELECT（B，年@ ＝年+1），若当前表页中关键字"年"为 2003，如下命令表示本页 B 列取本表关键字"年"为 2002 的表页中 B 列的数值。

D＝C+SELECT（D，年@ ＝年 and 月@ ＝月+1），表示：累计数＝本月数+同年上月累计数

本年累计：D＝C+SELECT（D，年@ ＝年 and 月@ ＝月+1）

上月数： E＝ SELECT（C，年@ ＝年 and 月@ ＝月+1）

上年同期：F＝ SELECT（C，年@ ＝年+1 and 月@ ＝月）

4. 语句

（1）分支语句

简单条件分支语句：

格式：IF<条件表达式>

   <语句行序列>

 END

功能：如果条件为真，则单击 IF 语句后面的语句行序列；如果条件为假，则单击 END 后面的语句。

选择条件分支语句：

格式：IF<条件表达式>

   <语句行序列 1>

ELSE

   <语句行序列 2>

END

功能：如果条件为真，则单击语句行序列 1；如果条件为假，则单击 ELSE 后的语句行序列 2。

（2）循环语句

格式：WHILE<条件表达式>

<语句行序列>

END

功能：当条件为真时，循环单击语句行序列；直到条件为假时，单击 END 之后的语句。

【例 4-11】 给 12 张表页中的关键字"月"分别赋值为 1~12。

LET&AA=1

WHILE&AA<=12

  LET 月@&AA=&AA

  LET &AA=&AA+1

END

（3）跳转语句

格式：BREAK

功能：跳出最近一层循环体。

（4）返回语句

格式：RETURN

功能：结束最近一层批命令。

4.6.2 命令行方式

命令行方式必须在命令窗口中输入，输入后按回车键即可立即单击该命令。

【例 4-12】 假设现有益达公司 6 月份的损益表，利用命令行方式增加 7 月份的表页。

操作步骤：

① 单击"文件→命令窗"，打开命令窗口。

② 在命令窗口中输入命令：APPEND 1。然后回车，即可增加一张表页。

提示：

* 命令窗口中输入的命令只能一条一条单击，不能成批单击。

* 命令单击后在报表窗口中立即能够观察到单击的结果。

* 命令窗口保持已单击过的命令行，重复单击某命令，可将光标放回该行回车即可。

4.6.3 批命令文件

批命令实质上是把多个 UFO 命令进行集合操作处理，即在一个批命令文件中编写多个命令，单击这个批命令文件就可以一次性完成这些命令。批命令在许多时候是必不可少的。

大部分命令和函数可在批命令中使用，批命令可以嵌套、递归和带参调用，批命令可以在批命令和自定义菜单中调用。

【例 4-13】 假设现有益达公司 6、7 月份的利润表，利用批命令文件计算各表页中的本年累计销售收入。

1. 建立批命令文件

批命令文件在 UFO 提供的二次开发窗口 UFOENIT 中编写，编写完成后以后缀".SHL"保存。

操作步骤：

① 单击【工具】、【二次开发】命令按钮，打开 UFOEDIT 窗口。

② 单击【文件】、【新建】按钮，打开"新建"对话框。

③ 在对话框中选"批命令文件（*.shl）"。

④ 单击【确认】按钮，进入编辑状态。

⑤ 在窗口中输入批命令：

Open report "c：\ my documents \ 利润表.rep"

Let &month = 1

While &month<=12

Setpage& month

Let c = 0

Let c = b+select（c，月@ =月+1）

Let &month = &month+1

End

Display "累计值计算完毕！"

⑥ 单击【保存】按钮。

提示：
- 在编辑批命令时，一条命令占一行，输入一条命令之后回车，即可开始输入下一条命令。可以利用光标移动键在批命令正文中移动。
- 在批命令中不能使用全角字符。
- 因为 UFOEDIT 窗口没有检查错误的功能，批命令编写完毕后，应检查一下是否有语法错误和逻辑错误。
- 批命令文件定义完之后需要单击才能达到取数的目的。当单击批命令时，可以在命令窗口中进行，也可以在报表数据窗口中单击。

2. 单击批命令文件

可以通过系统提供的菜单命令单击批命令文件，也可通过命令窗口单击 DO "XXXX.SHL" 语句运行批命令。在 UFO 批命令的单击过程中，按 [Esc] 键可以终止批命令的单击。

操作步骤：
① 单击【文件】、【单击】，打开"单击"对话框。
② 输入批命令文件名：P1.
③ 单击【单击】按钮，系统弹出"累计值计算完毕!"。
④ 单击【确定】按钮。

提示：
- 这里以系统菜单命令方式为例单击批处理文件。
- 单击批处理文件，也可在命令窗中单击 DO "XXXX.SHL" 语句运行批命令。
- 当单击批命令时，如果命令有错，系统会提示：第＊行命令出错！继续单击此文件吗？回答是，则忽略此错误命令；否则，放弃单击该批命令文件。

本章小结：

会计报表是用于反映财务状况和经营成果的最直观的书面文件，表明单位在一定时期内的财务状况和经营管理的情况与成果。通过会计报表管理系统可及时编制会计报表，并了解单位的资产分布、权益结构、偿债能力、盈利能力及经营成果，帮助单位加强财务管理，提高经济效益。本章着重强调掌握报表格式定义、公式定义的操作方法；掌握报表单元公式的用法；掌握报表数据处理的操作；掌握如何利用报表模板生成报表。学生在学完后，应该能够快速编制企业需要的相关报表。

思考题：
1. 报表管理系统有哪些功能？
2. 简述报表管理系统的基本工作过程。
3. 简述会计电算化方式下，报表管理系统数据的处理流程。
4. 设置单元属性需要哪些具体的操作步骤和内容？
5. 报表公式的类型有哪些？如何定义？
6. 报表模板应用有哪几种类型？应怎样操作？

第 5 章 薪资管理系统

学习目标：

了解薪资管理系统的基本功能，掌握用友 ERP-U8 软件中薪资管理系统的相关内容，掌握薪资系统初始化、日常业务处理、工资分摊及业务处理的操作及统计分析与数据维护的工作。

5.1 薪资管理系统概述

5.1.1 系统功能

薪资管理系统适用于各类企业、行政事业单位进行工资核算、工资发放、工资费用分摊、工资统计分析和个人所得税核算等。可以与总账系统集成使用，将工资凭证传递到总账中；可以与成本管理系统集成使用，为成本管理系统提供人员的费用信息。

薪资管理系统是由工资管理系统更名而来，如果启用了人力资源下系统的 HR 基础设置和人事信息管理两个模块，则系统菜单下又会显示"薪资标准"和"薪资调整"两组功能节点，这两组功能中的信息与薪资管理系统中其他功能相互独立，不能直接引用，需要手工指定对应关系才可建立关联。

薪资管理系统有以下主要功能：

初始设置

- 可设置人员附加信息、部门选择设置、人员档案等基础档案
- 可自定义工资项目及计算公式
- 提供多工资类别核算、工资核算币种、扣零处理、个人所得税扣税处理、是否核算计件工资等账套参数设置
- 提供计件工资标准设置和工资方案设置

业务处理

- 工资数据变动：进行工资数据的变动、汇总处理，支持多套工资数据的汇总
- 工资分钱清单：提供部门分钱清单、人员分钱清单、工资发放取款单
- 工资分摊：月末自动完成工资分摊、计提、转账业务，并将生成的凭证传递到总账系统，实现各部门资源共享

- 银行代发：灵活的银行代发功能，预置银行代发模板，适用于由银行发放工资的企业。可实现在同一工资账中的人员由不同的银行代发工资，以及多种文件格式的输出。
- 扣缴所得税：提供个人所得税自动计算与申报功能
- 计件工资统计：支持"计件工资"核算模式，输入计件工资计件数量和计件单价，自动计算人员计件工资，并完成计件工资统计汇总

统计分析报表业务处理
- 提供自定义报表查询功能
- 提供按月查询凭证的功能
- 提供工资表：工资发放签名表、工资发放条、工资卡、部门工资汇总表、人员类别汇总表、条件汇总表、条件明细表、条件统计表等
- 提供工资分析表：工资项目分析表、工资增长分析表、员工工资汇总表、按月分类统计表、部门分类统计表、按项目分类统计表、员工工资项目统计表、分部门各月工资构成分析表、部门工资项目构成分析表等

产品接口

工资核算是财务核算的一部分，其日常业务要通过总账记账凭证反映，薪资管理系统和总账系统主要是凭证传递的关系。工资计提、分摊的费用要通过制单的方式传递给总账系统进行处理。

- 薪资管理系统与总账系统

薪资管理系统将工资计提、分摊结果自动生成转账凭证，传递到总账系统，如下图所示：

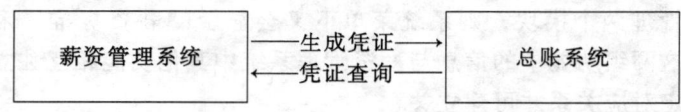

- 薪资管理系统与成本核算

薪资管理系统向成本核算系统传送人员的人工费用，如下图所示：

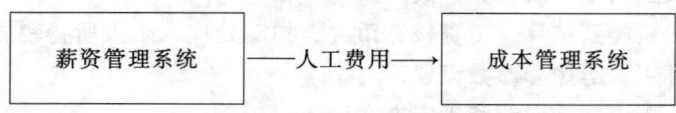

- 薪资管理系统与UFO

薪资管理系统向UFO传递数据，如下图所示：

第 5 章 薪资管理系统

- 薪资管理系统与项目管理

薪资管理系统向项目管理系统传递项目的工资数据，如下图所示：

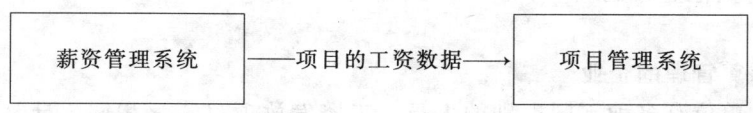

- 薪资管理系统与人力资源

人力资源系统将指定了对应关系的工资项目及人员属性对应信息传递到薪资管理系统中，同时，薪资管理系统可以根据人力资源的要求从薪资管理系统中读取工资数据，作为社保等数据的计提基础，如下图所示：

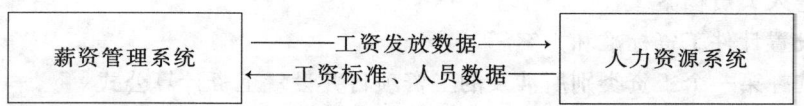

- 薪资管理系统与生产制造

生产制造系统将产品、工序信息传递到薪资管理系统中，如下图所示：

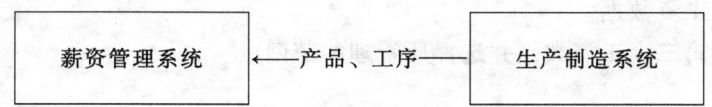

解决方案

薪资管理系统可为不同工资核算类型的企业提供解决方案：
（1）所有人员统一工资核算的企业
（2）分别对在职人员、退休人员、离休人员进行核算的企业
（3）分别对正式工、临时工进行核算的企业
（4）每月进行多次工资发放，月末统一核算的企业
（5）在不同地区有分支机构，而由总管机构统一进行工资核算的企业

单类别工资核算管理的企业

如果您的企业中所有人员的工资统一管理，而人员的工资项目、工资计算公式全部相同，则您可按下列方法建立薪资管理系统：
（1）安装薪资管理系统

（2）设置工资账的参数（选择单个工资类别）

（3）设置部门

（4）设置工资项目、银行名称和账号长度、设置人员类别

（5）录入人员档案

（6）设置工资计算公式

（7）录入工资数据

（8）进行其他业务处理

多类别工资核算管理的企业

如果您的单位有多种不同类别的人员，工资发放项目不尽相同，计算公式亦不相同，但需进行统一工资核算管理，则可按下列方法设置薪资管理系统：

（1）安装薪资管理系统

（2）设置工资账套参数

（3）设置涉及的所有部门、所有工资项目、人员类别、银行名称和账号长度

（4）建立第一个工资类别，选择所管理的部门

（5）选入人员档案

（6）设置计件工资标准和方案

（7）选择第一个工资类别所涉及的工资项目并设置工资计算公式

（8）录入工资数据

（9）建立第二个工资类别并选择所管理的部门

（10）选入人员档案或从第一个工资类别中复制人员档案

（11）选择第二个工资类别所涉及的工资项目并设置工资计算公式

（12）录入工资数据

（13）建立第三个工资类别并选择所管理的部门

……

月末处理前将所要核算的工资类别进行汇总，生成汇总工资类别，然后对汇总工资类别进行工资核算的业务处理。

提示：

- 设置的部门应包含所有工资类别涉及的部门。
- 所有人员都要有所属的部门。如为退休或离休人员，可将退休人员或离休人员单独作为一个部门来处理。

如果需要按周发放工资或一月发放多次工资，则也要进行多类别工资核算，可按下述方法设置薪资管理系统：

（1）安装薪资管理系统

（2）设置工资账套参数

（3）设置需要用到的所有部门、人员类别、银行名称、账号长度

（4）设置需要用到的所有工资项目

（5）建立第一个工资类别，升级为多次发放并输入第一个发放次数名称

(6) 选择人员档案

(7) 设置计件工资标准和方案

(8) 选择第一个发放次数涉及的工资项目并设置工资计算公式

(9) 录入工资数据

(10) 建立第二个发放次数

(11) 选择人员档案、工资项目并设置工资计算公式,也可复制上一个发放次数的相关数据

(12) 录入工资数据

(13) 建立第三个发放次数

……

5.2 薪资核算系统的初始设置

薪资核算系统的初始设置包括,发放次数设置、人员附加信息设置、工资项目设置、部门设置、人员档案、计件工资标准设置、计件工资方案设置、选项设置。但在以上设置以前,我们需要在建立薪资账套中决定是否与总账系统连接。为了让大家更好地了解薪资管理系统,下面我会采用一个案例的操作方式来为大家进行讲解。

【例 5-1】 首先我们建立一个名为"新华公司"的账套,具体方法在前面系统管理部分已经说明,这里不再赘述。在建立完成后,启用总账和薪资管理模块,即实现与总账系统的连接功能,如图5-1所示。

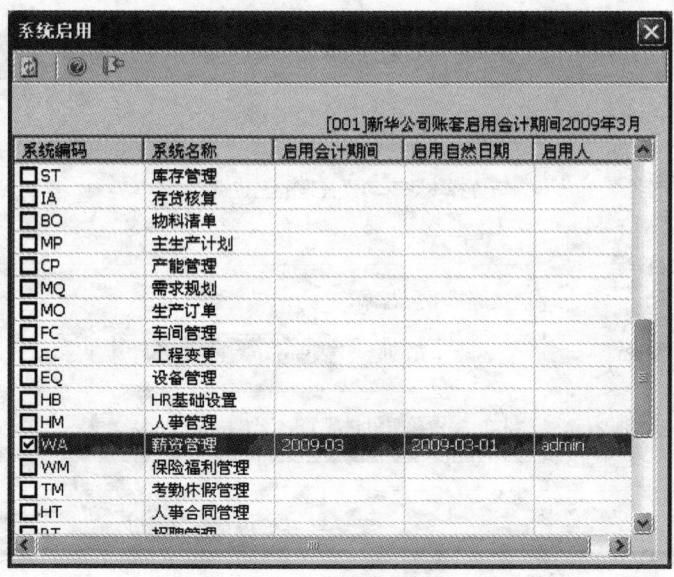

图 5-1

在初次进入薪资管理模块时，系统会自动进入设置向导界面，使我们对系统进行初次的设置工作，如图 5-2 所示。

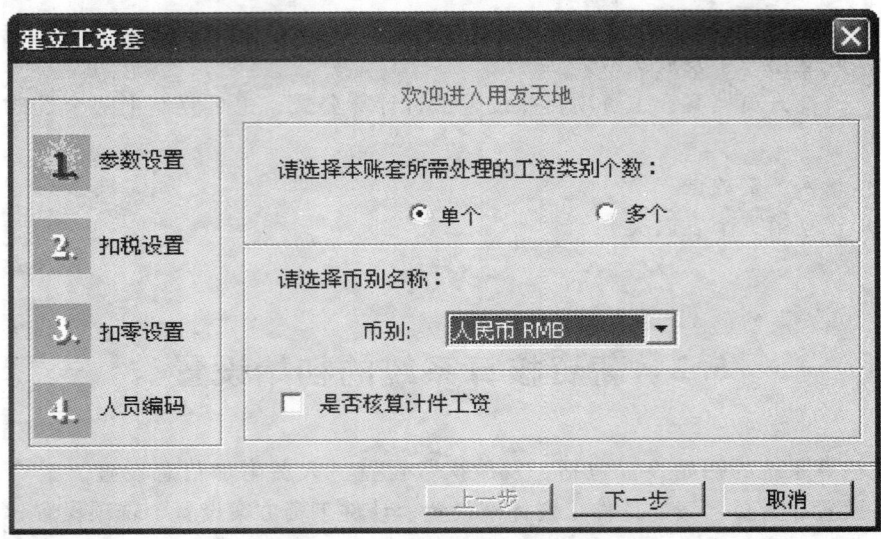

图 5-2

在初次设置过程中分别会进行四个部分的基础设置，包括参数设置、扣税设置、扣零设置、人员编码设置，下面我们分别来看一下这四个部分，如图 5-3 至图 5-6 所示。

第一步：参数设置

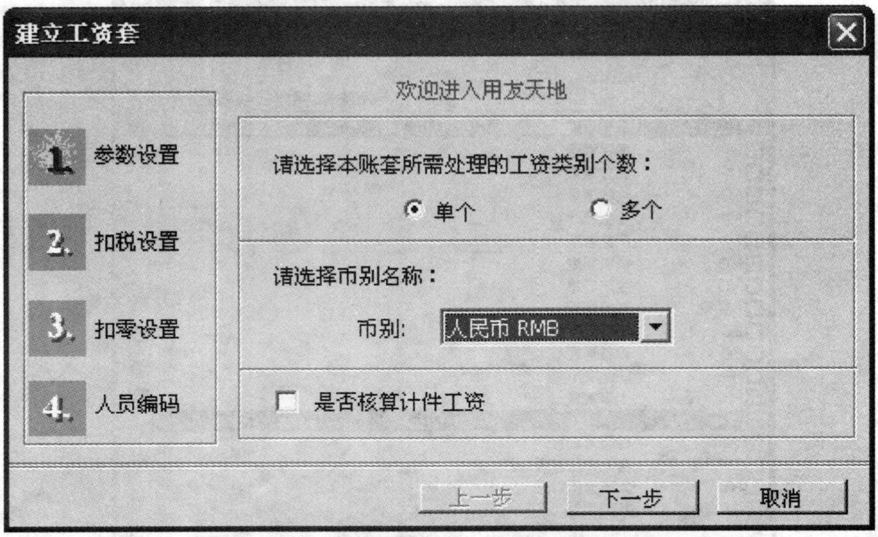

图 5-3

(1) 选择本账套处理的工资类别个数

单个或多个。

- 若单位按周或一月发多次工资，或者是单位中有多种不同类别（部门）的人员，工资发放项目不尽相同，计算公式亦不相同，但需进行统一工资核算管理，则应选择"多个"工资类别。
- 若单位中所有人员的工资统一管理，而人员的工资项目、工资计算公式全部相同，选择"单个"工资类别，则可提高系统的运行效率。

在相当多的企业中，由于人员类别的不同带来了工资核算中的项目不同以及计算方式不同，通常都会采用多工资类别管理模式，因此在这里我们也选择多个工资类别。

(2) 选择币种名称和"是否核算计件工资"

系统根据此参数判断是否显示计件工资核算的相关信息。

- 根据本参数判断是否在工资项目设置中显示"计件工资"项目；
- 根据本参数判断是否在人员档案中显示"核算计件工资"选项；
- 根据本参数判断是否显示"计件工资标准设置"功能菜单；
- 根据本参数判断是否显示"计件工资方案设置"功能菜单；
- 根据本参数判断是否显示"计件工资统计"功能菜单。

计件工资通常会针对生产型企业，对于员工采用计件来核算工资的方式，若一个工人每做一个纸盒按2分钱工资计算，则每月核算制作的纸盒数量就可以算出该名工人的实际工资收入。

而在外资企业中，也常常会针对外籍员工在发放薪资时采用外币形式，因此要求我们的薪资账套中采用外币形式即可。在本案例中，我们采用计件工资核算，币别采用人民币。

第二步：扣税设置

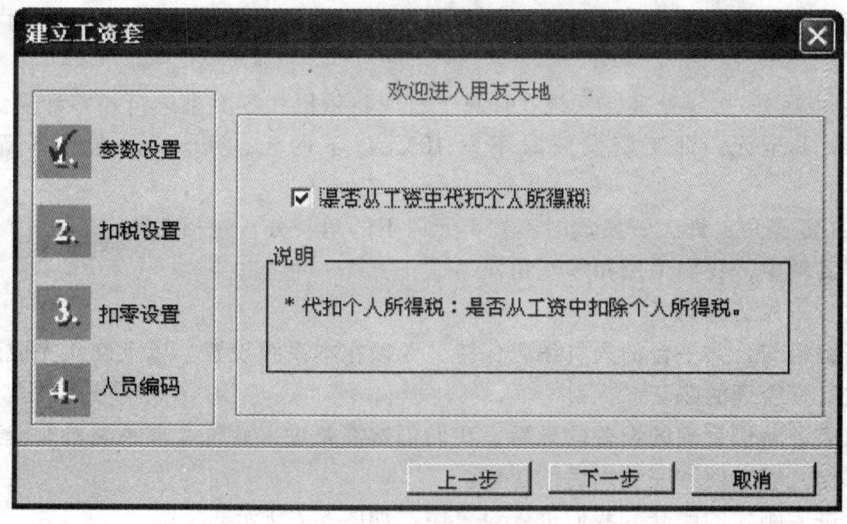

图 5-4

个人所得税的缴纳是每个公民的义务，通常企业都会为员工计算好应缴的个人所得税，并代为缴纳。因此，我们常常需要选择"是否从工资中待扣个人所得税"，选择此项，在工资核算时，系统会根据输入的税率自动计算个人所得税额。在本案例中，我们采用系统自动从工资中代扣个人所得税。

第三步：扣零设置

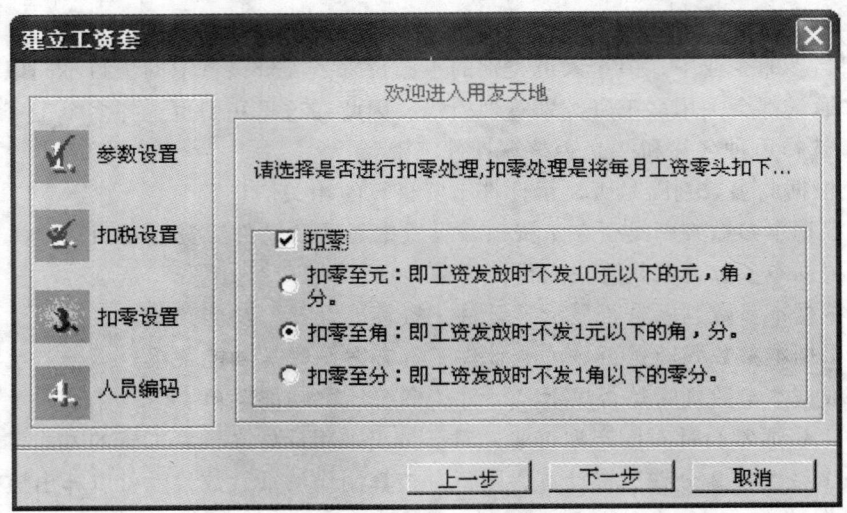

图 5-5

企业在发放薪资的过程中，有时会出现计算出的薪资尾数小于最小单位，而造成发放的困难。通常企业会将该尾数直接计入下月薪资中，累计至高于最小单位来发放。在系统中如确定进行扣零处理，系统在计算工资时将依据所选择的扣零类型将零头扣下，并在积累成整时补上。扣零的计算公式将由系统自动定义，无须设置。扣零的方式支持以下三种：

● 扣零：即扣零处理，系统在计算工资时将依据扣零类型进行扣零计算。
● 扣零至元：即工资发放时不发 10 元以下的元、角、分，包括 5 元、2 元、1 元。
● 扣零至角：即工资发放时不发 1 元以下的角、分，包括 5 角、2 角、1 角。

在本案例中，我们采用扣零至角。

第四步：人员编码

人员编码与公共平台的人员编码保持，无须在本系统设置。以上确认完成后单击完成，形成薪资管理的账套。

在完成了薪资管理的设置向导后，我们仍然需要进入薪资管理系统对账套进行完整的设置工作，以方便和完善以后的工作。

仍然进入刚才的账套，我们进入设置中，如图 5-7 所示。

第 5 章 薪资管理系统

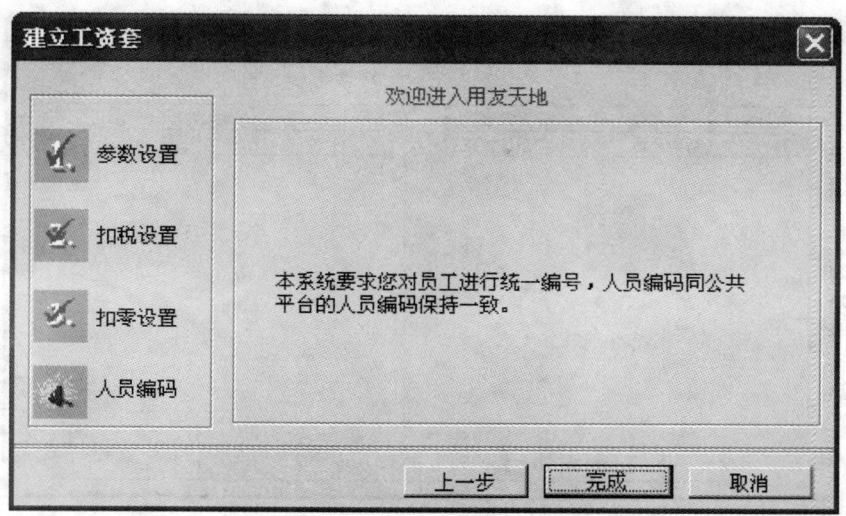

图 5-6

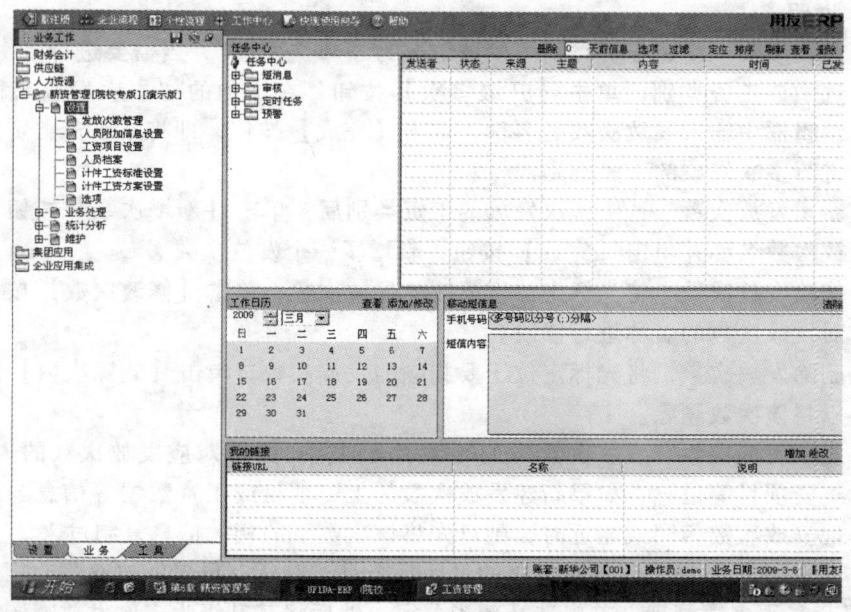

图 5-7

发放次数管理

发放次数管理是对发放次数进行增加、修改、删除以及停用的功能。

如果企业中每个月发放工资或薪金的次数不止一次，则要建立新的发放次数。比如，周薪、补发以前期间工资、年终奖等都要用到多次发放。

发放次数管理要在退出工资管理系统其他功能后才能进入，如图 5-8 所示。

153

会计电算化

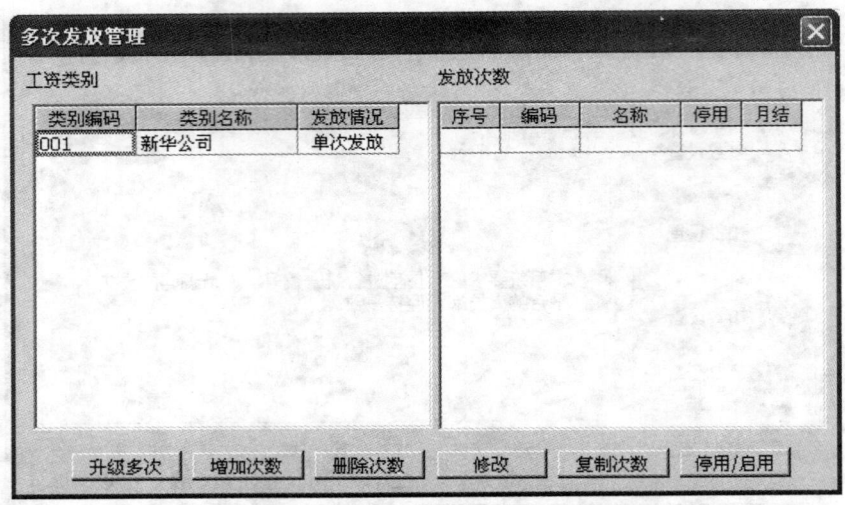

图 5-8

操作说明：

- **升级多次** 新建工资类别的发放情况为"单次发放"，当需要进行多次发放时，选中该工资类别，单击【升级多次】按钮，在增加的"本次发放名称"后的编辑框中输入发放次数的名称，单击【完成】按钮，即将本工资类别升级为可进行多次发放的工资类别。
- **新增发放次数** 选中多次发放的工资类别后，单击【新增次数】按钮，输入发放次数名称并单击【完成】按钮，新增了一个发放次数。
- **修改发放次数** 将光标定位于要改的发放次数，单击【修改次数】按钮，可以对发放次数的名称进行修改。
- **删除发放次数** 将光标定位于要删除的发放次数，单击【删除次数】按钮，可以将该次数删除。
- **复制发放次数** 发放次数与工资类别类似，要设置对应发放次数的人员档案、工资项目等信息，如果新建发放次数的工资项目或工资数据等信息与本类别其他发放次数相同或相近时，则可先将该次数下的相关信息复制过来。

在本案例中，新华公司将在每年的最后一个月，对所有员工发放双薪，因此我们需要对该账套采用多次管理。首先选择新华公司，然后将其升级为多次发放。同时，在增加的次数中分别增加日常次数和年终奖次数，由于平时年终奖不做发放处理，因此在日常期间，我们将年终奖项目设置为停用状态，如图5-9和图5-10所示。

提示：

删除发放次数将清空该次数下的所有工资数据且该发放次数不能再使用，请慎重操作。

第 5 章　薪资管理系统

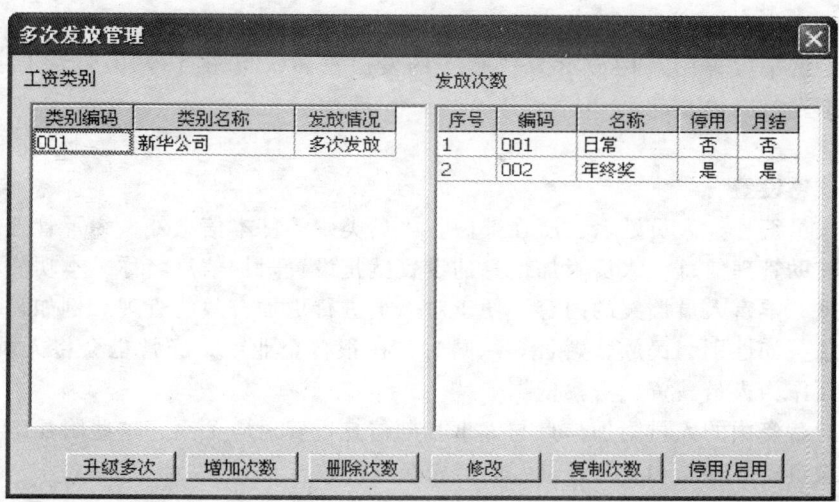

图 5-9

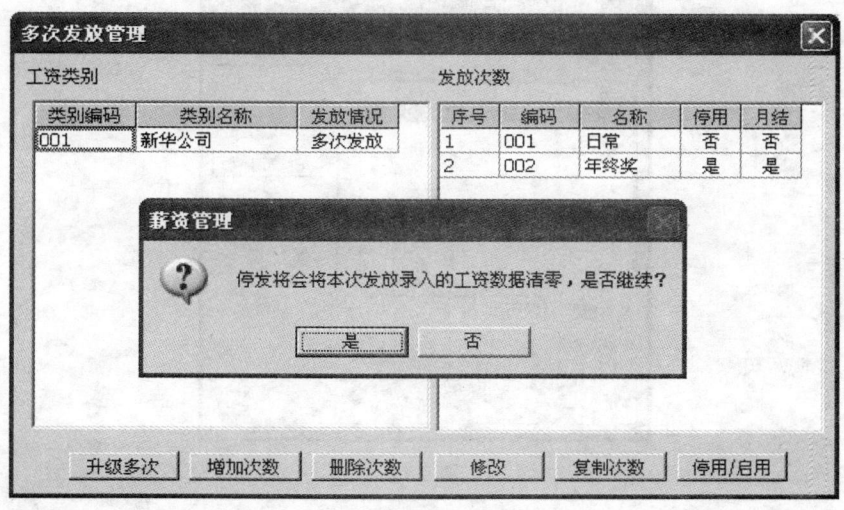

图 5-10

提示：
- 复制次数后会将目标次数下原有人员档案及工资数据清空，请慎重操作。
- 停用/启用　有些发放次数暂时用不上时，可先将其停用，待需要时再行启用。

操作：

　　停用：选中"停用"栏显示为"否"的发放次数，单击【停用/启用】按钮确定后，即将本次发放停用。

注意：

执行此操作会将对应本次发放录入的工资数据清空，请慎重操作。

启用：选中"停用"栏显示为"是"的发放次数，单击【停用/启用】按钮，即启用了所选发放次数。

人员附加信息设置

除了人员编号、人员姓名、所在部门、人员类别等基本信息外，为了管理的需要还需要一些辅助管理信息，人员附加信息的设置就是设置附加信息名称。本功能可用于增加人员信息，丰富人员档案的内容，便于对人员进行更加有效的管理。例如，增加设置人员的信息，如性别、民族、婚否等。同时，在很多企业中，经常也会将人员的职称、学历等方面作为人员薪资的考察依据。

还可对薪资中的人员附加信息与人事基础信息设置对应关系，这些附加信息可分别通过手动或自动方式与 HR 的对应人员信息保持一致。

下面我们将学历作为新华公司的人员附加信息增加进去，如图 5-11 所示。

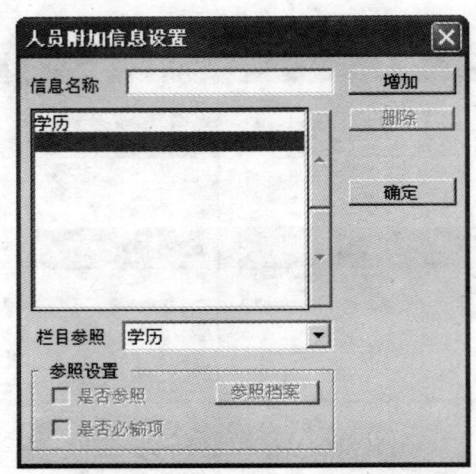

图 5-11

操作步骤：

① 单击【设置】下的【人员附加信息设置】按钮，进入人员附加信息设置界面。

② 单击【增加】按钮，可输入附加信息名称——学历，或从参照栏中选择系统提供的信息名称——学历。再次单击【增加】按钮，保存新增名称并可继续增加下一条记录。

③ 确认增加的附加信息是否为必输项，如果为必输项，则在录入人员档案时此附加信息必须输入内容不能为空。在本案例中，我们不作为必输项处理。

④ 单击【删除】按钮，可删除光标所在行的附加信息。

在我们日常操作中，我们也常常需要对人员附加信息进行参照值的设置，并设置与人员基础信息的对应关系。由于在本案例中我们不作要求，因此仅在下面作简要说明。

操作说明：
- 如何设置人员附加信息的参照值

① 选中要设置的某项人员附加信息后，选中"是否参照"，单击【参照档案】按钮，进入"参照值设置界面"。

② 在参照信息框中输入人员附加信息的参照值，单击【增加】按钮。

③ 如果想继续增加附加信息的参照值，则重复上一步操作。

④ 您可以通过"▲"、"▼"调整参照值的顺序。

⑤ 单击【删除】按钮，可删除光标所在行的参照值。

⑥ 增加完毕单击【确认】按钮，保存此次增加的信息。

⑦ 关闭窗口，返回人员附加信息设置界面。

- 如何设置与人员基础信息的对应关系

① 设置好需建立对应关系的人员附加信息后，单击【对应设置】按钮，进入"人员信息同步设置"界面（"工资人员附加信息"栏目下显示已设置好的人员附加信息以及人员档案中的"进入日期"与"离开日期"信息列表）。

② 在对应的"人事信息项目"行通过下拉菜单选择要对应的人员信息。

③ 选择完毕后单击【确认】按钮，保存本次设置的对应关系。

提示：
- 已使用过的人员附加信息不可删除，但可以修改。
- 当一个字段设置为"必输项"时，仅对以后增改人员档案时进行控制，以前已经存在的记录不作改变。
- 设置了与人员基础对应关系的附加信息将对所有工资类别及发放次数中的人员附加信息有效。

工资项目设置

即定义工资项目的名称、类型、宽度，可根据需要自由设置工资项目。如基本工资、岗位工资、副食补贴、扣款合计等。

单击【设置】下的【工资项目设置】按钮，进入工资项目设置界面，如图5-12所示。

操作步骤：

① 由于本案例为多类别工资管理，因此我们需要确定已经关闭工资类别后，才能新增工资项目。

② 单击【增加】按钮，在工资项目列表末增加一空行，可设置工资项目，如图5-13所示。

③ 可直接输入工资项目或在"名称参照"中选择工资项目名称，并设置新建工资项目的类型、长度、小数位数和工资增减项。

- 增项直接计入应发合计，减项直接计入扣款合计。

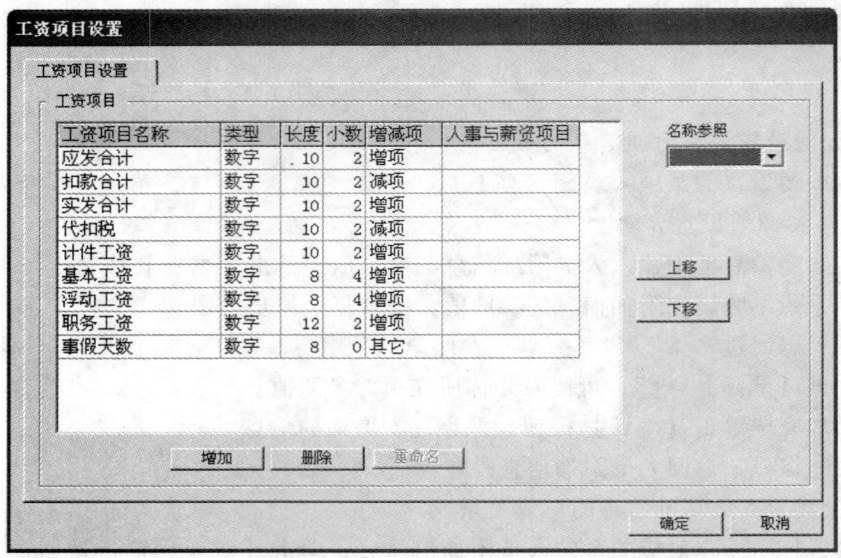

图 5-12

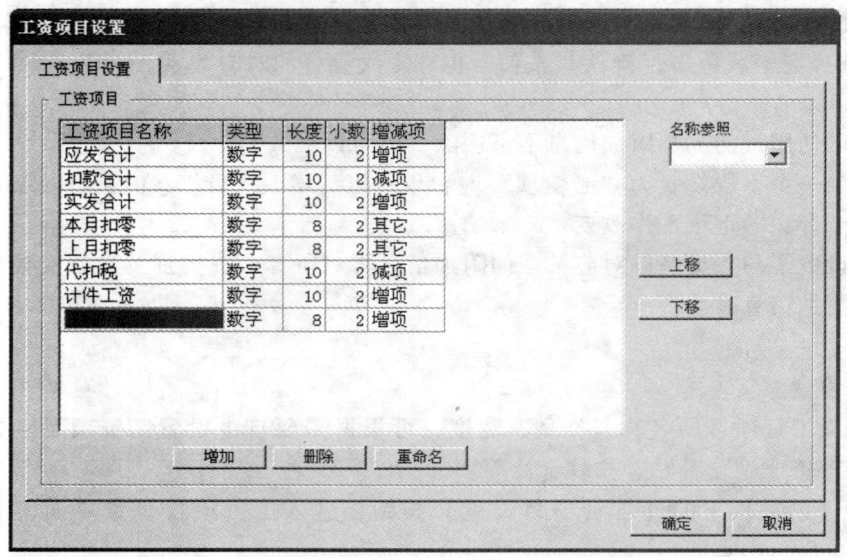

图 5-13

- 若工资项目类型为字符型,则小数位不可用,增减项为其他。

在这里我们输入"迟到次数",小数为 0,增减项为其他;"迟到扣款",增减项为减项,其他部分不变。

④ 单击界面上的向上、向下移动箭头可调整工资项目的排列顺序。

⑤ 单击【确认】按钮,保存设置;若放弃设置,则单击【取消】按钮后返回。

⑥ 单击【重命名】按钮,可修改工资项目名称。

⑦ 选择要删除的工资项目，单击【删除】按钮，确认后即可删除。

提示：
- 项目名称必须唯一。
- 工资项目一经使用，数据类型不允许修改。
- 如果在"选项"设置中选择"是否核算计件工资"为☑，则在此界面可以看到"计件工资"项目属性。

部门设置

部门档案的设置请在【设置页签–基础档案–机构人员–部门档案】中进行。在本案例中，请按以下方式设置部门：

部门的设置方式在前面章节已经有所涉及，这里不再赘述。

在设置了以上部门档案后，下面我们开始针对工资类别来分配部门。首先我们打开相应的薪资类别，如图 5-14 所示。

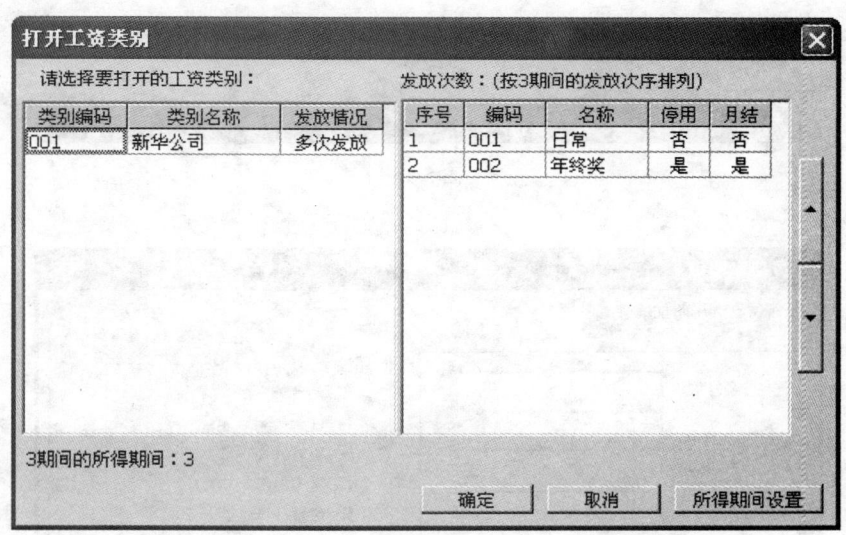

图 5-14

选择"设置"菜单中的"部门设置"，进入"部门设置"界面。将该工资类别设置为财务部核算。本功能节点是对当前打开工资类别的对应部门进行设置，以便按部门核算各类人员工资，提供部门核算资料。

提示：
- 已被使用的部门不能取消选择。
- 本功能仅在打开工资类别状态下可见。

人员档案

人员档案用于登记工资发放人员的姓名、职工编号、所在部门、人员类别等信息，处理员工的增减变动等。单击"设置"菜单下的【人员档案】,进入功能界面,如图5-15和图5-16所示。

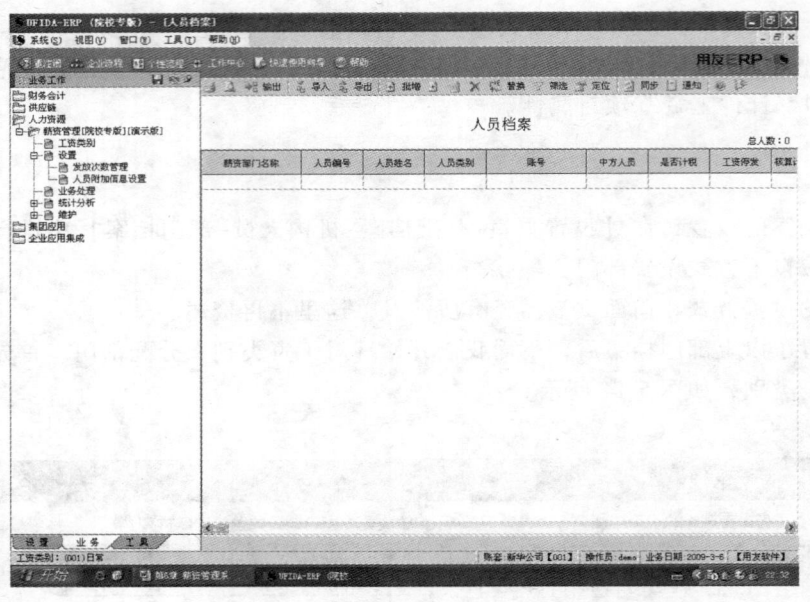

图 5-15

图 5-16

操作步骤：

① 单击【增加】按钮，或选择右键菜单，显示人员档案增加界面。

② 在"基本信息"页签中选择人员姓名、所属部门编号、名称。只有末级部门才能设置人员。在这里，我们选择财务部的张三，注意这里参照的人员是在前面基础档案中已经录入完毕的人员。

③ 选择"计税"，计税人员是"中方人员"，该人员不核算计件工资。

④ 选择代发工资银行的名称和银行账号，这里选择招商银行，并录入相应的银行账号；

⑤ 选择输入人员进入本单位的"进入日期"，人员的进入日期不应大于当前的系统注册日期，这里也可以不填写。

⑥ 在"附加信息"页签中输入人员附加信息。此处，我们填入大学本科。

注意：

- 如果某一附加信息设置成了"必输项"，则在录入时必须输入；否则，不予保存。不影响以前的附加信息，即如果以前的人员档案中该附加信息没有录入，则系统不自动更新数据库，只是在录入和修改时进行判断。
- 人员编号、人员姓名、人员类别来源于公共平台的人员档案信息，薪资管理系统不能修改，要在公共平台中修改，系统会自动将修改信息同步到薪资管理系统。修改路径："设置"页签–基础档案–机构人员–人员档案。
- 如果启用了人力资源下系统的 HR 基础设置和人事信息管理两个模块，并在人员附加信息设置中对"进入日期"或"离开日期"建立了与 HR 的对应关系，则该属性也不能在薪资管理中进行编辑。

■ 修改人员档案

① 选择要修改的人员记录，单击【修改】按钮，可对人员档案进行修改。

② 可单击【第一人】、【上一人】、【下一人】、【末一人】，修改其他人员的信息。

③ 若选择"调出"属性，则可输入离开日期。

④ 选择"工资停发"属性，用户在填制人员资料的同时，还可根据员工工资发放情况为某些特殊人员的工资实行"工资停发"。有工资停发标志的人员不再进行工资发放，但保留人员档案，以后可恢复发放。

- 如果需要在此直接输入职工的工资，则可单击【数据档案】按钮，进入"工资数据录入–页编辑"界面，双击要录入或修改的工资项目数据，单击【保存】按钮，保存修改录入。

■ 删除人员档案

选择要删除的人员，单击【删除】按钮即可删除，注意这样将删除薪资管理中人员的所有档案信息，不可再恢复，图 5-17 所示。

■ 导入、导出人员档案

此项功能可导入一套以 .TXT 文本格式保存的人员档案信息，减少录入工作量；并

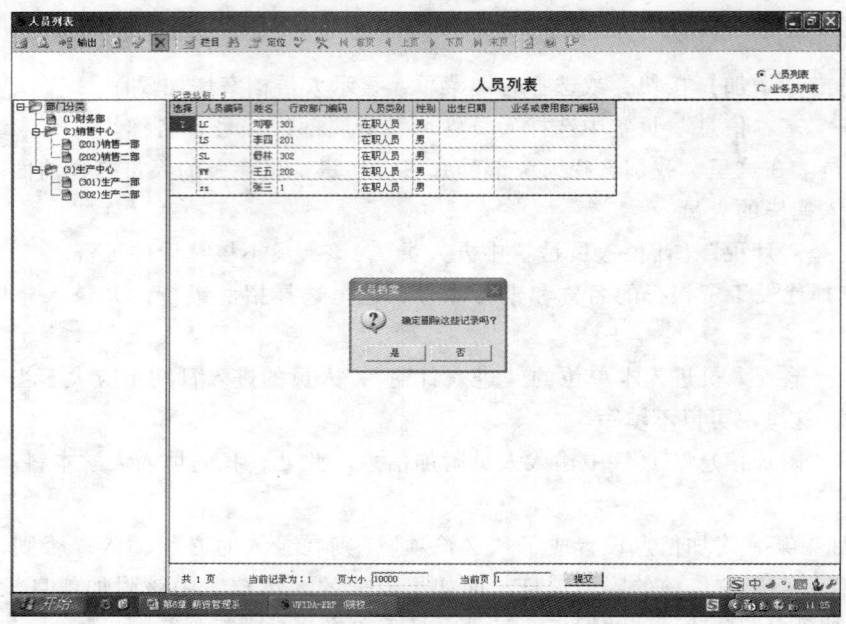

图 5-17

可以将本账套的人员信息以 .TXT 文本格式导出，既可以保存人员档案信息，以防遭到破坏时数据丢失，又可以为其他账套提供档案资源，如图 5-18 所示。

图 5-18

注意：
● 仅能导入本账套公共平台人员档案中已存在的人员信息。

■ 批量增加人员

可以按照人员类别批量增加人员，如图 5-19 所示：

图 5-19

① 单击【批增】按钮，进入"人员批量增加"界面。

② 左边窗口显示所有人员类别，单击对应人员类别的"选择"栏，显示"是"表示选中，右边窗口会显示该人员类别下不存在于当前工资类别/发放次数中的人员。

③ 右边窗口人员类别的"选择"栏全部默认为选中状态，在不需要增加人员类别的对应"选择"栏双击取消选中状态。

④ 核对薪资部门或双击"薪资部门"，选择对应人员的部门。若公共档案中人员对应的行政部门为末级部门且在当前工资类别/发放次数对应部门范围中，则系统自动带入；否则，要手动选择。

⑤ 单击【确认】按钮，即将本次选中人员批量增加为当前工资类别/发放次数中的人员。

■ 同步

建立完与人事基础信息对应关系后可通过本功能执行手动同步，可选同步当前工资类别/发放次数，也可同步所有类别中对应的人员信息：

① 单击【同步】按钮，弹出同步范围选择对话框。

② 单击要选范围前的○按钮。

③ 单击【确定】按钮，系统将同步所选范围的人员编号、人员姓名及设置了对应关系的人员附加信息（注意：已结账月的信息保持不变）。

■ 通知

HR 模块发生以下人事异动业务：新员工报到、员工调配（仅包括部门调动）、员工离职等业务时，会给薪资管理发送通知，您可在人员档案中查看这些人事异动信息并根据具体情况决定是否在工资类别中增加人员、停发工资或者重新设置人员的发放工资类别：

① 单击【通知】按钮，可以看到在 HR 模块发生的人员异动信息。

② 请在不希望下次再显示的信息上双击打上已阅标记，仍需保留的信息不处理，则下次打开时该信息仍可显示。

注意：

当未启用"HR 基础设置"以及"人事信息管理"时，只有在人员新增时，才能体现在"通知"的信息中。

计件工资标准设置

本功能用于定义统计计件数据的统计标准、口径，并可自定义多达 20 个新的统计标准。

使用前提：

① 在"设置"的"选项"菜单中选择"是否核算计件工资"选项。

② 在"人员档案"中"核算计件工资"栏目设置为"是"。

操作步骤：

首先我们新建一个工资类别—计件工资，并将该类别赋予为一车间作为核算方式，在进行以下操作前，请确保该工资类别已经处于打开状态，如图 5-20 所示。

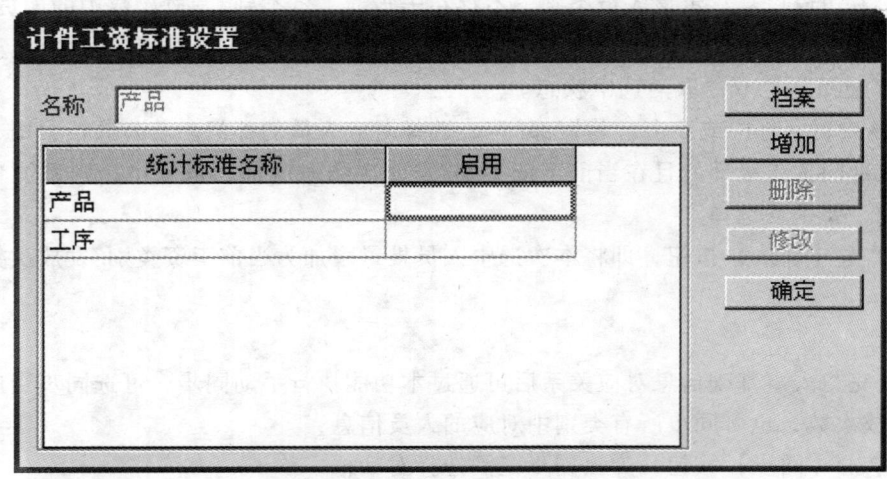

图 5-20

① 进入"计件工资标准设置"操作界面，系统中已显示的统计标准名称来源于生产制造系统提供给公共平台的物料清单，不可在工资系统修改或删除，但可以不启用。

② 单击【增加】按钮，如新增两个计件工资标准：工种、工艺，保存后设置档案。

③ 双击相应统计标准的"启用"栏，使呈"√"，表示启用该项标准。启用产品、工序、工种、工艺四个计件标准。其中，产品和工序来源于生产制造系统，此处我们选择产品标准。并双击启用，以启用产品标准核算计件工资。

④ 选择一个统计标准，单击【档案】按钮，进入档案设置窗口，显示当前计件工资标准的具体内容，可增加新的档案内容。通过刷新按钮，我们可以直接将已经在基础档案中录入的产品档案调入。

提示：
- 首次使用时必须单击【档案】按钮，进入档案设置窗口再返回。此后，在"计件工资方案设置"中新增时，单击产品下拉框后才能看到相关内容。
- 产品由物料清单中 BOM 编码与名称相同的项合并而来。

计件工资方案设置

只有在"选项"中选择"核算计件工资"选项，本菜单才显示。沿用计件工资标准设置中举例说明操作步骤，如图 5-21 至图 5-23 所示。

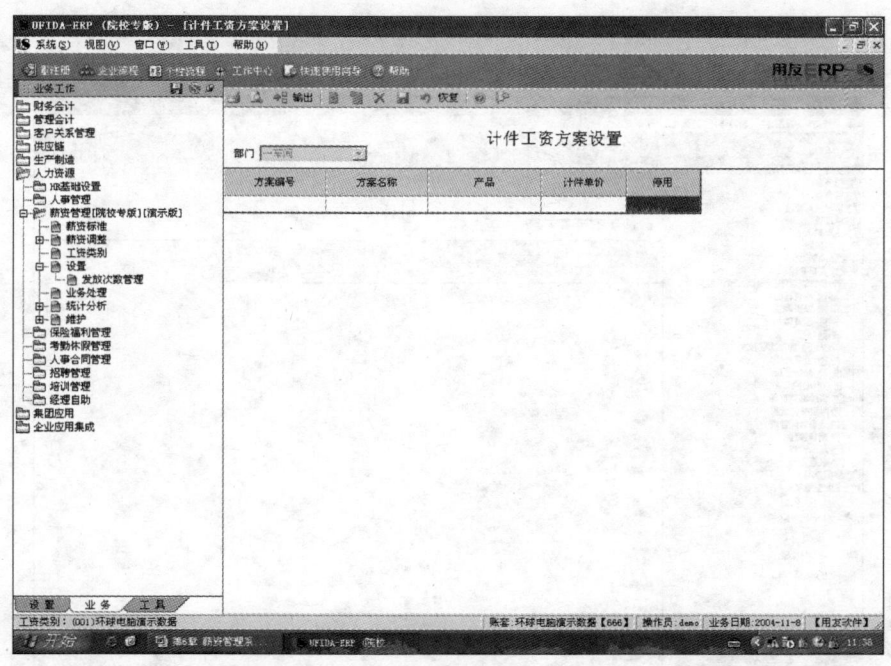

图 5-21

操作步骤：

① 选择部门——一车间，查看计件工资方案设置情况列表。

② 列栏目显示在"计件工资标准设置"中"启用"的所有标准名称。

③ 单击【增加】按钮，增加一空行，输入方案编码和名称，并为已启用的计件工资标准选择档案内容，同时输入计件的单件价格。

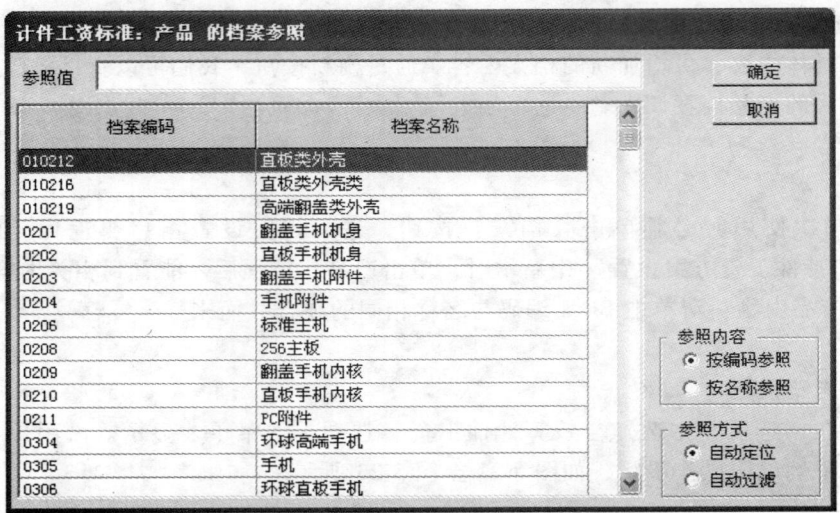

图 5-22

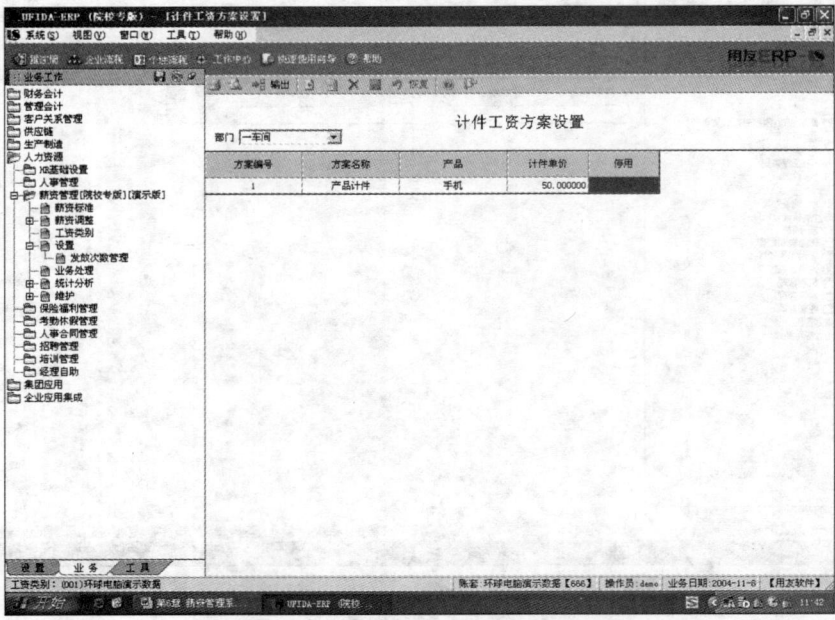

图 5-23

④ 如果停用此方案，则可选择"停用标志"。

⑤ 单击【恢复】按钮，放弃操作；单击【确定】按钮，保存此方案。

提示：
- 用户可以随时修改方案的停用状态。
- 只有未停用的计件方案才可以在计件工资统计中的录入卡片内显示出来。
- 本功能只有在打开工资类别时可用，关闭工资类别时为不可用状态。单工资类别则一直可用。
- 如果单击产品下拉框没有显示相关内容，则请到"计件工资标准设置"中单击【档案】按钮，进入档案设置窗口再返回。再回到此处，即可看到相关内容。

工资项目公式设置

在多类别工资账套中，在未打开任何工资类别的情况所设置的工资项目，是多所有工资类别的公共项目，而对不同类别的工资则需要进行相应的项目设置，且只能通过公共项目进行引用，不可以自行增加。另外，在打开相应的工资类别后，我们才能对其进行公式设置，以进行工资的核算工作，如图 5-24 至图 5-29 所示。

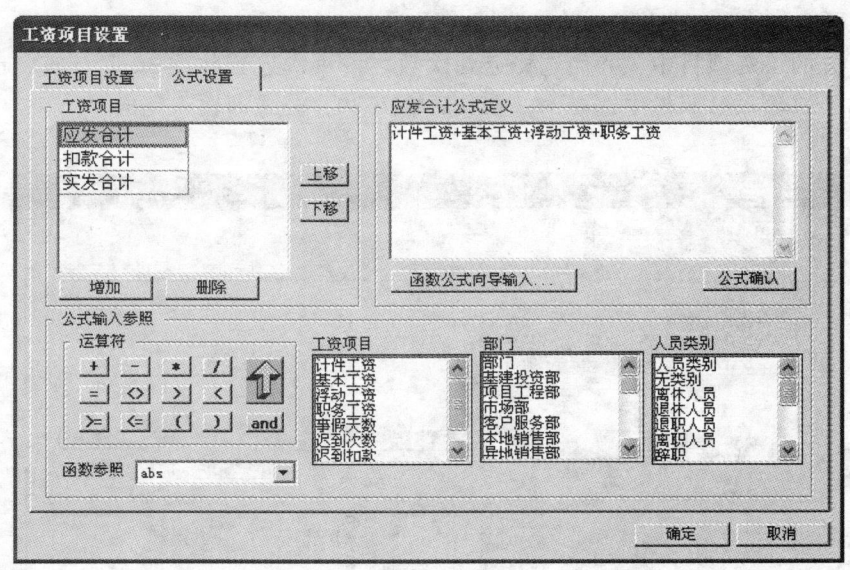

图 5-24

操作步骤：

① 打开工资类别——新华公司，进入设置——工资项目设置。

② 选择公式设置。

在公式设置中，已经将实发合计、扣款合计、应发合计的工资项目公式设置完毕，下面我们来设置一下迟到扣款。

③ 单击【增加】按钮，在增加的工资项目中选择迟到扣款。

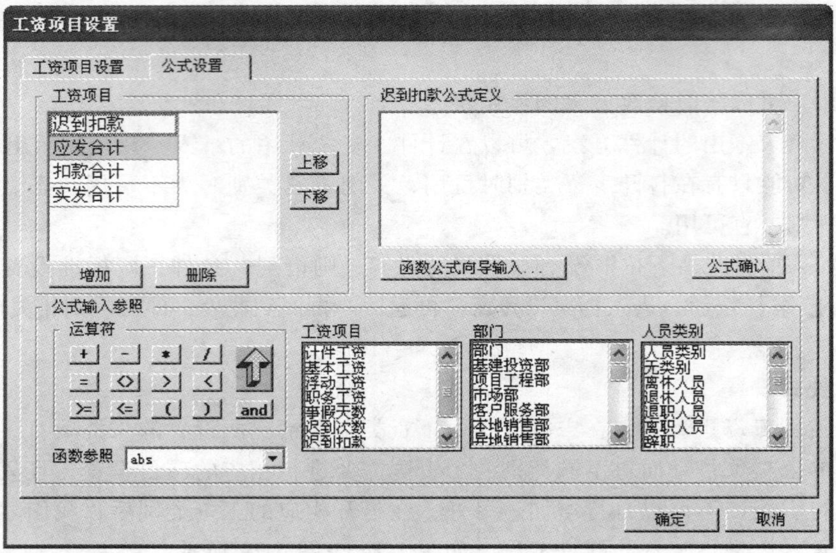

图 5-25

在下方的工资项目中，我们选择迟到次数，按每次迟到扣款 30 元计算，因此我们在左方的公式输入参照栏中选择 *，在其后输入 30，公式即输入完成。

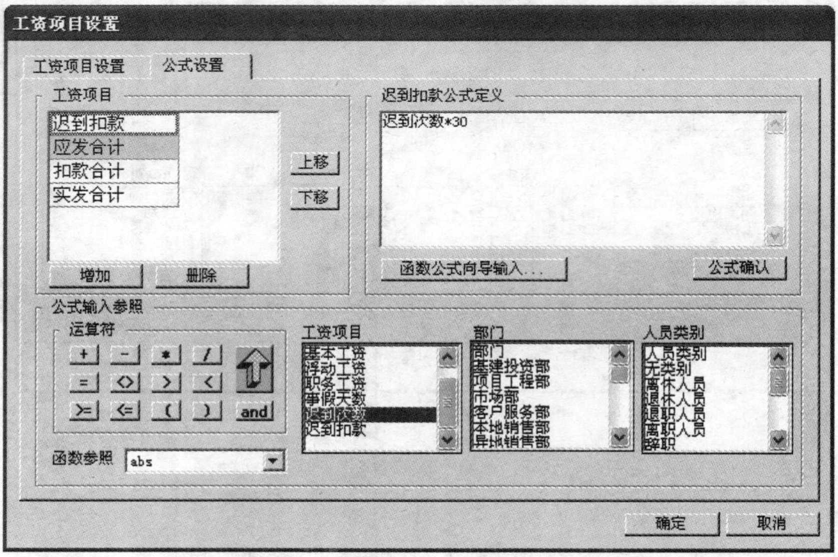

图 5-26

在日常的发放工资中，我们也常常会用到一些函数公式，这里我们介绍一种利用函数公式向导输入的方式。以 IIF 函数为例，对财务部的人员岗位工资定为 2 000 元，对预算部的人员岗位工资定为 3 000 元。

单击函数公式向导输入。

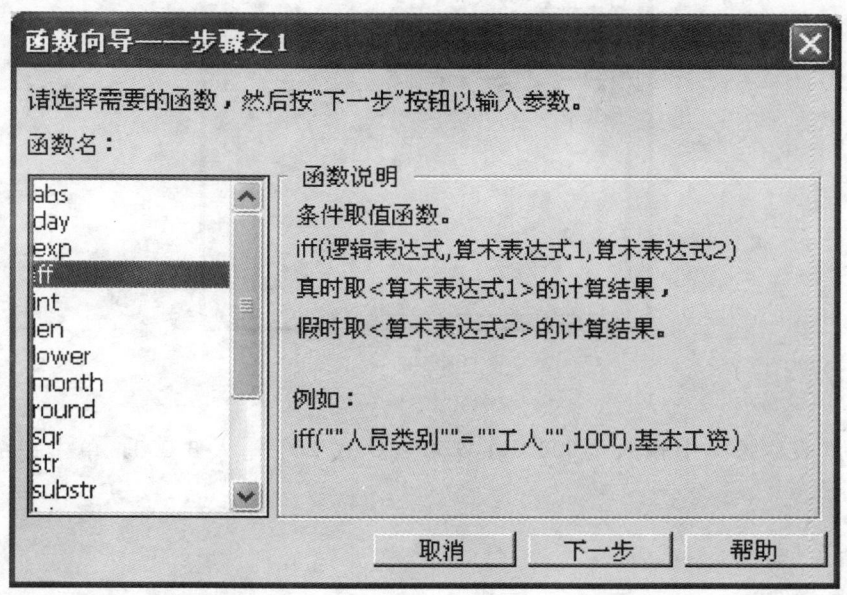

图 5-27

单击下一步。

图 5-28

在逻辑表达式中单击【参照】按钮,选择部门——财务部。

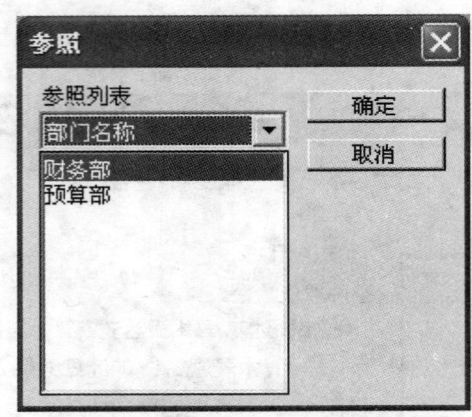

图 5-29

在算术表达式 1 中输入 2 000,在算术表达式 2 中输入 3 000,单击完成公式的撰写。

选项

系统在建立新的工资账套后,或由于业务的变更,发现一些工资参数与核算内容不符,可以在此进行工资账套参数的调整。包括对以下参数的修改:扣零设置、扣税设置、参数设置和调整汇率。具体操作方法可参见新建账套。

提示:
- 只有主管人员可以修改工资参数。
- 在未打开工资类别时,修改参数,系统将所有工资类别中的参数统一修改为新的参数。
- 在打开工资类别时,修改参数,系统将只能修改打开工资类别的参数。
- 如果修改的工资类别不是外币工资类别,则不可调整汇率。
- 已经进行过月结的工资类别或发放次数不能修改币种。
- 同一个工资类别应当使用相同的币种。

5.3 薪资核算业务处理

工资变动

用于日常工资数据的调整变动以及工资项目增减等。比如,平常水电费扣发、事病假扣发、奖金录入等。首次进入本功能前,需先进行工资项目设置,然后再录入数据,如图 5-30 和图 5-31 所示。

操作步骤：

① 单击工资变动，进入工资变动操作界面，并在迟到次数处填写对应的迟到次数。

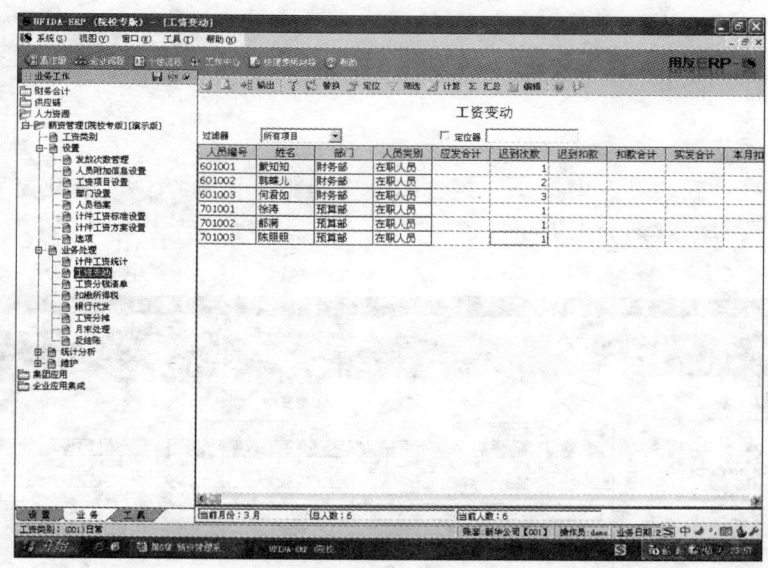

图 5-30

② 单击计算，电脑自动对员工所发工资进行计算。

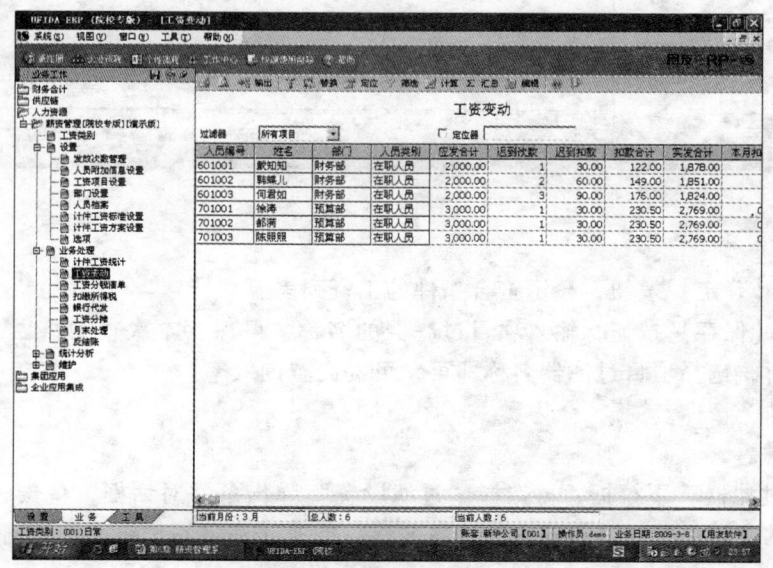

图 5-31

输入

人力资源产品向设立了对应关系的工资项目传递工资数据，如图 5-32 至图 5-34 所示。

操作方法：

- 项目过滤器

  设置项目过滤器

  ①在工资变动列表界面中选择"过滤器"下拉框，再选择"过滤设置"弹出条件对话框，选择要过滤查询的工资项目条件。

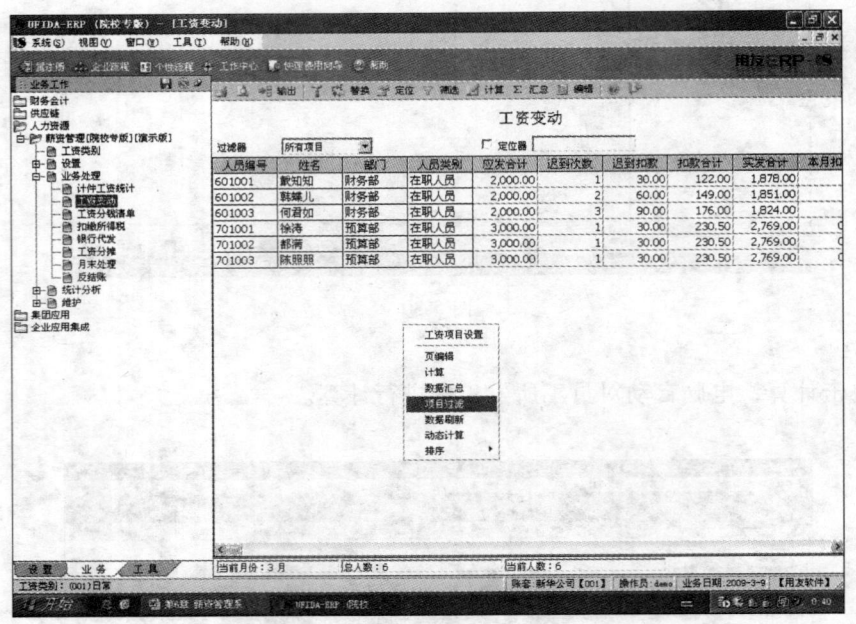

图 5-32

② 单击【确定】按钮，显示符合条件的工资列表。

③ 单击【保存】按钮，输入项目过滤器的名称，可保存本次查询路径，以后以同样条件查询时，选择项目过滤器名称即可，可提高查询效率。

删除项目过滤器

选择"过滤器"下拉框，再选择"过滤设置"弹出条件对话框，单击【删除】按钮，从弹出的窗口中选择要删除的过滤器名称，单击【确定】按钮，即可删除。

- 使用定位器快速查询

第 5 章 薪资管理系统

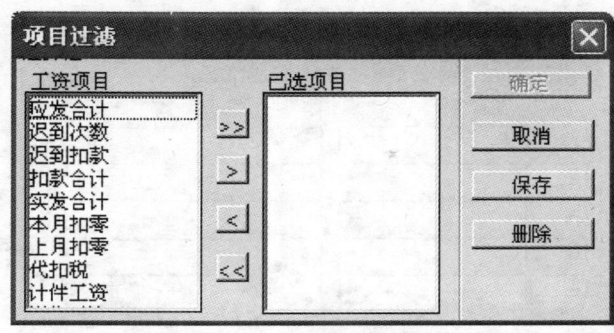

图 5-33

在工资变动表界面中,首先单击选择框,标注"√",启用定位器,然后单击某一列,在文本框中显示选中的对应列名称,如单击"奖金"列,定位器文本框中显示"奖金"。用户在文本框中录入数据后,按回车键,系统根据用户在定位器文本框中录入的数据,按照选定的列进行查询,并将光标定位于第一条记录。

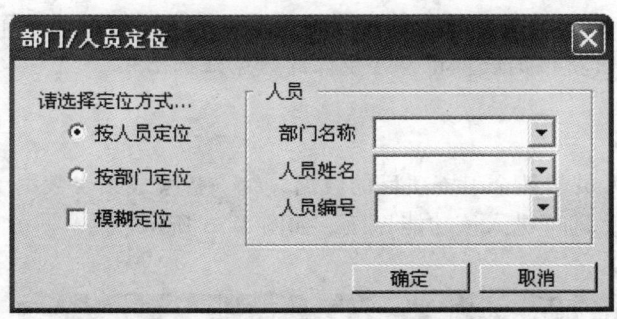

图 5-34

注意:
- 定位器不支持模糊查询功能。

■ 取数

单击【取数】按钮,系统自动将在工资项目中设置了对应关系的项目数据填充为人事薪资数据中的对应信息。

筛选查询

数据筛选,即按照某个项目的某个数据(可等于、大于、小于等)的值进行数据处理。单击【筛选】按钮,即进入数据筛选界面,如图 5-35 所示。

操作步骤:

① 输入筛选条件,从"项目栏"中选择部门、人员编号、人员类别、人员姓名。

会计电算化

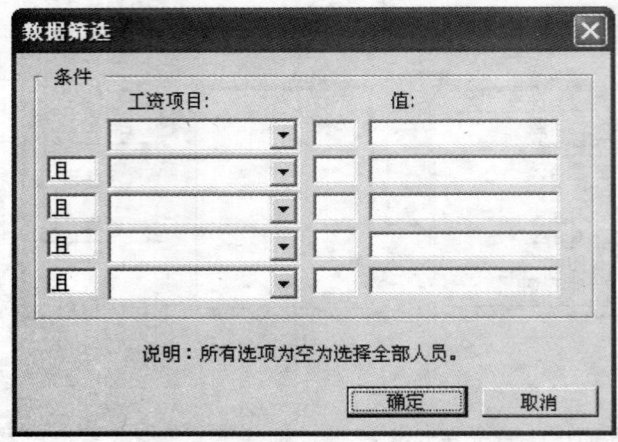

图 5-35

② 选择逻辑符号"＝"等于或"<>"不等于。
③ 从"值栏目"中选择对应的部门、人员编号、人员类别和人员姓名。
④ 单击"且"或"或"选择条件之间的关系，继续增加下一条筛选条件。
⑤ 确认后，系统将根据设置将符合条件的数据筛选出来。

工资数据替换

将符合条件的人员的某个工资项目的数据，统一替换成某个数据。在工资变动界面单击【替换】按钮，即可进入该功能界面，如图 5-36 所示。

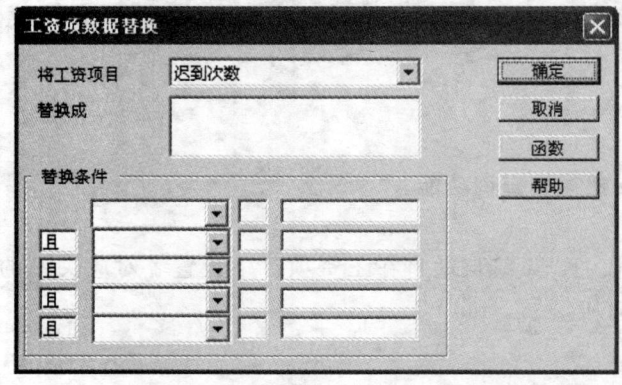

图 5-36

操作步骤：

① 在"将工资项目"栏内选择被替换项目名称，在"替换为"栏内输入替换表达式。

② 输入替换条件：
- 界面左边"下拉框"提供部门、人员类别、工资项目的参照。
- 界面右边选项窗，可输入选中的项目对应的数据内容即条件。部门、人员类别可参照输入过滤条件。
- 系统提供逻辑运算符的选择使用（=，<，>，>=，<=，<>）。
- 单击最左边的逻辑选择框，可进行"且"、"或"的选择。

③ 单击【确认】按钮，系统将符合条件人员的相应工资项目内容替换。

提示：
- 所输入的替换表达式所含字符，此处需用双引号括起来。
- 表达式中可包含系统提供的函数。
- 若未输入替换条件而进行替换，则系统默认替换条件为本工资类别的全部人员。

工资数据处理

进入工资变动后屏幕显示所有人员的所有项目供查看。可直接修改数据，也可以通过以下方法加快录入或修改：

操作步骤：

① 如果只需对某些项目进行录入，比如，录水电费、缺勤扣款等，可使用项目过滤功能，选择某些项目进行录入。

② 如果需录入某个指定部门或人员的数据，则可先单击【定位】按钮，让系统自动定位到需要的部门或人员上，然后录入。

③ 如果需按某个条件统一调整数据，比如，将人员类别等于干部的人员的书报费统一调为 20 元钱，则可使用数据替换功能。

④ 如果需按某些条件筛选符合条件的人员进行录入，比如，选择人员类别为干部的人员进行录入，则可使用数据筛选功能。

操作方法：

■ 页编辑录入

选择定位到要修改的人员，单击右键菜单中的【页编辑】，显示"工资数据录入—页编辑"界面。

左下角显示"变动状态"，可录入或修改显示人员的工资数据。

单击【上一人】、【下一人】按钮，可变更人员，录入或修改其他人员的工资数据。

单击【确认】按钮，保存当前显示人员工资数据的录入修改结果。

单击【取消】按钮，放弃对最后一次录入或修改人员工资数据的结果，返回工资变动主界面。

■ 重新计算

在修改了某些数据、重新设置了计算公式、进行了数据替换或在个人所得税中执行了自动扣税等操作，最好调用本功能对个人工资数据重新计算，以保证数据正确。通常实发合计、应发合计、扣款合计在修改完数据后不自动计算合计项。若要检查合计项是否正确，则可先执行重算工资；如果不执行重算工资，在退出工资变动时，则系统会自动提示重新计算。

- 工资汇总

若对工资数据的内容进行了变更，在执行了重算工资后，为保证数据的准确性，则可调用本功能对工资数据进行重新汇总。在退出工资变动时，若未执行"工资汇总"，则系统会自动提示进行汇总操作。

- 项目过滤

操作步骤：

在工资变动界面，单击右键编辑菜单【项目过滤】，显示过滤条件框，选择要显示的项目到"已选项目"栏，确定后，工资变动表中只显示已选工资项目。

应用技巧

将水电费、房租用项目过滤功能过滤出来，并取名"扣水电房费"，以后再录入水电房费数据时，在项目过滤中选出扣水电房费，即可进行数据录入。

- 数据刷新

本功能主要用于网络版工资：若两个或两个以上操作员同时在数据变动中对工资数据进行修改，为了能使操作员迅速得到最新的变动信息，则单击刷新功能，即可将最新数据显示出来，供操作员查询参考。

- 显示排序

在数据变动主界面单击右键菜单中【排序】，然后选择需排序的列及排序的方式。本功能的设置，有利于用户录入和查询工资数据。

- 动态计算

选择此功能，在数据或项目发生变动后，不必单击重新计算功能按钮，系统自动予以计算并生成新的数据表。即当光标离开当前行时，若当前行发生数据变动，则系统自动予以计算。

在工资变动界面，用户可用鼠标单击右键编辑菜单【动态计算】功能，则用户在进行数据变动时，系统自动对变动的数据进行计算。

提示：

- 数据变动功能正在进行动态计算的标志在右键编辑菜单中表现为：☑动态计算。

定位查询

① 定位查询可按人员、部门两种方式进行人员定位，单击【定位】按钮，显示"部门/人员定位查询条件框"，如图5-37所示。

② 按人员定位查询方式，选择人员所在部门名称，从该部门所有人员姓名中选出要查询的人，或选择人员编码，确定后光标显示在符合条件的记录上。

第 5 章 薪资管理系统

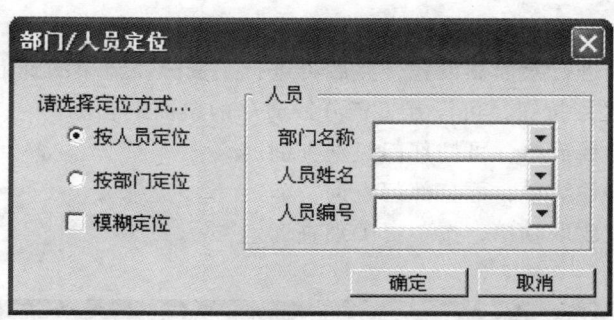

图 5-37

③ 按部门定位查询方式，选择部门编号，自动带出部门名称，或选择部门名称自动带出部门编号，选择要查询人的人员类别，光标显示在符合条件的记录上。

④ 当所要定位的人员有不确定条件时，请选择"模糊定位"项。使用按"人员定位+模糊定位"查询：

- 输入部门名称，可查询该部门所有人员。
- 输入人名中的任意字，可显示姓名中包含这个字的所有人员。

工资分钱清单

　　工资分钱清单是按单位计算的工资发放分钱票面额清单，会计人员根据此表从银行取款并发给各部门。执行此功能必须在个人数据输入调整完之后，如果个人数据在计算后又作了修改，则须重新执行本功能，以保证数据正确。本功能有部门分钱清单、人员分钱清单、工资发放取款单三部分，如图 5-38 至图 5-41 所示。

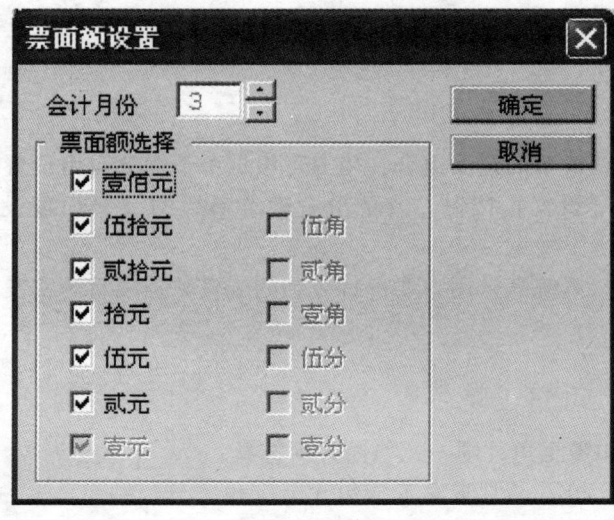

图 5-38

操作步骤：
① 用户需要先进行票面额设置，然后再进行工资分钱清单的查询和打印。
② 单击【设置】按钮，可设置工资分钱清单的票面组合。
③ 查询部门分钱清单，可按部门级别查询。
④ 查询人员分钱清单，可分部门查询。
⑤ 查询工资发放取款单，按工资类别查询。

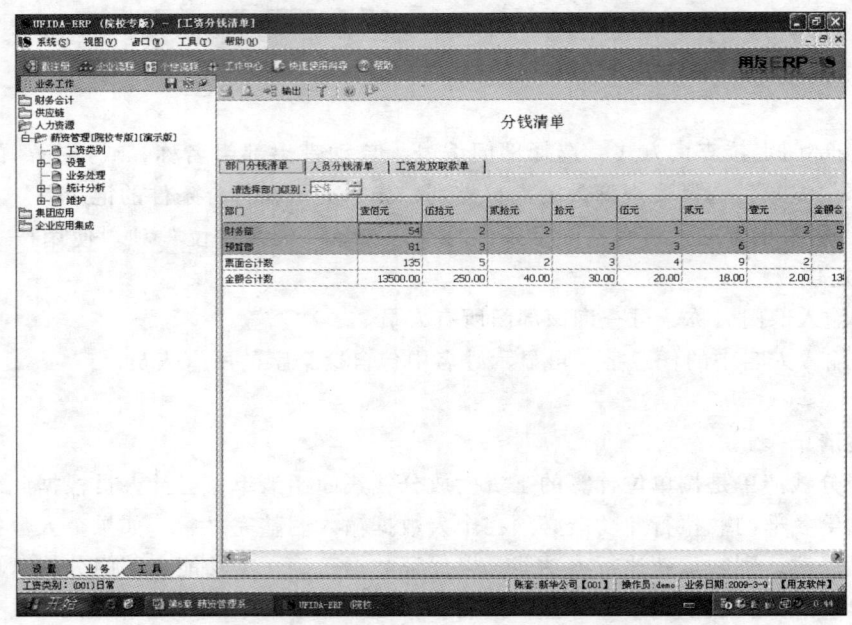

图 5-39

操作说明：

■ 票面额设置

即设置工资分钱清单的票面组合，用户可根据单位需要自由设置。用户可在工资分钱清单主界面单击【设置】按钮，或单击右键菜单项的【票面额设置】，即可进入该功能。

选择分钱月份，系统默认用户要进行分钱的工资数据项目为实发工资项目，用户需要选择票面构成。

提示：

● 用户设置扣零至角，则一元票面必须选择。
● 用户未设置扣零，但实发工资包含元、角、分，则一元、一角、一分票面必须选择。

第 5 章 薪资管理系统

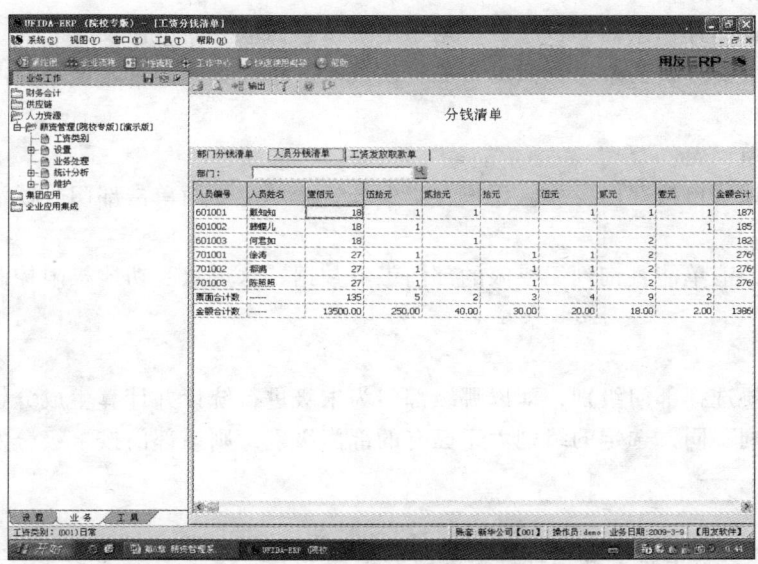

图 5-40

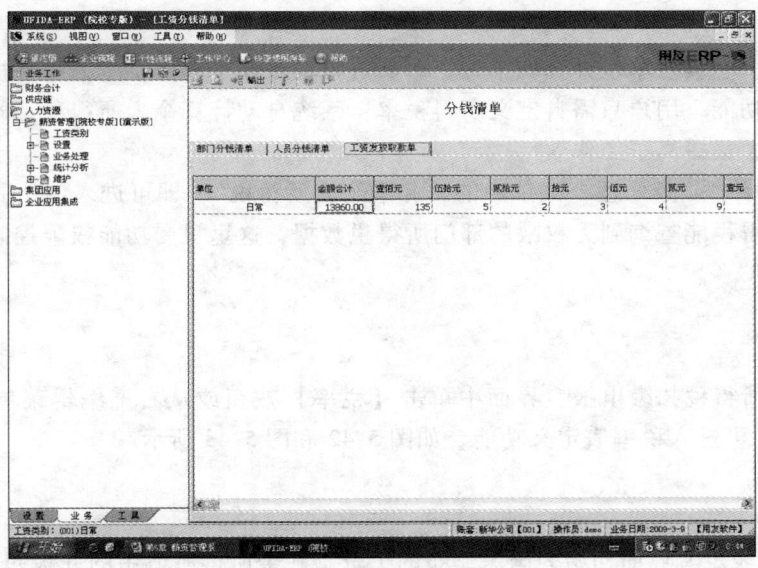

图 5-41

- 人员分钱清单

根据用户所选部门，系统按所选部门级次自动显示该部门下（若有子级部门，包括子级部门）所有人员分钱清单。用户在工资分钱清单主界面单击人员分钱清单页签，即进入该功能。

用户单击【参照】按钮，选择部门，显示该部门人员工资分钱情况。

■ 工资发放取款单

按单位整体计算票面分钱总数。用于出纳按票面取款,以便发放。

用户在工资分钱清单主界面单击工资发放取款单页签,即进入该功能。

部门分钱清单

工资分钱清单按部门发放。用户在工资分钱清单主界面单击部门分钱清单页签,即进入该功能。

部门分钱清单能查询到无权限的部门工资数据,这里只受功能权限控制,不受数据权限控制。

使用方法:

用户需要选择部门级别,即以哪级部门为末级进行统计并计算生成分钱清单。由于各部门的级别不同,选定的级别大于已有的部门级别,则该部门按末级分发。

提示:

- 系统默认劳资部和会计部按末级处理。
- 工资分钱清单的打印按部门分页打印。

扣缴所得税

鉴于许多企事业单位计算职工工资薪金所得税工作量较大,本系统特提供个人所得税自动计算功能,用户只需自定义所得税率,系统自动计算个人所得税;既减轻了用户的工作负担,又提高了工作效率。

用户选择"业务处理"菜单中的"扣缴个人所得税",即可进入该功能。

扣缴所得税能查询到无权限的部门所得税数据,这里只受功能权限控制,不受数据权限控制。

税率表定义

在个人所得税扣缴申报表界面中单击【税率】按钮或从右键编辑菜单中选择"税率表定义",可进入税率表定义功能,如图5-42和图5-43所示。

操作步骤:

① 税率表定义界面初始为国家颁布的工资、薪金所得所适用的九级超额累进税率,税率为5%~45%,级数为九级,费用基数为800元,附加费用为3 200元。

② 用户可根据单位需要调整费用基数和附加费用以及税率,可增加级数也可删除级数。

③ 当用户增加新的一级时,其上一级的上限等于其上一级的下限加1,由系统自动累加;而其新增级数的下限即等于上一级的上限,用户可根据需要调整上一级的上限,则新的级数的下限将随之改变。

④ 系统税率表初始界面的速算扣除数由系统给定,用户可进行修改;用户增加新

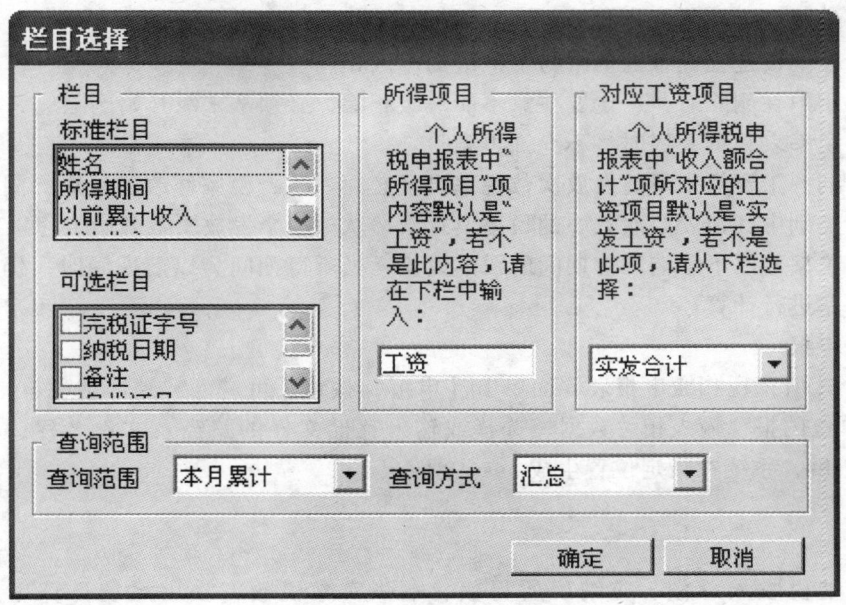

图 5-42

图 5-43

的一级，则该级的速算扣除数由用户输入。

⑤ 当用户调整某一级的上限时，该级的下限也随之改动。

⑥ 用户单击【确认】按钮，系统将根据用户的设置自动计算并生成新的个人所得税申报表；否则，可单击【取消】按钮，返回个人所得税主界面。

⑦ 用户单击【打印】按钮，可打印税率表。

提示：
- 级数及下限不允许改动。
- 系统设定上一级的上限与下一级的下限相同。
- 用户在删除时，一定要注意不能跨级删除，必须从末级开始删除。
- 税率表只剩一级时将不允许再删除。
- 同一工资类别下的发放次数税率设置必须一致，税率修改确认后，同步本工资类别中其他发放次数中的税率设置，请从第一个发放次数开始依序重新计算。
- 税率修改不影响以前期间的税率设置，当所得期间为以前期间时，仍根据原税率进行计算。

■ 地税申报

在个人所得税扣缴申报表界面单击【申报】按钮，可进入"地区纳税申报"界面。请按本单位的报税输入相关数据，选择或输入存储文件的路径及文件名称，单击【确定】按钮后，系统在指定位置生成.csv文件。

提示：
- 纳税收入总额、应纳税所得额、本张实缴税额三项由系统计算生成，不能录入。
- "申报"只在查询范围为"本月累计+汇总"时可用。

人员定位查询

从个人所得税扣缴申报表界面单击【定位】按钮，可进入人员定位查询，如图5-44所示。

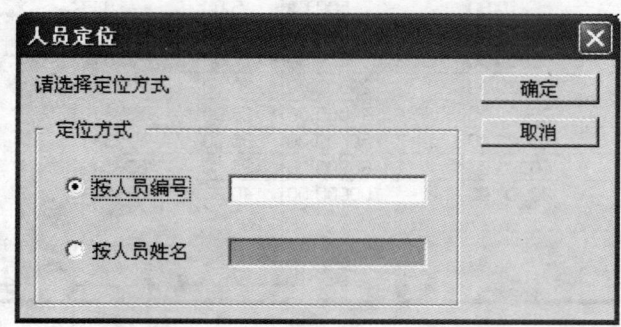

图 5-44

操作步骤：

① 用户需选择按人员编号或人员姓名定位查询，并输入人员编号或人员姓名，人员编号与人员姓名不能同时为空。

② 单击【确认】按钮，系统即将光标置于用户选择的人员所在行。

③ 若用户选择输入人员姓名，而当输入同名人员时，则系统会将所有同名人员全

部过滤,并显示排在最前面的人员,同时系统给予提示,若用户选择继续查找,则系统将定位下一个同名的人员;依次类推。

④ 如何解决跨地区企业扣税起征点不同的问题。

在工资项目设置中设置"计税基数"项目,类型为"其他项";输入每个人的扣税起征点金额,或在"工资项目设置"中编辑计算公式。在本功能中选择"计税基数"为对应扣税项目,并在税率表定义中将"基数"调整为零。

提示:
- 对于外币工资类别,用户要输入外币汇率。
- 若用户修改了"税率表"或重新选择了"收入额合计项",则用户在退出个人所得税功能后,需要到工资变动功能中执行重新计算功能;否则,系统将保留用户修改个人所得税前的数据状态。

银行代发

银行代发即由银行发放企业职工个人工资。

目前,许多单位发放工资时都采用工资信用卡方式。这种做法既减轻了财务部门发放工资工作的繁重,有效地避免了财务部门到银行提取大笔款项所承担的风险,又提高了对员工个人工资的保密程度。

银行代发能查询到无权限的部门的工资数据,这里只受功能权限控制,不受数据权限控制,如图5-45所示。

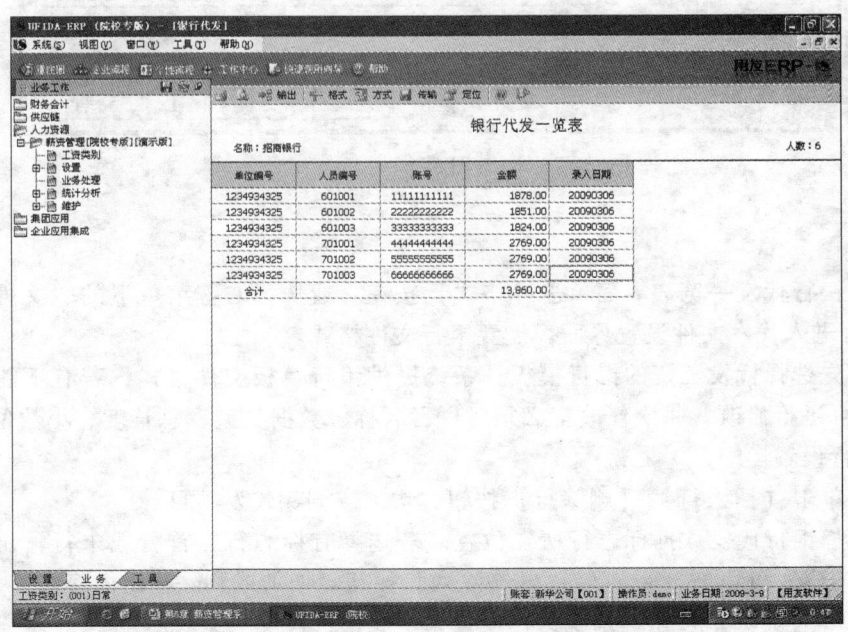

图5-45

操作说明：

在银行代发一览表界面，单击【格式】按钮，可设置不同银行文件格式，查看银行代发一览表。

自定义银行代发设置

自定义银行代发设置主要分为以下三个部分：

银行代发文件格式设置

银行代发文件格式设置：根据银行的要求，设置提供数据中所包含的项目，以及项目的数据类型、长度和取值范围等，如图5-46所示。

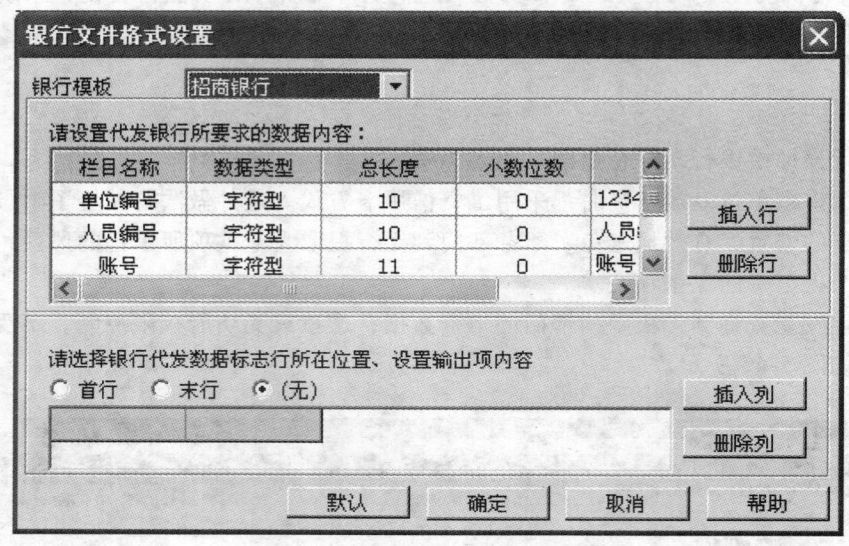

图 5-46

操作步骤：

① 在银行代发一览表界面单击【格式】按钮，或选择右键菜单下的"文件格式设置"，即可进入代发文件设置界面，设置银行文件格式。

② 首先选择代发工资的银行模板，系统提供银行模板文件格式，若有不能满足的要求，则可进行修改。每次修改都必须对栏目名称、数据类型、总长度、小数位数及数据来源进行设置。

③ 可单击【插入行】、【删除行】按钮，增加或删除代发项目。

④ 选择银行代发数据标志行所在位置。若选择有标志行在首行或末行输出，则需设置输出内容，可单击【插入列】、【删除列】按钮，增加或删除输出内容。

⑤ 单击【确认】按钮，系统保存设置，生成银行代发一览表。

⑥ 若输入的字段类型与数据内容不匹配，则系统将提示是否转换不符类型。

- 若单击【是】按钮,则系统自动将字段类型转换成与数据内容相符的格式;否则,需返回格式设置中进行修改。

银行代发输出格式设置

根据银行的要求,设置向银行提供的数据是以何种文件形式存放在磁盘中,且在文件中各数据项目是如何存放和区分的。

单击【方式】按钮,或选择右键菜单下的"文件输出方式设置",进入该功能。

操作步骤:
① 按银行规定在"常规"页签选择存放文件类型。
- TXT 文件:扩展名位 TXT 的文本文件(固定宽度的文本文件)。
- DAT 文件:在"DAT 文件类型"中,只有当"字符型补位符"选项被选中时,"银行账号补位方向"才允许选择;否则,该选项为不可用状态。
- DBF 文件:所有设置均不可修改,"银行账号补位方向"为不可用状态。

② 单击高级"页签"可对磁盘文件的格式进行查看和修改。
- "字符型补位方向"有"左补位"和"右补位"两种选择,如果选择"左补位",则当字符型字段位数不足设置的输出长度时,系统输出时自动补位的方向是在左侧;如果选择"右补位",则当字符型字段位数不足设置的输出长度时,系统输出时自动补位的方向是在右侧,系统默认为"右补位"。
- "银行账号补位方向"有"左补位"和"右补位"两种选择,如果选择"左补位",则当银行账号位数不足设置的输出长度时,系统输出时自动补位的方向是在左侧;如果选择"右补位",则当银行账号位数不足设置的输出长度时,系统输出时自动补位的方向是在右侧,系统默认为"右补位"。

③ 单击【确认】按钮,则系统记录下生成磁盘文件的格式设置,返回银行代发主界面。

文件格式说明:

- TXT 文件
  - 扩展名为 .TXT 的文本文件,定长文件。
  - 系统默认"字符型补位符"、"数值型补位符"为必选项,可在其后的下拉列表中选择银行规定的补位符。
  - "数值型是否输出小数点"、"数值型是否要千位分隔符"、"项目间分隔符"为可选项。若选择,则可在相应的下拉框中选择银行规定的分隔符。
  - "银行账号补位方向"有"左补位"和"右补位"两种选择,如果选择"左补位",则当银行账号位数不足设置的输出长度时,系统输出时自动补位的方向是在左侧;如果选择"右补位",则当银行账号位数不足设置的输出长度时,系统输出时自动补位的方向是在右侧,系统默认为"右补位"。

- DAT 文件

- 扩展名为.DAT 的文本文件，不定长文件。
- 系统默认"数值型是否输出小数点"、"项目间分隔符"、"括项目符号"为必选项目，可在相应的下拉框中选择银行规定的符号。
- "字符型补位符"、"数值型补位符"为可选项，可在其后的下拉框中选择银行规定的补位符或分隔符。
- 在"DAT 文件类型"中，只有当"字符型补位符"选项被选中时，"银行账号补位方向"才允许选择；否则，该选项为不可用状态。

■ DBF 文件
- 扩展名为.DBF 的数据库文件。
- 所有设置均不可修改，"银行账号补位方向"不可用。
- 补位符：当数据项目长度小于设定长度时，用以补齐位数的符号。系统提供"0"和空格两种补位符。
- 项目间分隔符：各个数据项目间相互分开的符号。系统提供逗号和竖线两种分隔符。
- 项目的符号：指将数据各项目区分开的符号。
- 栏目名称：银行代发项目字段名。
- 首行：银行文件内容中的标志行在首行。

银行代发文件磁盘输出

磁盘输出，是指按用户已设置好的格式和设定的文件名，将数据输出到指定的地方。

操作步骤：

① 单击【传输】按钮，或从右键菜单中单击【磁盘输出】，即可进入代发文件磁盘输出功能。

② 选择输出文件的存储路径并设定保存文件的名称。若输出到软盘，则请插入软盘。

③ 单击【确认】按钮，即可备份代发文件；取消操作请单击【取消】按钮。

④ 在进行磁盘输出时，系统在传输转换时会自动将文本文件格式的字段类型全部转换为字符型。

提示：
- 设置的代发文件名称文本文件不能超过 16 位字符或 8 个汉字。
- DBF 文件名称不能超过 8 位字符或 4 个汉字。
- 只有当选择银行名称为招商银行时，选择输出文件格式才为.TXT，选择"加密格式"，输出的文本文件必须用招商银行相关的解密程序读取。

定位查询

① 定位查询可按人员、部门两种方式进行人员定位，单击【定位】按钮，显示

"部门/人员定位查询条件框";

② 按人员定位查询方式，选择人员所在部门名称，从该部门所有人员姓名中选出要查询人，或选择人员编码，确定后光标显示在符合条件的记录上。

③ 按部门定位查询方式，选择部门编号，自动带出部门名称，或选择部门名称自动带出部门编号，选择要查询人的人员类别，光标显示在符合条件的记录上。

④ 当所要定位的人员有不确定条件时，请选择"模糊定位"项。如果使用按"人员定位+模糊定位"查询：

- 输入部门名称，可查询该部门所有人员。
- 输入人名中的任意字，可显示姓名中包含这个字的所有人员。

举例

例如，录入"张"，参照内容应过滤所有以"张"为首字符的人员名称记录。

工资费用分摊

财会部门根据工资费用分配表，将工资费用根据用途进行分配，并编制转账会计凭证，传递到总账系统供登账处理之用。单击【业务处理】中的【工资分摊】功能按钮，即可进入该功能。

工资分摊中能查询到无权限的部门工资数据，这里只受功能权限控制，不受数据权限控制，如图 5-47 所示。

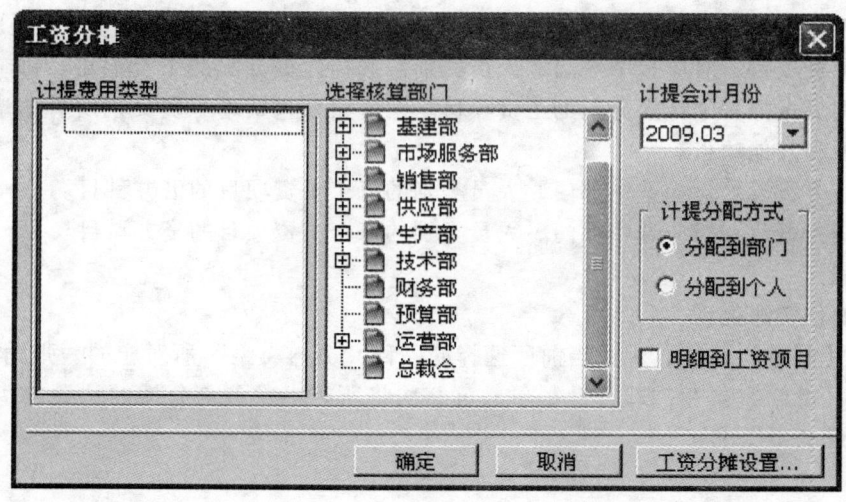

图 5-47

操作步骤：

① 首先查看现有的计提费用类型是否满足需要，如果不能满足需要，则单击【工资分摊设置】按钮，进入设置窗口，可新增、修改、查看、删除类型名称和分摊比率。

② 选择参与本次费用分摊计提的类型和参与核算的部门。

③ 选择计提费用的月份和计提分配方式。

④ 选择是否费用分摊明细到工资项目。

⑤ 单击【确认】按钮显示工资分摊一览表，用户根据需要选择是否按"合并科目相同、辅助项相同的分录"显示一览表。

⑥ 在"工资分摊一览表"界面从下拉框中选择分摊类型，系统按选择的分摊类型显示其他一览表。

⑦ 单击【重选】按钮，可重新进行工资分摊类型、分摊计提比例和分类构成设置。

工资分摊类型设置

操作步骤：

① 在"工资分摊"界面中单击【工资分摊设置】按钮，进入"分摊类型设置"界面。

② 单击【增加】按钮，可增加新的工资分配计提类型，输入新计提类型名称和计提分摊比例，确定后输入分摊构成设置，所有构成项目均可参照输入。

③ 单击【修改】按钮，可修改一个已设置的工资分配计提类型。

④ 单击【删除】按钮，可删除一个已设置的工资分配计提类型，已分配计提的类型不能删除，最后一个类型不能删除。

栏目说明：

- 部门名称：选择部门。不同部门，相同人员类别可设置不同分摊科目。
- 人员类别：选择费用分配人员类别。
- 工资项目：对应选中部门、人员类别，选择计提分配的工资项目。每个人员类别可选择多个计提分配的工资项目。工资项目包括本工资类别所有的增项、减项和其他项目。
- 借方科目：对应选中部门、人员类别的每个工资项目的借方科目。
- 贷方科目：对应选中部门、人员类别的每个工资项目的贷方科目。

■ 如何制作转账凭证

单击【制单】按钮，生成当前所选择的一种"分摊类型"所对应的一张凭证。

单击【批制】按钮，即批量制单，可一次将所有本次参与分摊的"分摊类型"所对应的凭证全部生成。

月末处理

月末结转是将当月数据经过处理后结转至下月。每月工资数据处理完毕后均可进行月末结转。由于在工资项目中，有的项目是变动的，即每月的数据均不相同，在每月工资处理时，均需将其数据清为0，而后输入当月的数据，此类项目即为清零项目。

可在系统"业务处理"菜单单击【月末处理】按钮，即进入该功能，如图5-48所示。

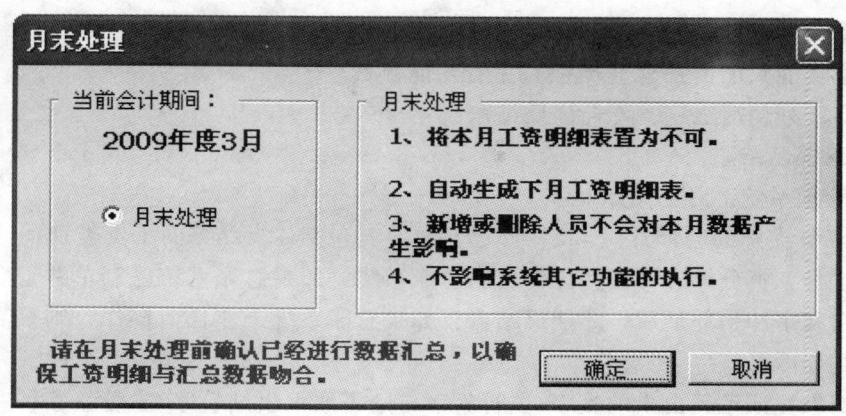

图 5-48

操作方法：

■ 结转上年数据

结转上年数据是将工资数据经过处理后结转至本年。新年度账应在进行数据结转前建立。在系统管理中选择"结转上年数据"后，可进行上年数据结转。

提示：
- 月末结转只有在会计年度的 1 月至 11 月进行。
- 若为处理多个工资类别，则应打开工资类别，分别进行月末结算。
- 若本月工资数据未汇总，则系统将不允许进行月末结转。
- 进行期末处理后，当月数据将不再允许变动。
- 在月末结账后，您选择的需清零的工资项系统将予以保存，而不用您每月再重新选择。
- 月末处理功能只有主管人员才能执行。
- 在多次发放的工资类别下，各个发放次数的结账要按照打开工资类别界面中设置的顺序依次进行。
- 在同一个工资类别中必须将当月所有未停用的发放次数全部月结后，才能进行下月业务处理。

反结账

在工资管理系统结账后，发现还有一些业务或其他事项需要在已结账月进行账务处理，此时，需要使用反结账功能，取消已结账标记。

操作步骤：

① 选择"业务处理"菜单中的"反结账"菜单项，屏幕显示反结账界面。
② 选择要反结账的工资类别，确认即可。

提示：
- 本功能只能由账套（类别）主管才能执行。
- 有下列情况之一，不允许反结账：

总账系统已结账。

成本管理系统上月已结账。

汇总工资类别的会计月份=反结账会计月，且包括需反结账的工资类别。

- 本月工资分摊、计提凭证传输到总账系统，如果总账系统已制单并记账，则需作红字冲销凭证后，才能反结账；如果总账系统未作任何操作，则只需删除此凭证即可。
- 如果凭证已经由出纳签字/主管签字，则需取消出纳签字/主管签字，并删除该张凭证后，才能反结账。

5.4 统计分析

工资表

工资表用于本月工资的发放和统计，本功能主要完成查询和打印各种工资表的工作。工资表包括以下一些由系统提供的原始表：

工资卡

用鼠标选中"工资卡"后，单击【查看】按钮，界面参照工资卡，如图5-49所示：

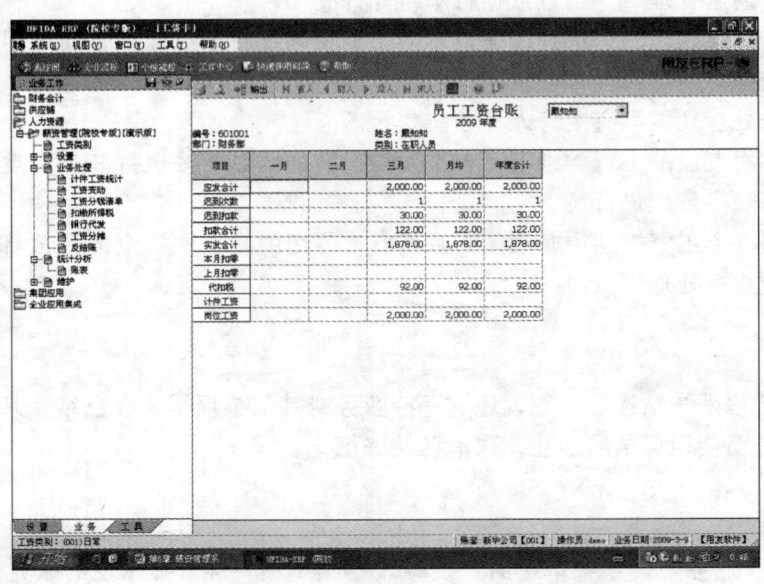

图 5-49

操作步骤：

① 用户单击【工资卡】按钮后，系统即弹出对话框，用户可以从右边的人员选择框中，以树型结构的形式选择人员，也可以自己输入员工编号和姓名。如果只输入了姓名，且没有重名的人员，则系统可以继续；否则，系统弹出选择框提示用户，选择人员编号。

② 若用户只输入部门名称并确认后，则系统默认将该部门下所有人员全部选中。用户可在工资卡界面人员下拉框中选择需要查看的人员，系统自动将该名员工的工资情况显示出来，也可通过翻页功能查看人员工资记载情况。

③ 在输入完毕后，单击【确认】按钮，系统按用户设置予以显示；若单击【取消】按钮，则取消操作并返回工资报表界面。

工资发放条

在工资表列表中选择"工资发放条"，选择要查看的部门，单击【查看】按钮后，显示工资发放条。本功能主要用于打印或用邮件、短信发送工资发放条，如图 5-50 所示。

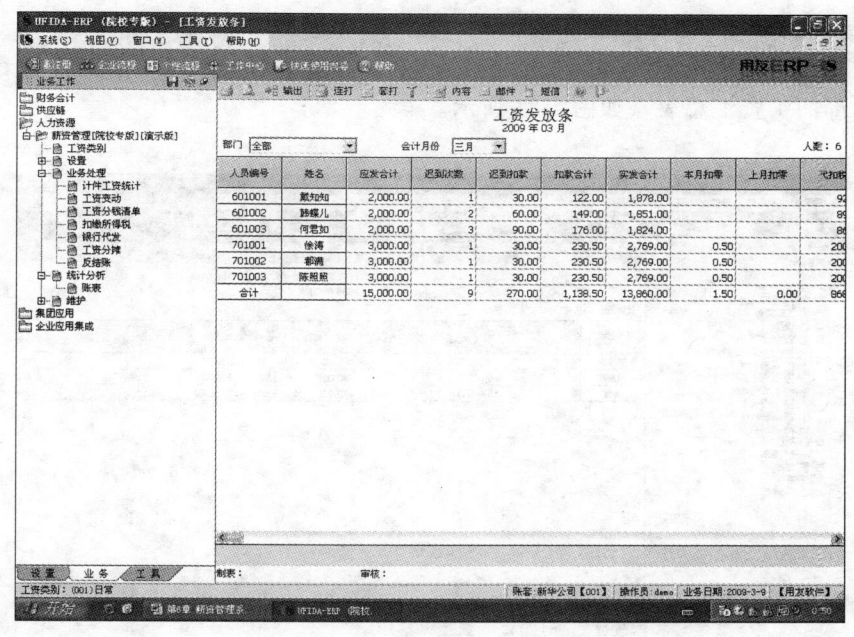

图 5-50

操作步骤：

① 在"工资发放条"界面中，从"部门"和"会计月份"下拉框中选择不同的部门和会计月份组合，可查看、打印或发送不同部门、不同月份的工资发放条。

② 单击工具栏上的【连打】按钮，选择要打印工资条的部门，单击【打印】按钮，可按选择部门进行工资发放条连续打印。

③ 单击工具栏上的【内容】按钮，分别设置需要用邮件或短信发送的工资项目，单击【确定】按钮，即可保存设置。

④ 单击【邮件】按钮并确认后可将所选部门人员工资条信息发送到基础档案中设置的 Email 地址。

⑤ 单击【内容】按钮并确认后可将所选部门人员工资条信息发送到基础档案中设置的手机号中。

提示：

- 选定下级部门：若选择该项，则在选择有下级部门的非末级部门时，该非末级部门的所有下级部门均被选中。
- 邮件服务器、短信服务器的设置。
- 邮件是按照公共平台"设置—基础档案—人员档案"中的"Email 地址"发送的。
- 短信是按照公共平台"设置—基础档案—人员档案"中的"手机号"发送的。

部门工资汇总表

在工资表列表中选择"部门工资汇总表"，选择要查看的部门，单击【查看】按钮后，显示部门工资汇总表，如图 5-51 所示。

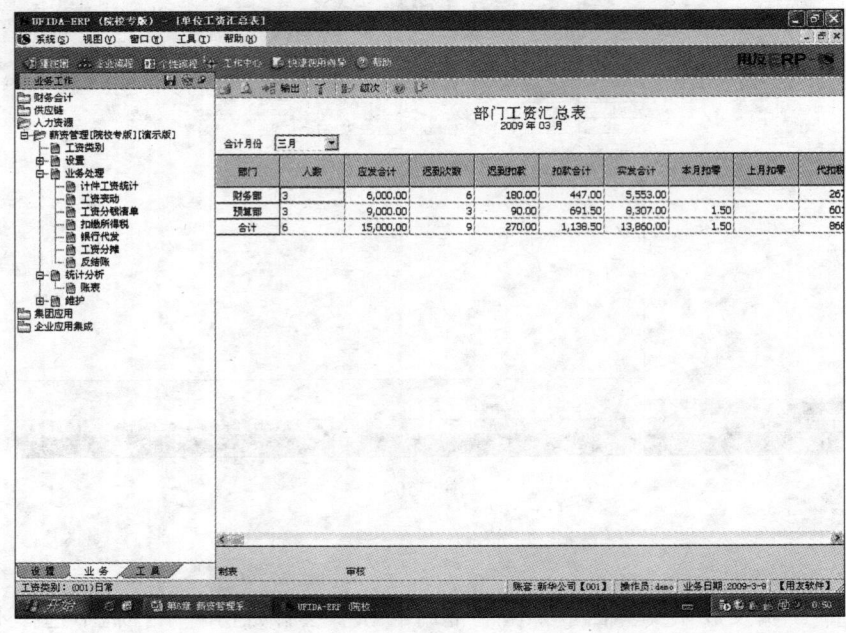

图 5-51

操作步骤：
① 在"部门工资汇总表"主界面，从"会计月份"下拉框中选择要查询的月份，可快速查询不同月份的部门工资汇总表。
② 单击工具栏上的【级次】按钮，在弹出的选择窗口中可选择汇总表的部门级次。

操作方法：
- 设置行高和列宽
- 单击【设置】按钮，显示设置行高和列宽界面，输入表头和表体行高，单击【确定】按钮，即可保存设置；选择"保存列宽"选项，则修改过的列宽被保存。

提示：
- 选定下级部门：若选择该项，则在选择有下级部门的非末级部门时，该非末级部门的所有下级部门均被选中。

部门条件汇总表

用鼠标选中"部门条件汇总表"后，单击【查看】，界面显示参照部门条件汇总表。该表的查询条件中，部门是默认的查询关键字，所有查询结果均按部门显示，所以该表称为"部门条件汇总表"，如图5-52所示。

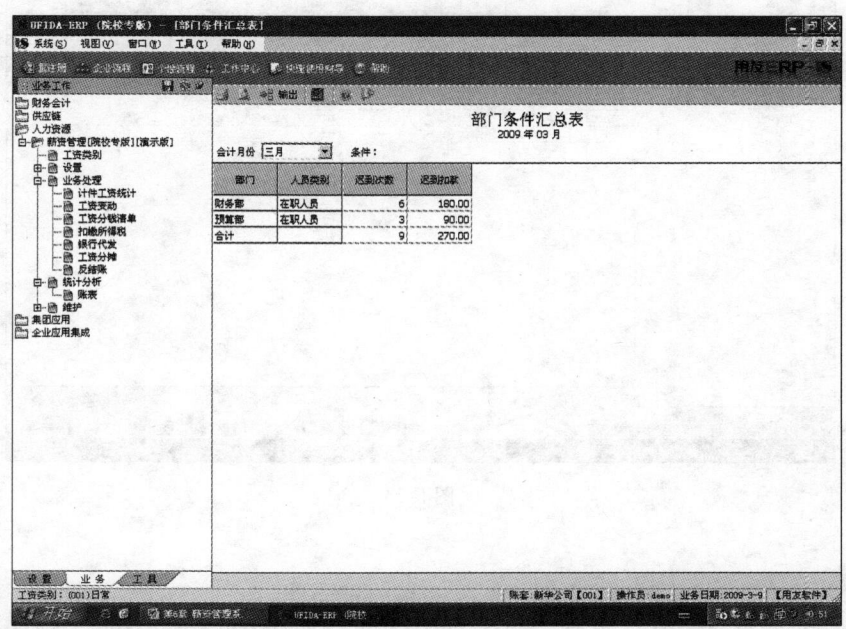

图 5-52

操作步骤：

① 用鼠标选中"部门条件汇总表"后，单击【查看】按钮，系统即弹出对话框，由用户根据自身需要选择要进行汇总的工资项目，并单击【确认】按钮。

② 此时，系统弹出条件选择框，用户可对要进行汇总的工资项目设定汇总条件。

③ 用户可参照输入过滤条件，系统提供逻辑运算符的选择使用（＝，＜，＞，＞＝，＜＝，＜＞）。

④ 在条件选择框界面的下拉框系统提供部门、人员类别和工资项目的参照。

⑤ 在条件输入完毕后，单击【确认】按钮，系统根据用户设置的条件生成汇总表；若用户单击【取消】按钮，则取消条件设置操作并返回工资表主界面。

⑥ 用户可查询当月数据，也可查询其它各月数据。

工资发放签名表

在工资表列表中选择"工资发放签名表"，单击【查看】按钮，选择要查看的部门，确定后显示工资发放签名表。本功能主要用于打印工资发放签名表，如图 5-53 所示。

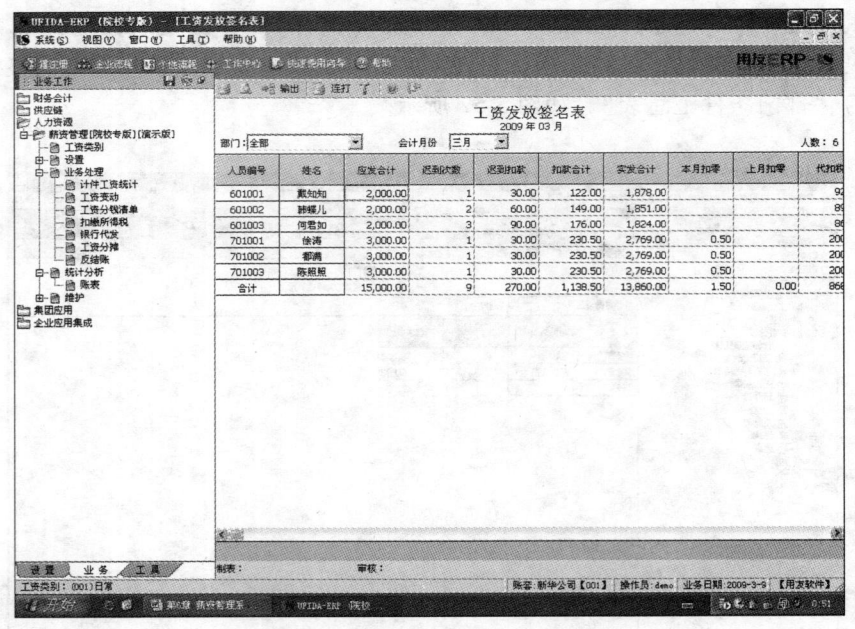

图 5-53

操作步骤：

①"工资发放签名表"界面，从"部门"和"会计月份"下拉框中选择不同的部门和会计月份组合，可查看和打印不同部门、不同月份的工资发放签名表。

② 单击工具栏上的【连打】按钮，可进行工资发放表连续分页打印设置：

- 全选：选择打印所有部门的工资发放表。
- 全消：所有部门都不选择。
- 需要页小计：每页打印完毕，是否需要对本页进行汇总小计。
- 每页打印行数：选择每页打印的工资条行数。

提示：

- 选定下级部门：若选择该项，则在选择有下级部门的非末级部门时，该非末级部门的所有下级部门均被选中。

人员类别汇总表

在工资表列表中选择"人员类别汇总表"，选择要查看的部门，单击【查看】按钮后显示人员类别汇总表，如图 5-54 所示。

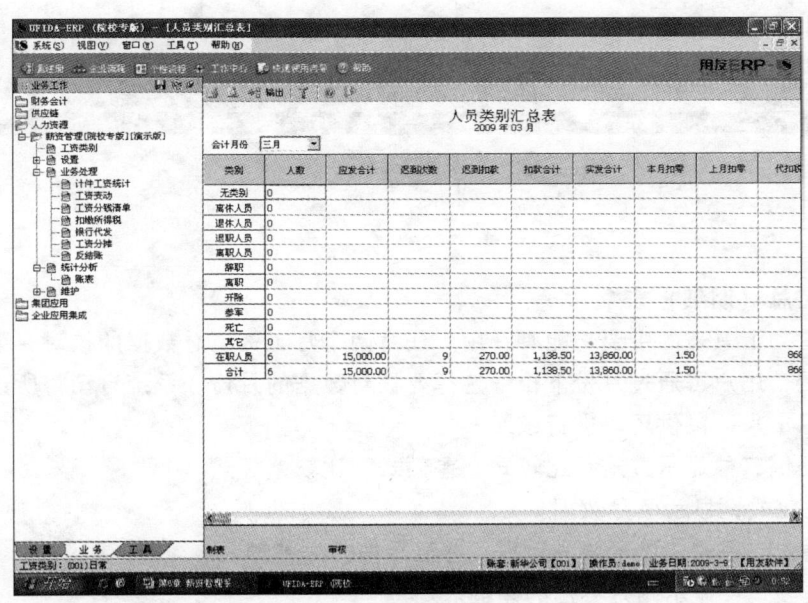

图 5-54

操作说明：

用户可查询当月人员类别工资汇总表，也可查询其他各月的人员类别工资汇总表。

条件统计（明细）表

条件明细表：按某些条件查询工资明细数据并输出符合条件的所有人员的工资明细情况。

条件统计表：用于统计某些工资项目的总和情况，界面参照条件统计表，如图 5-55 所示。

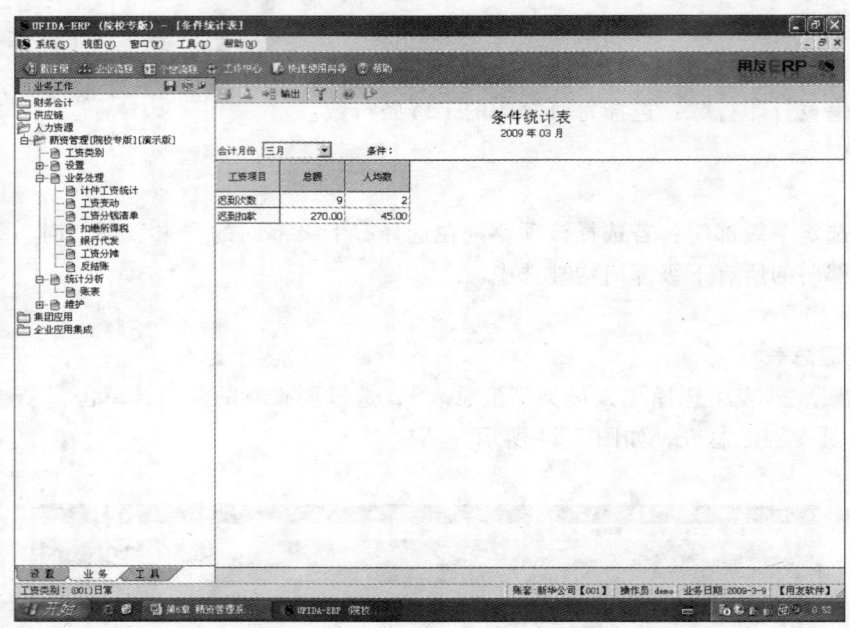

图 5-55

工资变动汇总（明细）表

工资变动汇总表的主要功能有：用于任意两个月工资汇总数据的核对；可由用户选择核对项目；用户可通过月份下拉框选择要核对数据的月份，系统自动将所选月份的数据比较显示出来，以供用户进行核对。

系统提供三种显示方式：比较式、差额式、比较差额式。

- 比较式：显示两月数据。
- 比较差额式：显示两月数据，并显示两月之差额。
- 差额式：显示两月数据的差额。

提示：

- 在月份下拉框中供选择的最小月份为该工资账套所有启用月份。最大月份为最大可变动月。
- 工资变动汇总表不能修改和删除。
- 如果不选任何工资项目，则该表主要查看本月与上月部门的变动情况，即由于新增部门造成的本月与上月部门工资总额不一致的变动情况。

工资分析表

工资分析表是以工资数据为基础，对部门、人员类别的工资数据进行分析和比较，产生各种分析表，供决策人员使用（注意：工资分析表不受数据权限控制，能查询到无权限的部门工资数据）。

工资增长分析

　　用户选定"工资增长情况"后，单击【确认】按钮，即进入该功能。

操作步骤：

　　① 用户需选择要进行分析的工资项目，系统提供工资项目的参照。
　　② 用户要选择分析部门。若用户选择全部部门，则系统将对全部部门进行分析；若用户选择"任选分析部门"，则系统提供部门参照，并仅对选中的部门进行分析。
　　③ 若用户选择"工资总额"，则还要进行工资总额的设置。
　　④ 系统提供"相加项"和"相减项"的选择。
- 用户可根据业务需要选择若干工资项目。
- 选择的相加项目列入"以下项目相加框"，选择的相减项目列入"并减去以下项目框"。
- 单击【确认】按钮，系统将对用户的设置进行判断，并返回"分析表选项界面相加项"。

　　⑤ 单击【确认】按钮后，即进入工资增长情况分析表界面。
　　⑥ 用户可进行分析条件的重新设定。用户单击【查询】按钮，即可重新设定工资增长情况的分析条件。

按月分类统计表

　　用户选定"按月分类统计表"后，单击【确认】按钮，即进入该功能。

操作步骤：

　　① 用户可先选择要进行分析的工资项目。
　　② 用户单击【确认】按钮后，即进入按月分类统计表界面。
　　③ 用户可进行分析条件的重新设定。用户单击【查询】按钮，即可重新设定按月分类统计表的条件。

部门分类统计表

　　用户选定"按部门分类统计表"后，单击【确认】按钮，即进入该功能。

操作步骤：

　　① 用户可选择要分析的区间。
　　② 当用户单击【确认】按钮后，系统即弹出部门选择框，用户可选择要进行分析的部门。若用户单击【退出】按钮，则系统取消用户操作并返回工资分析表主界面（与工资项目分析表操作方法相同）。

③ 用户选择工资项目后，单击【确认】按钮，系统将弹出工资项目选择框，用户可根据业务需要选择若干项目进行分析。（与工资项目分析表操作方法相同）

④ 用户单击【确认】按钮后，即进入按部门分类统计表界面。

⑤ 用户可进行分析条件的重新设定。用户单击【查询】按钮，即可重新设定按部门分类统计表的条件。

工资项目分析表
操作步骤：

① 首先选择要进行分析的部门，若用户选择"选定下级部门"功能，则当用户选择上级部门时，其下级部门将全部被选中。

② 单击【确认】按钮，系统将弹出工资项目选择框，用户可根据业务需要选择若干项目进行分析。

③ 系统根据选项显示工资项目分析表。

④ 在分析表界面可重选部门查看工资项目分析表。

⑤ 也可单击【查询】按钮进行部门和工资项目分析条件的重新设定。

提示：
- 对于工资项目分析，系统仅提供单一部门项目分析表。

员工工资汇总表

员工工资中某一工资项目数据的全年汇总分析。

选择"员工工资汇总表"，选择要分析的工资项目和分析部门，确定后显示部门、工资项目全年工资汇总表。

员工工资项目统计表

在指定的分析区间对员工工资项目数据进行统计分析。

选择"员工工资项目统计表"，选择要分析的工资项目和分析部门，确定后即可显示员工工资项目统计表。

部门工资项目构成分析表

在指定的分析区间对工资项目数据的部门构成情况进行分析。

选择"部门工资项目构成分析表"，选择分析月份区间、要分析的部门和工资项目，确定后显示部门工资项目构成分析表。

凭证查询

工资管理系统传输到总账系统的凭证，通过"凭证查询"功能来删除和冲销。

选择"统计分析"中的"凭证查询"子菜单，显示凭证查询界面。

操作方法：

① 选择输入所要查询的起始月份和终止月份，显示查询期间凭证列表。
② 选中一张凭证，单击【删除】按钮，可删除标志为"未审核"的凭证。
③ 单击【冲销】按钮，则可对当前标志为"记账"的凭证，进行红字冲销操作，自动生成与原凭证相同的红字凭证。
④ 单击【单据】按钮，显示生成凭证的原始凭证——××费用一览表。
⑤ 单击【凭证】按钮，显示单张凭证界面。

5.5 数 据 维 护

数据上报

主要是指本月与上月相比新增加人员数量信息及减少人员数量信息的上报，本功能是在基层单位账中使用，形成上报数据文件。在单工资类别时，一直可用；在多工资类别时，需关闭所有工资类别后才可使用。人员信息包括人员档案的所有字段信息、工资数据包含所有工资项目的信息，如图 5-56 所示。

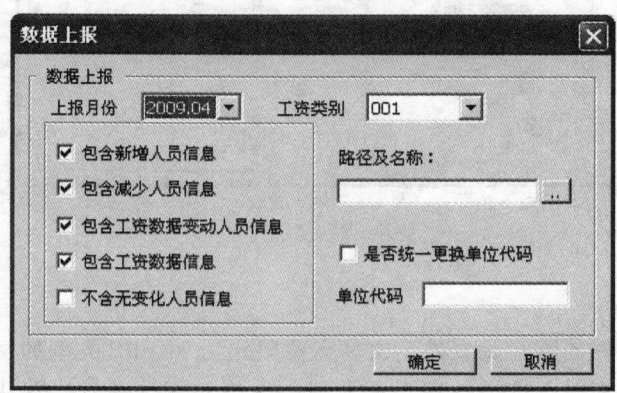

图 5-56

栏目说明：

- 上报月份：下拉框中列示建账第一个月至系统已有数据月份。
- 工资类别：在单工资类别时，默认为"001"，此项不显示；在多工资类别时，可选择。
- 选择：可选择上报数据中是否包含新增、减少、无变化人员及工资数据。系统默认为本月全部人员信息及工资数据，即包含新增人员信息、包含减少人员信息、包含工资数据变动人员、包含工资数据为默认选中。
- 工资数据变动人员：指本月与上月相比工资数据有变化的人员。
- 无变化人员：指非新增人员、非减少人员、工资数据与上月相比无变化人员。

- 路径及文件名称：输入，指定盘符、存放目录及文件名称。
- 是否统一更换部门代码：若选中此项，则要求输入导出部门的代码。
- 部门代码：导入账套的末级部门代码，若不要求更换，则此项不可输入。

提示：
- 内部格式由设计决定，＊.SBP 文件为系统导出时的固定类型。

数据采集

数据采集，是指人员信息采集。人员信息采集是指将人员上报盘中的信息，读入至系统中。本功能用于人员的增加、减少、工资数据的变更。数据采集功能在单工资类别账时，一直可用；在多工资类别时，需关闭所有工资类别后才可使用，如图 5-57 所示。

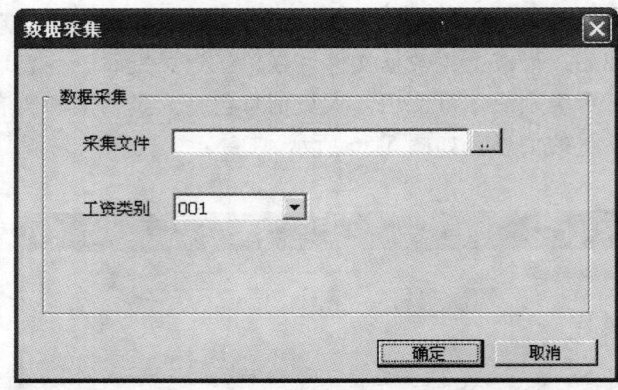

图 5-57

操作步骤：

① 指定采集文件的路径及文件，文件名称限定为＊.SBP 类型的文件。

② 在多工资类别时，选择指定工资类别；在单工资类别时，默认为"001"，此项不显示。汇总工资类别不能导入数据。

③ 读入上报文件数据，将人员信息全部更改为新的人员信息，工资数据全部更改为新的工资数据（导出的文件包含工资数据）。

④ 如果有新增人员，则新增人员必须在平台人员档案中存在；否则，不能新增。

提示：
- 人员编号重复不能导入。
- 新增人员必须在公共平台已有人员档案中存在。
- 已结账月份不能导入数据。
- 若不存在的部门编码或部门非末级，则不能导入。
- 若不存在的人员类别或人员类别非末级，则不能导入。

工资类别汇总

在多个工资类别中,以部门编号、人员编号、人员姓名为标准,将此三项内容相同人员的工资数据作合计。例如,您需要统计所有工资类别本月发放工资的合计数,或某个工资类别所有发放次数的合计数,或某些工资类别中的人员工资都由一个银行代发,希望生成一套完整的工资数据传到银行,则可使用此项功能。

关闭所有打开的工资类别,在"数据维护"菜单中选择"工资类别汇总"选项。

操作步骤:

① 在工资类别栏目框中选择需汇总的工资类别或发放次数,已选工资类别前的标有"√"。

② 单击【确认】按钮后,将汇总所选工资类别的数据。

提示:

- 汇总仅针对与登录期间一致的单所得期间工资类别或发放次数;涉及其他所得期间的,无法分所得期间计算应纳个人所得税。
- 汇总工资类别可以按月存数。
- 所选工资类别或发放次数中必须有汇总月份的工资数据。
- 若为第一次进行工资类别汇总,则需在汇总工资类别中设置工资项目计算公式;若每次汇总的工资类别一致,则公式不需重新设置;若与上一次的所选择的工资类别不一致,则需重新设置计算公式。
- 汇总工资类别不能进行月末结算和年末结算。

操作步骤:

■ 常见问题解决方法

在工资管理系统中,各工资类别间的汇总是将部门编码、人员编号、人员姓名三项相同的人员的工资数据汇总到工资汇总类别中,若在汇总前的系统检查中发现如下三种情况,则系统不予汇总。

- 相同人员编号,但人员姓名不同的情况。
- 相同人员编号和姓名,但部门不同的情况。
- 人员不同但银行账号相同的情况。

解决方法:

- 新建一工资类别,部门选择包含全部部门。
- 用人员信息复制功能,将需汇总的工资类别中的人员分别复制到新建工资类别中,若上述三种情况,则系统给予具体的提示。

■ 关于汇总后计件工资的查看

汇总后的工资类别是不同于原来各类别而生成的新的工资类别。在进行工资类别汇总时，如果汇总的工资类别中有一个工资类别有计件工资核算，那么新生成的汇总类别默认带有计件工资数据，新工资类别的"基础设置"—"选项"中自动选择"是否核算计件工资"参数。可查看汇总后的计件工资数据。

数据接口管理

使用数据接口管理工具可有效地将相关数据从外部系统中导入到工资管理系统中，例如，在水电、房租系统、考勤系统、人事系统以及其他与工资管理有关系统中，将水电费扣缴、房租扣缴、考勤时数等数据导入到工资系统的对应工资项目。

选择"数据维护"菜单下的"数据接口管理"，进入"数据接口管理"功能。

数据传递

单击【数据传递】按钮，系统就会自动将外部数据按关联字段一一对应地写到工资项目中。对数据传递正确的数据文件，系统显示数据审核表。

数据导入

单击【数据导入】或【查看】按钮，进入数据接口主界面后，选择"导入"，就可将外部数据按设置的格式导入，并显示在数据接口主界面中。

在数据接口主界面，可对导入的文件数据进行修改：
- 单击【增加】按钮，可在导入的表格中增加一条空记录，然后录入数据。
- 单击【删除】按钮，可将光标所在行的记录删除。
- 将光标定位到某一行，可对此行数据项进行修改。
- 单击【检查】按钮，可检查导入数据是否有重复的关联项目，并删除空行记录。

数据导出

单击【查看】按钮，进入"数据接口管理"窗口。可单击【筛选】，对当前数据进行过滤。

单击工具栏上的【导出】按钮，就可将数据接口主界面上的所有数据按关联项目一一对应地写到工资项目中。

提示：
- 要输入外部数据文件传入系统的名称，最长15个汉字或30个字符。
- 工资变动中必须有与外部数据一一对应的项目，方可作为关联项目。
- 若数据接口文件的关联项目不是一一对应，则系统将给予提示，并结束此文件的数据传递工作。
- 在进行数据导出后，应在工资变动中进行重新计算工资数据和汇总工资数据。

栏目说明：
- 序号：系统自动排列的顺序号。

- 起始位置：导入字段第一个字符所在的位置。
- 字段长度：导入字段的字符个数，汉字为两个字符长。
- 小数位数：导入字段若为数字型，则需定义小数位数。
- 字串序号：在带分隔符文件（＊.DAT）中，导入字段为所在行的第几个字符串。
- 数据来源：ACCESS 数据库中表的字段名称或 DBASE 数据库中字段名称。
- 对应工资项目：与导入字段对应的工资项目，可参照录入。

人员调动

当账套为多工资类别时，可利用人员调动功能，实现人员在不同工资类别之间的转换。

操作步骤：

① 选择"数据维护"下的"人员调动"菜单，显示人员调动设置窗口。

② 用下拉按钮选择要定位的数据项目，输入该数据项目的具体值后回车，系统将光标快速定位于符合条件的人员上。

③ 从当前工资类别中选出要调出的人员，选择调入的工资类别和调入的部门，单击【确定】按钮即可。

④ 选择"人员档案"，查看当前工资类别下调动人员状态，调出人员的"工资停发"栏显示"是"，调出人员本月不发工资。

提示：
- 已做调出标志的人员，所有档案信息不可修改。
- 调出人员调出当月即不再参与工资发放计算。
- 调出人员可在当月未做月末结算前，取消调出标志，不可取消。
- 做完月（年）结算处理后，调出标志不可取消。
- 为保证数据的完整性和一致性，调出人员不可删除。

人员信息复制

本功能用于管理两种或多个工资类别中人员结构相同的工资数据。当新建工资类别中的人员与已建工资类别人员信息相同时，则可通过此工具，将已建工资类别中的人员信息复制到新建工资类别中。将需复制人员信息的工资类别打开，在"数据维护"中选择"人员信息复制"，即可进入此项功能，界面参照人员信息复制。

注意事项：如果启用了人力资源产品，且当前打开的工资类别是人力资源产品指定了对应关系的工资类别时，则"人员信息复制"功能菜单不可见。

操作步骤：

① 在工资类别后的"下拉框"中选择要复制人员信息所在的工资类别。

② 输入限制条件，系统提供人员类别、部门名称的参照。

③ 人员附加信息限制条件需输入。

④ 单击【确认】按钮后，有关数据将被复制。若单击【取消】按钮，则将取消当前操作并返回主界面。

⑤ 人员复制中系统将对人员进行重复性检测，若发现复制已存在的人员，则会有提示；如果已存在人员已有工资数据，则不出现上述提示。

若想将工资类别为"正式工工资（第001类别）"中"北京分公司"的"销售人员"和"财务人员"复制到已打开的类别中，则设置如下：

工资类别=001

且　　部门=北京分公司

且　　人员类别=销售人员

或　　人员类别=财务人员

用户单击【确认】按钮后，系统自动将符合条件的人员信息复制。

提示：
- 此功能只有在多工资类别且人员编号长度一致的情况下，才能进行。
- 重复人员编号不能复制。

中国建设银行代发工资

用友软件公司与中国建设银行达成协议，建立企业由建行代发工资的工资管理体系，银行代发功能可以设置相关的内容。

（1）第一步：银行代发的初始设置

- 在设置银行名称中单击【增加】按钮，输入"中国建设银行"全称，才能实现建行代发的功能。默认的账号长度为16位，输入7位数字的单位编码，其中，前3位是建设银行代发储蓄所的"所号"，后4位是由建设银行给定的"代发工资单位编号"。
- 增加人员附加信息，必须录入"身份证号"和"公积金账号"信息名称。
- 在人员档案输入功能中，单击【修改】按钮，在"附加信息"页签中输入人员的身份证号和公积金账号。

（2）第二步：设置银行代发文件格式

- 双击打开【系统菜单】，选择"业务处理"菜单下的"银行代发"，即可显示银行代发一览表。
- 单击工具栏上的【格式】按钮，选择"中国建设银行"模板，则调用建行的标准文件格式，不能修改，不能删除。

（3）第三步：设置输出文件格式

- "中国建设银行"文件输出格式的标志行为"无"，不可修改。
- 中国建设银行中保存前应将文本文件用CCBLOCK.EXE进行加密处理。接口方式：CCBLOCK YesnMake 1 <纯文本文件名> <目标文件名>。

(4) 第四步：输出文件
- 在银行代发一览表界面单击【输出】、【传输】按钮，选择保存文件的路径和名称。
- 建行的输出文件格式为.TXT文件。
- 输入工资进账日期，预览生成的"代发工资数据校验单"，确认无误后，可保存或打印输出。
- 中国建设银行名称命名规则：以单位编号（7位）为文件名，以发工资日期（2位）加顺序号（1位）为扩展名。

某单位（单位编号：1118888）同时有3套账要在7日发工资，则生成的目标文件为：

1118888.070

1118888.071

1118888.072

注：对于发工资的日期和顺序号是用户输入，在第一生成文件时，发工资日期默认为00，顺序号则每次均默认为0，由用户修改。

(5) 第五步 卡号的导入与分配

卡号导入

只有在中国建设银行代发工资时才使用此项功能，如图5-58所示。

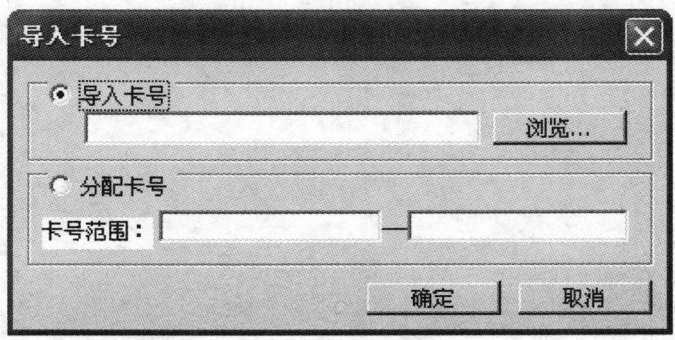

图5-58

操作步骤：

① 选择"数据维护"中的"卡号导入"，显示导入界面，单击【浏览】按钮，选择导入文件的路径和文件名，导入文件"SALARY.DBF"由建行提供。

② 在导入卡号对照表中将银行提供的卡号分配给企业人员。

③ 在人员档案中的代发银行名称中选择"中国建设银行"，表示此人工资由中国建设银行代发。

本章小结：

通过本章的学习，学生能够了解薪资管理系统的任务、功能结构和数据处理流程。熟练掌握建立工资账套，设置各种分类及档案的方法。熟练掌握设置薪资项目和计算公式的方法。熟练掌握工资输入、工资计算变动处理。个人所得税处理、银行代发、工资分摊、工资查询及工资数据分析等方法。

思考题：

1. 如何进行薪资分摊处理？
2. 薪资日常处理包括哪些内容？
3. 薪资管理系统有哪些功能？
4. 用友薪资管理系统的初始设置有哪些内容？
5. 薪资管理系统与手工薪资核算有何区别？

第 6 章　固定资产管理系统

学习目标：
　　系统学习固定资产系统初始化、日常业务处理的主要内容和操作方法。了解固定资产管理系统的功能和意义；掌握固定资产管理系统的业务流程；掌握固定资产增加、减少、变动的操作方法和要求；掌握固定资产折旧的处理过程及操作方法；熟悉固定资产期末处理。

操作流程：

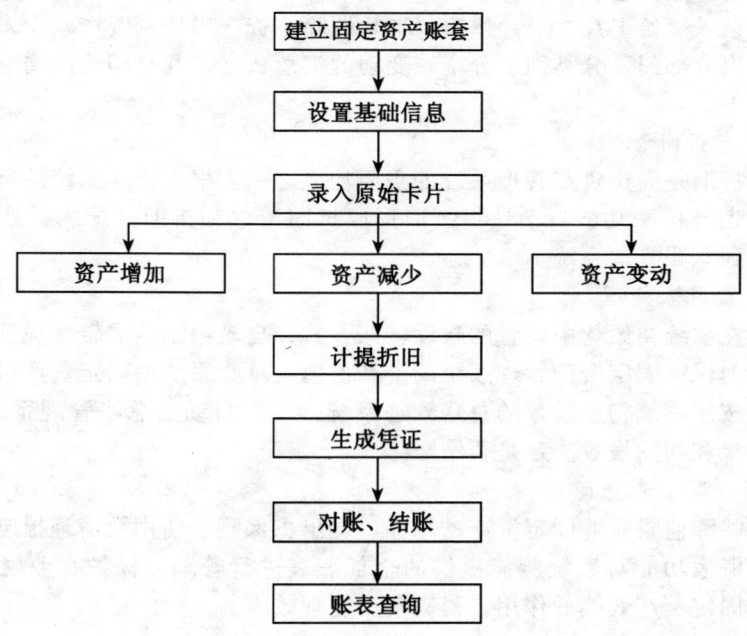

6.1　固定资产管理系统概述

6.1.1　固定资产管理系统的功能

　　固定资产，是指为生产商品、提供劳务、出租或经营管理而持有的使用寿命超过一个会计年度的有形资产。企业的固定资产种类多、规格型号复杂，管理难度非常大。根据现行会计制度规定，企业有权制定适合于本企业的固定资产目录、分类方法、每类或每项固定资产的折旧年限和折旧方法。

固定资产管理系统是会计电算化系统的一个子系统，主要完成企业固定资产日常业务的核算和管理，反映固定资产增加、减少，原值、累计折旧变动及其他数据变动，生成折旧分配凭证并输出相应的增减变动明细账，协助企业进行部分成本核算，同时还为设备管理部门提供固定资产的各项指标，以分析固定资产的利用效果。固定资产管理系统主要具备以下功能：

1. 固定资产系统初始设置

固定资产系统初始设置是从企业实际情况出发，建立一个适合本企业需要的固定资产核算与管理账套，并进行必要的系统初始设置工作。具体包括：控制参数设置、资产类别设置、使用状况设置、增减方式设置、折旧方法设置、部门对应折旧科目设置等。这些均是企业固定资产核算的基础，同时也为进行固定资产日常业务核算建立基本框架。

2. 固定资产卡片管理

固定资产卡片是固定资产核算和管理的基础依据，系统提供了固定资产卡片管理的功能，主要从录入原始卡片、卡片修改、卡片删除、资产增加及资产减少来实现卡片管理，按月汇总出分部门、分类别、分增减变动的汇总数据，并打印输出增减变动汇总表和增减变动明细表。

3. 固定资产折旧管理

自动计提折旧是固定资产管理系统的主要功能之一。根据录入系统的资料，利用系统提供的"折旧计提"功能自动计提折旧形成折旧清单和折旧分配表，然后制作记账凭证，并传送到总账管理系统。

4. 固定资产月末处理

根据用户在系统初始化中设置的自动转账方式，自动编制生成转账凭证，并传递到总账系统中。为保证固定资产管理系统的资产价值与总账系统中固定资产科目的数值相等，在月末，按照系统初始设置的总账管理系统接口，自动与总账管理系统进行对账，并根据对账结果和初始设置决定是否结账。

5. 固定资产账、表查询

为及时反映和监督企业固定资产的增加、调出、保管、使用及清理报废等情况，可通过固定资产账表功能对系统所能提供的全部账表进行管理，保护企业财产的安全完整，充分发挥固定资产效能的作用，提高资产管理效率。

6.1.2 固定资产管理系统与其他系统之间的关系

固定资产管理系统与总账系统、成本管理系统、UFO报表系统等都有数据联系。资产的增加、减少、折旧的计提等数据都是以记账凭证的形式传递给总账系统，同时通过对账保持固定资产账目与总账的平衡。每月或定期按部门分配折旧费，并将分配结果提供给成本系统。固定资产系统的各项数据可供UFO报表系统使用相应的函数提取分析。它们之间的关系如图6-1所示。

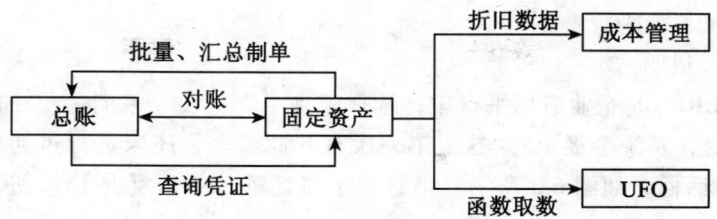

图 6-1　固定资产管理系统与其他系统之间的关系

6.2　固定资产管理系统的初始设置

固定资产管理系统的初始设置是使用单位根据其实际情况,建立一个适合本企业实际需要的固定资产账套的过程。它主要包括建立固定资产账套、基础设置和录入原始资产卡片等。

6.2.1　建立固定资产账套

固定资产账套是单位根据实际情况,在已经建立会计核算账套的基础上,建立一个适合企业实际需要的固定资产账套的过程。

1. 系统启动

操作步骤如下所述:

选择"设置"、"基本信息"、"系统启用",进入系统启用界面,在固定资产系统所在行的方框中打"√",并选择启用日期,系统提示:"确实要启用当前系统吗?"单击【是】按钮,完成固定资产系统启用,如图 6-2 所示。

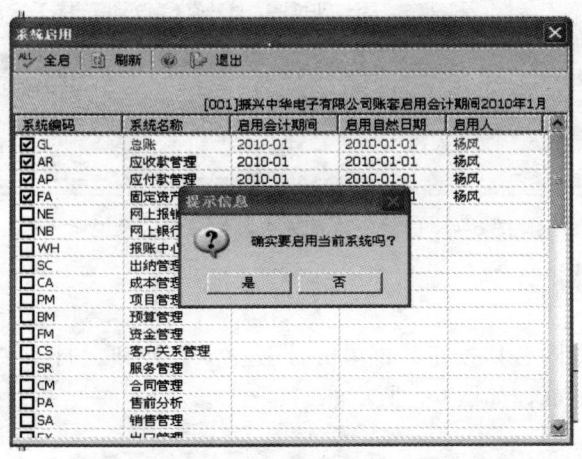

图 6-2　固定资产管理系统启用

2. 建立固定资产账套

操作步骤如下所述:

(1) 约定及说明

在用友 ERP-U8 企业应用平台中,选择"业务"、"财务会计"、"固定资产",进入固定资产系统,系统会提示:"这是第一次打开此账套,还未进行过初始化,是否进行初始化?"对话框,如图 6-3 所示。信息提示对话框,单击【是】按钮,进入约定及说明界面,如图 6-4 所示。

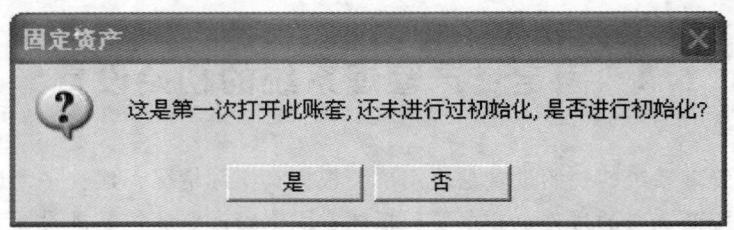

图 6-3　固定资产系统初始化提示信息

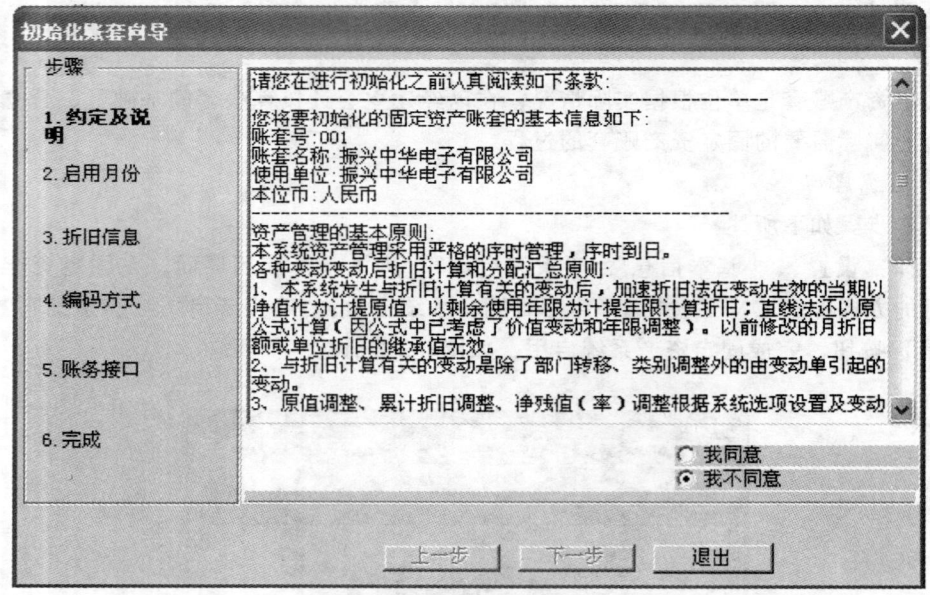

图 6-4　固定资产系统初始化—约定及说明

(2) 启用月份

选中并单击【我同意】按钮,再单击【下一步】按钮,打开"固定资产初始化向导—启用月份"对话框,如图 6-5 所示。

第 6 章 固定资产管理系统

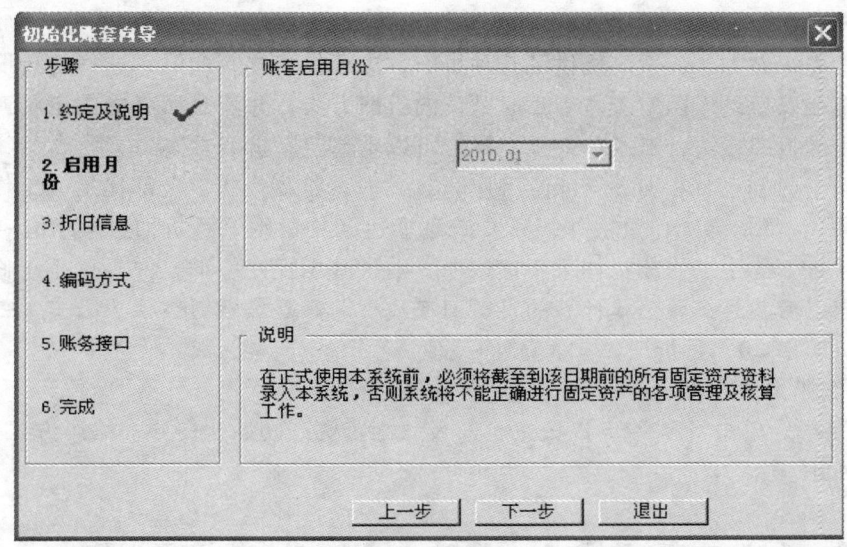

图 6-5 固定资产初始化向导—启用月份

提示：

- 在此对话框中所列示的启用月份只能查看，不能修改。在该日期前的所有固定资产都将作为期初数据，在启用月份开始计提折旧。

（3）折旧信息

单击【下一步】按钮，"折旧信息"对话框，如图 6-6 所示。

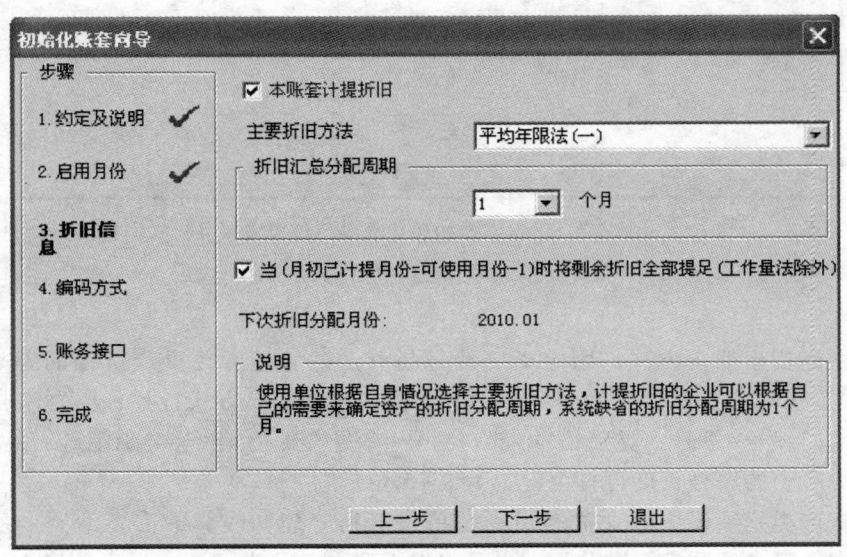

图 6-6 固定资产初始化向导—折旧信息

提示：
- 主要折旧方法：系统提供了6种折旧方法可供选择，此时，选择的折旧方法只是在以后录入固定资产卡片时默认的折旧方法，并不是所有的固定资产必须采用的折旧方法，对具体的固定资产可以重新定义折旧方法。
- 当（月初已计提月份=可使用月份－1）时，将剩余折旧全部提足（工作量法除外）：是指除工作量法外，只要满足上述条件，则该月折旧额=净值－净残值，并且不能手工修改；如果不选该项，则该月不提足折旧，并且可手工修改，但当以后各月按照公式计算的月折旧率或折旧额是负数时，认为公式无效，令月折旧率=0，月折旧额=净值－净残值。

（4）编码方式

设置完毕，单击【下一步】按钮，进入"固定资产初始化向导—编码方式"窗口，如图6-7所示。

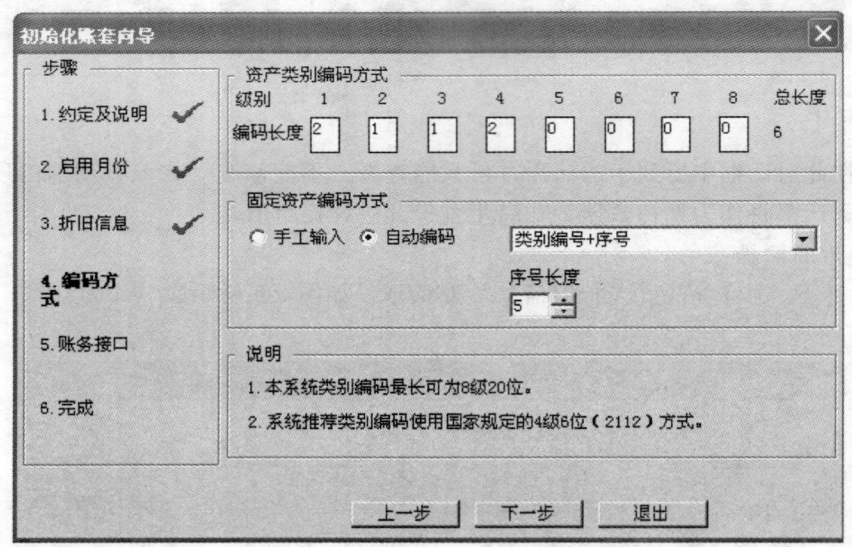

图6-7　固定资产初始化向导—编码方式

提示：
- 固定资产编码方式：固定资产编号是资产的管理者给资产所编的编号，包括"手工输入"和"自动编码"两种方式。自动编码方式包括：类别编号+序号、部门编号+序号、类别编号+部门编号+序号、部门编号+类别编号+序号。类别编号中的序号长度可自由设定为1~5位。
- 资产类别编码方式：资产类别是单位根据管理和核算的需要给资产所作的分类，可参照国家标准分类，也可根据需要自己分类。资产类别编码方式设定以后，一旦某一级设置了类别，则该级的长度不能修改，未使用过的各级的长度可修改。每一个账套的资产自动编码方式只能选择一种,一经设定,该自动编码方式不得修改。

(5) 账务接口

设置完毕,单击【下一步】按钮,进入"固定资产初始化向导—财务接口"窗口,在"固定资产对账科目"栏录入"1601,固定资产",在"累计折旧对账科目"栏录入"1602,累计折旧",如图 6-8 所示。

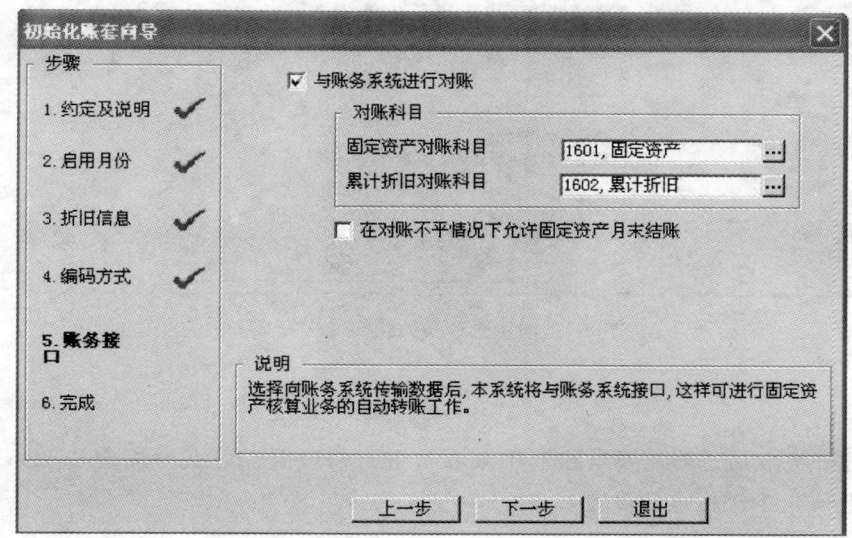

图 6-8 固定资产初始化向导—账务接口

提示:

- 与账务系统对账:固定资产对账科目和累计折旧对账科目应与账务系统内对应科目一致。
- 对账不平允许月末结账:将此项打"√",是指当存在对应的账务账套的情况下,本系统在月末结账前自动执行一次对账,给出对账结果。如果不平,则说明两系统之间存在偏差,应予以调整。

(6) 完成设置

① 设置完成后,单击【下一步】按钮,进入"固定资产初始化向导—完成"对话框,如图 6-9 所示。

② 单击【完成】按钮,系统弹出"已经完成了新账套的所有设置工作,是否确定所设置的信息完全正确并保存对新账套的所有设置?"对话框。

③ 单击【是】按钮,系统提示"已成功初始化本固定资产账套!"。

④ 单击【确定】按钮,固定资产建账完成。

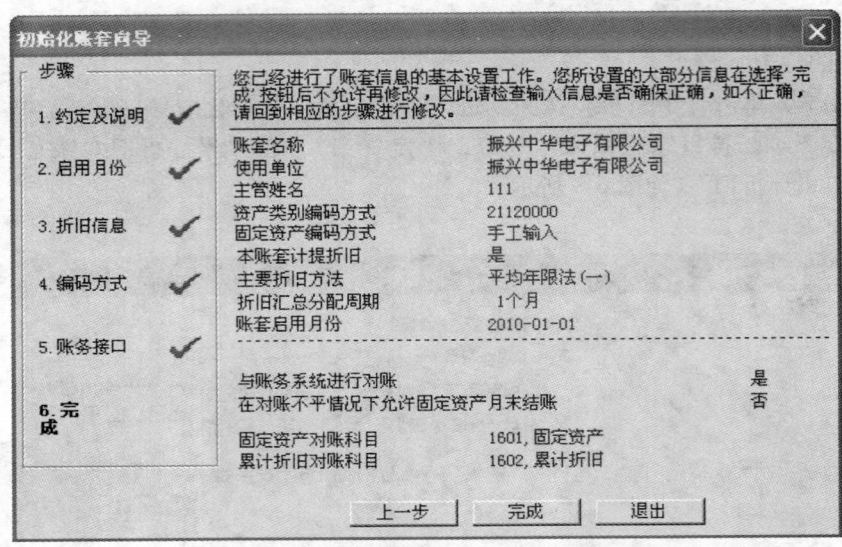

图 6-9 固定资产初始化向导—完成

提示：
- 建账完成后，当需要对账套中某参数进行修改时，可在"固定资产→设置→选项"中进行重新设置。

6.2.2 基础设置

基础设置是使用固定资产系统进行资产管理和核算的基础，这些设置包括选项设置、部门对应折旧科目设置、固定资产类别设置、增减方式设置等。

1. 设置选项

操作步骤：

① 选择"固定资产→设置→选项"，打开"选项"对话框。

② 单击【编辑】按钮，再单击【与财务系统接口】选项卡，设置固定资产默认入账科目1601；累计折旧默认入账科目1602；固定资产减值准备默认入账科目1603，如图6-10所示。

提示：
- 固定资产、累计折旧、固定资产减值准备缺省入账科目：固定资产系统制作凭证时，凭证中上述科目的默认值将由设置的情况确定，当这些设置为空时，凭证中缺省科目为空。

2. 设置部门对应折旧科目

固定资产计提折旧后需把折旧计入相关的成本或费用，根据不同使用者的具体情况

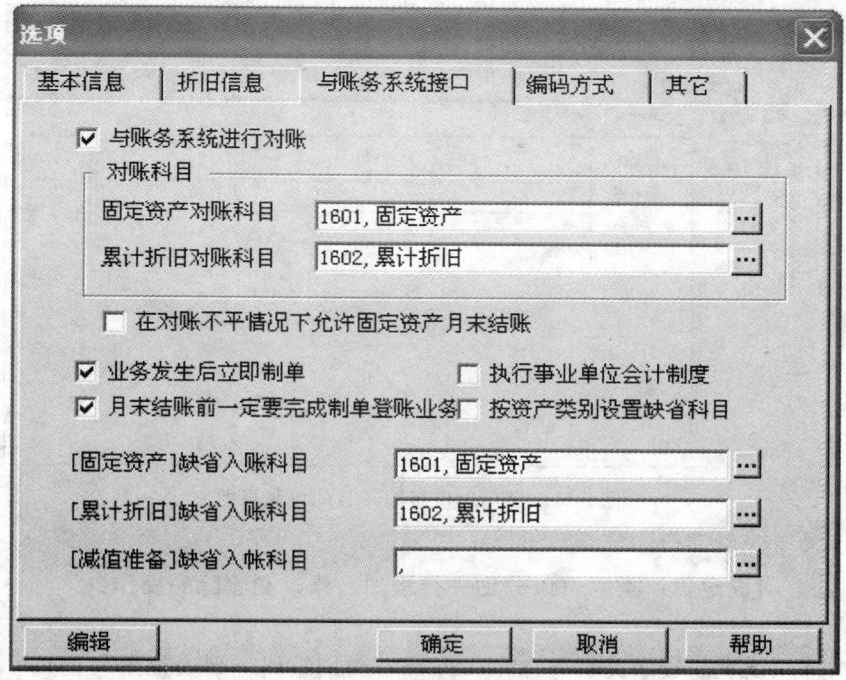

图 6-10　选项设置

按照部门或类别归集。该环节是对各部门选择一个相应的折旧科目，以后录入卡片时可以调用。

操作步骤：

① 在固定资产子系统中，选择"业务→部门对应折旧科目"，进入部门对应折旧科目设置窗口。

② 在左侧的固定资产部门编码目录中，选择所给部门的所在行，单击工具栏上的"修改"按钮，系统自动打开"部门编码表—单张视图"窗口。

③ 单击【折旧科目】右侧的参照按钮，选择该部门对应的折旧科目，系统自动显示科目名称，如图 6-11 所示。

④ 单击【保存】按钮。以此方法继续录入其他部门对应的折旧科目。

提示：

- 在设置部门对应的折旧科目时，必须选择末级会计科目。设置上级部门的折旧科目，则下级部门可以自动继承，也可以选择不同的科目，即上下级部门的折旧科目可以相同，也可以不同。

3. 资产类别设置

为了强化固定资产管理，及时准确作好固定资产核算，为统计管理提供依据，需科学地对固定资产进行分类。企业可根据自身的特点和管理要求，确定一个较为合理的资

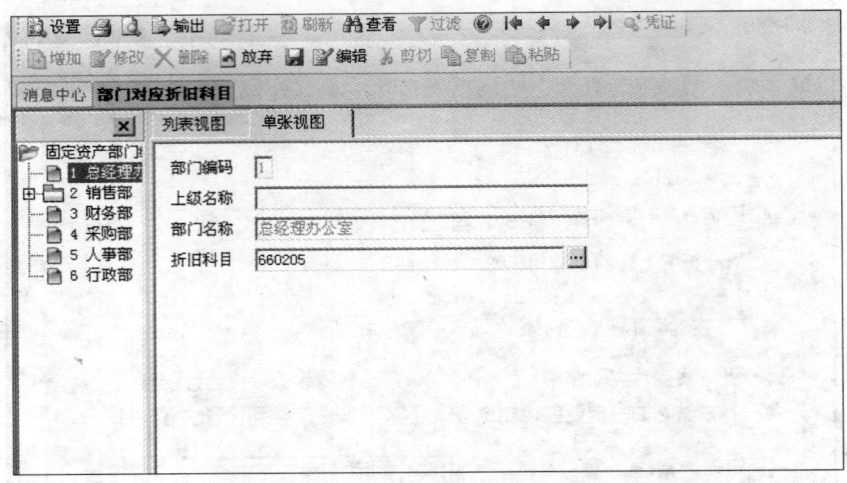

图 6-11 部门对应折旧科目的单张视图

产分类方法。对固定资产类别可以分别进行增加、修改和删除的操作：

操作步骤：

① 执行"设置→资产类别"命令，打开"类别编码—列表视图"窗口。系统提供资产类别的列表视图和单张视图两种显示方式。

② 单击工具栏上的【增加】按钮，打开"类别编码—单张视图"窗口。

③ 输入"类别名称、使用年限、净残值率、计提单位"，选择"计提属性、折旧方法以及卡片样式"，如图 6-12 所示。

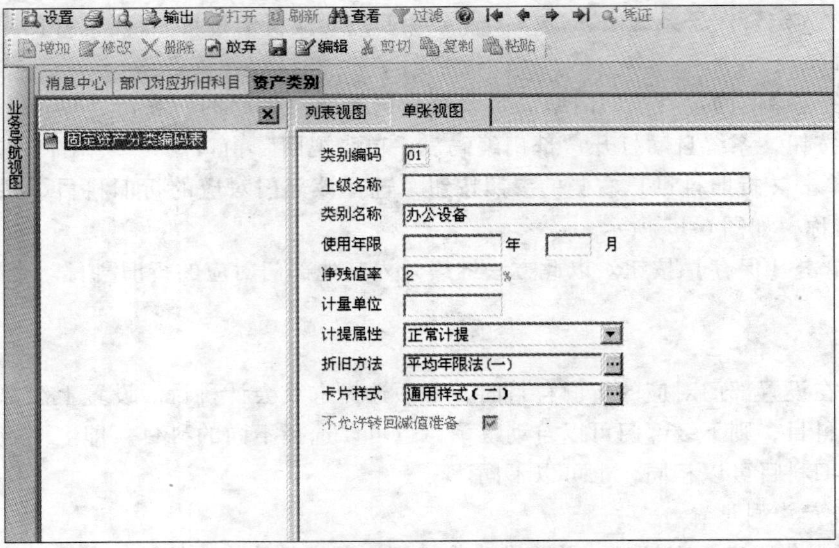

图 6-12 类别编码—单张视图

④ 单击【保存】按钮，继续录入其他固定资产类别，如图 6-13 所示。

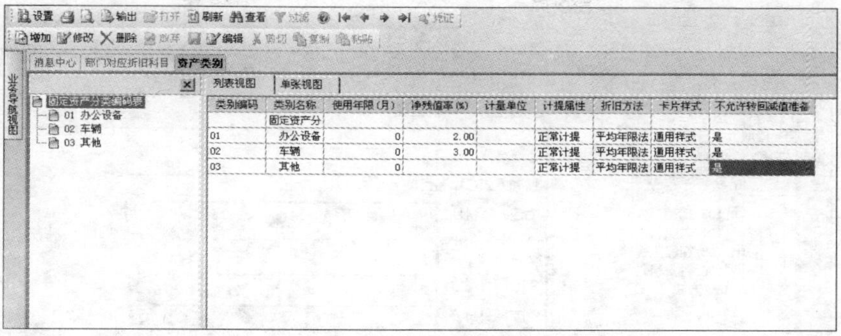

图 6-13　已设置的资产类别

⑤ 单击【放弃】按钮，系统提示"是否取消本次操作"，再单击【是】，返回"类别编码—列表视图"窗口。

提示：

- 类别编码：固定资产类别编码由它的上级类别的编码和本级编码共同组成，选中上级资产类别，上级编码即自动带到本级，不允许修改。
- 使用年限、净残值、计量单位：默认继承其上级类别的设置，可以修改。
- 在定义资产类别时，必须自上而下定义。
- 类别编码、名称、计提属性、卡片样式不能为空。
- 非明细级类别编码不能修改和删除，明细级类别编码修改时只能修改本级的编码。
- 使用过的类别的计提属性不能修改。
- 系统已使用过的类别不再允许增加或删除下级类别。

4. 增减方式设置

增减方式包括增加方式和减少方式。通过增减方式设置可为每种方式指定账务处理时的对方入账科目（增加方式的"贷方"科目、减少方式的"借方"科目）。例如，在投资者投入时，该科目设置为"实收资本"，该科目默认在贷方；在出售时，该科目设置为"固定资产清理"，该科目默认在借方。

增加方式主要有：直接购入、投资者投入、捐赠、盘盈、在建工程转入、融资租入。减少的方式主要有：出售、盘亏、投资转出、捐赠转出、报废、毁损、融资租出等。

操作步骤如下所述：

① 执行"设置→增减方式"命令，打开"增减方式—列表视图"窗口。

② 在左侧的"增减方式目录表"中选择欲修改的增减方式，单击"修改"，系统自动打开"增减方式—单张视图"窗口，在"对应入账科目"栏录入"100201"，如图

6-14所示。

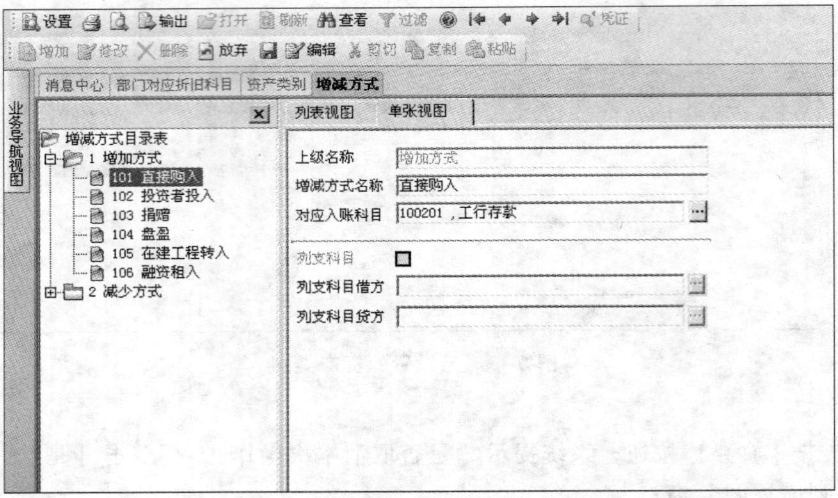

图6-14 增减方式—单张视图

③ 单击【保存】按钮。以此方法继续设置其他增减方式对应的入账科目。

提示：
- 增加、删除某一种增减方式时，单击"增加"、"删除"按钮即可。但增减方式中的"盘盈、盘亏、毁损"不能修改和删除，因为本系统提供的报表中有固定资产盘盈盘亏报表。
- 在资产增减方式中设置对应入账科目是为了在生成凭证时默认。
- 非明细级增减方式不能删除；已使用的增减方式不能删除。
- 在生成凭证时，如果入账科目发生了变化，则可以进行修改。

6.2.3 原始资产卡片录入

原始卡片是指已经使用过和计提过折旧的固定资产卡片。为了保持历史资料的连续性和完整性，企业在使用固定资产管理系统前，必须将原有固定资产资料输入系统。原始卡片的输入时间没有限制，但是必须在第一个期间结账前开始。

原始卡片包括原值、资产名称、使用年限、折旧方法等项目。系统提供了一些卡片必需的项目，如果这些项目不能满足企业对资产特殊管理的需要，则可以自定义相应的项目。

操作步骤如下所述：

① 执行"卡片→录入原始卡片"命令，打开"固定资产类别档案"对话框。选择录入资产所属的固定资产类别，单击【确定】按钮，进入"固定资产卡片—录入原始

卡片"窗口，如图 6-15 所示。

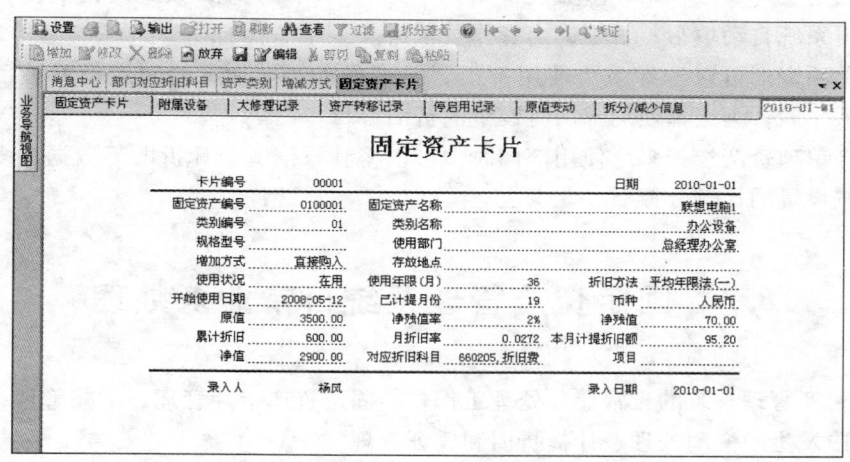

图 6-15 录入原始卡片

② 在"固定资产名称"栏录入固定资产的名称，选择部门名称栏后，单击【部门名称】按钮，打开"固定资产—本资产部门使用方式"对话框，如图 6-16 所示。

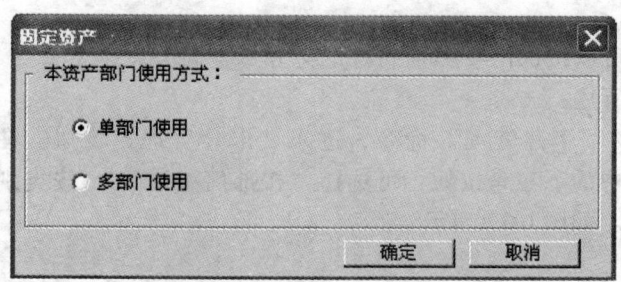

图 6-16 固定资产—本资产部门使用方式

③ 单击【确定】按钮，打开"部门参照"窗口，选择该资产所属的部门，双击确认。

④ 按照上述方式录入该张卡片的其他选项，录入完毕后，单击【保存】按钮，系统提示"数据成功保存！"

⑤ 单击【确定】按钮。以此方法继续录入其他的固定资产卡片。

提示：
- 原值可以是原始价值、重置完全价值和评估价值。原值、累计折旧、累计工作量录入的一定要是卡片录入月月初的价值；否则，将会出现计算错误。
- 在固定资产卡片界面中，除"固定资产"主卡片外，还有若干的附属选项卡，这些附属选项卡的信息只是为管理卡片设置的，不参与计算。
- 固定资产编号如果在参数设置中选择为"自动编号"，则此时的固定资产编号由系统自动填写；否则，由操作员填写。
- 单项资产可以选择多个使用部门。但该项资产卡片上的对应折旧科目不能输入，默认为选择使用部门时设置的折旧科目。
- 当单项资产选择多个使用部门时，可以将其原值、累计折旧等数据在多部门间按设置的比例分摊。

6.3 固定资产管理系统日常业务处理

固定资产管理系统的日常业务处理工作包括固定资产卡片管理、增减管理、资产在使用过程中发生的变动处理、计提折旧和凭证管理。

6.3.1 固定资产卡片管理

卡片管理是对固定资产系统中所有卡片进行综合管理的功能操作，通过卡片管理可完成卡片的查询、修改和删除。

1. 查询卡片

查询卡片功能可以按部门、类别和自定义方式查询卡片。

操作步骤如下所述：

执行"卡片"/"卡片管理"命令，进入"卡片管理"窗口。在左侧框中"按部门查询"下拉列表中的下三角按钮，可选择"按部门查询"、"按类别查询"和"自定义查询"三种方式。如图6-17所示。

图6-17 卡片管理—查询卡片

2. 修改卡片

修改卡片的功能可以实现卡片的无痕迹修改，是指录入的卡片有错误或资产在使用过程中有必要修改卡片的一些内容时，可通过该功能实现。使卡片无痕迹修改前的内容在任何查看状态都不能再看到。

操作步骤如下所述：

① 执行"卡片"/"卡片管理"命令，进入"卡片管理"窗口，选中需要修改资产的所在行，单击【修改】按钮，进入"固定资产卡片—编辑卡片"窗口，进行修改，如图6-18所示。

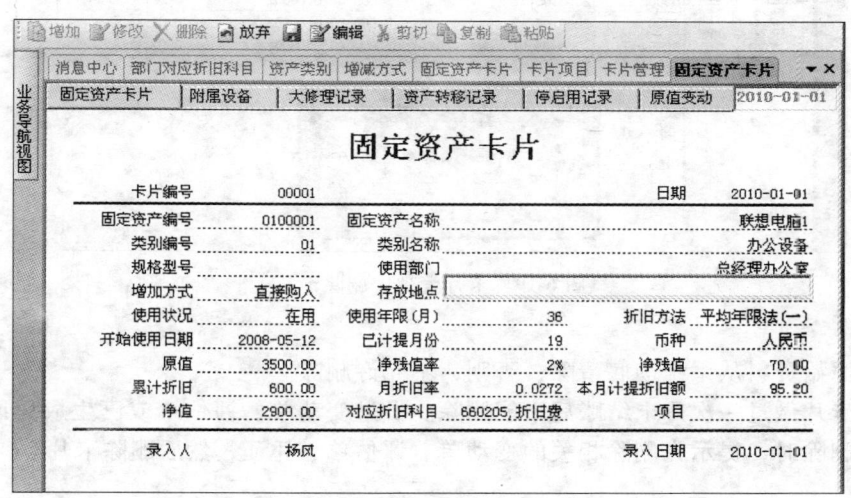

图6-18　卡片管理—修改卡片

② 修改完毕，单击【保存】按钮，系统提示"数据成功保存！"，单击【确定】按钮，返回卡片管理窗口。

提示：
- 原始卡片的原值、使用部门、工作总量、使用状况、累计折旧、净残值（率）、折旧方法、使用年限、资产类别在没有做变动单或评估单的情况下，在录入当月可以无痕迹修改；如果做过变动单，则只有删除变动单才能无痕迹修改；若各项目做过一次月末结账，则只能通过变动单或评估单调整，不能通过卡片修改功能改变。

3. 删除卡片

删除卡片，是指把卡片资料彻底从系统内清除，不是资产清理或减少。

操作步骤如下所述：

执行"卡片→卡片管理"命令，进入"卡片管理"窗口，选中需要删除资产的所在行，单击【删除】按钮，如图6-19所示。

提示：
- 当月录入的卡片如有错误可以删除，删除后如果该卡片不是最后一张，卡片编号保留。非本月录入的卡片，不能删除。
- 通过"资产减少"功能减少的卡片资料，在其满足会计档案管理要求后可以将

图 6-19　卡片管理—删除卡片

原始资料从系统彻底清除；否则，不允许删除。
- 卡片做过一次月末结账后不能删除。做过变动单、评估单或已生成凭证的卡片删除时，提示先删除相关的变动单、评估单、凭证，然后删除卡片。

6.3.2　固定资产的增减管理

1. 固定资产增加

固定资产增加是指企业通过购进或其他方式增加企业固定资产。资产增加需要录入新的固定资产卡片，通过"资产增加"项来实现。但需要的是固定资产的开始使用的期间应等于录入的会计期间。

操作步骤如下所述：

① 执行"卡片→资产增加"命令，打开"资产类别参照"对话框。
② 选择需增加固定资产的所属类别，单击【确定】按钮，进入录入新增资产窗口。
③ 输入新增固定资产的各项内容，其录入过程与"原始卡片录入"相同，如图6-20所示。
④ "固定资产卡片"内容输入完成后，单击【保存】按钮，保存录入的卡片。

提示：
- 新卡片录入的第一个月不提折旧，折旧额为空或零。
- 原值录入的必须是卡片录入月月初的价值；否则，将会出现计算错误。
- 如果录入的累计折旧、累计工作量不是零，则说明是旧资产，该累计折旧或累计工作量是进入本企业前的值。
- 已计提月份必须严格按照该资产在其他单位已经计提或估计已计提的月份数，不包括使用期间停用等不计提折旧的月份。

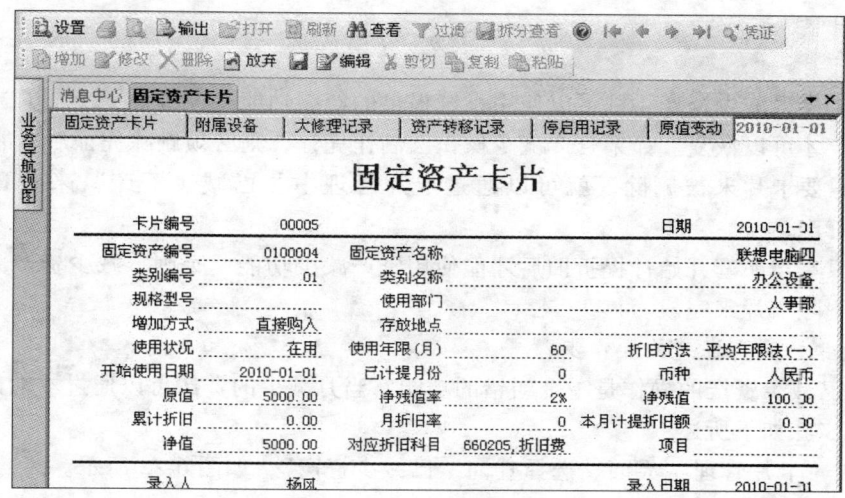

图 6-20 新增资产

2. 固定资产减少

固定资产减少是指资产在使用过程中，由于报废、毁损、出售、盘亏等原因退出企业。只有当账套开始计提折旧后，才可以使用资产减少功能；否则，减少资产只能通过删除卡片来完成。

操作步骤如下所述：

① 执行"卡片→资产减少"命令，打开"资产减少"对话框。

② 在"卡片编号"栏录入所需减少固定资产的编号，或单击卡片编号栏的对照按钮。

③ 单击【增加】按钮，双击"减少方式"栏，再单击"减少方式"栏的参照按钮，选择相应的减少方式。

④ 单击【确定】按钮，如图 6-21 所示。

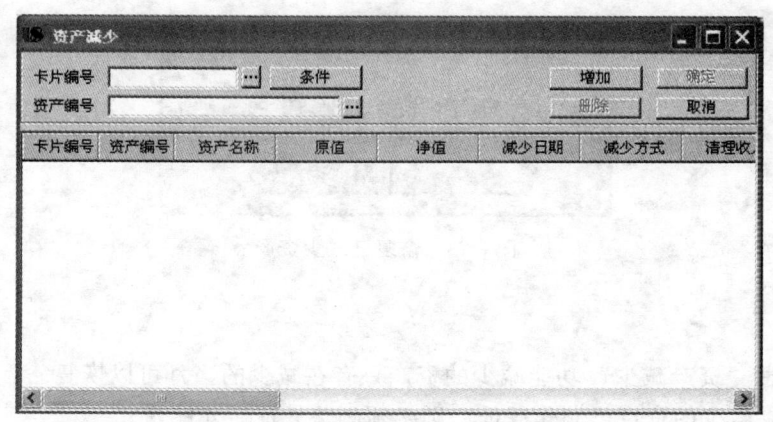

图 6-21 资产减少表

提示：
- 如果误减少资产，则可以使用系统提供的纠错功能来恢复。只有当月减少的资产才可以恢复。如果资产减少操作已制作凭证，则必须删除凭证后才能恢复。
- 只要卡片未被删除，就可以通过卡片管理中"已减少资产"来查看减少的资产。
- 只有当账套开始计提折旧后才能使用资产减少功能；否则，减少资产只有通过删除卡片来完成。

3. 撤销已减少资产的操作步骤

撤销已减少资产的操作是一个纠错的功能，当月减少的资产可以通过本功能恢复。操作步骤如下所述：

① 在"卡片管理"界面，选择查询"已减少资产"，如图 6-22 所示。

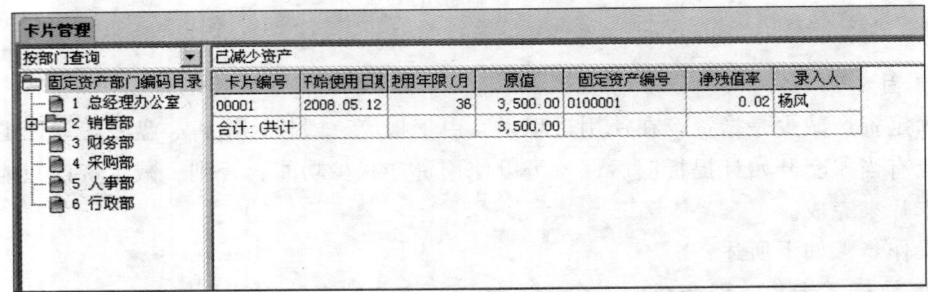

图 6-22 卡片管理—已减少资产

② 在已减少资产列表中，选中要恢复的资产，单击【卡片】、【恢复减少】按钮。系统提示"确实要恢复［00001］号卡片的资产吗?"，单击【是】按钮，如图 6-23 所示。

图 6-23 恢复已减少资产

提示：
- 通过"资产减少"功能减少的资产只有在减少的当月可以恢复。
- 如果减少的资产已制作凭证，则必须删除凭证后才能恢复。

6.3.3 固定资产变动管理

资产在使用过程中，由于各种原因，可能会调整卡片的某些项目。例如，为提高资产的性能，对其进行技术改造，增加该项资产的账面价值；原先预计的固定资产使用年限或净残值率与实际情况不符，从而需要进行相应调整；由于部门调整或生产任务的变化，导致固定资产在相关部门之间进行调剂等，这些情况都将导致需要对固定资产卡片上的相应信息做相应的变动。这种变动要求留下原始凭证来记录资产调整结果，制作的原始凭证称为"变动单"。

资产的变动包括：原值增加、原值减少、部门转移、使用状况变动、使用年限调整、折旧方法调整、净残值（率）调整、工作总量调整、累计折旧调整、资产类别调整、变动单管理。其他项目的修改，如名称、编号、自定义项目等的变动可直接在卡片上进行。

当月录入的原始卡片或新增卡片不允许进行变动处理，只能在下月进行。

1. 原值增加

资产在使用过程中，除发生下列情况外，价值不得任意变动：根据国家规定对固定资产重新估价；增加补充设备或改良设备；将固定资产的一部分拆除；根据实际价值调整原来的暂估价值；发现原记录固定资产价值有误的。

操作步骤如下所述：

① 执行"卡片→变动单→原值增加"命令，打开"固定资产变动单"窗口，如图6-24所示。

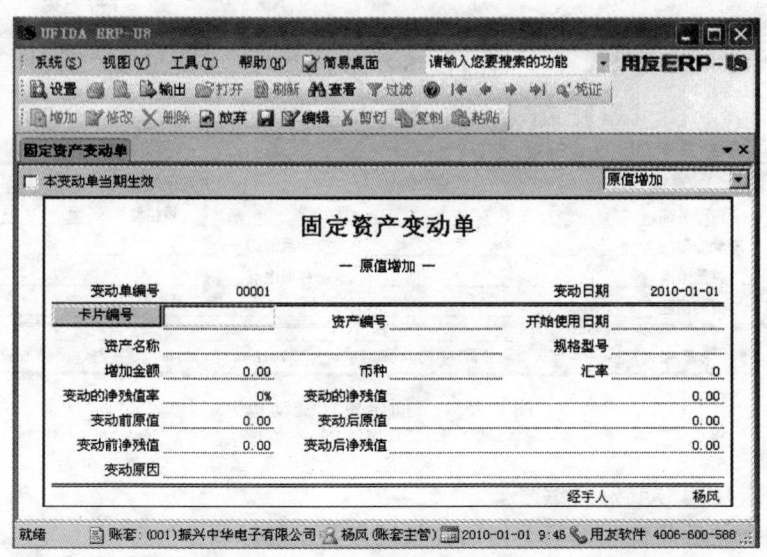

图6-24 "固定资产变动单"

② 输入卡片编号或资产编号。

③ 输入增加金额，参照选择币种。系统自动显示汇率，并且自动计算出变动残值、变动后原值、变动后净残值。如果缺省的变动的净残值率或变动的净残值不正确，则可手工修改其中的一个，另一个自动计算。

④ 单击【保存】按钮，即完成该变动单操作。卡片上相应的项目（原值、净残值、净残值率）根据变动单而改变。

提示：
- 变动单保存后不能修改，只能在当月删除后重新填制，保存前需慎重。

2. 原值减少

原值减少的操作与原值增加的操作基本相同。

3. 部门转移

资产在使用过程中，因内部调配而发生的部门变动，通过"变动单"中的"部门转移"功能来实现。

操作步骤如下所述：

① 执行"卡片→变动单→部门转移"命令，打开"固定资产变动单"窗口，如图6-25所示。

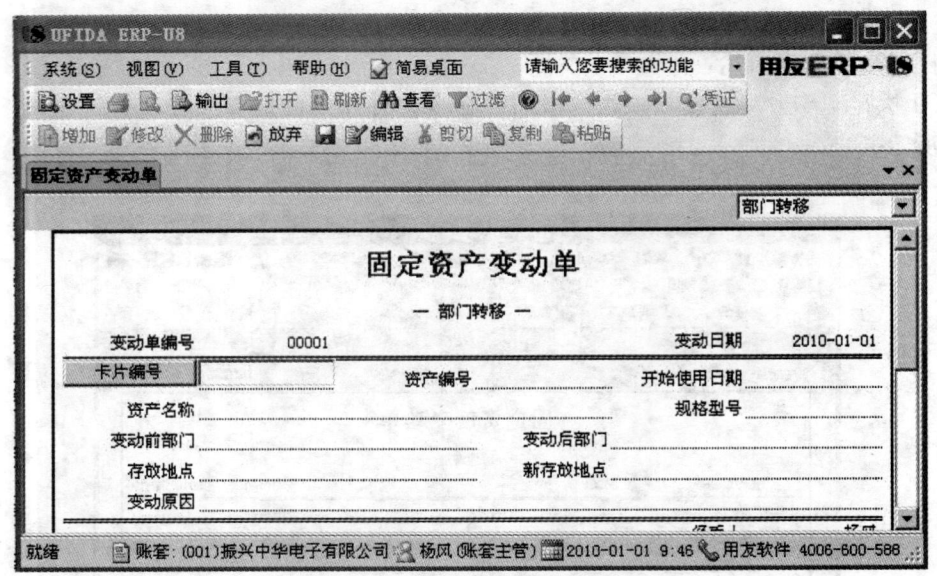

图 6-25　"固定资产变动单"

② 输入卡片编号或资产编号。

③ 输入变动后的使用部门、新的存放地点及变动原因。

④ 单击【保存】按钮，系统提示数据保存成功，即完成该变动单操作。卡片上相应的项目（使用部门、存放地点）根据变动单而改变。

提示：
- 变动单保存后，固定资产主卡片上"部门名称"自动修改，"附属设备"选项卡的"资产转移记录"自动登记。

以下介绍的"使用状况变动、使用年限调整、折旧方法调整、净残值（率）调整、工作总量调整、累计折旧调整、资产类别调整、变动单管理"等项目的操作方法与"部门转移"的操作步骤基本相同，不再赘述它们的操作步骤。

4. 资产使用状况调整

资产使用状况分为在用、未使用、不需用、停用、封存五种。资产在使用过程中，可能会因为某种原因，使得资产的使用状况发生变化，这种变化会影响到设备折旧的计算，因此应及时调整。

5. 资产使用年限调整

资产在使用过程中，资产的使用年限可能会由于资产的重估、大修等原因调整资产的使用年限。进行使用年限调整的资产在调整的当月就按调整后的使用年限计提折旧。

提示：
- 进行使用年限调整的资产，在调整的当月按调整后的使用年限计提折旧。

6. 资产折旧方法调整

一般来说，资产折旧方法一年之内很少改变，但如有特殊情况需调整改变的可以调整。

提示：
- 进行折旧方法调整的资产，在调整的当月就按调整后的折旧方法计提折旧。

7. 变动单管理

变动单管理可以对系统制作的变动单进行查询、修改、制单、删除等处理。

6.3.4 计提折旧

自动计提折旧是固定资产系统的主要功能之一。系统根据已经录入系统的有关固定资产资料，利用"折旧计提"功能，对各项资产每期计提折旧一次，并自动生成折旧分配表，然后制作记账凭证，将本期的折旧费用自动登账。并将当期的折旧额自动累加到累计折旧项目。

当开始计提折旧时，系统将自动计提所有资产当期折旧额，并将当期的折旧额自动累加到累计折旧项目中。计提折旧工作完成后，需要进行折旧分配，形成折旧费用，系统除了自动生成折旧清单外，同时还生成折旧分配表。从而完成本期折旧费用登账工作。

影响折旧计提的因素有：原值、减值准备、累计折旧、净残值（率）、折旧方法、使用年限、使用状况等。

操作步骤如下所述：

① 执行"处理→计提本月折旧"命令，系统提示"是否要查看折旧清单？"信息，

如图 6-26 所示。

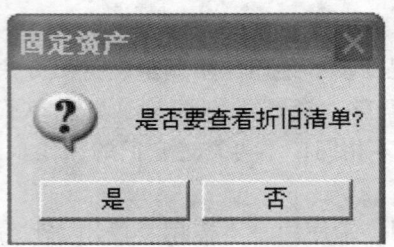

图 6-26　固定资产计提折旧信息提示 1

② 单击【是】按钮，系统提示"本操作将计提本月折旧，并花费一定时间，是否要继续？"信息，如图 6-27 所示。

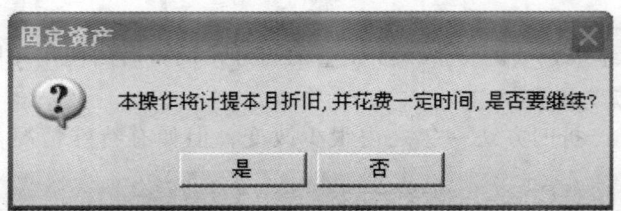

图 6-27　固定资产计提折旧信息提示 2

③ 单击【是】按钮，系统计提折旧完毕，自动打开"折旧清单"窗口，如图 6-28 所示。

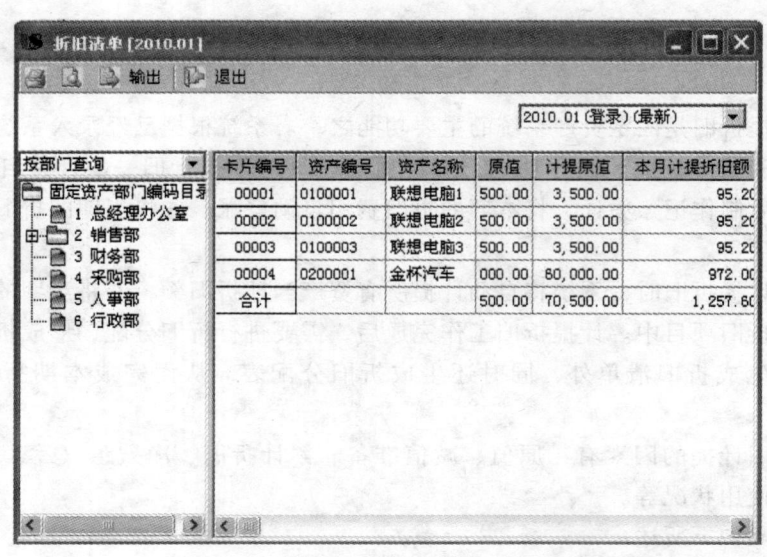

图 6-28　折旧清单

④ 单击"退出"按钮,打开"折旧分配表"窗口,如图 6-29 所示。

图 6-29 折旧分配表

⑤ 单击【凭证】按钮,生成一张记账凭证。
⑥ 修改凭证类别为"记账凭证"。
⑦ 单击【保存】按钮,凭证左上角出现"已生成"字样,表示凭证已传递到总账,如图 6-30 所示。

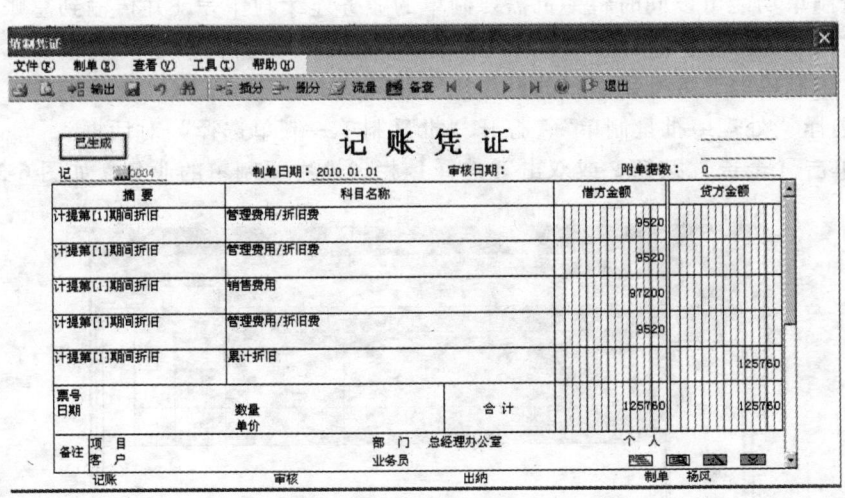

图 6-30 计提折旧记账凭证生成

提示:
- 计提折旧功能对各项资产每期计提一次折旧,并自动生成折旧分配表,然后制作记账凭证,将本期的折旧费用自动登账。

- 在一个期间内可以多次计提折旧,每次计提折旧后,只是将计提的折旧累加到月初的累计折旧,不会重复累计。
- 如果上次计提折旧已制单并把数据传递到总账系统,则必须删除该凭证才能重新计提折旧。
- 折旧计提后又对账套进行了影响折旧计算或分配的操作,必须重新计提折旧,否则系统不允许结账。
- 在折旧费用分配表界面,可以单击【制单】按钮后,开始制单,也可以以后利用"批量制单"功能进行制单。

6.3.5 凭证管理

1. 制作记账凭证

固定资产管理系统和总账系统之间存在数据的自动传输关系,该传输是通过制作传送到总账系统的记账凭证来完成的。固定资产系统需要制作凭证的业务内容主要包括资产增加、资产减少、卡片修改(涉及原值和累计折旧时)、资产评估(涉及原值和累计折旧变化时)、原值变动、累计折旧调整、折旧分配等。

制作凭证可以采取"立即制单"或"批量制单"两种方式实现。当在"选项"中设置了"业务发生后立即制单",则当需制单的业务发生后,可以通过单击【制单】按钮,制作记账凭证并传输到账务系统;如果在"选项"中未选中"业务发生后立即制单",则可利用本系统提供的批量制单功能来完成制单工作。

批量制单功能可以同时将一批需要制单的业务连续制作凭证并传输到总账系统,避免了多次制单的烦琐。

本月未制单的业务批量制单的操作步骤如下所述:

① 选择"处理→批量制单",打开"批量制单—制单选择"对话框。
② 单击【全选】按钮,或双击【选择】栏,选中要制单的业务,如图6-31所示。

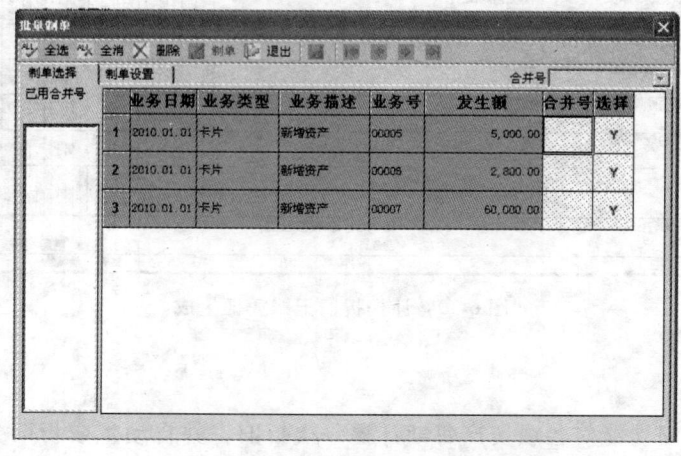

图 6-31 选择制单

③ 选择"制单设置"选项卡,查看制单科目设置,如图 6-32 所示。

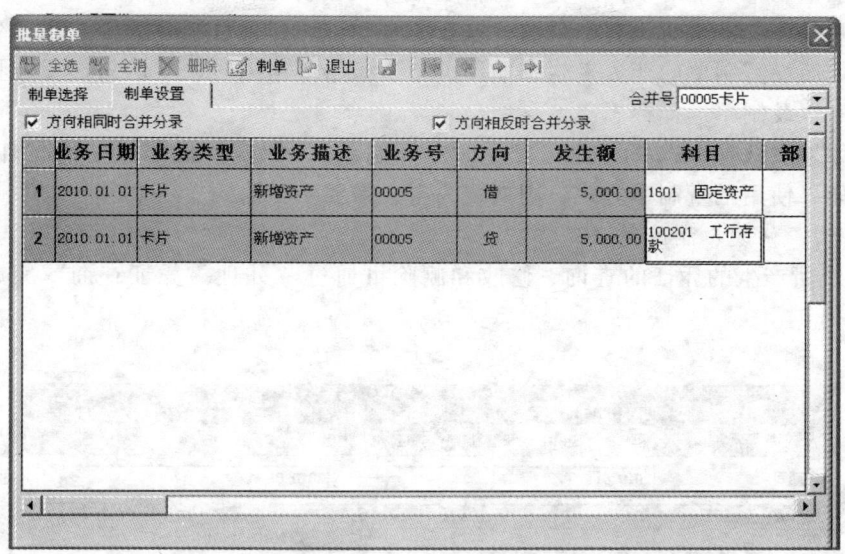

图 6-32 查看制单设置

④ 单击【制单】按钮,修改凭证类别,输入摘要。
⑤ 确认无误后,单击【保存】按钮,系统在凭证左上角提示"已生成"标志,如图 6-33 所示。

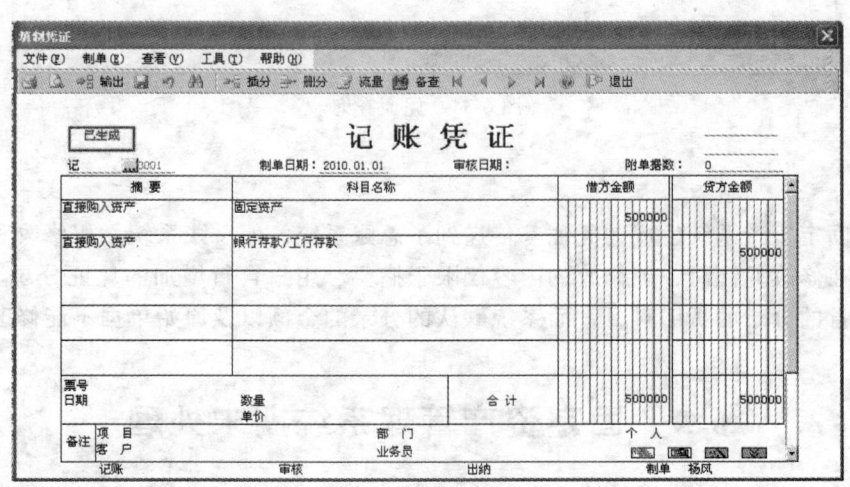

图 6-33 已生成的固定资产凭证

⑥ 单击【下张】按钮,完成其他业务制单。

提示：
- 批量制单功能可以同时将一批需要制单的业务连续制作凭证传递到总账系统。凡是业务发生时没有制单的，该业务自动排列到批量制单表中，表中列示应制单而没有制单的业务发生日期、类型、原始单据编号、默认的借贷方科目和金额以及制单选择标志。
- 如果在选项中选择"业务发生时立即制单"，则摘要根据业务情况自动输入；如果使用批量制单方式，则摘要为空，需要手工输入。

2. 查询、修改、删除凭证

本系统所产生的凭证的查询、修改和删除可通过"处理→凭证查询"完成，如图6-34 所示。

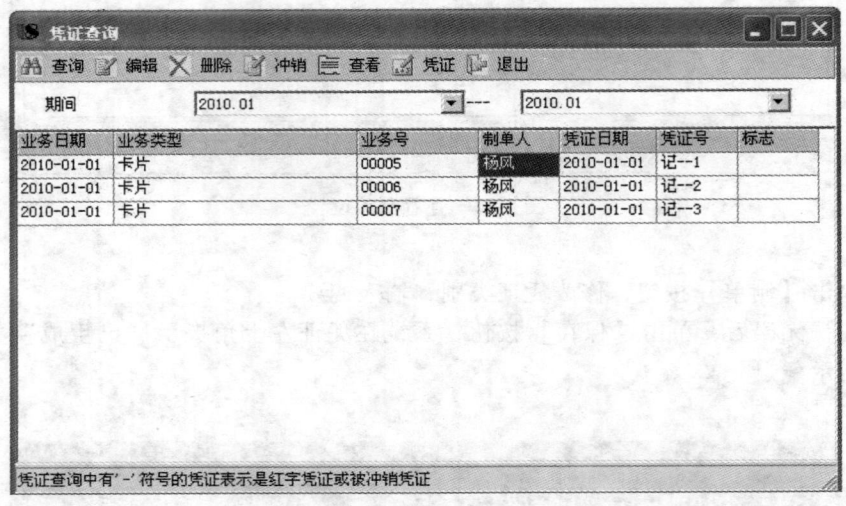

图 6-34　凭证查询

提示：
- 固定资产系统生成的凭证都传递到了总账系统，但总账系统无权修改和删除。
- 在修改凭证时，能修改的内容仅限于摘要、用户自行增加的凭证分录、系统缺省的分录的折旧科目，而系统默认的分录的金额以及原始单据不能修改。

6.4　固定资产管理系统期末处理

企业财务制度规定，每月月末都需要进行月末对账、结账和账表管理工作。固定资产系统生成的凭证会自动传递到总账系统，在总账系统进行出纳签字、审核、记账工作。系统生成的凭证在总账系统记账后，固定资产系统才可以进行月末对账、结账工作。另外，月末还应通过固定资产系统的账表对固定资产情况进行分析，为企业决策者提供各种指标。

6.4.1 月末对账

1. 月末对账

系统在运行过程中,应保证本系统管理的固定资产的价值和账务系统中固定资产科目的数值相等。在两者相等的情况下才能进行月末结账工作。

月末对账的操作步骤如下:

① 在固定资产系统中,执行"处理→对账"命令,屏幕出现"与账务对账结果"对话框,如图6-35所示。

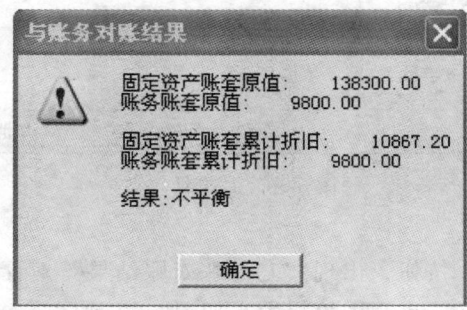

图6-35 与账务对账结果

② 单击【确定】按钮。

提示:
- 只有系统初始化或选项中选择了"与账务系统对账",才可使用本功能。
- 为保证固定资产管理系统的资产价值与总账管理系统中固定资产科目的数值相等,可随时使用对账功能对两个系统进行审查。
- 对账的操作不限制时间,任何时候都可以进行对账。系统在执行月末结账时自动对账一次,并给出对账结果。
- 本期增加的三项固定资产和计提的折旧额,已在固定资产系统填制了记账凭证并传递到了总账系统,但总账系统尚未记账,出现了差额。需由相关人员进入总账系统对凭证进行审核、出纳签字和记账后再重新对账,对账结果直到"平衡"为止。
- 如果对账不平,则可能是在固定资产系统中已经按需要根据初始化时是否选中"在对账不平情况下允许固定资产月末结账"来判断是否可以进行结账处理。

2. 月末结账

当固定资产管理系统完成了本月全部制单业务后,可以进行月末结账。月末结账每月进行一次,结账后当期数据不能修改。若必须修改,则可通过系统提供的"恢复月末结账前状态"功能反结账,再进行相应修改。

月末结账的操作步骤如下:

① 执行"处理→月末结账"命令,打开"月末结账"对话框,如图6-36所示。

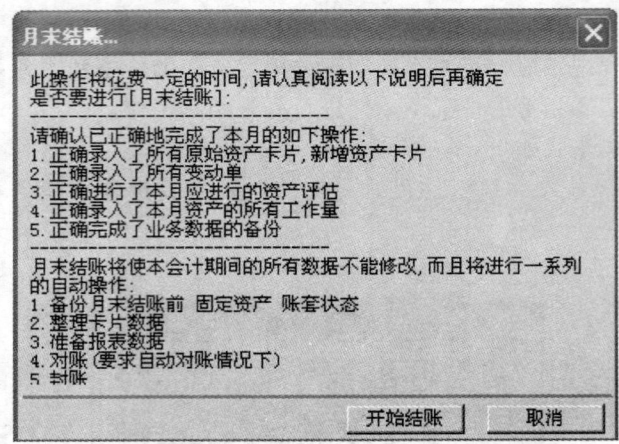

图 6-36 月末结账

② 单击【开始结账】按钮,出现"与总账对账结果"对话框。
③ 单击【确定】按钮,出现系统提示,如图6-37所示。

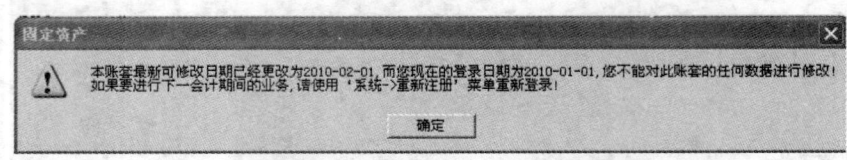

图 6-37 固定资产系统月末结账后系统提示信息

④ 单击【确定】按钮。

提示:

- 在固定资产系统完成了本月全部业务后,可以进行月末结账。月末结账每月进行一次,结账后当期数据不能修改。
- 本期不结账,将不能处理下期的数据;结账前一定要进行数据备份;否则,数据一旦丢失,将造成无法挽回的后果。

3. 恢复月末结账前状态

如果由于某种原因,在结账后发现有未处理的业务或者需要修改的事项,则可通过"恢复月末结账前状态"功能进行反结账。

恢复月末结账前状态操作步骤如下:

① 以要恢复结账的月份登录系统,执行"处理→恢复月末结账前状态"命令,屏

幕显示恢复月末结账前状态的提示信息,如图 6-38 所示。

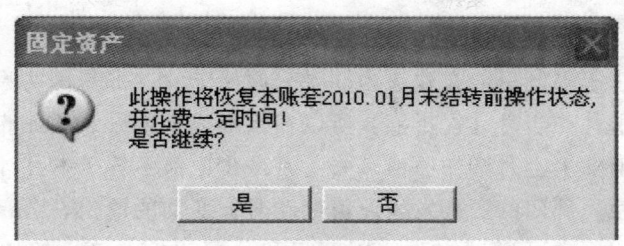

图 6-38 恢复结账提示信息

② 单击【是】按钮,系统执行反结账操作。
③ 反结账完成后,系统提示:"成功恢复账套月末结账前状态!"单击【确定】按钮,即可返回。

提示:
- 不能跨年度恢复数据,即本系统年末结转后,不能利用本功能恢复到年末结转。
- 恢复到某月月末结账前状态后,本账套内对该结账后所做的所有工作都可以无痕迹删除。
- 因为成本系统每月从本系统提取折旧费用数据,因此,一旦成本系统提取了某期的数据,则该期不能反结账。

6.4.2 固定资产账表

在固定资产管理过程中,财务人员通过固定资产系统提供的账表管理功能,及时掌握资产的各种信息,为企业作出各种决策提供财务信息。本系统提供的报表分为五类:账簿、折旧表、统计表、分析表、减值准备表。如果所提供的报表种类不能满足需要,系统还提供了自定义报表功能,则可以根据实际要求进行设置。

1. 账簿

固定资产管理系统提供的账簿包括固定资产总账、固定资产登记簿、固定资产明细账。这些账簿以不同方式,序时地反映了资产变化情况,在查询过程中可联查某时期(部门、类别)明细及相应原始凭证,从而获得所需财务信息。

固定资产账簿可以在"账表"、"我的账表"、"账簿"中查询。

2. 折旧表

固定资产核算系统提供的折旧表包括:按部门反映的折旧汇总表、固定资产折旧计算明细表和固定资产累计折旧表。通过固定资产折旧表可以了解并掌握本企业固定资产本期、本年乃至某部门计提折旧及其明细情况。

固定资产折旧表可以在"账表"、"我的账表"、"折旧表"中查询。

提示：
- 由于本系统不限制只能在建账当期录入原始卡片，那是因为系统使用过程中录入的原始卡片在当月计提折旧，所以在当期或上期录入原始卡片的情况下，上月计提原值加上上月增加原值减去上月减少原值不等于本月计提原值。
- 当有多个使用部门的资产发生原值变动时，变动的原值在各部门之间按比例分配，分配比例也可通过修改使用部门和分配比例改变，按比例变动出现的差额，按分配部门顺序归最后一个部门。

3. 统计表

统计表是出于管理资产的需要，按管理目的统计的数据。固定资产管理系统提供了九种统计表，包括：固定资产原值一览表、固定资产变动情况表、固定资产到期提示表、固定资产统计表、评估汇总表、评估变动表、盘盈盘亏报告表、逾龄资产统计表、役龄资产统计表等。这些表从不同的侧面对固定资产进行统计分析，使管理者可以全面地了解企业对资产的管理、分布情况，为及时掌握资产的价值、数量以及新旧程度等指标提供依据。

固定资产账簿可以在"账表"、"我的账表"、"统计表"中查询。

提示：
- 如果在"选项"中选择了"每次登录系统时显示资产到期提示表"，则无论是否有到期的固定资产，都会显示资产到期提示表。

4. 分析表

在固定资产系统中，分析表主要通过对固定资产的综合分析，为管理者提供管理和决策依据。系统提供了四种分析表：部门构成分析表、价值结构分析表、类别构成分析表、使用状况分析表。管理者可以通过这些表了解本企业固定资产计提折旧的程度和剩余价值的大小。

固定资产账簿可以在"账表→我的账表→分析表"中查询。

5. 减值准备表

减值准备表主要反映一定期间企业固定资产的减值准备的计提、转回及其余额情况。系统提供了三种减值准备表：减值准备明细表、减值准备余额表和减值准备总表。管理者可以通过分析这些表的变动原因，预测其未来的变动趋势。

6. 自定义报表

在以上报表不能满足企业对固定资产管理的需要时，企业可以定义适合企业固定资产管理需要的报表。

6.5 数据维护

6.5.1 数据接口管理

数据接口管理即卡片导入功能,将已有的资产卡片自动导入到本系统,以减少手工录入卡片的工作量。如果企业在使用用友 ERP-U8 固定资产管理系统之前,已经使用了固定资产核算系统,可以利用数据接口管理功能,将已有的资产卡片数据导入到本系统,以提高工作效率。

卡片引入有以下两步:第一步,将所需要的数据导入到临时表中,数据导入后可以查看已经导入临时表的数据内容,即数据导入;第二步,将导入到临时表的数据导入系统当前账套,即写入系统。

提示:
- 如果数据源为非用友 ERP-U8 数据库,则在导入卡片时,可提供文本文件、DBASE 文件和 Access 文件三种文件格式导入;提供 Access 和 SQL Server 两种数据库文件导入。

6.5.2 重新初始化账套

系统正常运行过程中出现账套数据错误太多,可尝试通过"反结账"纠错,当无法或不想通过"反结账"纠错时,可以执行"维护→重新初始化账套"命令,将该账套内容全部清空,再重新建账。

提示:
- 重新初始化账套是针对打开的账套而言的,该命令会删除对该账套的所做的所有操作。

本章小结:

固定资产管理系统是一套用于企事业单位进行固定资产核算和管理的软件,帮助企事业单位进行固定资产增减变动等数据的动态管理,协助企业进行成本核算,同时为设备管理部门提供固定资产实体的各项指标。本章主要介绍了固定资产管理系统概述、初始设置、日常业务处理、期末处理和数据维护。其中,固定资产初始化设置包括建立固定资产账套、基础设置和原始卡片录入;日常业务处理包括固定资产卡片管理、增减管理、变动管理、计提折旧和凭证管理;月末处理包括月末对账、结账和账表查询;数据维护包括数据接口管理和重新初始化账套。

在建立固定资产账套时，设置的编码方式应适合企业固定资产管理的需要；在录入固定资产原始卡片过程中，要和固定资产增加业务区分开来；当发生固定资产增加业务时，应及时生成固定资产增加的凭证，在操作中，应注意选择资产增加，而不是原始卡片录入；当固定资产发生变动时，应注意同时更改对应的折旧科目；当月末计提固定资产折旧时，应先注意录入按工作量法计提折旧固定资产的当月工作量，个别情况下由于忘记录入工作量而造成计提的折旧金额不准确，需要重新操作。在学习时，应反复操作，熟练掌握建立固定资产账套、输入原始卡片、固定资产增减、变动、折旧、月末对账、结账的操作方法。

思考题：

1. 固定资产管理系统有哪些主要功能？
2. 如何进行固定资产类别的设置和增减方式的增删？
3. 如何进行固定资产的折旧处理？
4. 如何进行固定资产系统的结账与反结账？
5. 传递到总账系统的折旧计提凭证应如何修改和删除？

第 7 章 往来账管理系统

学习目标：
1. 掌握往来账管理系统组成。
2. 掌握往来账管理系统初始化。
3. 掌握往来账管理系统日常业务处理。
4. 掌握往来账管理系统月末处理操作。

操作流程：

7.1 应收款管理系统

7.1.1 应收款管理系统初始化

1. 系统启用

启用应收款管理系统，在建立账套完毕后，用账套主管登录企业应用平台登录，选择左下角"设置"，选择"基本信息"，如图 7-1 所示。选择"基本信息"项下的"系统启用"，在弹出的系统启用对话框勾选"应收款管理"设置启用日期，单击【确定】按钮，如图 7-2 所示。

在启用应收款管理系统时应注意两个方面：第一，各系统的启用会计期间必须大于或等于账套的启用日期；第二，只有系统管理员和账套主管才有系统启用的权限。

2. 基本设置

（1）选项设置

在使用应收款管理系统前，应首先设置账套参数，以便系统根据设定的选项进行相应的处理。用账套主管登录企业应用平台登录，在左下角"业务"栏中，选择"应收款管理"项下的"设置"，选择"选项"弹出"账套参数设置"对话框，其中包括三个标签：常规、凭证、权限与预警，如图 7-3 所示。

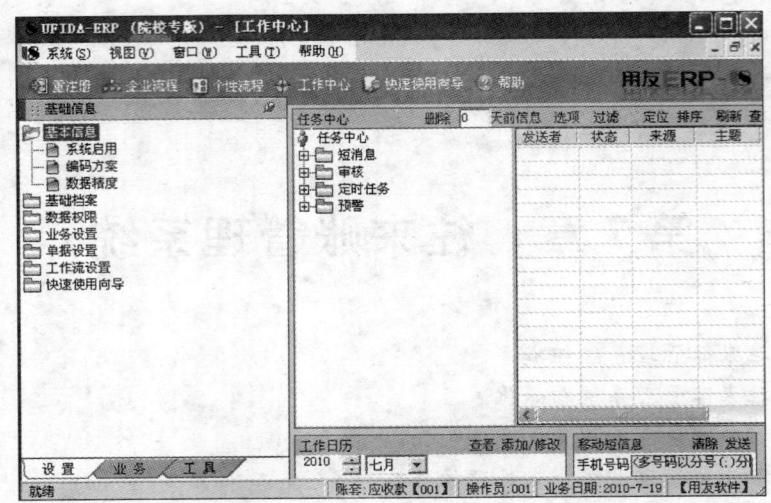

图 7-1

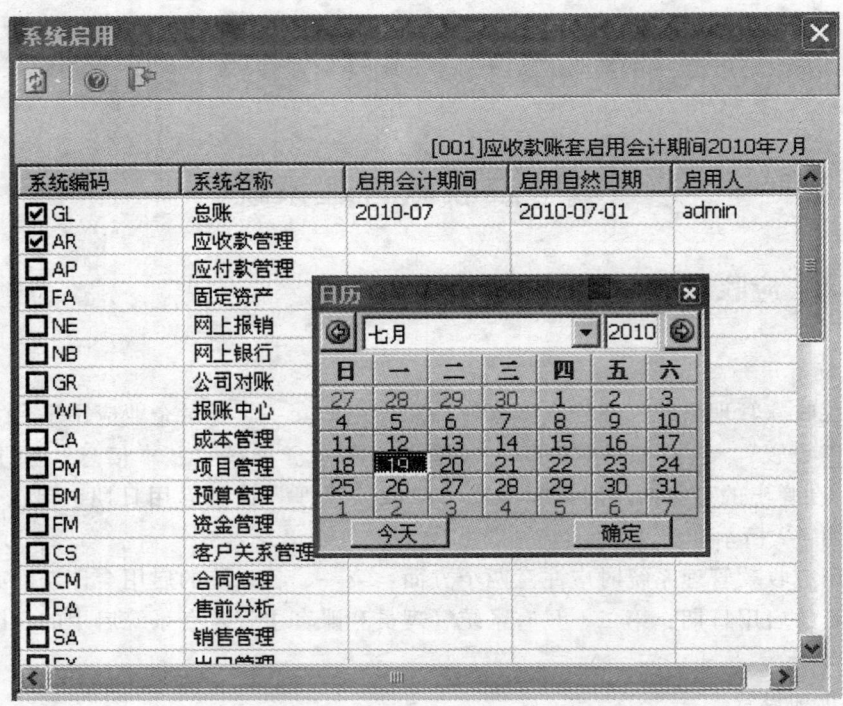

图 7-2

常规选项设置：

① 应收款核销方式：系统提供"按单据"和"按产品"两种核销方式。按单据核销：系统将满足条件的未结算单据列出，选择要结算的单据进行核销处理。按产品核

第 7 章 往来账管理系统

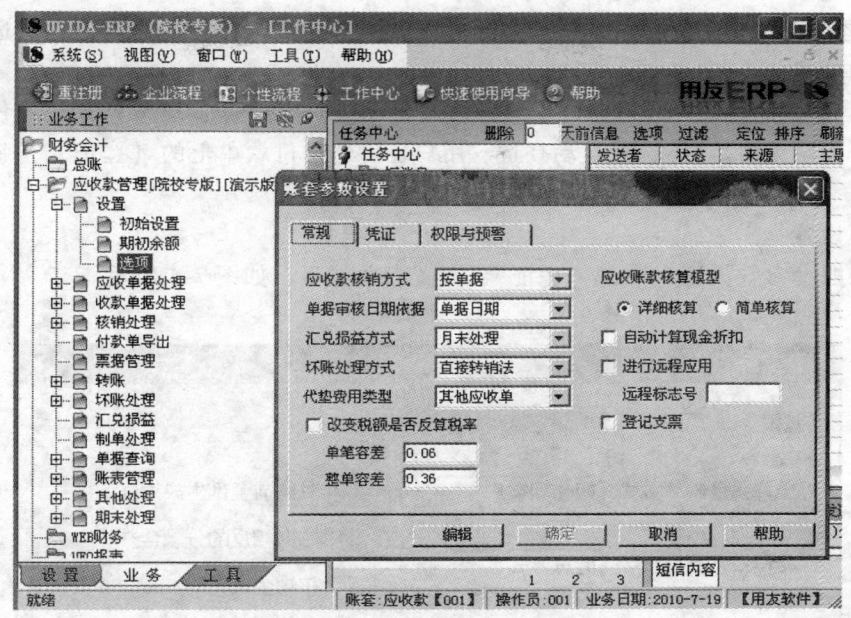

图 7-3

销：系统将满足条件的未核销发票、应收单按产品列出，选择要结算的产品进行核销处理。单击"编辑"，选择核销方式。

② 单据审核日期：系统提供"单据日期"和"业务日期"两种审核日期。按单据日期：在单据处理功能中进行单据审核时，自动将单据的审核日期（入账日期）记为该单据的单据日期。按业务日期：在单据处理功能中进行单据审核时，自动将单据日期（入账日期）记为当前业务日期。单击"编辑"，选择审核日期。

③ 汇兑损益方式：系统提供"外币结清"和"月末处理"两种汇兑损益方式。外币结清：仅当外币余额结清时，才计算汇兑损益。月末计算：每个月末计算汇兑损益。

④ 坏账处理方式：系统提供"应收余额百分比法"、"销售收入百分比法"、"账龄分析法"、"直接转销法"，单击"编辑"，选择处理方式。

⑤ 代垫费用类型：代垫费用类型解决从销售系统传递过来的代垫费用单在应收系统中用何种单据类型进行接收的问题。系统默认为"其他应收单据"，用户可以在"设置"项下选择"初始设置"中的"单据类型设置"中自行定义单据类型，然后在此进行选择。

⑥ 应收账款核算类型：系统提供"简单核算"和"详细核算"两种应用模型，系统默认为详细核算。简单核算：应收只完成将销售传递过来的发票生成凭证并传递给总账这一过程，适合销售业务以及应收账款业务不复杂，或者现销业务居多的用户。详细核算：应收可以对往来账进行详细的核算、控制、查询、分析。适合销售业务以及应收款核算与管理业务比较复杂；或者需要追踪每一笔业务的应收款、收款情况的用户。

⑦ 是否自动计算现金折扣：为了鼓励客户在信用期间内提前付款而采用现金折扣

政策，可选择自动计算现金折扣。

⑧ 是否进行远程应用：选择了进行远程应用，则系统在后续处理中提供远程传输收款单的功能。

⑨ 是否登记支票：选择登记支票，系统自动将具有票据管理结算方式的付款单登记在支票记录簿中。（不选择自动登记，用户也可通过付款单上的【登记】按钮，手工登记。）

凭证选项设置：

进入账套参数设置，单击"凭证"，设置相关栏目，如图7-4所示。

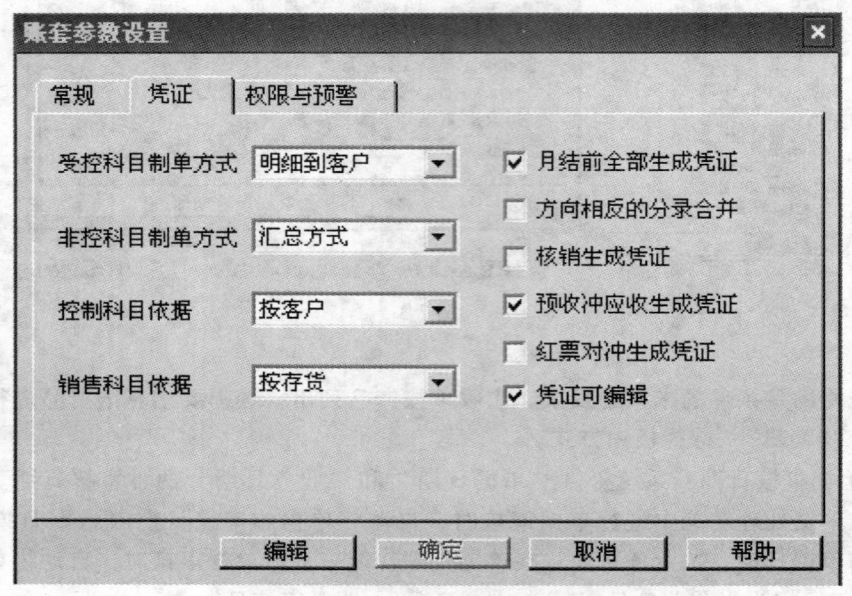

图 7-4

① 受控科目制单方式：系统提供"明细到客户"和"明细到单据"两种制单方式。明细到客户：在将一个客户的多笔业务合并成一张凭证时，如果核算这多笔业务的控制科目相同，则系统将自动将其合并成一条分录，这种方式可以在总账系统中能够根据客户来查询其详细信息。明细到单据：将一个客户的多笔业务合并成一张凭证时，系统会将每一笔业务形成一条分录，这种方式的目的是在总账系统中也能查看到每个客户的每笔业务详细情况。

② 非受控科目制单方式：系统提供"明细到客户"和"明细到单据"以及"汇总制单"。明细到客户：在将一个客户的多笔业务合并成一张凭证时，如果核算这多笔业务的控制科目相同，则系统将自动将其合并成一条分录，这种方式可以在总账系统中能够根据客户来查询其详细信息。明细到单据：在将一个客户的多笔业务合并成一张凭证时，系统会将每一笔业务形成一条分录，这种方式的目的是在总账系统中也能查看到每个客户的每笔业务详细情况。汇总制单：指多个客户的多笔业务在合并生成一张凭证

时，如果核算这多笔业务的非受控科目相同，且其所带辅助核算项目也相同，则系统自动将其合并生成一条分录。这种方式的目的是精简总账中的数据，在总账系统中只能看到该科目的一个总的发生额。

③ 控制科目依据：系统提供"按客户分类"和"按客户"以及"按地区"三种受控科目依据。按客户分类：指根据一定的客户属性将客户分为几个大类，在不同的方式下，针对不同的客户分类，设置不同的应收科目和预收科目。按客户：指根据不同的客户，设置不同的应收科目和预收科目。按地区：指针对地区分类的不同，设置不同的应收科目的预收科目。

④ 销售科目依据：系统提供"按存货分类"和"按存货"两种科目依据。按存货分类：指根据存货的属性对存货所划分的大类，例如，原材料、燃料及动力等大类。针对这些存货分类设置不同的销售科目。按存货：如果存货种类不多，可以直接针对不同的存货设置不同的销售科目。

⑤ 月末结账前是否生成凭证：根据需要选择在月末结账前是否全部制单。

⑥ 方向相反的分录是否合并：指科目相同、辅助项相同、方向相反的凭证分录是否合并。

⑦ 核销是否需要生成凭证：如果选择，则需要判断核销双方的单据其当时的入账科目是否相同，不相同时需要生成一张调整凭证。

⑧ 预收冲应收是否生成凭证：如果选择，则对预收冲应收业务，当预收、应收科目不相同时，需要生成一张转账凭证。

⑨ 红票对冲是否生成凭证：如果选择对当冲单据所对应的受控科目不相同时，则系统生成一张转账凭证。

权限与预警选项设置：

进入账套参数设置，单击【权限与预警】，设置相关栏目，如图7-5所示。

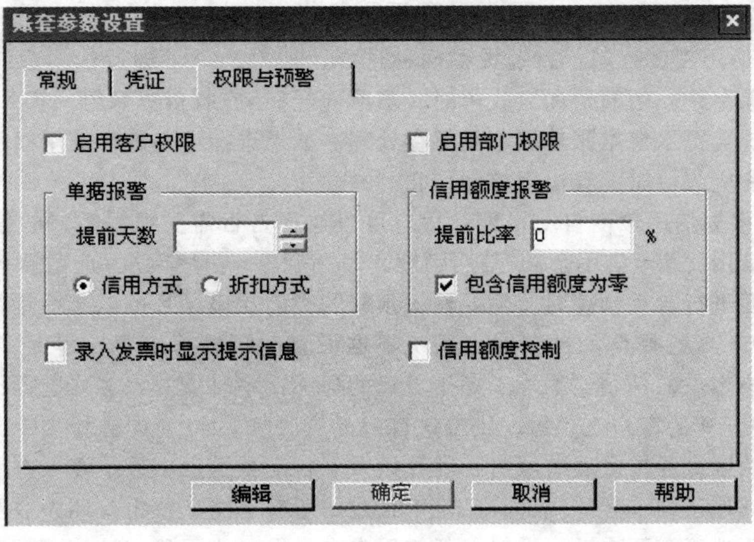

图 7-5

① 是否启用客户权限：只有在企业应用平台"设置→数据权限→数据权限控制设置"中客户进行记录集数据权限控制时，该选项才可设置，账套参数中对客户的记录集权限不进行控制时应收系统中不对客户进行数据权限控制。若选择启用，则在所有的处理、查询中均需要根据该用户的相关客户数据权限进行限制。通过该功能，企业可加强客户管理的力度，提高数据的安全性。若选择不启用，则在所有的处理、查询中均不需要根据该用户的相关客户数据权限进行限制。

② 是否启用部门权限：只有在企业应用平台"设置→数据权限→数据权限控制设置"中对部门进行记录集数据权限控制时，该选项才可设置，账套参数中对部门的记录集权限不进行控制时应收款管理系统中不对部门进行数据权限控制。若选择启用，则在所有的处理、查询中均需要根据该用户的相关部门数据权限进行限制。通过该功能，企业可加强部门管理的力度，提高数据的安全性。若选择不启用，则在所有的处理、查询中均不需要根据该用户的相关部门数据权限进行限制。

③ 录入发票时显示提示信息：系统提供两种选择。如果选择了显示提示信息，则在您录入发票时，系统会显示该客户的信用额度余额，以及最后的交易情况。如果您想提高录入的速度，在录入发票时，则可以选择不提示任何信息。在账套使用过程中可以修改该参数。

④ 是否根据单据自动报警：系统提供三种选择：①如果选择了根据信用方式自动报警，则还需要设置报警的提前天数。在每次登录本系统时，系统自动将单据到期日-提前天数≤当前注册日期的已经审核的单据显示出来，以提醒及时通知客户哪些业务应该回款了。②如果选择了根据折扣方式自动报警，则还需要设置报警的提前天数。在每次登录本系统时，系统自动将单据最大折扣日期-提前天数≤当前注册日期的已经审核的单据显示出来，以提醒您及时通知客户哪些业务将不能享受现金折扣待遇。③如果选择了不进行自动报警，在每次登录本系统时，则不会出现报警信息。在账套使用过程中您可以修改该参数。按信用方式报警其单据到期日根据客户档案中信用期限而定、按折扣期则根据单据中的付款条件最大折扣日期计算。

⑤ 是否信用额度控制：系统提供两种选择，如果选择了进行信用控制，则在应收款管理系统保存录入的发票和应收单时，当票面金额+应收借方余额-应收贷方余额>信用额度，系统会提示您本张单据不予保存处理。如果选择了不进行信用额度的控制，则在保存发票和应收单时不会出现控制信息。

⑥ 是否根据信用额度自动报警：用户可以选择是否需要根据客户的信用额度进行自动预警。信用比率=信用余额/信用额度，信用余额=信用额度-应收账款余额。选择根据信用额度进行自动预警时，需要输入预警的提前比率，且可以选择是否包含信用额度=0的客户。当选择自动预警时，系统根据设置的预警标准显示满足条件的客户记录。即只要该客户的信用比率小于等于设置的提前比率时就对该客户进行报警处理。若选择信用额度=0的客户也预警，则当该客户的应收账款>0时即进行预警。当登录的用户没有信用额度报警单查看权限时，就算设置了自动报警也不显示该报警单信息。选择自动预警的其他条件：客户全部、已经审核过的所有单据、截止日期为登录日期、币种为全部。在不选择需要自动预警时，任何用户在登录时均不显示按信用额度进行预警的

第 7 章 往来账管理系统

信息。

（2）初始设置

初始设置的作用是建立应收款管理的基础数据，确定使用哪些单据处理应收业务，确定需要进行账龄管理的账龄区间。有了这种功能，用户可以选择使用自己定义的单据类型、使应收业务管理更符合用户的需要。用账套主管登录企业应用平台登录，在左下角"业务"栏中，选择"应收款管理"项下的"设置"，再选择"初始设置"，如图 7-6 所示。

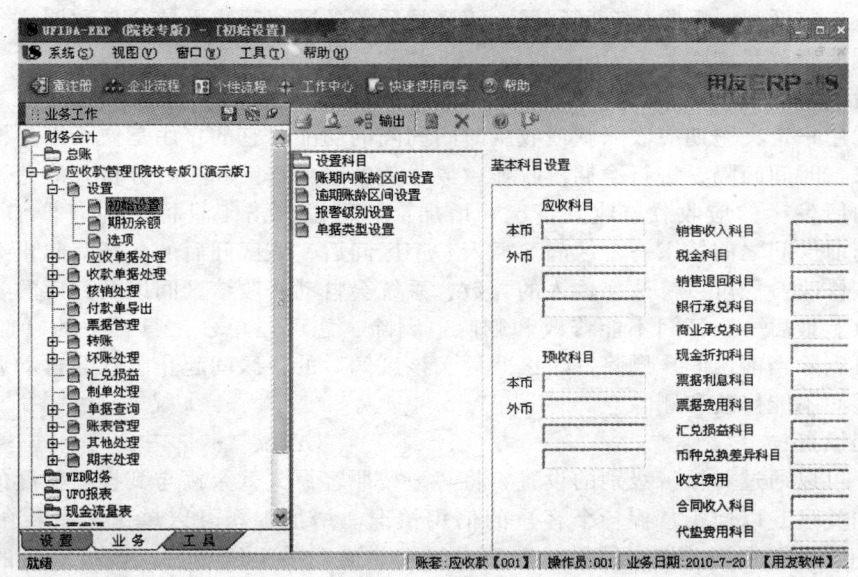

图 7-6

设置科目：

由于本系统业务类型较固定，生成的凭证类型也较固定，因此为了简化凭证生成操作，可以在此处将各业务类型凭证中的常用科目预先设置好。系统将依据制单规则在生成凭证时自动带入。

① 基本科目设置：用户可以在此定义应收系统凭证制单所需要的基本科目。应收科目、预收科目、销售收入科目、税金科目等。若用户未在单据中指定科目，且控制科目设置与产品科目设置中没有明细科目的设置，则系统制单依据制单规则取基本科目设置中的科目设置。

② 控制科目设置：进行应收科目、预收科目的设置。依据您在系统初始中的控制科目依据而显示设置依据。

③ 产品科目设置：进行销售收入科目、应交增值税科目、销售退回科目的设置。依据您在系统初始中的销售科目依据选项而显示设置依据。

④ 结算方式科目设置：进行结算方式、币种、科目的设置。对于现结的发票、收付款单，系统依据单据上的结算方式查找对应的结算科目，系统在制单时，会自动

带出。

账期内账龄区间设置：

它指用户定义账期内应收账款或收款时间间隔的功能，它的作用是便于用户根据自己定义的账款时间间隔，进行账期内应收账款或收款的账龄查询和账龄分析，清楚了解在一定期间内所发生的应收款、收款情况。增加：可以单击工具栏中的【增加】按钮，即可在当前区间之前插入一个区间。插入一个区间后，该区间后的各区间起止天数会自动调整。修改：可以修改您输入的天数，系统会自动修改该区间以及其后的各区间的起止天数。最后一个区间不能修改和删除。删除：可以单击工具栏中的【删除】按钮，即可删除当前区间。删除一个区间后，该区间后的各区间起止天数会自动调整。最后一个区间不能修改和删除。

逾期账龄区间设置：

它指用户定义逾期应收账款或收款时间间隔的功能，它的作用是便于用户根据自己定义的账款时间间隔，进行逾期应收账款或收款的账龄查询和账龄分析，清楚了解在一定期间内所发生的应收款、收款情况。增加：您可以单击工具栏中的【增加】按钮，即可在当前区间之前插入一个区间。插入一个区间后，该区间后的各区间起止天数会自动调整。修改：您可以修改您输入的天数，系统会自动修改该区间以及其后的各区间的起止天数。最后一个区间不能修改和删除。删除：您可以单击工具栏中的【删除】按钮，即可删除当前区间。删除一个区间后，该区间后的各区间起止天数会自动调整。最后一个区间不能修改和删除。

报警级别设置：

这个可以通过对报警级别的设置，将客户按照客户欠款余额与其授信额度的比例分为不同的类型，以便于掌握各个客户的信用情况。增加：您可以单击工具栏中的【增加】按钮，即可在当前级别之前插入一个级别。插入一个级别后，该级别后的各级别比率会自动调整。修改：您可修改您输入的比率，系统会自动修改该级别以及其后的各级别的比率。最后一个区间不能修改和删除。删除：您可以单击工具栏中的【删除】按钮，删除当前级别。删除一个级别后，该级别后的各级别比率会自动调整。最后一个区间不能修改和删除。

单据类型设置：

单据类型设置指用户将自己的往来业务与单据类型建立对应关系，达到快速处理业务以及进行分类汇总、查询、分析的效果。系统提供了发票和应收单两大类型的单据。如果同时使用销售系统，则发票类型单据名称包括销售专用发票、普通发票、销售调拨单和销售日报。如果单独使用应收系统，则单据名称不包括后两种。发票是系统默认类型，不能修改删除。应收单记录销售业务之外的应收款情况。在本功能中，由设置应收单的不同类型。可以将应收单划分为不同的类型，以区分应收货款之外的其他应收款。例如，可以将应收单分为应收代垫费用款、应收利息款、应收罚款、其他应收款等。应收单的对应科目由用户自己定义。

（3）期初余额

通过期初余额功能，用户可将正式启用账套前的所有应收业务数据录入到系统中，作为期初建账的数据，系统即可对其进行管理，这样既保证了数据的连续性；又保证了数据的完整性。当初次使用系统时，要将上期未处理完全的单据都录入到系统，以便于

第 7 章 往来账管理系统

以后的处理。当您进入第二年度处理时，系统自动将上年度未处理完全的单据转成为下一年度的期初余额。在下一年度的第一个会计期间里，您可以进行期初余额的调整。在期初余额主界面，列出的是所有客户、所有科目、所有合同结算单的期初余额，您可以通过过滤功能，查看某个客户、某份合同或者某个科目的期初余额，如图 7-7 所示。

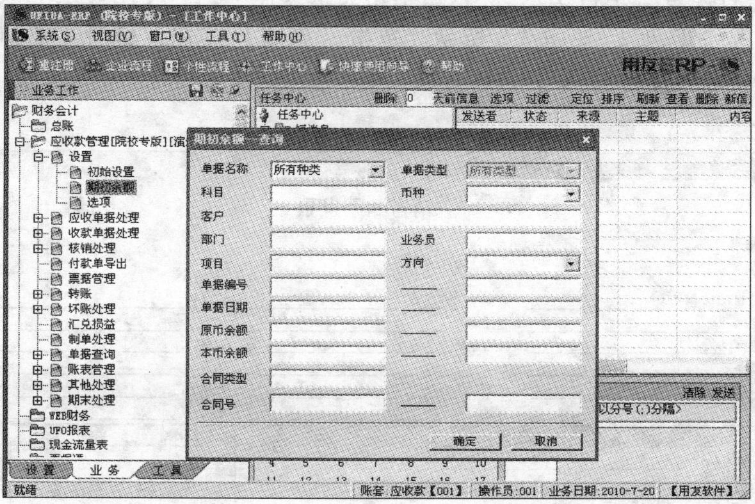

图 7-7

录入期初余额，包括未结算完的发票和应收单、预收款单据、未结算完的应收票据以及未结算完毕的合同金额。这些期初数据必须是账套启用会计期间前的数据。期初余额录入后，可与总账系统对账。在日常业务中，可对期初发票、应收单、预收款、票据进行后续的核销、转账处理。在应收业务账表中查询期初数据。

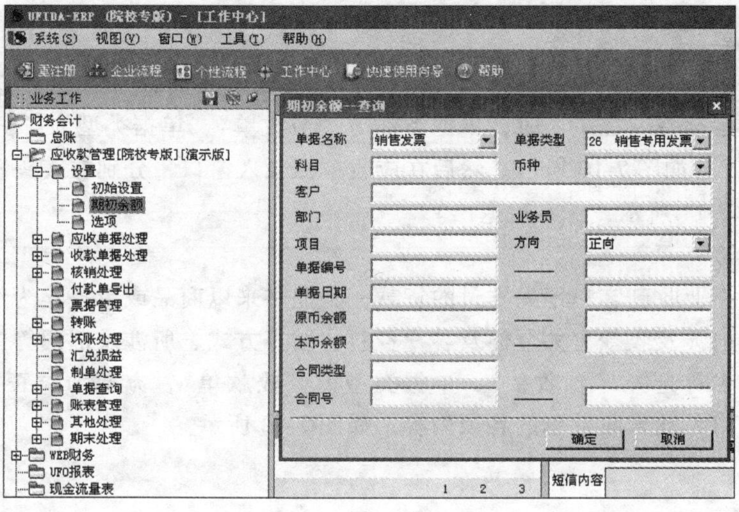

图 7-8

录入期初销售发票：

  由于启动了应收款核算系统，在录入期初余额时，既包括期初金额，也包括该项业务生产时所形成的原始交易票据内容，这样核算过程就更加清晰明了。本项目的期初余额的录入中所包含代垫运杂费项目金额，代垫运杂费项目在期初应收单中录入。在录入时，选择单据名称为"销售发票"。根据单据类型选择"销售专用发票"或"普通销售发票"，方向为"正向"，如图 7-8 所示。单击【确定】按钮，然后在期初余额销售发票录入窗口中，分别输入表头、表体各项内容，如图 7-9 所示。

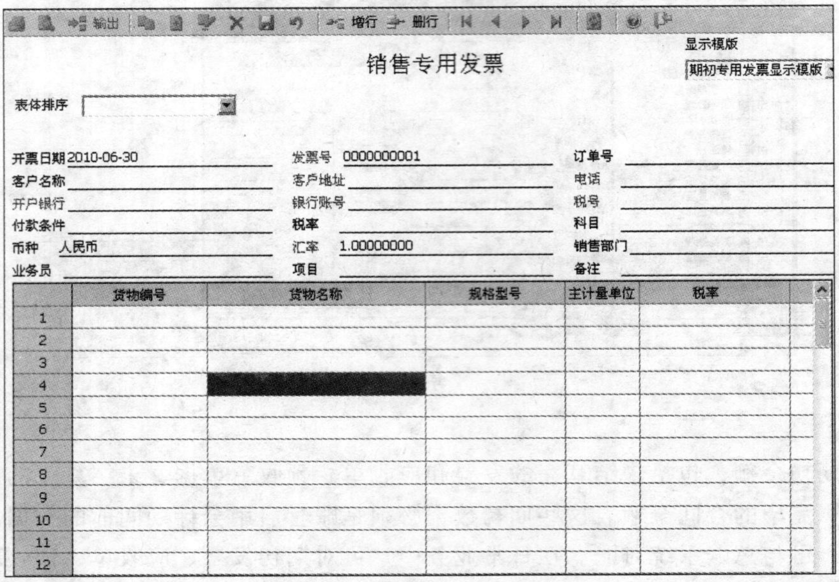

图 7-9

录入期初应收单：

  期初应收单录入的金额主要是指企业向客户收取的除货款（含税）以外的项目金额，如代垫的运杂费。在录入时，单据类别为"应收单"，单据类型为"其他应收单"，方向为"正向"，如图 7-10 所示。然后在应收单据录入窗口，分别在表头和表体输入各项内容，如图 7-11 所示，保存后退出。

录入期初预收款：

  预收款是企业收到客户预先支付的货款，企业将来以商品或劳务作为偿付。期初预收款的录入，会涉及收款有关金额及客户资料、结算方式、所涉及部门等主要信息。在录入时，单据名称选择"预收款"，单据类型为"收款单"，方向为"正向"，然后在收款单录入窗口，输入收款单的各项内容，如图 7-12 所示。

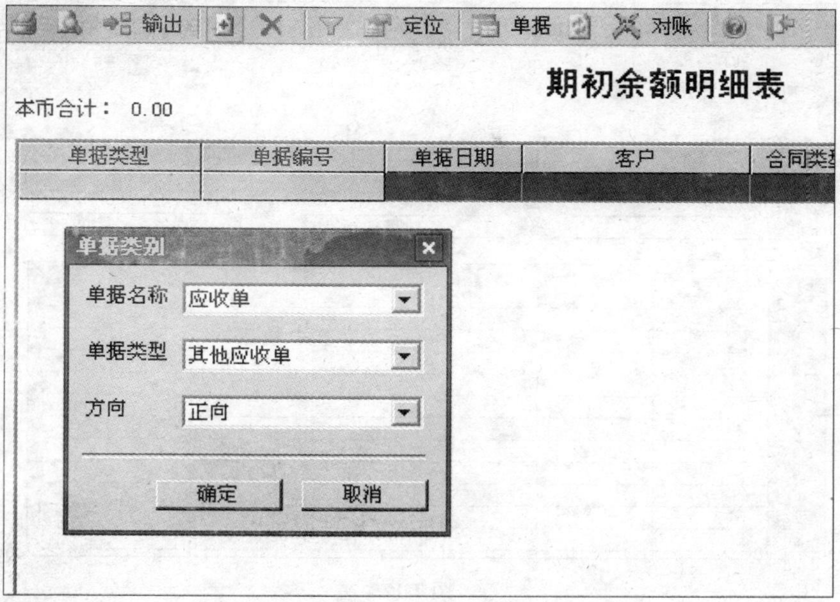

图 7-10

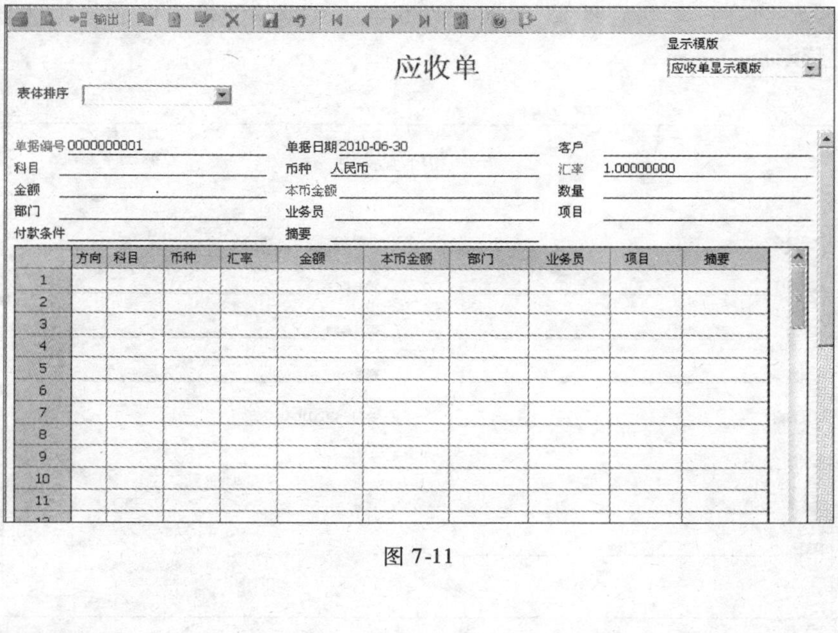

图 7-11

录入应收票据：

应收票据作为一种债权凭证，是指企业因销售商品、产品、提供劳务等而收到的，还没有到期的，尚未兑现的商业汇票，包括商业承兑汇票和银行承兑汇票。期初应收票

图 7-12

据的录入会涉及票据类型、编号、开票单位、票据面值、签发日期、到期日期等主要信息。在录入时，单据名称选择"应收票据"，单据类型为根据录入票据类型选择"商业承兑汇票"或"银行承兑汇票"，然后在收款单录入窗口，输入应收票据的各项内容，如图 7-13 所示。

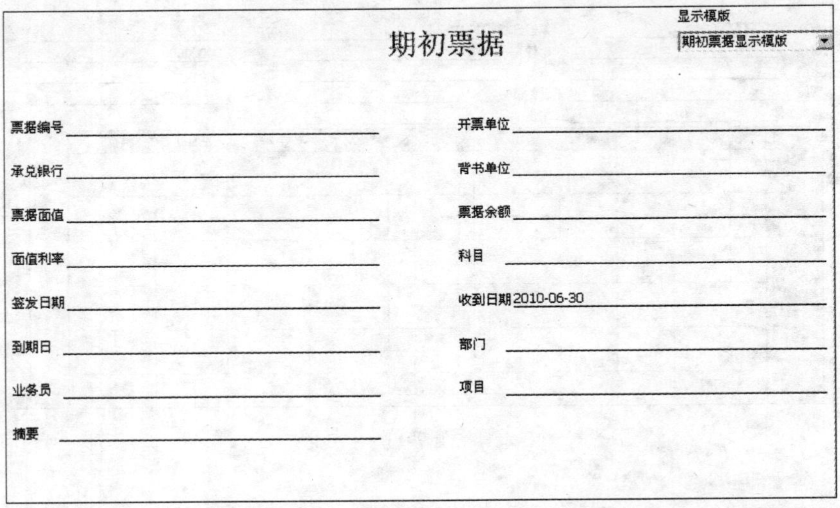

图 7-13

期初对账：

当完成全部应收款期初余额录入后，应通过对账功能将应收系统与总账系统期初余额进行核对。与总账系统对账，必须在总账与应收款管理系统同时启动后才可以进行，保证总账系统中应收账款、应收票据、预收账款等账户的期初余额与应收管理系统中录入的期初余额相符。在期初余额主界面中单击【对账】按钮。屏幕上列示出各科目与总账的对账结果。期初余额与总账对账：根据受控科目进行一一对账。

7.1.2 日常业务处理

日常处理是应收款管理系统的重要组成部分，是经常性的应收业务处理工作。日常业务主要完成企业日常的应收/收款业务录入、应收/收款业务核销、应收并账、汇兑损益以及坏账的处理，及时记录应收、收款业务的发生，为查询和分析往来业务提供完整、正确的资料，加强对往来款项的监督管理，提高工作效率。

1. 应收单据处理

应收单据处理指用户进行单据录入和单据管理的工作。通过单据录入，单据管理可记录各种应收业务单据的内容，查阅各种应收业务单据，完成应收业务管理的日常工作。根据的业务模型的不同，单据录入的类型也不同，如果您同时使用应收款管理系统和销售管理系统，则发票和代垫费用产生的应收单据由销售系统录入，在本系统可以对这些单据进行审核、弃审、查询、核销、制单等功能。此时，在本系统需要录入的单据仅限于应收单。如果没有使用销售系统，则各类发票和应收单均应在本系统录入。

（1）应收单据录入

单据录入是本系统处理的起点。在此，系统提供录入销售业务中的各类发票，以及销售业务之外的应收单。录入销售发票：销售发票是企业给客户开具的增值税专用发票、普通发票及所附清单等原始销售票据。在录入销售发票时，企业根据销售业务内容、性质确定单据名称、类型及方向，并在表体中详细录入该项业务的销售情况。录入应收单据：应收单的实质是一张凭证，用于记录您销售业务之外所发生的各种其他应收业务。表头信息相当于凭证中的一条分录，单据头中的科目由系统从用户在初始设置时所设置的应收科目中取得；表体中的一条记录也相当于凭证中的一条分录，单据头的金额合计与单据体中的金额合计应相等。

（2）应收单据审核

本节点主要提供用户批量审核。系统提供用户手工批审、自动批审的功能。在【应收单据审核】界面中显示的单据可包括所有已审核、未审核的应收单据，包括从销售管理系统传入的单据。作过后续处理如核销、制单、转账等处理的单据在【应收单据审核】中不能显示。对这些单据的查询，可在【单据查询】中进行。在应收单据审核列表界面，用户也可在此进行应收单的增加、修改、删除等操作。如图7-14所示。

（3）自动批审

用鼠标单击【日常处理】下的【应收单据处理】下的【应收单据审核】，系统显示一查询条件框。输入查询条件后，用户可以单击【批审】按钮，系统根据当前的过

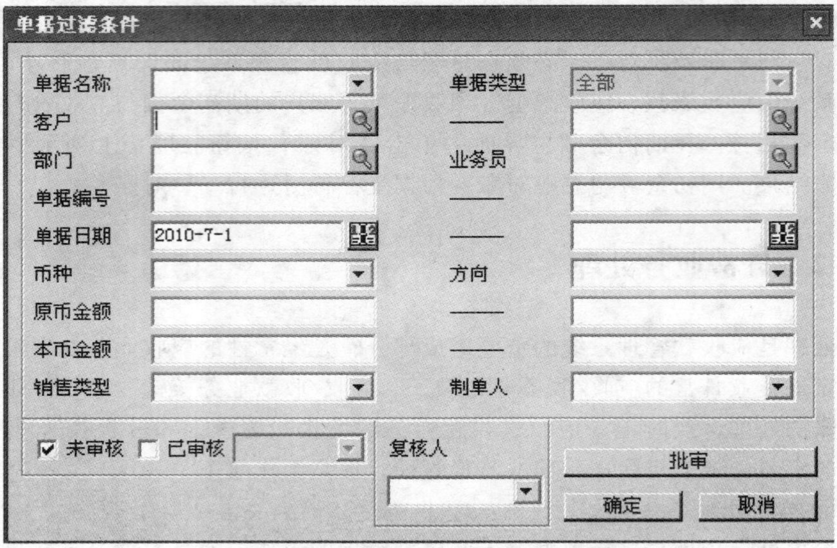

图 7-14

滤条件将符合条件的未审核单据全部进行后台的一次性审核处理。批审完成后，系统提交单据批审报告，自动批审报告显示成功的张数以及明细审核单据。用户可单击▨▨按钮，即可显示成功审核的明细单据。

(4) 手工批审

用户也可在输入过滤条件后，进入单据列表界面，进行选择。在选择标志一栏里，双击鼠标或者打对勾，然后单击工具栏中的【审核】按钮，则表示要将该张单据审核。您也可以单击【全选】图标，将所有的单据全部选中；单击【全消】图标，可取消所作的选择。选择单据后，单击【审核】图标，将当前选中的单据全部审核。批审完成后，系统提交单据批审报告，显示成功的张数以及未成功单据的张数。用户可单击▨▨按钮，即可显示明细单据。

2. 收款单据处理

收款单据处理主要是对结算单据（收款单、付款单即红字收款单）进行管理，包括收款单、付款单的录入、审核。应收系统的收款单用来记录企业所收到的客户款项，款项性质包括应收款、预收款、其他费用等。其中，应收款、预收款性质的收款单将与发票、应收单、付款单进行核销勾对。应收系统付款单用来记录发生销售退货时，企业开具的退付给客户的款项。该付款单可与应收、预收性质的收款单、红字应收单、红字发票进行核销。

(1) 收款单据录入

在单据界面上，单击【增加】按钮，则可新增收款单，单击【切换】按钮，则可新增付款单。依据栏目说明输入各个项目，录入完毕后，单击【保存】按钮。用户可单击【审核】按钮，可对已保存单据进行审核。若录入的单据错误，则单击【弃审】

按钮,进行弃审,并单击【修改】按钮,进行修改;也可单击【删除】按钮,进行删除。对修改后的单据,单击【保存】按钮,将其保存。审核完成后,系统提示您是否制单,您可选择立即制单,也可选择在制单处理中统一进行制单。选择立即制单,则系统弹出凭证卡片,您可进行修改并保存。在审核后,用户可单击【核销—同币种】按钮,即可实时进行同币种核销,即币种相同的发票、应收单与收款单进行勾对。若应收与收款的币种不同,则用户可单击【核销—异币种】按钮,即可进行异币种核销。异币种核销只能在"收款单据录入"中进行核销处理,同币种的核销还可以在"核销处理"中进行批量、自动核销。在"收款单据录入"界面中显示的单据包括全部已审核、未审核的收款单据,余额=0的单据在"收款单据录入"中不能显示。对这些单据的查询,您可在"单据查询"中进行。

(2) 收款单据审核

主要完成收付款单的自动审核、批量审核功能。在"收款单据审核"界面中显示的单据包括全部已审核、未审核的收款单据。作余额=0的单据在"收款单据审核"中不能显示。对这些单据的查询,您可在"单据查询"中进行。在收款单据审核列表界面,用户也可在此进行收款单、付款单的增加、修改、删除等操作。

3. 核销处理

核销处理指用户日常进行的收款核销应收款的工作。单据核销的作用是解决收回客商款项核销该客商应收款的处理,建立收款与应收款的核销记录,监督应收款及时核销,加强往来款项的管理。核销处理系统提供"手工核销"和"自动核销"。

(1) 手工核销

手工核销时,一次只能显示一个客户的单据记录,且收付款单列表根据表体记录明细显示。当收付款单有代付处理时,只显示当前所选客户的记录。若需要对代付款进行处理,则需要在过滤条件中输入该代付单位,进行核销。手工核销过滤条件界面中分三部分条件:通用、收付款单、单据。异币种核销:对当前结算单进行即时核销,可在币种不同的应收单与收款单据中进行核销,如图7-15所示。

(2) 自动核销

自动核销指由用户确定收款(付款)单核销与它们对应的应收(应付)单的工作。通过本功能可以根据查询条件选择需要核销的单据,然后系统核销,加强往来款项核销的效率性。单击【核销处理】下的【自动核销】,进入核销过滤条件界面。输入过滤条件,单击【确认】按钮,在自动核销时,提供进度条,使您能够知道核销进程。核销完成后,提交自动核销报告,显示已核销的情况和未核销的原因。

4. 付款单导出

主要完成付款单与网上银行的相互导入导出处理。在应收系统将付款单导出,即可将付款单导入网上银行系统。对于一张付款单来说只能单向导入/出,即不允许一张单据进行循环导入/出。即应收系统将付款单导出至网上银行系统后,网上银行系统不能再将该单据导出至应收系统。不管是应收导出给网上银行的单据还是网上银行导出给应收的单据均只能在应收系统进行制单。

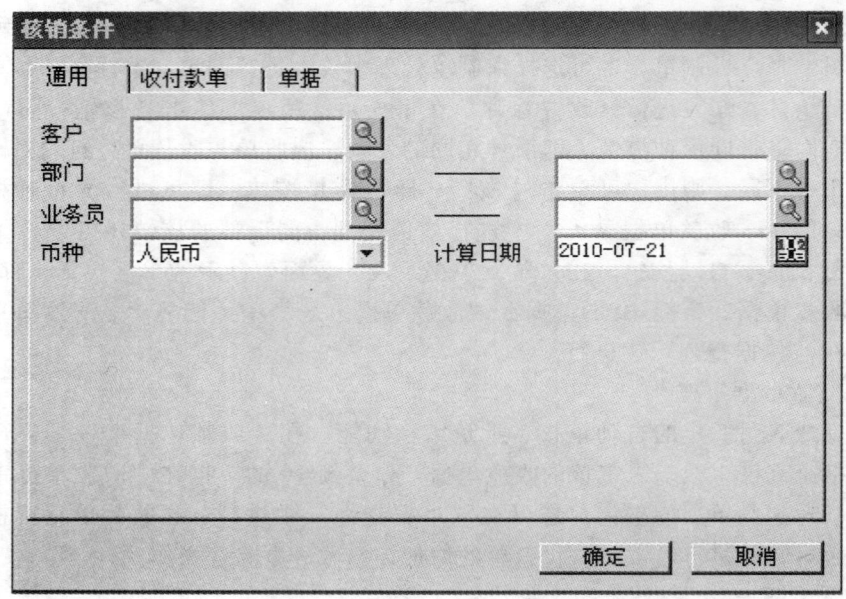

图 7-15

5. 票据管理

票据管理主要是对商业承兑汇票和银行承兑汇票进行日常的业务处理,所有涉及票据的收入、结算、贴现、背书、转出、计息等处理都应该在票据管理中进行,如图 7-16 所示。

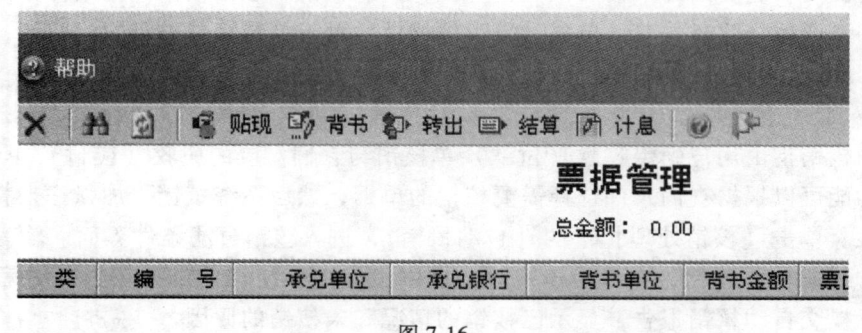

图 7-16

(1) 增加票据

增加一张应收票据,您应首先用鼠标单击【日常处理】下的【票据管理】,弹出"票据查询"对话框,单击【确认】按钮,进入票据管理界面,单击工具条上的【增加】按钮,屏幕会出现票据增加的界面。按照各栏目的说明输入各栏目,输入完成后,如果您单击【确认】按钮,则可保存当前票据,且系统会生成一张收款单,您可以在

"收款单据录入"中进行查询。如果您对当前输入的结果不满意,用鼠标单击【取消】按钮,可取消当前的操作。

(2) 删除票据

选中要删除的票据。单击工具栏中的【删除】按钮,则当前票据被删除。注意收到日期在已经结账月的票据不能被删除。票据所形成的收款单已经核销的不能被已经进行过计息、结算、转出等处理的票据不能被删除;票据所形成的收款单已经核销的不能被删除;收到日期在已经结账月的票据不能被删除。

(3) 票据贴现

票据贴现指持票人因急需资金,将未到期的承兑汇票背书后转让给银行,贴给银行一定利息后收取剩余票款的业务活动。用鼠标选择"日常处理"菜单条下的"票据管理",弹出"票据查询"对话框,输入各种条件后,单击【确认】按钮,进入票据管理功能。选中一张票据,然后单击工具条上的【贴现】按钮,就可以对当前的票据进行贴现处理。票据贴现后,将不能再对其进行其他处理。

(4) 票据背书

票据背书时,可选择冲销应付账款,还是其他。系统缺省选择冲销应付账款。用鼠标选择"日常处理"菜单条下的"票据管理",弹出票据查询对话框,输入各种条件后,单击【确认】按钮,进入票据管理主界面。选中一张票据,然后单击工具条上的【背书】按钮,就可以对当前的票据进行背书处理。背书时可以对同城或异地的背书方式加以选择;对于异地方式,可以指定贴现增加天数。背书处理时只能且必须从系统提供的背书方式中选择其中一种。可选择的内容有:冲销应付账款、其他。**系统缺省选择冲销应付账款**。各栏目都输入完毕后,您可以单击【确认】按钮,系统会自动将相应的信息写入票据登记簿中。注意票据背书后,将不能再对其进行其他处理。当背书方式为"冲销应付账款"时,如果背书金额大于应付账款,则将剩余金额记为供应商的预付款,并结清该张票据。在票据背书时,承兑单位与背书单位可以相同。

(5) 票据计息

票据分为带息票据和不带息票据。带息票据指汇票到期时,承兑人按票据面额及应计利息之和向收款人付款的商业汇票。用鼠标选择"日常处理"菜单条下的"票据管理",弹出"票据查询"对话框,输入各种条件后,单击【确认】按钮,进入票据管理主界面。选中一张票据,然后单击工具条上的【计息】按钮,就可以对当前的票据进行计息处理。分别选择所需的计息金额、开始计息日期和截止计息日期,进行票据计息。输入完毕后,单击【确认】按钮,可保存前述的操作,系统会自动把结果保存在票据登记簿中。

(6) 票据结算

当票据到期,持票收款时,执行票据结算处理。用鼠标选择"日常处理"菜单条下的"票据管理",弹出"票据查询"对话框,输入各种条件后,单击【确认】按钮,进入票据管理主界面。选中一张票据,然后单击工具条上的【结算】按钮,就可以对当前的票据进行结算处理。输入完毕后,单击【确认】按钮,可保存前述的操作。

(7) 票据传出

指由于某种原因导致票据迟迟没有结算,需要重新恢复应收账款。用鼠标选择"日常处理"菜单条下的"票据管理",弹出"票据查询"对话框,输入各种条件后,单击【确认】按钮,进入票据管理主界面。选中一张票据,然后单击工具条上的【转出】按钮,就可以对当前的票据进行转出处理。输入完毕后,单击【确认】按钮,可保存前述的操作。注意票据转出后,将不能再对其进行其他处理。

6. 转账处理

(1) 应收冲应收

指将一家客户的应收款转到另一家客户中。通过应收冲应收功能将应收账款在客商之间进行转入、转出,实现应收业务的调整,解决应收款业务在不同客商间入错户或合并户问题。选择"日常处理"菜单项下"转账处理"中的"应收冲应收"。在货款、其他应收款、预收款和合同结算单复选框中选择您需要处理的单据。输入转出户、转入户、币种等过滤条件,单击【过滤】按钮,系统会将该转出户所有满足条件的单据全部列出。可手工输入并账金额,金额大于0,小于等于余额,双击本行系统将余额自动填充为并账金额。输入完有关信息后,单击【确认】按钮,系统会自动地进行转出、转入处理。单击【取消】按钮,系统将会取消上述操作,如图7-17所示。

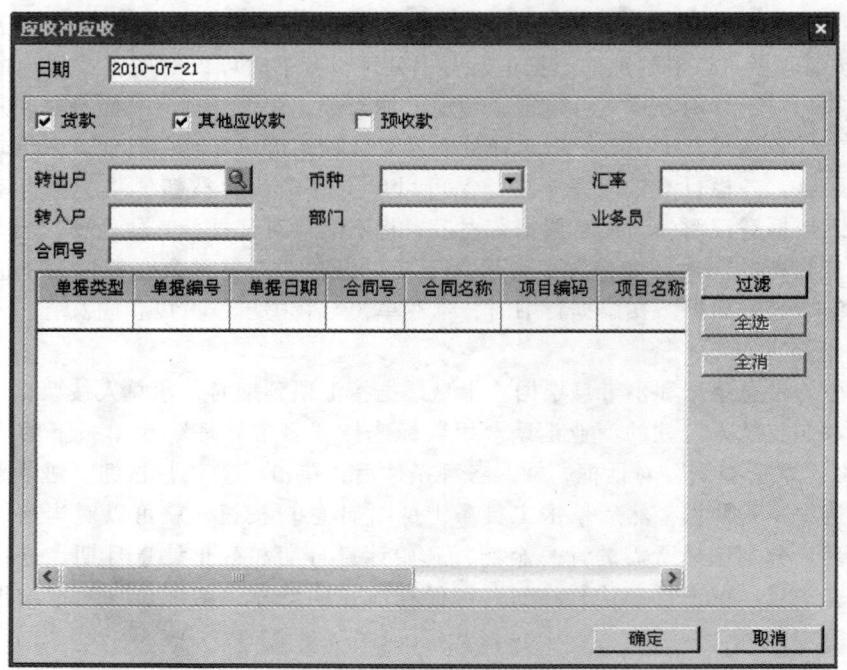

图 7-17

(2) 预收冲应收

通过预收冲应收处理客户的预收款和该客户应收欠款的转账核销业务。选择"日常处理"菜单项下"转账处理"中的"预收冲应收"。可以直接单击"自动转账"按钮，则系统会自动进行成批的预收冲抵应收款工作。也可以进行单个客户的预收冲抵应收款工作，则在"预收款"页签中输入过滤信息。输入完成后，单击【过滤】按钮，系统会将该客户所有满足条件的预收款的日期、转账方式、金额等项目列出。您可以在转账金额一栏里输入每一笔预收款的转账金额。用鼠标选择"应收款"页签，在应收款页签中输入过滤信息。输入完成后，单击【过滤】按钮，系统会将该客户所有满足条件的应收款的单据类型、单据编号、单据日期、单据金额、转账金额等项目列出。您可以在转账金额一栏里输入每一笔应收款的转账金额。如图7-18所示。

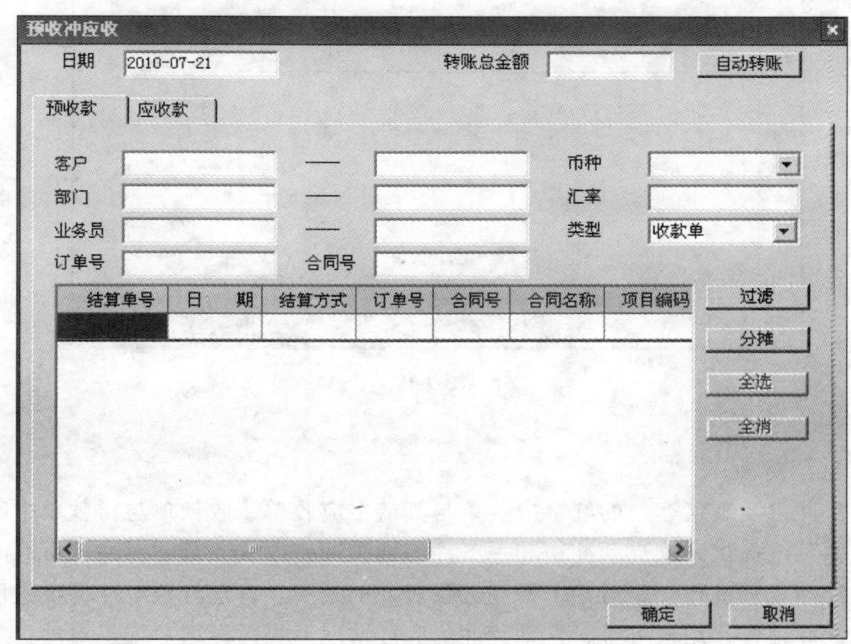

图 7-18

（3）应收冲应付

用某客户的应收账款，冲抵某供应商的应付款项。系统通过应收冲应付功能将应收款业务在客户和供应商之间进行转账，实现应收业务的调整，解决应收债权与应付债务的冲抵。选择"日常处理"菜单项下"转账处理"中的"应收冲应付"。如果需要用应收款冲抵应付款，则须选中"应收冲应付"。选择"预收冲预付"，则可选择预收款冲抵预付款操作。如果需要红字应收单冲销红字应付单，则可以将"负单据"复选框选中。选择"应收款"页签，输入过滤条件。如果在转账总金额中输入了数据，则也可以通过单击【分摊】按钮，自动将转账总金额按照列表上单据的先后顺序进行分摊处理。输入完有关应收款和应付款的信息后，单击【确认】按钮，系统会自动地将两者对冲。单击【取消】按钮，系统将会取消上述操作。可以单击【自动转账】按钮，则系统会根据所选择的客户和供应商自动进行应收冲应付的工作。如果需要用预收款冲抵预付款,则须选择"预收冲预付",其余操作方法同"应收冲应付",如图7-19所示。

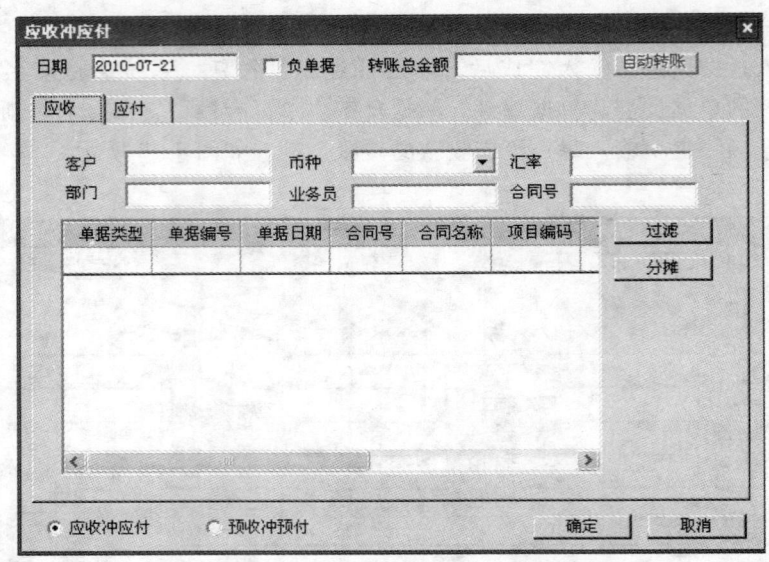

图 7-19

(4) 红票对冲

红票对冲可实现某客户的红字应收单与其蓝字应收单、收款单与付款单中间进行冲抵的操作。系统提供系统自动冲销和手工冲销两种冲销方式。自动对冲:可同时对多个客户依据红冲规则进行红票对冲,提高红票对冲的效率。自动红票对冲提供进度条,并提交自动红冲报告,用户可了解自动红冲的完成情况及失败原因。手工对冲:对一个客户进行红票对冲,可自行选择红票对冲的单据,提高红票对冲的灵活性。在手工红票对冲时,采用红蓝上下两个列表形式提供,红票记录全部采用红色显示。蓝票记录全部用黑色显示,如图7-20所示。

7. 坏账处理

坏账处理是指系统提供的计提应收坏账准备处理、坏账发生后的处理、坏账收回后的处理等功能。坏账处理的作用是系统自动计提应收款的坏账准备,当坏账发生时,即可进行坏账核销;当被核销坏账又收回时,即可进行相应处理。

在进行坏账处理之前,您应做好如下准备工作:首先在系统选项中选择坏账处理方式,然后在初始设置中设置坏账准备参数。

(1) 计提坏账准备

企业应于期末分析各项应收款项的可收回性,并预计可能产生的坏账损失。对预计可能发生的坏账损失,计提坏账准备,企业计提坏账准备的方法由企业自行确定。系统为您提供坏账处理的方式,即应收余额百分比法,销售余额百分比法,账龄分析法和直接转销法。企业应当依据以往的经验、债务单位的实际情况制定计提坏账准备的政策,

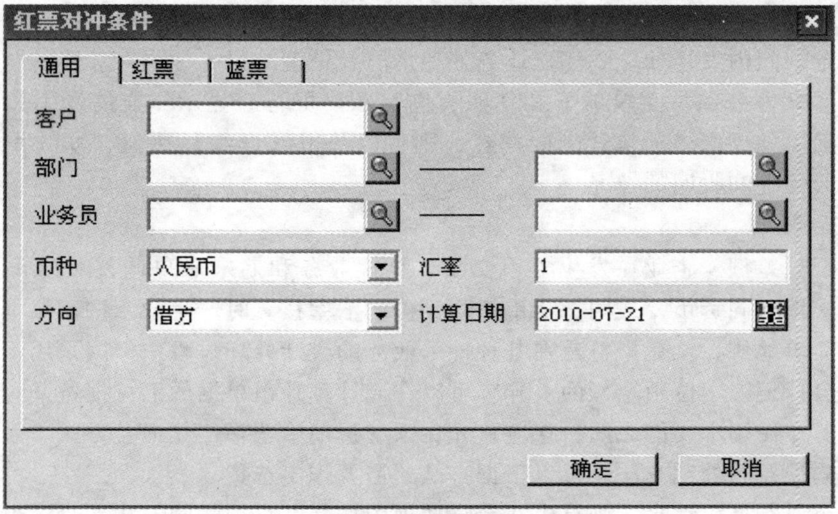

图 7-20

明确计提坏账准备的范围、提取方法、账龄的划分和提取比例。

(2) 坏账发生

指系统提供用户确定某些应收款为坏账的工作。通过本功能用户即可选定发生坏账的应收业务单据，确定一定期间内应收款发生的坏账，便于及时用坏账准备进行冲销，避免应收款长期呆滞的现象。

选择"坏账处理"菜单项下"坏账发生"项，屏幕会出现"坏账发生"的主界面。输入完全部必需的信息后，您可以单击【确认】按钮，屏幕会出现选择发生坏账的单据界面。系统将满足条件的所有单据全部列出。您可以在明细单据记录本次发生坏账金额中直接输入本次坏账发生金额。本次坏账发生金额只能小于等于单据余额。也可以单击【全选】按钮，系统将明细单据中的余额自动带入本次发生坏账金额，也可单击【全消】按钮，将本次发生坏账金额清空。输入完成后，单击【确认】图标对所选的发票进行坏账处理，执行记账功能。在合计行中自动显示所有记录的各项数值型栏目合计。系统自动将已经输入本次发生坏账金额的单据——记入应收明细账中，在取消操作中可以根据单据取消具体单据的坏账发生处理。

(3) 坏账收回

指系统提供的对应收款已确定为坏账后又被收回的业务处理功能。通过本功能可以对一定期间发生的应收坏账收回业务进行处理，反映应收账款的真实情况，便于对应收款的管理。

当收回一笔坏账时，您应首先在"收款单据录入"功能中录入一张收款单，该收款单的金额即为收回的坏账的金额。该收款单不需要审核。选择"日常处理"菜单项下"坏账处理"中的"坏账收回"。输入完全部必需的信息后，您可以单击【确认】按钮，保存此次操作。

(4) 坏账查询

指系统提供的对系统内进行坏账处理过程和处理结果的查询功能。通过坏账查询功能查询一定期间内发生的应收坏账业务处理情况及处理结果，加强对坏账的监督。

选择"坏账处理"菜单项下"坏账查询"项。屏幕会显示坏账的发生和坏账的收回综合情况。如果您想了解详细的信息，则可以单击【详细】按钮，详细查看每一笔坏账发生的情况和收回的情况。

8. 汇兑损益

亦称汇兑差额。企业在发生外币交易、兑换业务和期末账户调整及外币报表换算时，由于采用不同货币，或同一货币不同比价的汇率核算时产生的、按记账本位币折算的差额。简单地讲，汇兑损益是在各种外币业务的会计处理过程中，因采用不同的汇率而产生的会计记账本位币金额的差异。可以在此计算外币单据的汇兑损益并对其进行相应的处理。在使用本功能之前，您应首先在系统选项中选择汇兑损益方式。系统为您提供两种汇兑损益的处理方法，可以根据自己的需要作出选择。

如果企业有外币往来，则首先在系统选项中选择汇兑损益的方式，月末计算或单据结清时计算。发生一笔外币往来，可以根据用户自己的选择来完成汇兑损益的处理，如可以完成根据科目、币种分别进行汇兑损益处理，而且不管根据哪种方式进行损益处理，均可以按币种、客户、单据查询相应的汇兑损益信息。进行汇兑损益处理后，若需要恢复处理前状态，则用户可以在取消操作中可以按单据取消其汇兑损益处理。用户可以通过【过滤】按钮，查询需要进行汇兑损益处理的单据或客户。

9. 制单处理

制单即生成凭证，并将凭证传递至总账记账。系统在各个业务处理的过程中都提供了实时制单的功能；除此之外，系统提供了一个统一制单的平台，您可以在此快速、成批生成凭证，并可依据规则进行合并制单等处理，如图 7-21 所示。

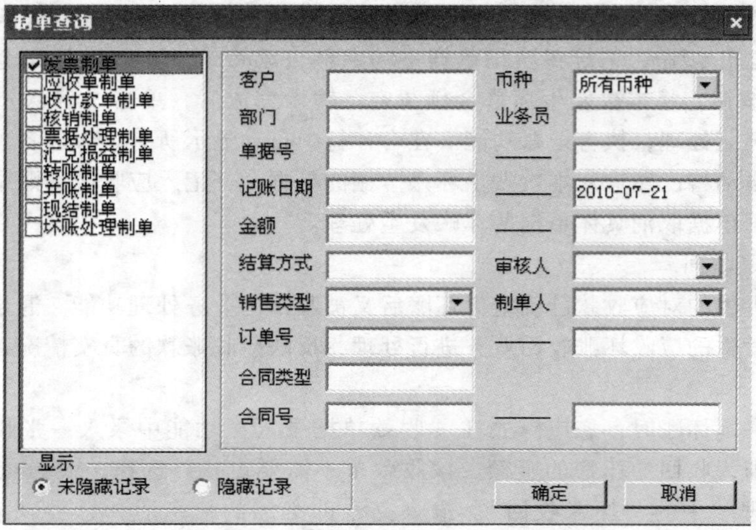

图 7-21

7.1.3 账表查询及期末处理

1. 单据查询

系统提供对应收单、结算单、凭证等的查询。进行各类单据、详细核销信息、报警信息、凭证等内容的查询。在查询列表中，系统提供自定义显示栏目、排序等功能，您可以通过单据列表操作来制作符合您要求的单据的列表。用户在单据查询时，若启用客户、部门数据权限控制时，则用户在查询单据时只能查询有权限的单据。

(1) 发票、应收单、收付款单查询

通过输入查询条件，可以很方便地显示所有符合条件的单据，并将查询结果列表显示；而且通过【单据】按钮，可以调出原始单据卡片，通过【详细】按钮，可以查看当前单据的详细结算情况，通过【栏目】按钮，可以设置当前查询列表的显示栏目、栏目顺序、栏目名称、排序方式，且可以保存当前设置的内容。

(2) 凭证查询

可以通过凭证查询来查看、修改、删除、冲销应收账款系统传到账务系统中的凭证。用鼠标选择"单据查询"下的"凭证查询"。输入完条件后，单击【确认】按钮，查询结果按所选的月份列示。在查询结果界面，可对其进行相关操作，如图7-22所示。

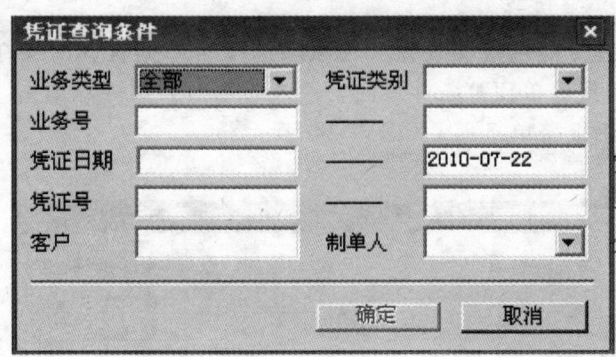

图 7-22

(3) 单据报警查询

是对快到期的单据或即将不能享受现金折扣的单据进行列示。用鼠标选择"单据查询"下的"单据报警查询"，屏幕会出现查询条件界面。可以根据不同的报警设置来查询哪些单据快到期了，哪些单据很快就不能再享受现金折扣了。关于报警设置，系统提供根据"信用期自动报警"和根据"折扣期自动报警"。无论选择哪种报警方式都需要设置报警的提前天数，如图7-23所示。

(4) 信用报警查询

在系统选项中，若设置了自动根据客户的信用额度进行预警，则当有权限查看按客户预警查询的用户登录时，系统显示该预警表。在信用预警单查询中，则用户可输入预

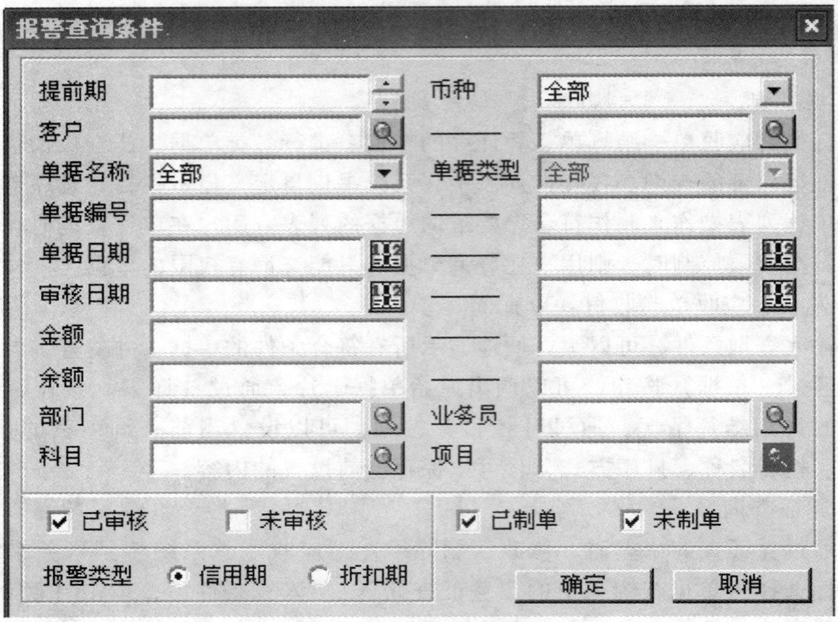

图 7-23

警查询条件，任意进行信用报警查询。用鼠标选择"单据查询"菜单下"信用报警查询"，即可进入信用报警单预警条件界面。录入信用预警条件。单击【确认】按钮，系统将符合条件的信用报警单显示，如图 7-24 所示。

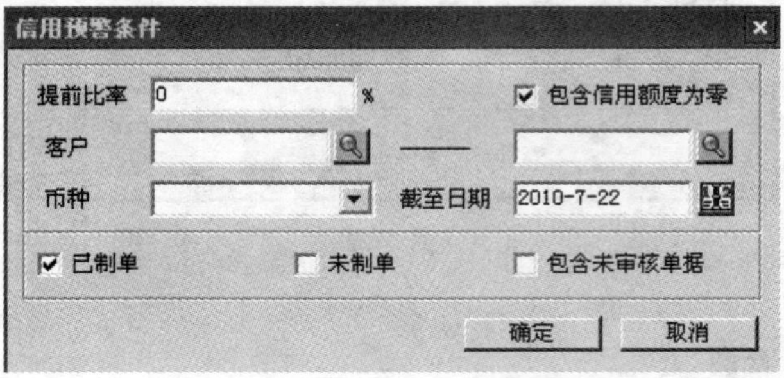

图 7-24

（5）应收核销明细表

应收核销明细表提供给用户一个完整的详细核销情况。用鼠标选择"单据查询"下的"应收核销明细表"，屏幕会出现查询条件界面，如图 7-25 所示。输入完条件后，单击【确认】按钮，查询结果按所选的月份列示。在查询结果界面，可对账表进行操作。

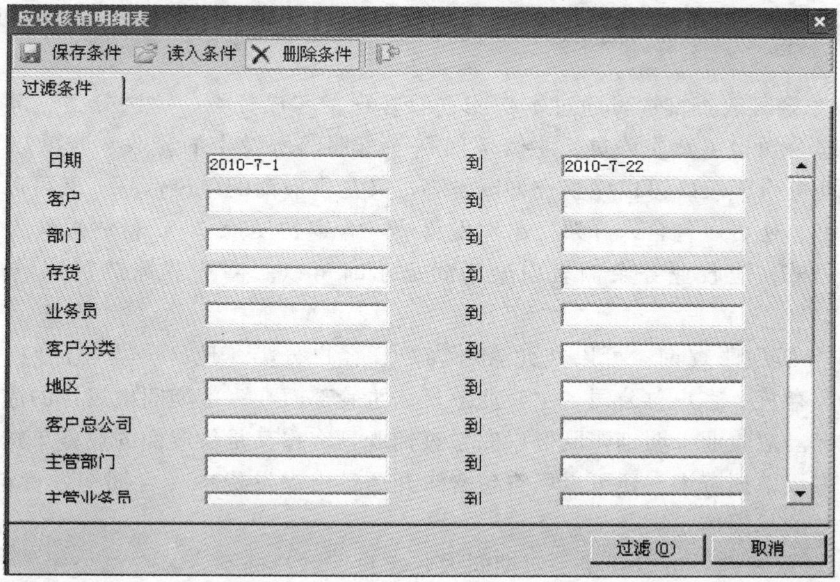

图 7-25

2. 账表管理

（1）我的账表

用友 ERP-U8 管理软件系列产品下属子系统的"账表管理"菜单项下都有"我的账表"子菜单项，对系统所能提供的全部报表进行管理。用户选择"我的账表"菜单，系统将弹出账表管理界面，从界面上我们可以看出，"账表管理"是通过账夹来对报表进行管理的。账夹，就是放置系统报表的夹子。单击鼠标右键显示菜单：新建专用账夹、新建专用账夹和设置账夹口令。所谓新建账夹就是指用户自行新建的账夹，如"新建公用账夹"和"新建专用账夹"，新建账夹里放置的是用户自定义的报表和系统账夹下的基本报表经过编辑和修改后另存的报表，用户可以对新建账夹里的报表进行编辑和修改，并可直接保存。在新建账夹与新建账夹之间，用户可以将一份报表来回自由地拖放，实现报表的任意组合放置。但是对自定义账夹而言，则不能对其下属的基本报表进行任何的拖放操作。必要时，只能先将基本报表另存到某个新建账夹下，再在新建账夹之间进行任意的拖放操作。

（2）业务账查询

通过账表查询，可以及时地了解一定期间内期初应收款结存汇总情况、应收款发生、收款发生的汇总情况、累计情况及期末应收款结存汇总情况；还可以了解各个客户期初应收款结存明细情况、应收款发生、收款发生的明细情况、累计情况及期末应收款结存明细情况，能及时发现问题，加强对往来款项的监督管理。系统提供业务总账表、业务余额表、业务明细账、对账单的查询。

① 业务总账查询：可通过本功能根据查询对象查询在一定期间内发生的业务汇总

情况。应收业务总账既可以完整查询既是客户又是供应商的业务单据信息,又可以包含未审核单据查询,还可以包含未开票已出库发货单(含期初发货单)、暂估采购入库单的数据内容。

② 业务余额表查询:可通过本功能查看客户、客户分类、地区分类、部门、业务员、客户总公司、主管业务员、主管部门在一定期间所发生的应收、收款以及余额情况。应收业务余额表既可以完整查询既是客户又是供应商的单位信息,又可以包含未审核单据查询,还可以包含未开票已出库发货单(含期初发货单)、暂估采购入库单的数据内容。另外,应收业务余额表以金额式显示时可以查看应收账款的周转率和周转天数。

③ 业务明细账查询:可以在此查看客户、客户分类、地区分类、部门、业务员、存货分类、存货、客户总公司、主管业务员、主管部门在一定期间内发生的应收及收款的明细情况。应收业务明细账既可以完整查询既是客户又是供应商的业务单据信息,可以包含未审核单据查询,还可以联查包含未开票已出库发货单(含期初发货单)、暂估采购入库单的单据信息。

④ 对账单查询:可以获得一定期间内各客户、客户分类、客户总公司、地区分类、部门、业务员、主管部门、主管业务员的对账单并生成相应的催款单。应收对账单即可以完整查询既是客户又是供应商的业务单据信息,可以包含未审核单据查询,还可以包含未开票已出库发货单(含期初发货单)、暂估采购入库单的数据内容。另外,对账单数据的明细程度可以由用户自己设定,对账单打印的表头格式可以设置。

⑤ 与总账对账:提供应收系统生成的业务账与总账系统中的科目账核对的功能,检查两个系统中的往来账是否相等,若不相等,则查看造成不等的原因。

(3)统计分析

统计分析指系统提供的对应收业务进行的账龄分析。通过统计分析,可以按用户定义的账龄区间,进行一定期间内应收账款账龄分析、收款账龄分析、往来账龄分析、了解各个客户应收款的周转天数、周转率,了解各个账龄区间内应收款、收款及往来情况、及时发现问题,加强对往来款项的动态管理。统计分析包括应收账龄分析、收款账龄分析、欠款分析、收款预测。

① 应收账龄分析:可以通过本功能分析客户、存货、业务员、部门或单据的应收款余额的账龄区间分布。同时可以设置不同的账龄区间进行分析。既可以进行应收款的账龄分析,也可以进行预收款的账龄分析。

② 收款账龄分析:可以在此分析客户、产品、单据的收款账龄。

③ 欠款分析:可以在此分析截至某一日期,客户、部门或业务员的欠款金额,以及欠款组成情况。

④ 收款分析:可以在此预测一下将来的某一段日期范围内,客户、部门或业务员等对象的收款情况,而且提供比较全面的预测对象、显示格式。

(4)科目表查询

包括科目明细账、科目余额表的查询。

① 科目明细账查询：用于查询应收受控科目下各个往来客户的往来明细账。包括科目明细账、客户明细账、三栏式明细账、多栏式明细账、客户分类明细账、业务员明细账、部门明细账、项目明细账、地区分类等九种查询方式。

② 科目余额表查询：用于查询应收受控科目各个客户的期初余额、本期借方发生额合计、本期贷方发生额合计、期末余额。它包括科目余额表、客户余额表、三栏式余额表、业务员余额表、客户分类余额表、部门余额表、项目余额表、地区分类余额表等八种查询方式。

3. 其他处理

在其他处理中，可以进行远程数据的传递、取消操作、月末结账等处理。

（1）远程应用

随着市场经济的发展，企业的集团化成为企业发展的一种趋势。对于销售系统的收款方式来说，在企业的集团化的背景下，企业的收款业务在空间上以总公司为核心向异地拓展。集团内部总公司和异地收款之间的数据传递问题成为集团企业关注的焦点。为使总公司能及时了解各地的收款状况，全面掌握整个企业集团的应收账款收款情况，从而在一定程度上控制异地销售点的经营管理，系统提供了总公司和异地销售之间的数据导出、导入功能及其服务功能：收件和发件管理，为企业提供了完整的远程数据通信方案。

（2）取消操作

如果对原始单据进行了审核、对收款单进行了核销等操作后，发现操作失误，则可将其恢复到操作前的状态，以便进行修改。在菜单条上选取"其他处理"—"期末处理"—"取消操作"。在"操作类型"下拉框中选择恢复的类型。系统提供了"恢复单据核销前状态"、"恢复票据的处理前状态"、"恢复坏账处理前状态"、"恢复转账处理前状态"、"恢复计算汇兑损益前状态"。

4. 期末处理

期末处理指用户进行的期末结账工作。如果当月业务已全部处理完毕，就需要执行月末结账功能，只有月末结账后，才可以开始下月工作。包括"月末结账"和"取消结账"处理。

（1）月末结账

如果已经确认本月的各项处理已经结束，您可以选择执行月末结账功能。当您执行了月末结账功能后，该月将不能再进行任何处理。用鼠标选择"其他处理"—"期末处理"—"月末结账"。选择结账月份，双击结账标志一栏，标志选择该月进行结账。

（2）取消结账

本功能帮助用户取消最近月份的结账状态。在菜单条上选择"其他处理"—"期末处理"—"取消月结"。选择需要取消结账月份，双击结账标志一栏，单击【确认】按钮，系统执行取消结账功能。

7.2 应付款管理系统

7.2.1 应付款管理系统初始化

1. 系统启用

启用应付款管理系统,在建立账套完毕后,用账套主管登录企业应用平台,选择左下角"设置",选择"基本信息"。单击"基本信息"项下【系统启用】,在弹出的系统启用对话框勾选"应付款管理"设置启用日期,单击【确定】,如图7-26所示。

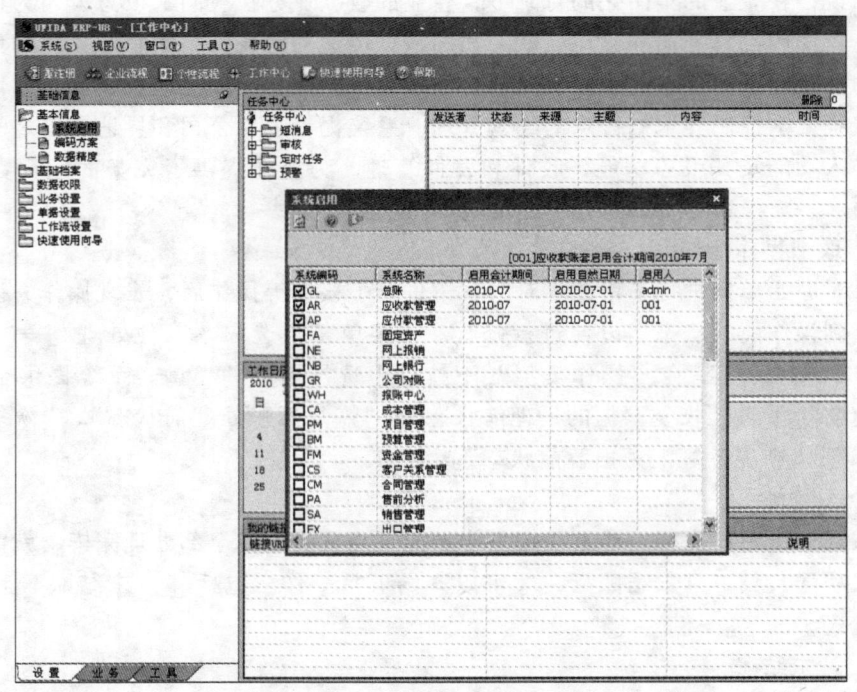

图7-26

在启用应付款管理系统时应注意两个方面:第一,各系统的启用会计期间必须大于或等于账套的启用日期;第二,只有系统管理员和账套主管才有系统启用的权限。

2. 基本设置

(1) 选项设置

在使用应付款管理系统前,应首先设置账套参数,以便系统根据设定的选项进行相应的处理。用账套主管登录企业应用平台,在左下角"业务"栏中选择"应付款管理"项下的"设置",选择"选项",弹出"账套参数设置"对话框,其中,包括三个标

第 7 章 往来账管理系统

签：常规、凭证、权限与预警，如图 7-27 所示。

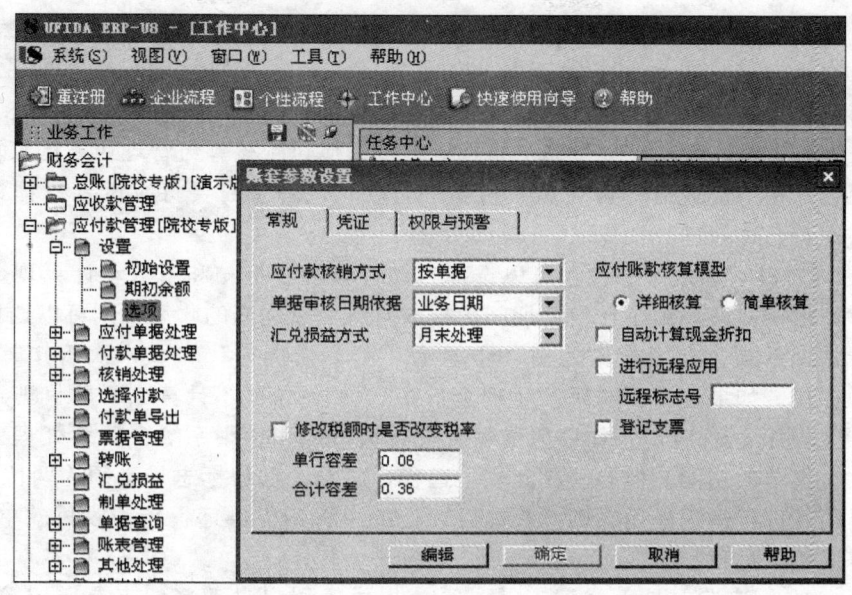

图 7-27

常规选项设置：

① 应付款核销方式：本系统提供两种应付款的核销方式，即"按单据"、"按产品"两种方式。按单据核销：系统将满足条件的未结算单据全部列出，由您选择要结算的单据，根据您所选择的单据进行核销。按产品核销：系统将满足条件的未结算单据按产品列出，由您选择要结算的产品，根据您所选择的产品进行核销。如果企业在付款时，没有指定支付某个具体存货，则可以采用按单据核销。对于单位价值较高的存货，企业可以采用按产品核销，即付款指定到具体存货上。一般企业，按单据核销即可。选择不同的核销方式，将影响到账龄分析的精确性。一般而言，选择按单据核销或按产品核销能够进行更精确的账龄分析。

② 单据审核日期依据：系统提供两种确认单据审核日期的依据，即"单据日期"和"业务日期"。如果选择单据日期，则在单据处理功能中进行单据审核时，自动将单据的审核日期（即入账日期）记为该单据的单据日期。如果选择业务日期，则在单据处理功能中进行单据审核时，自动将单据的审核日期（即入账日期）记为当前业务日期（即登录日期）。

③ 汇兑损益方式：系统提供两种汇兑损益的方式，即"外币余额结清时计算"和"月末计算"两种方式。外币余额结清时计算，即仅当某种外币余额结清时才计算汇兑损益，在计算汇兑损益时，界面中仅显示外币余额为 0 且本币余额不为 0 的外币单据。月末计算，即每个月末计算汇兑损益，在计算汇兑损益时，界面中显示所有外币余额不为 0 或者本币余额不为 0 的外币单据。

④ 应付账款核算模型：系统提供两种应收系统的应用模型，用户可以选择：简单核算、详细核算。用户必须选择其中一种方式，系统缺省选择详细核算方式。选择简单核算：应付只是完成将采购传递过来的发票生成凭证传递给总账这样的模式。（在总账中以凭证为依据进行往来业务的查询）如果您的采购业务以及应付账款业务不复杂，或者现结业务很多，则您可以选择此方案。选择详细核算：应付可以对往来进行详细的核算、控制、查询、分析。如果您的采购业务以及应付款核算与管理业务比较复杂；或者您需要追踪每一笔业务的应付款、付款等情况；或者您需要将应付款核算到产品一级；那么您需要选择详细核算。

⑤ 是否自动计算现金折扣：可以选择自动计算现金折扣和不自动计算现金折扣两种方式。如果供应商提供了在信用期间内提前付款可以优惠的政策，则可以选择自动计算现金折扣，系统会在"核销处理"中显示"可享受折扣"和"本次折扣"，并计算可享受的折扣。如果选择了"不显示现金折扣"，则系统既不计算也不显示现金折扣。

⑥ 是否进行远程应用：如果您选择了进行远程应用，则系统在后续处理中提供远程传输收付款单的功能。但必须在此填上远程标志号，远程标志号必须为两位 01～99。如果选择了不进行远程应用，则系统在后续处理中将不提供远程传输收付款单的功能，且也不需要填上远程标志号。

⑦ 是否登记支票：是否登记支票是系统提供给用户自动登记支票登记簿的功能。选择登记支票，则系统自动将具有票据管理的结算方式的付款单登记支票登记簿。若不选择登记支票登记簿，则用户也可以通过付款单上的登记按钮，进行手工填置支票登记簿。

⑧ 改变税额是否反算税率：税额一般不用修改，在特定情况下，如系统和手工计算的税额相差几分钱，用户可以对税额进行调整。打"√"表示改变税额时反算税率，系统默认为不选中，即改变税额时不反算税率。若选择是，则税额变动反算税率，不进行容差控制；若选择否，则税额变动不反算税率，系统将进行容差控制。容差是可以接受的误差范围。在调整税额尾差（单笔）、保存（整单）时，系统将检查是否超过容差；超过则不允许修改。未超过则允许修改。请用户设置以下两项容差。单笔容差：录入，默认为.06。当修改税额超过容差时，系统提示超出容差范围，取消修改，恢复原税额。整单容差：录入，默认为.36。当保存单据超过合计容差时，系统提示，返回单据。

凭证选项设置：

进入账套参数设置，单击【凭证】，设置相关栏目，如图 7-28 所示。

① 受控科目制单方式：系统提供两种制单方式选择。即明细到供应商、明细到单据的方式。明细到供应商：将一个供应商的多笔业务合并生成一张凭证时，如果核算这多笔业务的控制科目相同，则系统将自动将其合并成一条分录。这种方式的目的是在总账系统中能够查看到每一个供应商的详细信息。明细到单据：将一个供应商的多笔业务合并生成一张凭证时，系统会将每一笔业务形成一条分录。这种方式的目的是在总账系统中也能查看到每个供应商的每笔业务的详细情况。

② 非控科目制单方式：系统提供三种制单方式选择。即明细到供应商、明细到单

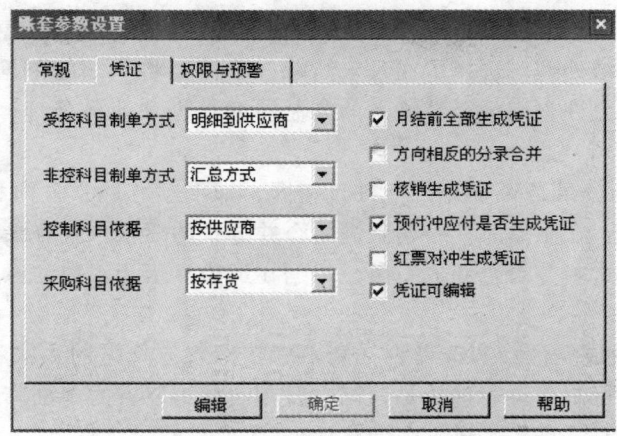

图 7-28

据和汇总制单的方式。a. 明细到供应商：将一个供应商的多笔业务合并后，在生成一张凭证时，如果核算这多笔业务的控制科目相同，则系统将自动将其合并成一条分录。这种方式的目的是在总账系统中能够查看到每一个供应商的详细信息。b. 明细到单据：将一个供应商的多笔业务合并后，在生成一张凭证时，则系统会将每一笔业务形成一条分录。这种方式的目的在总账系统中也能查看到每个供应商的每笔业务的详细情况。c. 汇总制单：将多个供应商的多笔业务合并后，在生成一张凭证时，如果核算这多笔业务的控制科目相同，则系统将自动将其合并成一条分录。这种方式的目的是精简总账中的数据，在总账系统中只能查看到该科目的一个总的发生额。

③ 控制科目依据：应付控制科目指所有带有供应商往来辅助核算并受控于应付系统的科目。在会计科目中进行设置。系统提供三种设置控制科目的依据。即按供应商分类、按供应商、按地区分类三种依据。a. 按供应商分类设置：供应商分类指根据一定的属性将您的往来供应商分为若干大类，如可以将供应商根据时间分为长期供应商、中期供应商和短期供应商；也可以根据供应商的行业将供应商分为零售供应商、批发供应商等。在这种方式下，可以针对不同的供应商分类设置不同的应付科目和预付科目。b. 按供应商设置：可以针对不同的供应商在每一种供应商下设置不同的应付科目和预付科目。这种设置适合特殊供应商的需要。c. 按地区分类设置，可以针对不同的地区分类设置不同的应付科目和预付科目。例如，将供应商分为华东、华南、东北等地区，可以在不同的地区分类。

④ 采购科目依据：系统提供了两种设置产品采购科目的依据。既按存货分类和按存货设置存货采购科目。a. 按存货分类设置：存货分类是指根据存货的属性对存货所划分的大类，例如，您可以将存货分为原材料、燃料及动力、在存货及产成品等大类。可以针对这些存货分类设置不同的科目。b. 按存货设置：如果存货种类不多，则可以直接针对不同的存货设置不同的科目。

⑤ 月末结账前是否全部生成凭证：如果选择了月末结账前需要将全部的单据和处

理生成凭证，则在进行月末结账时将检查截至结账月是否有未制单的单据和业务处理。若有，则系统将提示不能进行本次月结处理，但可以详细查看这些记录；若没有，则可以继续进行本次月结处理。选择了在月末结账前不需要将全部的单据和处理生成凭证，则在月结时，只是允许查询截至结账月的未制单的单据和业务处理，不进行强制限制，也可结账。

⑥ 方向相反的分录是否合并：指科目相同、辅助项相同、方向相反的凭证分录是否合并。选择合并：在制单时，若遇到满足合并分录的要求，且分录的情况如上所描述的，则系统自动将这些分录合并成一条，根据在那边显示为正数的原则来显示当前合并后分录的显示方向。

⑦ 核销是否生成凭证：若选择否，则不管核销双方单据的入账科目是否相同均不需要对这些记录进行制单。若选择是，则需要判断核销双方的单据其当时的入账科目是否相同，在不相同时，需要生成一张调整凭证。

⑧ 预付冲应付是否生成凭证：a. 若选择需要，则对于预付冲应付的业务，当预付、应付科目不相同时，需要生成一张转账凭证。b. 若选择不需要，则对于预付冲应付的业务不管预付、应付科目是否相同均不需要生成凭证。

⑨ 红票对冲是否生成凭证：a. 若选择需要，则对于红票对冲处理，当对冲单据所对应的受控科目不相同时，需要生成一张转账凭证。b. 若选择不需要，则对于红票对冲处理，不管对冲单据所对应的受控科目是否相同均不需要生成凭证。

⑩ 凭证是否可修改：若选项为空，则意味着生成的凭证可以修改；若选项不为空，则意味着生成的凭证不可修改，凭证上的各个项目均不可修改，包括科目、金额、辅助项（项目、部门）、日期等。

权限与预警选项设置：

进入账套参数设置，单击【权限与预警】按钮，设置相关栏目，如图7-29所示。

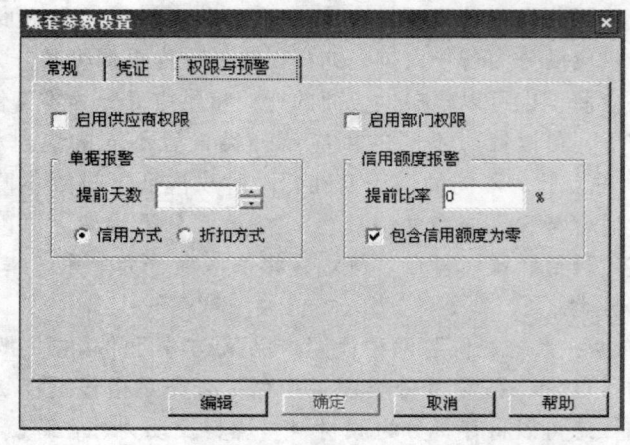

图 7-29

① 是否启用供应商权限：只有在应付系统中有该选项。只有在账套参数设置对供应

商进行记录集数据权限控制时该选项才可设置,账套参数中对供应商的记录集权限不进行控制时应付系统中不对供应商进行数据权限控制。有如下两种选择:a. 选择启用,则在所有的处理、查询中均需要根据该用户的相关供应商数据权限进行限制。b. 选择不启用,则在所有的处理、查询中均不需要根据该用户的相关供应商数据权限进行限制。

② 是否启用部门权限:应付系统中有该选项,需要进行设置、控制。只有在账套参数设置对部门进行记录集数据权限控制时该选项才可设置,账套参数中对部门的记录集权限不进行控制时应付系统中不对部门进行数据权限控制。a. 若启用,则在所有的处理、查询中均需要根据该用户的相关部门数据权限进行限制。b. 若不启用,则在所有的处理、查询中均不需要根据该用户的相关部门数据权限进行限制。

③ 是否根据单据自动报警:系统提供三种选择:a. 选择了根据信用方式自动报警,则您还需要设置报警的提前天数。每次登录本系统时,系统自动将单据到期日-提前天数≤当前注册日期的已经审核的单据显示出来,以提醒您哪些款项应该付款了。b. 选择了根据折扣方式自动报警,则您还需要设置报警的提前天数。每次登录本系统时,系统自动将单据最大折扣日期-提前天数≤当前注册日期的已经审核的单据显示出来,以提醒您哪些采购业务再不付款就不能享受现金折扣待遇。c. 选择了不进行自动报警,则每次登录本系统时不会出现报警信息。

④ 是否根据信用额度自动报警:用户可以选择是否需要根据客户的信用额度进行自动预警。信用比率=信用余额/信用额度,信用余额=信用额度-应收账款余额。在选择根据信用额度进行自动预警时,需要输入预警的提前比率,且可以选择是否包含信用额度=0的客户。当选择自动预警时,系统根据设置的预警标准显示满足条件的客户记录。即只要该客户的信用比率小于等于设置的提前比率时就对该客户进行报警处理。若选择信用额度=0的客户也预警,则当该客户的应收账款>0时即进行预警。当登录的用户没有信用额度报警单查看权限时,就算设置了自动报警也不显示该报警单信息。选择自动预警的其他条件:客户全部、已经审核过的所有单据、截止日期为登录日期、币种为全部。当不选择需要自动预警时,任何用户登录时均不显示按信用额度进行预警的信息。

(2) 初始设置

初始设置的作用是建立应付款管理的基础数据,确定使用哪些单据处理应付业务,确定需要进行账龄管理的账龄区间。有了这功能,用户可以选择使用自己定义的单据类型、使应付业务管理更符合用户的需要。用账套主管登录企业应用平台登录,在左下角"业务"栏中,选择"应付款管理"项下的"设置",选择"初始设置",如图 7-30 所示。

设置科目:

由于本系统业务类型较固定,生成的凭证类型也较固定,因此为了简化凭证生成操作,可以在此处将各业务类型凭证中的常用科目预先设置好。系统依据制单业务规则将设置的科目自动带出。

① 基本科目设置:用户可以在此定义应付系统凭证制单所需要的基本科目。应付科目、预付科目、采购科目、税金科目等。若用户未在单据中指定科目,且控制科目设置与产品科目设置中没有明细科目的设置,则系统制单依据制单规则取基本科目设置中的科目设置。

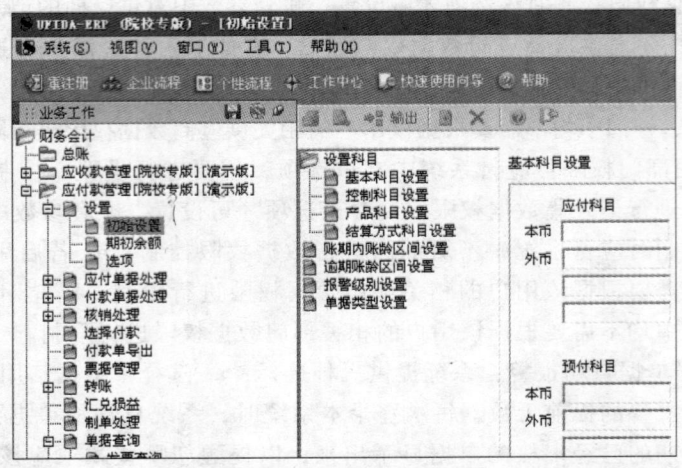

图 7-30

② 控制科目设置:进行应付科目、预付科目的设置。依据您在系统初始中的控制科目依据而显示设置依据。

③ 产品科目设置:进行采购科目、应交增值税科目的设置。依据您在系统初始中的采购科目选项而显示设置依据。

④ 结算方式科目设置:进行结算方式、币种、科目的设置。对于现结的发票、收付款单,系统依据单据上的结算方式查找对应的结算科目,系统制单时自动带出。

账期内账龄区间设置:

为了对应付账款进行账龄内账龄分析,应首先在此设置账期内账龄区间。选择"设置"菜单下的"初始设置"。在左边的树型结构列表中单击【账期内账龄区间设置】。增加:可以单击工具栏中的【增加】按钮,即可在当前区间之前插入一个区间。插入一个区间后,该区间后的各区间起止天数会自动调整。修改:可以修改输入的天数,系统会自动修改该区间以及其后的各区间的起止天数。最后一个区间不能修改和删除。删除:您可以单击工具栏中的【删除】按钮,即可删除当前区间。删除一个区间后,该区间后的各区间起止天数会自动调整。最后一个区间不能修改和删除。

预期账龄区间设置:

为了对应付账款进行逾期账龄分析,您应首先在此设置逾期账龄区间。选择"设置"菜单下的"初始设置"。在左边的树型结构列表中单击"逾期账龄区间设置"。增加:您可以单击工具栏中的【增加】按钮,即可在当前区间之前插入一个区间。插入一个区间后,该区间后的各区间起止天数会自动调整。修改:您可以修改您输入的天数,系统会自动修改该区间以及其后的各区间的起止天数。最后一个区间不能修改和删除。删除:您可以单击工具栏中的【删除】按钮,即可删除当前区间。删除一个区间后,该区间后的各区间起止天数会自动调整。最后一个区间不能修改和删除。

报警级别设置:

选择"设置"菜单下的"初始设置"项。在左边的树型结构列表中单击"报警级别设置"。增加：您可以单击工具栏中的【增加】按钮，即可在当前级别之前插入一个级别。插入一个级别后，该级别后的各级别比率会自动调整。修改：您可修改您输入的比率，系统会自动修改该级别以及其后的各级别的比率。最后一个区间不能修改和删除。删除：您可以单击工具栏中的【删除】按钮，删除当前级别。删除一个级别后，该级别后的各级别比率会自动调整。最后一个区间不能修改和删除。

单据类型设置：

单据类型设置指用户将自己的往来业务与单据类型建立对应关系的工作，达到快速处理业务以及进行分类汇总、查询、分析的效果。系统提供了发票和应付单两大类型的单据。如果同时使用采购系统，则发票的类型包括采购专用发票、普通发票、运费发票和废旧物资收购凭证等。如果单独使用应付系统，则发票类型只包括前两种。发票是系统默认类型，不能修改删除。应付单记录采购业务之外的应付款情况。在本功能中，设置应付单的不同类型。可以将应付单划分为不同的类型，以区分应付货款之外的其他应付款。例如，可以将应付单分为应付费用款、应付利息款、应付罚款、其他应付款等。

（3）期初余额

通过期初余额功能，用户可将正式启用账套前的所有应付业务数据录入到系统中，作为期初建账的数据，系统即可对其进行管理，这样既保证了数据的连续性，又保证了数据的完整性。当您初次使用本系统时，要将上期未处理完的单据都录入到本系统，以便于以后的处理。当您进入第二年度处理时，系统自动将上年度未处理完的单据转为下一年度的期初余额。在下一年度的第一个会计期间里，您可以进行期初余额的调整。在期初余额主界面，列出的是所有供应商、所有科目、所有合同结算单的期初余额，您可以通过过滤功能，查看某个供应商、某份合同或者某个科目的期初余额。如图7-31所示。

录入期初采购发票：

由于启动了应付款管理系统，在进行日常业务处理之前，应录入有关期初合同结算单的金额。通过本功能，可以录入企业有关采购业务所应支付的价税合计款，但不包括对方垫付的由本企业承担的运输费用等。在期初录入窗口，依次选择单据名称、单据类型、方向等、然后输入表头各项内容、表体各项内容。

录入期初应付单：

期初应付单录入的金额主要是指企业向供应商支付的除货款（含税）以外的项目金额，如对方代垫的运杂费。在录入时，"单据类型"的选择与"期初采购发票录入"的内容有所不同，其"单据名称"为"应付单"，"单据类型"为"其他应付单"，"方向"为"正向"。然后在应付单录入窗口，分别在表头和表体输入各项内容，保存后退出。

录入期初预付款：

预付款是企业预先支付给供应商的货款。期初预付款的录入，会涉及付款有关金额及供应商资料、结算方式、所涉及部门的主要信息。在录入时，"单据名称"选择"预付款"；"单据类型"为"付款单"；方向为正向，然后在付款单录入窗口，输入付款单的各项内容。

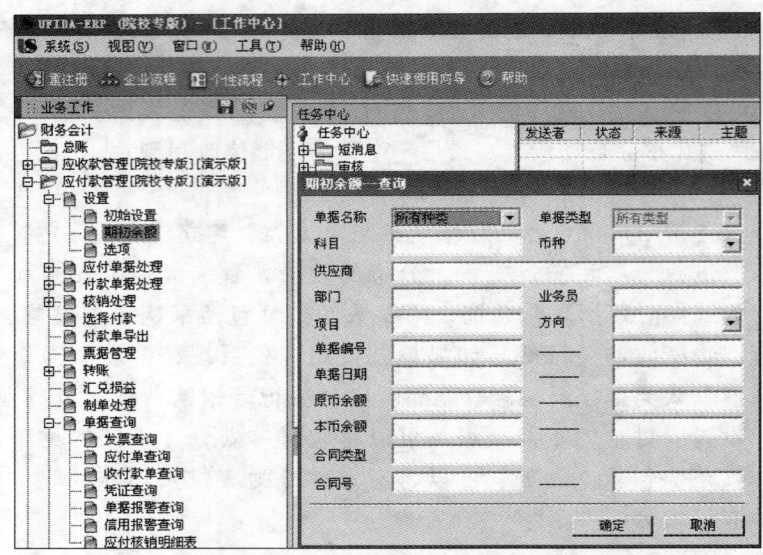

图 7-31

期初对账：

当完成全部应付款期初余额录入后，应通过对账功能将应付系统与总账系统期初余额进行核对。在期初余额明细表主界面中单击【对账】按钮，屏幕上可列示出应付与总账的对账结果。

7.2.2 日常业务处理

日常处理是应付款管理系统的重要组成部分，是经常性的应付业务处理工作。日常业务主要完成企业日常的应付/付款业务录入、应付/付款业务核销、应付并账、汇兑损益等的处理，及时记录应付、付款业务的发生，为查询和分析往来业务提供完整、正确的资料，加强对往来款项的监督管理，提高工作效率。

1. 应付单据处理

应付单据处理主要是对应付单据（采购发票、应付单）进行管理，包括应付单据的录入、审核。根据业务模型的不同，可以处理的单据类型也不同，如果同时使用应付款管理系统和采购系统，则发票由采购系统录入，在本系统可以对这些单据进行审核、弃审、查询、核销、制单等功能。此时，在本系统需要录入的单据仅限于应付单。如果没有使用采购系统，则各类发票和应付单均应在本系统录入。

（1）应付单据录入

单据录入是本系统处理的起点。在此，可以录入采购业务中的各类发票，以及采购业务之外的应付单。根据的业务模型的不同，可以处理的单据类型也不同。如果同时使用应付款管理系统和采购管理系统，则发票由采购系统录入，在本系统可以对这些单据进行审核、弃审、查询、核销、制单等功能。此时，在本系统需要录入的单据仅限于应付单。如果没有使用采购系统，则各类发票和应付单均应在本系统录入。单击【应付单据录入】，选择单据类别，单击【增加】按钮，则可新增应付单据。依照栏目说明，输入各个项目，输入后，单击【保存】按钮，将其保存。用户可单击【审核】按钮，对当前单据进行审核。若录入的单据错误，则单击【弃审】按钮，进行弃审，并单击【修改】按钮，进行修改，也可单击【删除】按钮，进行删除。审核完成后，系统提示您是否制单，您可选择立即制单，也可选择在制单处理中统一进行制单。选择立即制单，则系统弹出凭证卡片，您可进行修改并保存。在"应付单据录入"中，上下翻页查找的单据为本系统录入的应付单、发票，包括已审核、未审核单据。已作过后续处理如核销、转账、汇兑损益的单据则需要到"单据查询"中进行查询。

（2）应付单据审核

本节点主要提供用户批量审核。系统提供用户手工审核、自动批审核的功能。在"应付单据审核"界面中，显示的单据可包括所有已审核、未审核的应付单据，包括从采购管理系统传入的单据。作过后续处理如核销、制单、转账等处理的单据在"应付单据审核"中不能显示。对这些单据的查询，您可在"单据查询"中进行。批审中也可以进行新增单据、单据修改，批量删除等操作，其约束条件与应付单据录入如图7-32所示。

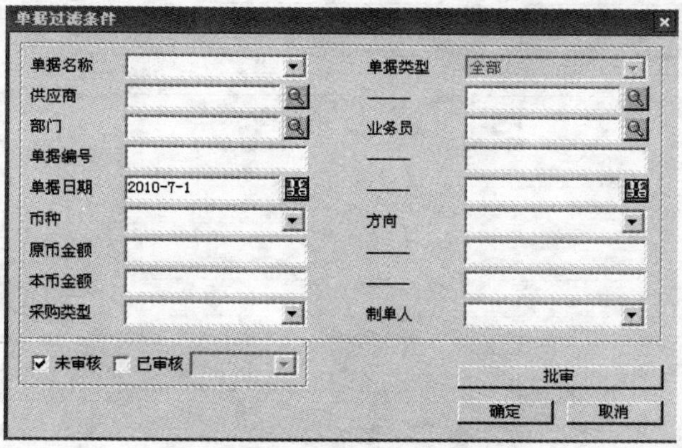

图7-32

自动批审：用鼠标选择"日常处理"下的"应付单据处理"下的"应付单据审核"，系统显示一查询条件框。输入查询条件后，用户可以单击【批审】按钮，系统根据当前的过滤条件将符合条件的未审核单据全部进行后台的一次性审核处理。批审完成后，系统提交单据批审报告，自动批审报告显示成功的张数以及明细审核单据。用户可单击 按钮，即可显示已成功审核的明细单据。

手工批审：用户也可在输入过滤条件后，进入单据列表界面，进行选择。在选择标志一栏里，双击鼠标或者打对勾，然后单击工具栏中的【审核】按钮，则表示要将该张单据审核。您也可以通过单击【全选】图标，将所有的单据全部选中；单击【全消】

图标，取消所做的选择。选择单据后，单击【审核】图标，将当前选中的单据全部审核。批审完成后，系统提交单据批审报告，显示成功的张数以及未成功单据的张数。用户可单击█按钮，即可显示明细单据。

2. 付款单据处理

付款单据处理主要是对结算单据（付款单、收款单即红字付款单）进行管理，包括付款单、收款单的录入、审核。

（1）付款单据录入

系统的付款单用来记录企业所支付的款项，当支付每一笔款项时，应知道该款项是结算供应商货款，还是提前支付供应商的预付款，还是支付供应商其他费用。系统用款项类型来区别不同的用途。在录入付款单时。需要指定其款项用途。如果对于同一张付款单，包含不同用途的款项，则应在表体记录中分行显示。对于不同的用途的款项，系统提供的后续业务处理不同。对于冲销应付款，以及形成预付款的款项，需要进行付款结算，即将付款单与其对应的采购发票或应付单进行核销勾对，进行冲销企业债务的操作。对于其他费用用途的款项则不需要进行核销，如图 7-33 所示。

图 7-33

（2）付款单据审核

主要完成付/收款单的自动审核、批量审核功能。只有审核后的单据才允许进行核销、制单等处理。在"付款单据审核"界面中显示的单据包括全部已审核、未审核的付款单据。余额=0 的单据在"付款单据审核"中不能显示。对这些单据的查询，可在"单据查询"中进行。在付款单据审核列表界面，用户也可在此进行付款单、收款单的增加、修改、删除等操作，如图 7-34 所示。

自动批审：用鼠标选择"日常处理"菜单下"付款单据处理"下的"付款单据审核"，即可进入本功能界面。输入过滤条件后，用户可直接单击【批审】按钮，系统在后台直接对符合过滤条件的单据进行审核记账。在批审完成后，系统提交单据批审报

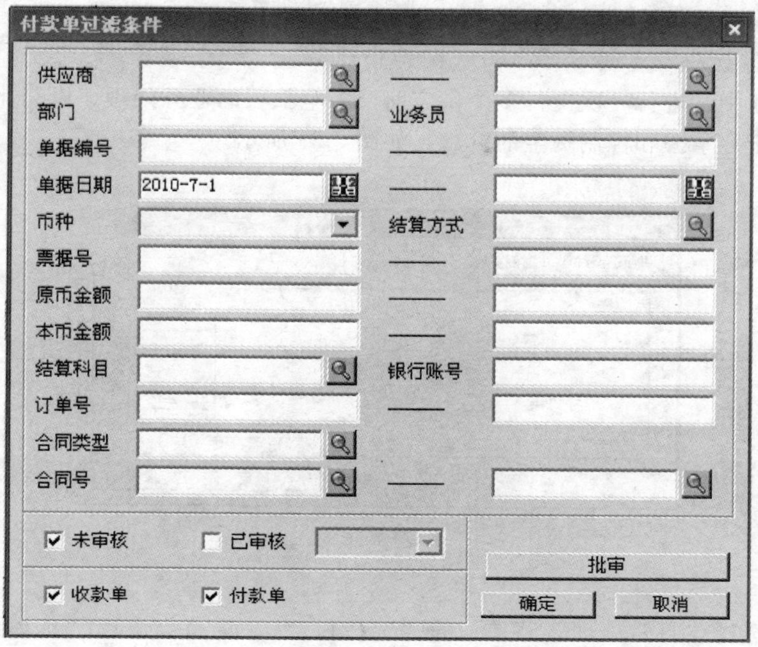

第7章　往来账管理系统

图 7-34

告,自动批审报告显示成功的张数以及明细审核单据。用户在审核报告中,可单击■■
按钮,即可显示已成功审核的明细单据。若未审核单据中存在需要多级审核（启用工
作流）的单据,则不能进行自动批审。

批量审核：用户也可在输入过滤条件后,单击【确认】按钮。进入结算单单据列
表界面,通过单击【全选】、【全消】按钮,来将列表中的记录全部打上选择标志或取
消选择标志。将需要进行批审的结算单打上选择标志,单击【审核】按钮,对当前结
算单进行审核记账。系统先将不需要走工作流的单据进行审核。然后在第一条需要走工
作流的单据上弹出审核框,输入审核结果及意见。单击【确认】按钮后,系统提示是
否以下单据均照此意见审核,请根据情况选择。批审完成后,系统提交单据批审报告,
自动批审报告显示成功的张数以及明细单据。用户在批审报告中,单击■■按钮,即可
显示未成功审核的明细单据。

3. 核销处理

核销处理指用户日常进行的付款核销应付款的工作。单据核销的作用是处理付款核
销应付款,建立付款与应付款的核销记录,监督应付款及时核销,加强往来款项的
管理。

在核销处理界面,进行收付款单的批量核销。系统提供两种批量核销方式,手工核
销、自动核销。在批量核销处,显示的应付单据与付款单据都必须是已审核单据,且只
能进行同币种的批量核销,异币种的核销处理在"付款单据录入"中进行处理。批量
核销完成后,若用户在系统选项中选择了核销制单,则可到"制单处理"界面进行核

277

销制单。付款单与蓝字采购发票、蓝字应付单、收款单核销；收款单与红字采购发票、红字应付单，付款单核销。

4. 选择付款

在本功能中，进行一次支付多个供应商、多笔款项的业务处理，以简化日常付款操作，同时便于您掌握和控制资金的流出，如图 7-35 所示。

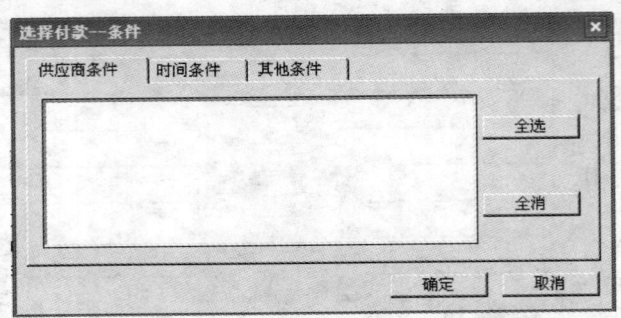

图 7-35

用鼠标选择"日常处理"菜单下的"选择付款"，屏幕会出现"选择付款—条件"对话框，输入选择条件，来缩小单据的范围。选择供应商。用鼠标选择"供应商条件"页签，屏幕会显示所有的供应商，用鼠标单击供应商名称左边的选择框，即可选中该供应商，可以同时选择多个供应商。单击右边的【全选】按钮，即可同时选择所有供应商。单击右边的【全消】按钮，可以把所作的选择同时消除。选择完所有的条件后，用鼠标单击【确认】按钮，这时界面中所列出的全部是满足条件的单据。可以在"付款金额"一栏里输入本次支付的金额。

5. 付款单导出

主要完成付款单与网上银行的相互导入导出处理。在应付系统将付款单导出，即可将付款单导入网上银行系统，如图 7-36 所示。

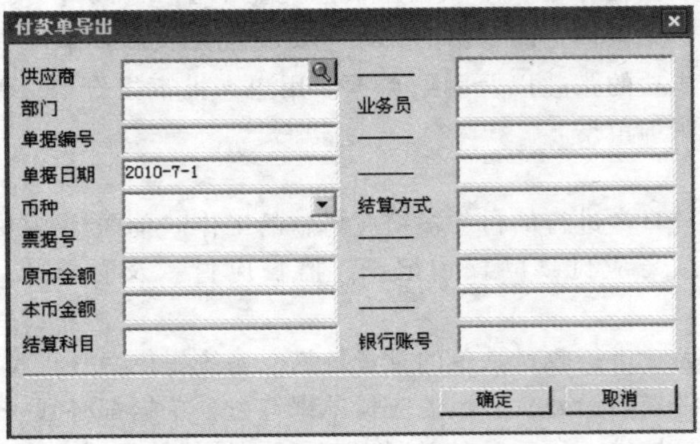

图 7-36

用鼠标选择"日常处理"菜单下"结算单审核",即可进入付款单导出界面。输入过滤条件,单击【确认】按钮。进入结算单单据列表界面。在进入结算单单据列表界面后,用户可以单击【全选】、【全消】按钮,来将列表中的记录全部打上选择标志或取消选择标志。将需要进行导出的结算单打上选择标志,单击【导出】按钮,将当前打有选择标志的单据导出到网上银行中。

6. 票据管理

票据管理主要是对商业承兑汇票和银行承兑汇票进行日常的业务处理,所有涉及票据的结算、转出、计息等处理都应该在票据管理中进行。

(1) 增加票据

为了增加一张应付票据,应首先用鼠标单击"日常处理"、"票据管理",弹出"票据查询"对话框,在输入各种条件后,单击【确认】按钮,进入主界面,单击工具条上的【增加】按钮,屏幕会出现票据增加的界面。按照各栏目的说明输入各栏目,输入完成后,如果单击【确认】按钮,则保存当前票据,则系统会生成一张付款单,可以在"单据结算"部分进行查询。如果对当前输入的结果不满意,则可用鼠标单击【取消】按钮,即可取消当前的操作。

(2) 票据计息

用鼠标选择"日常处理"菜单条下的"票据管理",弹出"票据查询"对话框。输入各种条件后,单击【确认】按钮,进入票据处理主界面。选中一张票据,然后单击工具条上的【计息】按钮,就可以对当前的票据进行计息处理。分别选择所需的计息金额、开始计息日期和截止计息日期,进行票据计息。在输入完毕后,单击【确认】按钮,可保存前述的操作,系统会自动把结果保存在票据登记簿中。

(3) 票据转出

用鼠标选择"日常处理"菜单条下的"票据管理",弹出"票据查询"对话框。输入各种条件后,单击【确认】按钮,进入票据处理主界面。选中一张票据,然后单击工具条上的【转出】按钮,就可以对当前的票据进行转出处理。在输入完毕后,单击【确认】按钮,可保存前述的操作。

(4) 票据结算

用鼠标选择"日常处理"菜单条下的"票据管理",弹出"票据查询"对话框。输入各种条件后,单击【确认】按钮,进入票据处理主界面。选中一张票据,然后单击工具条上的【结算】按钮,就可以对当前的票据进行结算处理。在输入完毕后,单击【确认】按钮,可保存前述的操作。

7. 转账处理

(1) 应付冲应付

指将一家供应商的应付款转到另一家供应商中。通过应付冲应付功能将应付账款在供应商之间进行转入、转出,实现应付业务的调整,解决应付款业务在不同供应商间入错户或合并户问题。选择"日常处理"菜单项下"转账处理"中的"应付冲应付"项。在货款、其他预付款、预付款和合同结算单复选框中选择您需要处理的单据。输入转出户、转入户、币种等过滤条件,输入完成后,单击【过滤】按钮,系统会将该转出户所有满足条件的单据全部列出。可手工输入或双击选择"并账金额",金额大于0,小于等于余额,双击本行系统将余额自动填充为并账金额。输入完有关信息后,单击【确认】按钮,系统会自动地进行转出、转入处理。单击【取消】按钮,系统将会取消上述操作。

(2)预付冲应付

通过预付冲应付处理企业的预付款和应付款间的转账核销业务。选择"日常处理"菜单项下"转账处理"中的"预付冲应付"。可以直接单击【自动转账】按钮,则系统会自动进行成批的预付冲应付款工作。也可以进行单个客户的预收冲抵应收款工作,则在"预付款"页签中允许输入如下信息。输入完成后,单击【过滤】按钮,系统会将该客户所有满足条件的预收款的日期、转账方式、金额等项目列出。您可以在转账金额一栏里输入每一笔预收款的转账金额。用鼠标选择"应付款"页签。输入完成后,单击【过滤】按钮,系统会将该客户所有满足条件的应收款的单据类型、单据编号、单据日期、单据金额、转账金额等项目列出。您可以在转账金额一栏里输入每一笔应收款的转账金额。

(3)应付冲应收

用某客户的应收账款,冲抵某供应商的应付款项。系统通过应收冲应付功能将应付款业务在客户和供应商之间进行转账,实现应付业务的调整,进行应收债权与应付债务的冲抵。

(4)红票对冲

红票对冲可实现某客户的红字应收单与其蓝字应收单、收款单与付款单中间进行冲抵的操作。系统提供两种处理方式:系统自动冲销和手工冲销。

自动对冲:可同时对多个供应商依据红冲规则进行红票对冲,提高红票对冲的效率。自动红票对冲提供进度条,并提交自动红冲报告,用户可了解自动红冲的完成情况及失败原因。

手工对冲:对一个供应商进行红票对冲,可自行选择红票对冲的单据,提高红票对冲的灵活性。手工红票对冲时采用红蓝上下两个列表形式提供,红票记录全部采用红色显示,蓝票记录全部用黑色显示。

8. 汇兑损益

可以在此计算外币单据的汇兑损益并对其进行相应的处理。在使用本功能之前,应首先在系统选项中选择汇兑损益方式。系统提供两种汇兑损益的处理方法,可以根据自己的需要作出选择。如果企业有外币往来,则首先在系统选项中选择汇兑损益的方式,月末计算或单据结清时计算。发生一笔外币往来,可以根据用户自己的选择来完成汇兑损益的处理,如可以完成根据科目、币种分别进行汇兑损益处理,而且不管根据哪种方式进行损益处理,均可以按币种、供应商、科目、单据查询相应的汇兑损益信息。进行汇兑损益处理后,若需要恢复处理前状态,用户可以在取消操作中按单据取消其汇兑损益处理。用户可以通过单击【过滤】按钮,查询需要进行汇兑损益处理的单据或供应商,如图7-37所示。

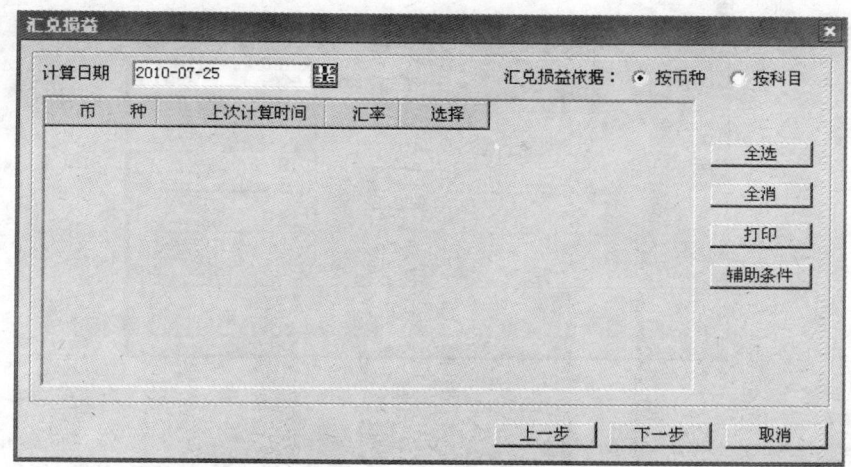

图 7-37

9. 制单处理

制单即生成凭证,并将凭证传递至总账记账。系统对不同的单据类型或不同的业务处理提供实时制单的功能;除此之外,系统提供了一个统一制单的平台,可以在此快速、成批生成凭证,并可依据规则进行合并制单等处理。在制单处理时,通过打开"制单查询"对话框,确定需要制单类型,如发票制单、应付单制单等,选择适当的凭证类别,系统会将所有未制单的单据列出,通过单击【制单】按钮,可生成一张机制凭证,保存后,自动传递到总账,达到制单的目的。

7.2.3 账表查询及期末处理

1. 单据查询

系统提供对应收单、结算单、凭证等的查询。进行各类单据、详细核销信息、报警信息、凭证等内容的查询。在查询列表中,系统提供自定义显示栏目、排序等功能,您可以通过单据列表操作来制作符合您要求的单据的列表。用户在单据查询时,若启用客户、部门数据权限控制时,则用户在查询单据时只能查询有权限的单据。

(1) 凭证查询

可以通过凭证查询来查看、修改、删除、冲销应付款系统传到账务系统中的凭证。用鼠标选择"单据查询"下的"凭证查询"。输入完条件后,单击【确认】按钮,查询结果按所选的月份列示。在查询结果界面,可对其进行相关操作,如图 7-38 所示。

(2) 发票、应付单、结算单查询

通过输入查询条件,可以很方便地显示所有符合条件的单据,并将查询结果列表显示;而且通过单击【单据】按钮,可以调出原始单据卡片,通过单击【详细】按钮,可以查看当前单据的详细结算情况,通过单击【栏目】按钮,可以设置当前查询列表

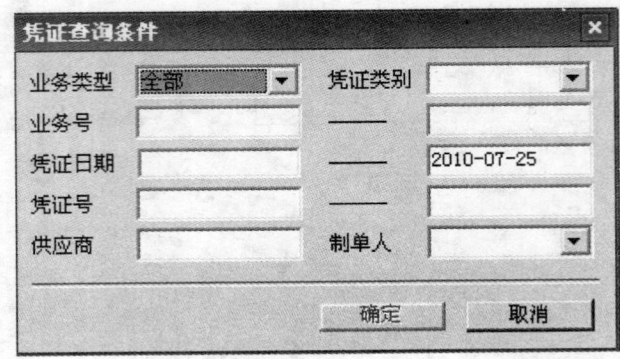

图 7-38

的显示栏目、栏目顺序、栏目名称、排序方式,且可以保存当前设置的内容。

(3) 单据报警查询

是对快到期的单据或即将不能享受现金折扣的单据进行列示。用鼠标选择"单据查询"下的"单据报警查询",屏幕会出现查询条件界面。可以根据不同的报警设置来查询哪些单据快到期了,哪些单据很快就不能再享受现金折扣了。关于报警设置,系统提供根据"信用期自动报警"和根据"折扣期自动报警"。无论选择哪种报警方式都需要设置报警的提前天数。

(4) 信用报警查询

在系统选项中若设置了自动根据客户的信用额度进行预警,则当有权限查看按客户预警查询的用户登录时系统显示该预警表。在信用预警单查询中,则用户可输入预警查询条件,任意进行信用报警查询。用鼠标选择"单据查询"菜单下的"信用报警查询",即可进入信用报警单预警条件界面。录入信用预警条件。单击【确认】按钮,系统将符合条件的信用报警单显示。

(5) 应付核销明细表

应付核销明细表提供给用户一个完整的详细核销情况。用鼠标选择"单据查询"下的"应付核销明细表",屏幕会出现查询条件界面,输入完条件后,单击【确认】按钮,查询结果按所选的月份列示。在查询结果界面,可对账表进行操作。

2. 账表管理

(1) 我的账表

用友 ERP-U8 管理软件系列产品下属子系统的"账表管理"菜单项下有"我的账表"子菜单项,对系统所能提供的全部报表进行管理。用户选择"我的账表"菜单,系统将弹出账表管理界面,从界面上我们可以看出,"账表管理"是通过账夹来对报表进行管理的。账夹,就是放置系统报表的夹子。单击鼠标右键显示菜单:新建专用账夹、新建公用账夹和设置账夹口令。所谓新建账夹就是指用户自行新建的账夹,如"新建公用账夹"和"新建专用账夹",新建账夹里放置的是用户自定义的报表和系统账夹下的基本报表经过编辑和修改后另存的报表,用户可以对新建账夹里的报表进行编辑和修改，并可直接保存。在新建账夹与新建账夹之间，用户可以将一份报表来回自由地拖放，实现报表的任意组合放置。但是对自定义账夹而言，则不能对其下属的基本报表进行任何的拖放操作。必要时，只能先将基本报表另存到某个新建账夹下，再在新建账夹之间进行任意的拖放操作。

（2）业务账查询

通过业务账表查询，可以及时地了解一定期间内期初应付款结存汇总情况、应付款发生、付款发生的汇总情况、累计情况及期末应付款结存汇总情况，从而及时发现问题，加强对往来款项的监督管理。业务账表包括业务总账、业务余额表、业务明细账、对账单。

① 业务总账查询：可通过本功能查看供应商、供应商分类、地区分类、部门、业务员、供应商总公司、主管业务员、主管部门、存货、存货分类在一定月份期间所发生的应付、付款以及余额情况。应付业务总账既可以完整查询，（既是供应商又是客户的单位信息），又可以包含未审核单据查询，还可以包含未开票已出库发货单（含期初发货单）、暂估采购入库单的数据内容。

② 业务余额表查询：可通过本功能查看供应商、供应商分类、供应商总公司、地区分类、部门、主管部门、业务员、主管业务员、存货、存货分类在一定期间所发生的应付、付款以及余额情况。应付业务余额表，既可以完整查询，（既是供应商又是客户的业务单据信息），又可以包含未审核单据查询，还可以包含未开票已出库发货单（含期初发货单）、暂估采购入库单的数据内容。

③ 业务明细账查询：可以在此查看供应商、供应商分类、供应商总公司、地区分类、部门、主管部门、业务员、主管业务员、存货分类、存货在一定期间内发生的应付及付款的明细情况。应付业务明细账既可以完整查询，（既是供应商又是客户的业务单据信息），又可以包含未审核单据查询，还可以包含未开票已出库发货单（含期初发货单）、暂估采购入库单的数据内容。

④ 对账单查询：可以获得一定期间内各供应商、供应商分类、供应商总公司、部门、主管部门、业务员、主管业务员的对账单。应付对账单既可以完整查询，（既是客户又是供应商的业务单据信息），又可以包含未审核单据查询，还可以包含未开票已出库发货单（含期初发货单）、暂估采购入库单的数据内容。另外，对账单数据的明细程度可以由用户自己设定，对账单打印的表头格式可以设置。

⑤ 与总账对账：提供应付系统生成的业务账与总账系统中的科目账核对的功能，检查两个系统中的往来账是否相等，若不相等，则可查看造成不等的原因。

（3）统计分析

通过统计分析，可以按用户定义的账龄区间，进行一定期间内应付款账龄分析、付款账龄分析、往来账龄分析，了解各个应付款周转天数，周转率，了解各个账龄区间内应付款、付款及往来情况、能及时发现问题，加强对往来款项动态的监督管理。

① 应付账龄分析：可以通过本功能分析供应商、存货、业务员、部门或单据的应付款余额的账龄区间分布。同时，可以设置不同的账龄区间进行分析。既可以进行应付款的账龄分析，也可以进行预付款的账龄分析。

② 付款账龄分析：可以在此分析供应商、产品、单据的付款账龄。

③ 欠款分析：可以在此分析截至某一日期，供应商、部门或业务员的欠款金额，以及欠款组成情况。

④ 付款预测可以在此预测一下将来的某一段日期范围内，供应商、部门或业务员等对象的付款情况，而且提供比较全面的预测对象、显示格式。

(4) 科目表查询

包括科目明细账、科目余额表的查询。显示 U8 所有系统中的受控科目信息。

① 科目明细账查询：用于查询供应商往来科目下各个往来供应商的往来明细账。包括科目明细表、供应商明细账、三栏式明细账、多栏式明细账、供应商分类明细账、业务员明细账、部门明细账、项目明细账、地区分类明细账九种查询方式。

② 科目余额表查询：用于查询应付受控科目各个供应商的期初余额、本期借方发生额合计、本期贷方发生额合计、期末余额。它包括科目余额表、供应商余额表、三栏式余额表、业务员余额表、供应商分类余额表、部门余额表、项目余额表、地区分类余额表等八种查询方式。

3. 其他处理

在其他处理中，可以进行远程数据的传递、取消操作、月末结账等处理。

(1) 远程应用

随着市场经济的发展，企业的集团化成为企业发展的一种趋势。对于销售系统的收款方式来说，在企业集团化的背景下，企业的收款业务在空间上以总公司为核心向异地拓展。集团内部总公司和异地收款之间的数据传递问题成为集团企业关注的焦点。为使总公司能及时了解各地的收款状况，全面掌握整个企业集团的应收账款收款情况，从而在一定程度上控制异地销售点的经营管理，系统提供了总公司和异地销售之间的数据导出、导入功能及其服务功能：收件和发件管理，为企业提供了完整的远程数据通信方案。

(2) 取消操作

如果对原始单据进行了审核、对收款单进行了核销等操作后，发现操作失误，可将其恢复到操作前的状态，以便进行修改。在菜单条上选择"其他处理"—"期末处理"—"取消操作"。在"操作类型"下拉框中选择恢复的类型。系统提供了"恢复单据核销前状态"、"恢复票据的处理前状态"、"恢复坏账处理前状态"、"恢复转账处理前状态"、"恢复计算汇兑损益前状态"。

4. 期末处理

期末处理指用户进行的期末结账工作。如果当月业务已全部处理完毕，就需要执行月末结账功能，只有月末结账后，才可以开始下月工作。包括"月末结账"和"取消结账"处理。

(1) 月末结账

如果已经确认本月的各项处理已经结束，您可以选择执行月末结账功能。当您执行了月末结账功能后，该月将不能再进行任何处理。用鼠标选择"其他处理"—"期末处理"—"月末结账"。选择结账月份，双击结账标志一栏，标志选择该月进行结账。

（2）取消结账

本功能帮助用户取消最近月份的结账状态。在菜单条上选择"其他处理"—"期末处理"—"取消月结"。选择需要取消结账月份，双击结账标志一栏，单击【确认】按钮，系统执行取消结账功能。

本章小结：

应收款管理系统主要用于实现企业与客户业务往来账款的核算与管理，以填制销售发票、其他应收单据等原始凭证为依据，记录销售业务及其他业务形成的往来款项，处理应收款项的收回、坏账、转账等情况；提供票据处理的功能，实现对应收票据的管理。

应付款管理系统，通过发票、其他应付单、付款单等单据的录入，对企业的往来账款进行综合管理，及时、准确地提供供应商的往来账款余额资料，提供各种分析报表，帮助您合理地进行资金的调配，提高资金的利用效率。

思考题：

1. 应收款系统、应付款系统基本设置包括哪些内容？
2. 如何进行应收款坏账处理？
3. 应收款系统、应付款系统月末处理包括哪些工作？

第8章 上机操作综合实验

学习目标:

通过此练习题的操作可以使学员掌握 U8 管理软件中关于财务系统的操作知识。请同学注意正常开机,正常关机。

实 验 一

一、目的与要求

1. 掌握账务处理系统的启动与退出。
2. 了解新账套的建立。
3. 掌握账务初始化工作的必要操作。

二、实验内容

(一)新账套的建立

1. 注意检查计算机的系统时间,将系统日期调整为当前时间。
2. 启动"系统服务"中的"系统管理"功能,使用 admin 系统管理员注册(口令无,每一位操作员的口令都可在注册时进行修改)。
3. 增加操作员:A 是杨主管、B 是王会计、C 是刘出纳(请不要指定角色)。
4. 以 admin 的身份进行新建账套的操作:
  A. "账套号"、"账套名称"、"单位名称"自定,启用日期为 2005 年 2 月 1 日;
  B. 记账币种:默认"人民币",企业类型为"工业",行业性质为"新会计制度科目"并预置科目,账套主管选择的操作员"A";
  C. 存货不分类、供应商和客户分类、有外币核算;
  D. 分类编码方案:1. 科目编码方案为 4-2-2-2-2-2。
       2. 部门编码方案为 2-2。
       3. 结算方式编码方案为 1-2。
       4. 客户和供应商编码方案为 2-3-3。
       5. 其他编码项目保持不变。
  E. 数据精度定义:选择默认值。
5. 进行该账套的各模块的启用设置。

6. 设置操作员权限。

操作员"B",拥有"公用目录设置"中的所有权限及"总账"中除"审核"、"记账"以外的所有权限;

操作员"C"拥有"公用目录设置"中的所有权限及"总账"中除了"填制凭证"以外的所有权限。

7. 定义备份计划

(二)基础设置:

注册【企业门户】,进入"设置"页签,开始进行该账套的基础设置。

定义外币及汇率:美元,币符 USD,2005 年 2 月份记账汇率为 8.40

日元,币符 JPY,2005 年 2 月份记账汇率为 0.06

1. 定义凭证类别:

收款凭证　　借方必有　　1001,1002
付款凭证　　贷方必有　　1001,1002
转账凭证　　凭证必无　　1001,1002

2. 增设"结算方式":"现金结算","支票结算","电汇"三种结算方式。
3. 增设"部门档案":销售中心,管理中心,制造中心,

其中:销售中心下分"销售一部"、"销售二部",

　　　管理中心下分"财务部"、"人力资源部",

　　　制造中心下分"一车间"、"二车间"、"运输处"、"机修处"。

4. 增设"职员档案":销售一部的李平、财务部的张力。
5. 增设"客户分类":"批发"、"代销"、"专柜"三种分类。
6. 增设"客户档案":

客户编号	单位名称	所属分类
HHGYZ	华宏供应站	批发
CXMYGS	昌新贸易公司	批发
JYSH	精益商行	代销
LSGS	利氏公司	专柜

7. 增设"供应商分类":原料供应商。
8. 增设"供应商档案":

客户编号	单位名称	所属分类
JLSH	金陵商行	原料供应商

实 验 二

一、目的与要求

1. 掌握科目的设置、辅助账的设置、现金银行科目的修改删除。
2. 掌握录入和修改科目的期初余额,辅助账的期初余额的录入。

二、实验内容

（一）设置会计科目

1. 设置指定科目,指定"现金总账科目"和"银行总账科目";
2. 根据第3、4页的表格增设有关科目;
3. 注意个人往来,部门核算和客户往来、供应商往来等辅助核算的设置。

（二）录入科目的期初余额

1. 根据第3、4页的表格录入科目的期初余额。
2. 根据"辅助科目明细余额"录入辅助账的期初余额,并试算平衡。

辅助科目明细余额如下:

1. 应收账款——精益商行　　　　　3 510.00 元
   　　　　——利氏公司　　　　　3 430.00 元
   　　　　——昌新贸易公司　　　11 700.00 元
   　　　　——华宏供应站　　　　23 400.00 元
2. 其他应收款/备用金——运输处　　1 200.00 元
   　　　　　　　　——一车间　　1 200.00 元
3. 其他应收款／个人其他应收款——李平（销售一部）　900.00 元
4. 固定资产/生产设备——一车间　　150 000.00 元
   　　　　　　　　——二车间　　 50 000.00 元
5. 应付账款——金陵商行　　　　　58 500.00 元

科目编码	科目名称	辅助	方向	期初余额	科目编码	科目名称	辅助	方向	期初余额
1001	现金		借	2 052.00	143102	利息		借	
1002	银行存款		借	400 000.00	143103	减值准备		借	
100201	工行存款		借	200 000.00	1501	固定资产	部门	借	200 000.00
100202	中行存款		借	200 000.00					
10020201	美元存款	美元	借	200 000.00	1502	累计折旧		贷	169 998.90
	美元		借	25 000.00					
100203	建行存款		借		1505	固定资产减值准备		借	
1009	其他货币资金		借	2 500.00	1601	工程物资		借	

续表

科目编码	科目名称	辅助	方向	期初余额	科目编码	科目名称	辅助	方向	期初余额
100901	外埠存款		借	2 500.00	160101	专用材料		借	
100902	银行本票		借		160102	专用设备		借	
100903	银行汇票		借		160103	预付大型设备款		借	
100904	信用卡		借		160104	为生产准备的工具及器具		借	
100905	信用证保证金		借		1603	在建工程		借	
100906	存出投资款		借		160301	建筑工程		借	
1101	短期投资		借		1605	在建工程减值准备		借	
110101	股票		借		1701	固定资产清理		借	
110102	债券		借		1801	无形资产		借	
110103	基金		借		1805	无形资产减值准备		借	
110110	其他		借		1815	未确认融资费用		借	
1102	短期投资跌价准备		借		1901	长期待摊费用		借	
1111	应收票据	客户	借		1911	待处理财产损益		借	
1121	应收股利		借		191101	待处理流动资产损益		借	
1122	应收利息		借		191102	待处理固定资产损益		借	
1131	应收账款	客户	借	42 040.00	2101	短期借款		贷	
1133	其他应收款		借	3 300.00	2111	应付票据	供应商	贷	
113301	备用金	部门	借	2 400.00	2121	应付账款	供应商	贷	58 500.00
113302	个人应收款	个人	借	900.00	2131	预收账款	客户	贷	
1141	坏账准备		贷	114.00	2141	代销商品款		贷	
1151	预付账款	供应			2151	应付工资		贷	
1161	应收补贴款		借		2153	应付福利费		贷	
1201	物资采购		借		2161	应付股利		贷	
1211	原材料		借		2171	应交税金		贷	10 001.00
121101	101 材料		借		217101	应交增值税		贷	8 500.75
121102	102 材料		借		21710101	进项税额		贷	
121103	103 材料		借		21710102	已交税金		贷	
1221	包装物		借		21710103	转出未交增值税		贷	
1231	低值易耗品		借		21710104	减免税款		贷	
1232	材料成本差异		贷		21710105	销项税额		贷	8 500.75
1241	自制半成品		借		21710106	出口退税		贷	
1243	库存商品		借		21710107	进项税额转出		贷	
1244	商品进销差价		借		21710108	出口抵减内销产品应纳税额		贷	
1251	委托加工物资		借		21710109	转出多交增值税		贷	

续表

科目编码	科目名称	辅助	方向	期初余额	科目编码	科目名称	辅助	方向	期初余额
1261	委托代销商品		借		217102	未交增值税		贷	
1271	受托代销商品		借		217103	应交营业税		贷	1 500.25
1281	存货跌价准备		借		217104	应交消费税		贷	
1291	分期收款发出商		借		217105	应交资源税		贷	
1301	待摊费用		借		217106	应交所得税		贷	
1401	长期股权投资		借		217107	应交土地增值税		贷	
140101	股票投资		借		217108	应交城市维护建设税		贷	
140102	其他股权投资		借		217109	应交房产税		贷	
1402	长期债权投资		借		217110	应交土地使用税		贷	
1421	长期投资减值准备		借		217111	应交车船使用税		贷	
1431	委托贷款		借		217112	应交个人所得税		贷	
143101	本金		借		2176	其他应交款		贷	

实 验 三

一、目的与要求

1. 掌握填制凭证的方法。
2. 掌握修改凭证的操作方法。

二、实验内容

以"B"操作员身份填制下列凭证。

2005年2月份发生如下业务：

1. 接到银行通知，收到某投资者以现金投入的资本。

　　借：银行存款／工行　　　300 000.00
　　　　贷：实收资本（或股本）　　　　100 000.00
　　　　　　资本公积／资本（或股本）溢价　200 000.00

2. 向某公司销售产品，收到10 000美元，当天存入银行。

　　借：银行存款／中行／美元存款　　84 000.00
　　　　贷：主营业务收入——销售一部　　　71 794.87
　　　　　　应交税金／应交增值税／销项税额　12 205.13

3. 将外埠存款的未用金额转回结算户

　　借：银行存款／工行　　　2 500.00
　　　　贷：其他货币资金／外埠存款　2 500.00

4. 收到某供应单位因不履行合同而赔偿损失的赔款

借：现金　　　　　　　　　5 000.00
       贷：营业外收入／罚款净收入　　5 000.00
5. 收到出差人员交回的差旅费剩余款并结算
   借：现金　　　　　　　　　45.00
       管理费用／差旅费——销售一部　　855.00
       贷：其他应收款／个人应收款——李平　　900.00
6. 以支票方式支付所购物资价款
   借：物资采购　　　　　23 000.00
       贷：银行存款／工行　　23 000.00
7. 开出支票，提取现金
   借：现金　　　5 000.00
       贷：银行存款／工行　　5 000.00
8. 购入某种股票作为短期投资，其中包含已宣告但尚未领取的现金股利
   借：短期投资／股票　　　100 000.00
       应收股利　　　　　　1 000.00
       贷：银行存款／工行　　101 000.00
9. 收到已计入应收项目的现金股利
   借：银行存款／工行　　　1 000.00
       贷：应收股利　　　　　1 000.00
10. 为购置大型设备而预付款
    借：工程物资／预付大型设备款　　15 000.00
        贷：银行存款／工行　　　　　15 000.00
11. 收到所购设备，另需补付价款10 000元
    借：工程物资／专用设备　　　16 000.00
        贷：工程物资／预付大型设备款　　15 000.00
            银行存款／工行　　　　　　1 000.00
12. 银行转来自来水公司委托收款结算凭证付款通知
    借：生产成本／辅助生产成本——运输处　　300.00
        生产成本／辅助生产成本——机修处　　400.00　　（注：此部门归属于制造中心）
        营业费用／水电费——销售一部　　200.00
        营业费用／水电费——销售二部　　100.00
        管理费用／水电费——财务部　　　100.00
        管理费用／水电费——人力资源部　　100.00
        贷：银行存款／工行　　　　　　1 200.00
13. 营销部门报销费用

借：营业费用／运输费——销售一部　　1 000.00（注：运输费和电话费为部门核算）
　　　　　营业费用／运输费——销售二部　　2 000.00
　　　　　营业费用／电话费——销售一部　　1 100.00
　　　　　营业费用／电话费——销售二部　　1 500.00
　　　　　贷：现金　　　　　　　　　　　　　　　　5 600.00
14. 管理部门报销费用
　　　借：管理费用／电话费——财务部　　　 600.00
　　　　　管理费用／电话费——人力资源部　 800.00
　　　　　管理费用／办公费——财务部　　　1 500.00
　　　　　管理费用／办公费——人力资源部　 600.00
　　　　　贷：现金　　　　　　　　　　　　　　　　3 500.00
15. 某部门报废一台设备
　　　借：固定资产清理　　　　　 24 000.00
　　　　　累计折旧　　　　　　　126 000.00
　　　　　贷：固定资产　　　　　　　　　150 000.00
16. 处理固定资产清理的净损失
　　　借：营业外支出／处置固定资产净损失　 26 000.00
　　　　　贷：固定资产清理　　　　　　　　　　　26 000.00

实　验　四

一、目的与要求

1. 掌握凭证复核和记账的操作方法。
2. 掌握已记账凭证的修改及操作方法。
3. 查询各种账簿的数据。

二、实验内容

（一）以操作员"A"的身份对实验三的所有凭证进行审核签字、记账。
（二）将已记账凭证恢复至记账前状态，取消下列凭证的审核签字，然后对下列凭证进行修改，最后再将所有凭证重新审核和记账。

A. 将凭证　　借：现金　　　　　　　　　　　45.00
　　　　　　　　　管理费用／差旅费——销售二部　855.00
　　　　　　　　　贷：其他应收款／个人应收款——李平　　900.00
　　　改为　　借：现金　　　　　　　　　　　45.00
　　　　　　　　　管理费用／差旅费——销售一部　855.00
　　　　　　　　　贷：其他应收款／个人应收款——李平　　900.00

B. 将凭证　　借：营业外支出／处置固定资产净损失　26 000.00
　　　　　　　　　贷：固定资产清理　　　　　　　　　　26 000.00
　　　改为　　借：营业外支出／处置固定资产净损失　24 000.00
　　　　　　　　　贷：固定资产清理　　　　　　　　　　24 000.00

(三）查账
（1）查询现金日记账日期：2005年2月（只需前三条分录），结果填入下表。

2004年9月	日	凭证号数	借方	贷方	余额
		本月合计			
		当前累计			

（2）查询下列科目的明细账，并且联查凭证，将结果填入下表结果。

科目名称	3月份共有几笔分录	第一笔分录的凭证借方科目名称
1111 应收账款		
5101 主营业务收入		
550203 管理费用/电话费		

（3）查询部门总账：指定部门查科目总账，"销售一部"，结果填入下表（只要前两条）。

科目名称	期初余额	借方合计	贷方合计	期末余额

（4）查询"李平"个人明细账，将结果填入下表（只要第一条记录）。

日期	凭证号数	科目	余额
		科目小计	
		个人小计	

（5）查询发生额及余额表。
查询所有余额范围在1 000～5 000元之间所有资产类科目的余额表，查看资产小计。
（6）查询应交增值税多栏账（用户自定义应交增值税多栏账）。
（7）查询客户往来余额表：指定单位查余额表"精益商行"，结果填入下表。

科目名称	借方	贷方	方向	期末余额
合计				

(8) 客户往来账龄分析。

查询"113 应收账款"账龄分析(自定义账龄分析区间)。

分别为:1~30天　31~60天　61~120天　121~180天　181~365天　366天以上

实 验 五

一、目的与要求

掌握月末转账凭证的编制。

二、实验内容

(一) 定义下列月末转账凭证

1. 定义汇兑损益结转凭证。汇兑损益的入账科目为"财务费用——汇兑损益"
2. 定义期间损益结转利润的凭证。

(二) 生成下列月末转账凭证

1. 生成汇兑损益结转凭证(美元的月末调整汇率为8.2),并进行审核、记账。
2. 生成当月各项收入结转至本年利润,并进行审核、记账。

　　借:主营业务收入

　　　　其他业务收入

　　　　投资收益

　　　　营业外收入

　　贷:本年利润

3. 生成当月各项成本、费用、支出结转至本年利润,并进行审核、记账。

　　借:本年利润

　　　　贷:主营业务成本

　　　　　　产品销售税金及附加

　　　　　　营业费用

　　　　　　其他业务支出

　　　　　　管理费用

　　　　　　财务费用

　　　　　　营业外支出

(三) 查询"管理费用"科目的明细账,查看一下总账科目的余额是否已结转为零。

科目名称	借方	贷方	方向	期末余额
管理费用				

（四）结账：执行总账系统结账。

实 验 六

一、目的与要求
1. 掌握报表格式的设计和计算公式的编制。
2. 掌握日常财务报表的编制流程。

二、实验内容

前一个月份的报表信息如下：

损益分析表

单位名称： 　　　　　　　　　　2004 年 1 月

项目	行次	本月发生数	本年累计数
业务收入	1		10 000.00
业务成本	2		5 000.00
管理费用	3		1 000.00
利润总额	4		3 500.00

试编制 2005 年 2 月份的报表。

操作步骤：

（一）利用模板生成基本报表：
1. 新建一个文件夹，为了存放报表文件。
2. 注册进入，启动 UFO 报表程序。
3. 新建一个报表文件，是一个空白文件。
4. 选择同对应账套相关的行业模板，调出相应模板报表，覆盖空白的报表文件。
5. 切换到"数据"状态，录入关键字时间"2005 年 2 月"（其他关键字未设置）。
6. 选择表页重算，单击【是】按钮，计算 2005 年 2 月份的报表。
7. 将此报表保存，文件名可自定，在操作的过程中要随时注意保存报表文件。
8. 报表的打印操作同 WORD、EXCEL 文件的打印设置等操作基本一致；具体设置在打印机设置中完成。

（二）自定义报表：
1. 我们已经建了一个文件夹，为了存放报表文件。

2. 注册进入，启动 UFO 报表程序。

3. 新建一个报表文件，是一个空白文件，该报表自动默认为格式状态。

4. 定义报表的大小，称为定义表尺寸。

5. 选定第一行为标题所在的位置，将第一行设为"组合单元"，录入单元文字，并进行单元显示风格，即单元属性的设置。

6. 录入表体各单元的相关文字内容，选定该区域，进行表格画线。

7. 集中对表体单元的行高、列宽、单元属性进行设置。

8. 定义关键字，主要的关键字有单位名称、年、月、日。

9. 定义数据单元格的单元公式，主要掌握期初、期末、发生额、本表他页取数函数公式。

10. 在定义报表"格式"的时候，请注意"保存"报表。

11. 切换到"数据"状态，录入关键字单位名称和时间"2005 年 2 月"（其他关键字未设置）。

12. 单击表页重算【是】按钮，计算 2005 年 2 月份的报表。

13. 将此报表保存，文件名可自定，在操作的过程中要随时注意保存报表文件。

14. 以后月份的处理流程如下：

a. 打开报表，在"数据"状态，通过"插入"或"追加"可以新增一张表页；

b. 选中新增的表页，录入关键字，确认表页重算；

c. 保存报表，打印、报送。

参 考 文 献

[1] 彭英穗. 会计电算化（用友 T3 版）. 北京：高等教育出版社，2010，6.
[2] 陈福军. 21 世纪高等教育会计通用教材·会计电算化. 大连：东北财经大学出版社，2010，4.
[3] 会计从业资格考试辅导教材编写组. 初级会计电算化. 北京：人民出版社，2010，11.
[4] 金铃. 会计电算化（用友 T3 会计信息化专版）. 北京：清华大学出版社，2010，10.
[5] 任晓红. 会计电算化实务与实训. 大连：东北财经大学出版社，2010，5.
[6] 李昕，王晓霜. 会计电算化（第 2 版）. 大连：东北财经大学出版社，2009，8.
[7] 钟齐整，苏启立. 21 世纪高职高专精品课程系列·会计电算化（第 2 版）. 北京：中国经济出版社，2010，2.
[8] 武新华，段玲华，唐坚明. 会计电算化系统实务操作教程：财务软件实务操作教程（用友 ERP-U8 版）. 北京：机械工业出版社，2006，2.

高等学校基于工作过程开发经管类系列教材

- **经济法概论**
- **西方经济学**
- 会计基础与实务
- 财务管理实务
- 初级会计实务
- **会计电算化**
- 成本会计实务
- 出纳实务
- 管理会计实务
- 审计基础与实务
- 电子商务基础
- 国际贸易实务

欢迎广大教师和读者就系列教材的内容、结构、设计以及使用情况等，提出您宝贵的意见、建议和要求，我们将继续提供优质的售后服务。

联系人：林 莉
电　话：13720314191
E-mail：whdxcbs@126.com

武汉大学出版社（全国优秀出版社）